기본서 반영
최신 개정판

합격으로 가는 하이패스
토마토패스

tomatoTV 방송용 교재

친절한 홍교수 합격비기

AFPK®
MODULE. 1
핵심정리문제집

홍영진 편저

저자직강 동영상강의 www.tomatopass.com

PREFACE

자격시험 개요

응시자격

지정교육기관 AFPK 교육과정 이수자

단, 한국FPSB가 정한 교육면제 자격증 소지자는 자격에 따라 교육요건의 부분 또는 전체를 면제받을 수 있으며 부분면제의 경우에는 부분면제 과목을 제외한 나머지 과목에 대한 교육과정을 이수하여야 함

시험구성

구분	시간	시험과목	시험문항수
모듈1 (토요일)	1교시 14:00 ~ 15:50 (110분)	재무설계 개론	15
		재무설계사 직업윤리※	5
		은퇴설계	30
		부동산설계	25
		상속설계	25
	소계		100
모듈2 (토요일)	2교시 16:20 ~ 18:00 (100분)	위험관리와 보험설계	30
		투자설계	30
		세금설계	30
	소계		90

※ 별도의 시험과목으로 분류하지 않고 재무설계 개론에 포함

합격기준

1. 전체 시험에 응시한 경우
   - 전체합격기준 : 전체평균이 70% 이상이며, 모든 과목에서 40% 이상의 과락기준을 통과한 경우
   - 부분합격기준 : 다음의 기준에 해당하는 경우

   ※ 단, 부분합격의 경우 취득한 점수는 이월되지 않으며 부분합격 사실만 인정되므로 부분합격 유효기간 내에 다른 모듈을 합격해야 전체합격으로 인정됨

   - 전체평균이 70% 미만이지만, 한 모듈에서 평균 70% 이상이며 해당 모듈에서 40% 미만의 과락과목이 없는 경우
   - 전체평균은 70% 이상이나 한 모듈에서만 40% 미만의 과락과목이 있을 경우, 과락과목이 포함되지 않은 모듈의 평균이 70% 이상인 경우

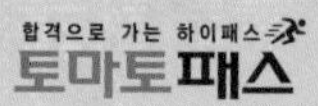

2. 모듈별로 응시한 경우

응시한 모듈에서 평균이 70% 이상이며, 모듈의 각 과목에서 40% 이상의 과락기준을 통과한 경우

※ 단, 취득한 점수는 이월되지 않으며 부분합격 사실만 인정되므로 부분합격 유효기간 내에 다른 모듈을 합격해야 전체 합격으로 인정됨

합격유효기간

1. 전체합격 : 합격월로부터 3년

합격월로부터 3년 이내에 AFPK 인증을 신청하지 않을 경우 합격사실이 취소되며, 재취득을 원하는 경우 시험에 다시 응시해야 합니다.

2. 부분합격 : 합격회차로부터 연이은 4회 시험

연이은 4회 시험 이내에 다른 모듈을 합격하지 못할 경우 부분합격의 효력이 상실되며, 다시 전체시험에 응시하여야 합니다.

AFPK

자격시험 출제 기준

출제 범위

구분	시험과목	출제 범위		제외되는 범위
모듈1	재무설계 개론	각 과목 기본서 중심	교재 내용을 토대로 응용이 가능한 부분	재무설계사 직업윤리 「Ⅱ – 4. 징계규정」 및 「부록(관련 규정)」
	재무설계사 직업윤리			
	은퇴설계			
	부동산설계			
	상속설계			
모듈2	위험관리와 보험설계	각 과목 기본서 중심		
	투자설계			
	세금설계			

문항 특성

AFPK 자격시험의 문항은 측정하고자 하는 지식수준에 따라 다음과 같이 분류됩니다.

1단계 : AFPK 자격인증자의 필요 역량	
개인재무설계 관련 지식의 암기 및 이해	지식 및 이해를 바탕으로 한 고객 상담

▼

2단계 : 필요 역량을 측정하기 위한 AFPK 자격시험 문제		
지식 내용을 암기하고 있는지를 측정할 수 있는 문제	지식 내용을 이해하고 의미를 파악하고 있는지를 측정할 수 있는 문제	지식 및 이해를 바탕으로 사례에 적용할 수 있는지를 측정할 수 있는 문제

▼

3단계 : AFPK 자격시험 문항의 분류		
암기형	해석형	문제해결형

〈문항 분류별 측정 내용〉

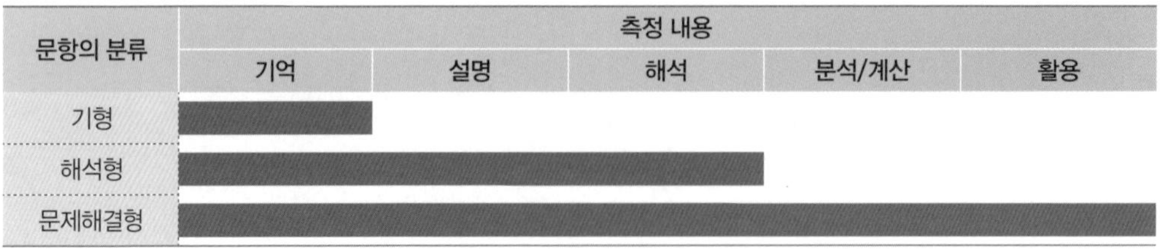

문항의 분류	측정 내용				
	기억	설명	해석	분석/계산	활용
기형					
해석형					
문제해결형					

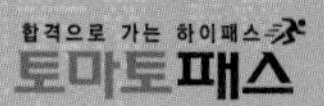

〈문항 분류별 특성〉

1. 암기형

암기형 문항은 재무설계 분야에서 쓰는 갖가지 사실, 용어, 원리, 원칙, 절차, 순서, 유형, 분류, 방법, 개념, 이론 등의 지식 내용을 기억하고 있는지를 측정하는 문항입니다.

〈예시〉

1. 소득세법상 국내 정기예금이자의 원천징수세율은 얼마인가?

2. 민법상 법정상속인의 상속순위를 올바르게 나열한 것은?

2. 해석형

해석형 문항은 재무설계 관련 정보 등을 해석하거나 판독할 수 있는지를 측정하는 문항입니다.

〈예시〉

1. 다음 A씨가 퇴직연금 선택 시 고려사항에 대한 설명으로 맞는 것은?

A씨가 근무하는 회사는 확정급여형(DB형) 퇴직연금과 확정기여형(DC형) 퇴직연금을 동시에 도입하고, 근로자의 희망에 따라 선택하여 가입할 수 있도록 함

2. 다음 정보를 고려할 때, A씨의 생명보험 가입에 대한 설명으로 가장 적절한 것은?

- 가족정보
  - A씨 본인(회사원), 배우자(회사원), 자녀(2세)
- 재무정보
  - 소득 : 연간 88,000천원
  - 자산 : 아파트 300,000천원, 정기예금 20,000천원
  - 부채 : 주택담보대출 100,000천원(대출기간 20년, 매월 말 원리금균등분할상환 방식)

3. 문제해결형

문제해결형 문항은 기존의 지식 및 이해능력을 바탕으로 사례를 분석하고 문제를 해결할 수 있는지를 측정하는 문항입니다.

〈예시〉

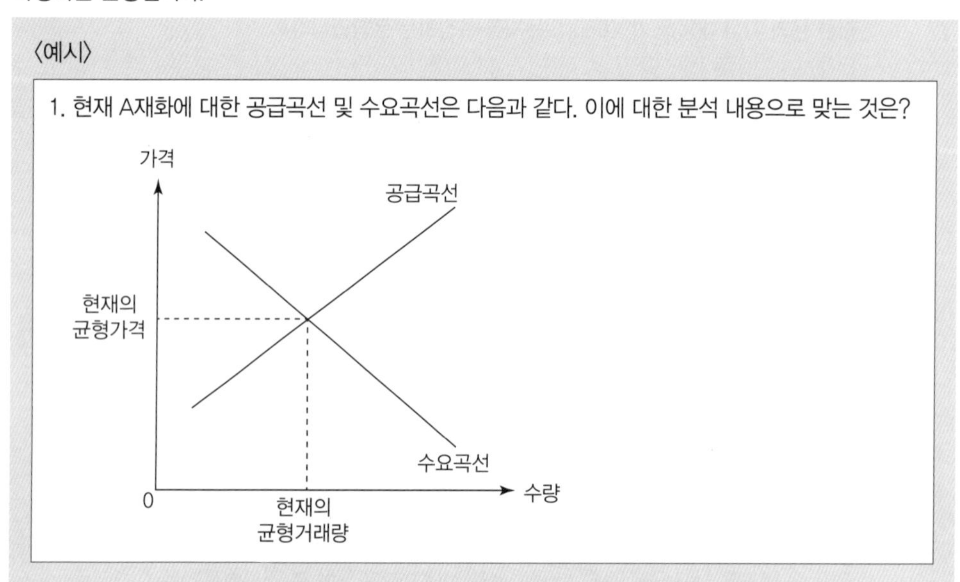

1. 현재 A재화에 대한 공급곡선 및 수요곡선은 다음과 같다. 이에 대한 분석 내용으로 맞는 것은?

2. 주택임대차보호법상 A씨가 취할 수 있는 조치로 가장 적절한 것은?

A씨는 20XX년 10월 10일 서울특별시 소재 A 주택을 전세로 임차하였다. 임대차기간이 끝나고 A씨는 이사를 가려고 하였으나, 임대인이 아직 보증금을 돌려주지 않고 있는 상황이다.

최근 AFPK 자격시험에서는 단순 암기형 문항보다 해석형 및 문제해결형 문항의 출제 비중이 점차 높아지고 있기 때문에, 배웠던 내용을 사례에 적용할 수 있는 종합적인 판단이 요구됩니다.

Ⅲ AFPK 자격시험 문제 출제 유형

1. 긍정형 문제

〈예시〉

1. 다음과 같은 거래가 이루어진 경우, 거래 발생 당일 자산부채상태표 변동 내역으로 맞는 것은?

	자산	부채	순자산
①	− 100만원	변동 없음	− 100만원
②	변동 없음	+ 100만원	− 100만원
③	− 100만원	+ 100만원	변동 없음
④	+ 100만원	변동 없음	− 100만원

2. 부정형 문제

〈예시〉

1. 생명보험 상품에 대한 설명으로 가장 적절하지 않은 것은?

① 유니버셜보험은 보험료 납입에 유연성이 있다.
② 변액보험을 판매하기 위해서는 별도의 자격을 갖추어야 한다.
③ 변액보험의 경우 투자에 따른 위험은 원칙적으로 보험회사가 부담한다.
④ 변액보험은 인플레이션으로 인한 생명보험 급부의 실질가치 하락에 대처하기 위해 개발되었다.

3. 조합형 문제

〈예시〉

1. 확정기여형 퇴직연금에 대한 적절한 설명으로만 모두 묶인 것은?

가. 퇴직급여는 적립금 운용 결과에 따라 변동된다.
나. 기업이 부담하는 부담금 수준이 사전에 결정된다.
다. 적립금 운용방법 중 하나는 원리금 보장방법을 제시해야 한다.

① 가, 나 ② 가, 다
③ 나, 다 ④ 가, 나, 다

4. 순서형 문제

〈예시〉

1. 다음 법원의 부동산 경매 절차를 순서대로 나열한 것은?

가. 법원의 경매개시결정	나. 경매실시
다. 낙찰자의 대금납부	라. 채권자에 대한 배당

① 가 – 나 – 다 – 라
② 가 – 나 – 라 – 다
③ 나 – 다 – 라 – 가
④ 나 – 라 – 다 – 가

5. 연결형 문제

〈예시〉

1. 주가순자산비율(PBR)에 대한 다음 설명 중 (가), (나)에 들어갈 내용을 올바르게 연결한 것은?

최근에는 투자지표로서 PBR에 대한 관심이 높아지고 있다. 보통 PBR이 1.0보다 작으면 주가가 (가) 이하로 떨어진 것을 의미하므로 (나)되어 있다고 판단한다.

① 가 : 청산가치, 나 : 과대평가
② 가 : 청산가치, 나 : 과소평가
③ 가 : 시장가격, 나 : 과대평가
④ 가 : 시장가격, 나 : 과소평가

Ⅲ 법률 혹은 제도가 변경된 경우의 출제

법률 혹은 제도가 변경되어 교재 내용이 현실과 상이한 경우, 다음 기준에 따라 출제가 이루어집니다.

1. 문제에 변경된 조건을 제시하여 출제

〈예시〉

1. 다음 옵션 투자 전략의 만기 시 수익은 얼마인가?

※ 옵션 1계약당 거래승수는 250천원으로 계산 (2017. 3. 27부터 변경됨)

① (+) 2,500천원
② (+) 4,000천원
③ (+) 25,000천원
④ (+) 40,000천원

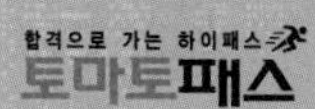

2. 교재 내용만을 학습하였더라도 문제 풀이가 가능하도록 구성하여 출제

〈예시〉

국민연금 유족연금 수급권자의 범위

교재 내용	법률 변경
자녀(단, 19세 미만이거나...)	자녀(단, 25세 미만이거나...)

상기와 같이 유족연금 수급권자의 범위에 대한 내용이 교재와 실제 법률 간에 서로 상이한 경우, "자녀는 국민연금 유족연금의 수급권자가 아니다.", "국민연금 유족연금을 받을 수 있는 자녀의 나이 요건은 30세 미만이다."와 같이 교재 내용만을 학습하였더라도 문제 풀이(틀린 지문임을 알 수 있음)가 가능하도록 출제

3. 출제 불가

1번 혹은 2번의 경우로도 출제가 어려운 경우 출제하지 않음

AFPK 시험지에 나오는 조건문 및 정보

AFPK 시험지에는 각 교시별 시험지 첫 장에 다음과 같은 조건문이 들어가 있습니다.

1, 2교시 공통 조건문

조건문의 경우 **모든 시험문항에 적용되는 전제조건**입니다.
개별 문항에서 따로 언급되지 않으므로 **반드시 숙지**하여 주시기 바랍니다.

문제의 지문이나 보기에서 별다른 제시가 없으면, 모든 개인은 세법상 거주자이고 모든 법인은 내국법인이며 모든 자산, 부채 및 소득은 국내에 있거나 국내에서 발생한 것으로 가정하고, 주식은 국내 제조법인의 주식으로서 우리사주조합원이 보유한 주식이 아니며, 소득세법상 양도소득세 세율이 누진세율(6~45%)로 적용되는 특정주식 등 기타자산에 해당하지 않는 일반주식이라고 가정함

CONTENTS

목차

PART 04 부동산설계

PART 05 상속설계

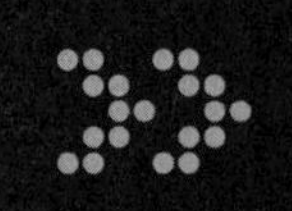

www.tomatopass.com

PART 01

재무설계 개론

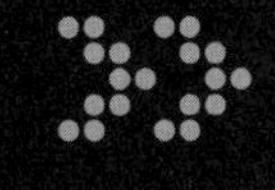

CONTENTS

CHAPTER

01 재무설계의 이해

출제비중 : 0~13% / 0~2문항

학습가이드 ■ ■

학습 목표	학습 중요도
Tip 기본개념 이해를 중심으로 학습 필요	
1. 재무설계의 필요성과 재무설계사의 역량에 대하여 설명할 수 있다.	★★
2. 행동재무학의 기본내용 및 고객의 가치관, 신념, 태도에 대한 이해를 바탕으로 고객과 원활한 커뮤니케이션을 할 수 있다.	★★

TOPIC 1 재무설계의 필요성과 재무설계사의 역량

★★☆

01 재무설계를 통해 얻을 수 있는 효과로 적절하지 않은 것은?

① 막연하게 생각했던 인생목표를 구체화할 수 있고, 그 목표달성을 위해 노력할 수 있다.

② 무분별한 투자가 아닌 분석적인 투자전략, 자산배분, 위험관리를 통해 투자수익 극대화에 도움이 된다.

③ 자신의 현재 재무상황을 정확하게 파악할 수 있다.

④ 당면한 재무이슈뿐만 아니라 미래 발생 가능한 재무이슈를 사전에 파악하고 이를 효과적으로 관리할 수 있다.

정답 | ②

해설 | ② 단순히 돈을 모으는 것에서 '어느 시점에 무엇을 하기 위해 얼마 정도의 자금이 필요하다'라는 구체적 재무목표가 생기게 되므로, 막연하게 수익률에만 집착하지 않고 필요한 자금을 잘 준비하기 위한 합리적이고 효율적인 자금계획 수립과 이를 위한 실행을 염두에 두게 된다.

★★☆

02 재무설계를 통해 얻을 수 있는 효과로 모두 묶인 것은?

> 가. 막연하게 생각했던 인생목표를 구체화할 수 있고, 그 목표달성을 위해 노력할 수 있다.
> 나. 무분별한 투자가 아닌 분석적인 투자전략을 통해 최대 수익률을 제고할 수 있다.
> 다. 자신의 현재 재무상황을 정확하게 파악할 수 있다.
> 라. 현재 당면한 재무이슈를 파악하고 이를 효과적으로 사후처리하는 데 도움이 된다.
> 마. 재무설계를 통해 가정의 화합을 이끌 수 있으며, 재무적 안정으로 본연의 일에 집중할 수 있다.

① 가, 다, 라　　② 가, 다, 마
③ 나, 다, 마　　④ 나, 라, 마

정답 | ②

해설 | 나. 단순히 돈을 모으는 것에서 '어느 시점에 무엇을 하기 위해 얼마 정도의 자금이 필요하다'라는 구체적 재무목표가 생기게 되므로, 막연하게 수익률에만 집착하지 않고 필요한 자금을 잘 준비하기 위한 합리적이고 효율적인 자금계획 수립과 이를 위한 실행을 염두에 두게 된다.
라. 당면한 재무이슈뿐만 아니라 미래 발생 가능한 재무이슈를 사전에 파악하고 이를 효과적으로 관리할 수 있다. 재무설계는 사후 대책 마련보다 사전 예방적 기능이 강하다.

★★☆

03 재무설계의 개념에 대한 적절한 설명으로 모두 묶인 것은?

> 가. 개인의 삶의 목표를 파악하고 그 목표를 달성하기 위하여 개인이 가지고 있는 재무적 · 비재무적 자원을 적절하게 관리하는 일련의 과정으로 정의된다.
> 나. 한 번의 계획과 실천으로 완성되는 것이 아니라 정기적으로 지속적인 관리를 통해 수정 · 보완되는 '과정'으로 정의된다.
> 다. 돈을 불리는 기술로 투자수익을 극대화하여 돈의 양을 늘리는 것을 목표로 삼는다.
> 라. 재무목표를 이루어 가는 과정으로 연령이나 소득 계층에 관계없이 모든 사람에게 필요하다.

① 가, 나, 다　　② 가, 나, 라
③ 가, 다, 라　　④ 나, 다, 라

정답 | ②

해설 | 다. 재테크에 대한 설명이다. 재무설계는 재무목표를 정하고 이를 위해 필요한 자금을 만들기 위한 플랜과 꾸준한 실천에 중점을 둔다. 재무설계의 궁극적 목표는 개인 및 가계의 재무목표를 달성하고 이를 통해 금융복지를 달성함으로써 행복한 삶을 영위하기 위한 것이다.

★★☆
04 재무설계에 대한 설명으로 가장 적절한 것은?

① 재무설계는 인생의 목표를 가지고 있기 때문에 자산증식과 유사한 개념이다.
② 소득이나 자산이 많은 사람일수록 전문가를 통한 재무설계가 더욱 필요하다.
③ 외부 경제환경이 좋아질 때 재무설계가 더 필요한 특별한 상황이 된다.
④ 경제주체의 실업, 사망, 장애 등 예상치 못한 사건이 발생했을 경우 재무설계가 더 필요한 특별한 상황이 된다.

정답 | ④

해설 | ① 재무설계와 재테크는 본질적으로 다르다. 재테크는 돈을 불리는 기술로 투자수익을 극대화하여 돈의 양을 늘리는 것을 목표로 삼는데 반해, 재무설계는 재무목표를 정하고 이를 위해 필요한 자금을 만들기 위한 플랜과 꾸준한 실천에 중점을 둔다.
② 흔히 재무설계는 소득이나 자산이 많은 사람들에게 필요하다고 생각할 수 있지만 자산이나 소득이 적은 경우, 즉 한정된 자원의 효율적 활용을 적극 모색해야 하므로 전문가를 통한 재무설계가 더욱 필요하다.
③ 외부 경제환경의 불확실성이 심화될 때 재무설계가 더 필요한 특별한 상황이 된다.

★★☆
05 재무설계사의 의미에 대한 적절한 설명으로 모두 묶인 것은?

> 가. 고객의 재무목표 달성을 도와주는 금융주치의로서, 종합재무설계를 수행하는 재무전문가이다.
> 나. 금융상품을 판매하고 관리하는 세일즈맨이다.
> 다. 재무설계를 수행함에 있어서 다른 재무전문가를 소개하거나 다른 전문가와 협력하는 경우 잘 조율하는 역할을 할 필요가 있다.
> 라. 고객에 대한 교육전문가이기도 하다.

① 가, 나, 다　　② 가, 나, 라
③ 가, 다, 라　　④ 나, 다, 라

정답 | ③

해설 | 나. 재무설계사는 금융상품을 판매하고 관리하는 세일즈맨이 아니라, 고객의 인생 전반을 아우르는 플랜을 세우고 실행방안을 종합적으로 모색하여 고객의 실행을 통해 재무목표를 달성할 수 있도록 돕는 재무전문가이다.

★★☆
06 AFPK 자격인증자에 대한 적절한 설명으로 모두 묶인 것은?

가. 국내에서만 인정되는 재무설계 전문자격이다.
나. 재무설계사는 고객의 재무목표 달성을 도와주는 금융주치의로서, 종합재무설계를 수행하는 재무전문가이다.
다. 보험, 투자, 부동산, 세금, 상속 등 다양한 분야에 대한 전문지식을 습득해야 하며 관련 법규에 대한 이해는 물론 변화하는 외부 경제환경을 파악하고 신속하게 대응할 수 있는 역량도 갖추어야 한다.
라. 금융상품을 판매하고 관리하는 세일즈맨이다.
마. AFPK 자격은 교육을 수료하고 시험에 합격한 후 실무경험요건과 윤리요건을 충족하는 자에게 부여하는 재무설계사 자격이다.

① 가, 나, 다　　② 가, 나, 마
③ 나, 다, 라　　④ 다, 라, 마

정답 | ①
해설 | 라. 재무설계사는 금융상품을 판매하고 관리하는 세일즈맨이 아니라, 고객의 인생 전반을 아우르는 플랜을 세우고 실행방안을 종합적으로 모색하여 고객의 실행을 통해 재무목표를 달성할 수 있도록 돕는 재무전문가이다.
마. AFPK 자격은 교육을 수료하고 시험에 합격한 후 윤리요건을 충족하는 자에게 부여하는 재무설계사 자격이다. 실무경험요건은 CFP 자격에 요구되는 요건이다.

★★☆
07 재무설계사에게 필요한 역량이 적절하게 연결된 것은?

A. 거시경제에 대한 이해, 금융 관련 정책이나 규정에 대한 이해, 화폐의 시간가치 개념에 대한 이해
B. 전문가적 책임, 업무수행, 인지, 커뮤니케이션
C. 변화하는 환경에 전문지식을 적용할 수 있는 능력이나 분석능력, 문제해결 능력, 핵심파악 능력, 시간관리 및 네트워킹 능력, 글쓰기 능력 및 프리젠테이션 능력

	전문지식	전문기술	전문능력
①	A	B	C
②	A	C	B
③	B	A	C
④	B	C	A

정답 | ①
해설 | A. 전문지식
B. 전문기술
C. 전문능력

★★☆

08 재무설계사의 업무영역 및 역량에 대한 설명으로 적절하지 않은 것은?

① 한국FPSB에서는 자격인증자에게 필요한 역량을 전문지식, 전문기술 및 전문능력의 복합체로 구분하여 정의하고 있다.

② 거시경제에 대한 이해, 금융 관련 정책이나 규정에 대한 이해, 화폐의 시간가치 개념에 대한 이해 등은 재무설계사가 기본적으로 습득해야 하는 지식이라 할 수 있다.

③ 재무설계사가 갖추어야 하는 전문기술은 전문가적 책임, 수집, 분석, 통합의 4가지 요소로 구성된다.

④ 전문능력은 재무설계사가 재무설계 서비스를 제공할 때 수행하는 업무에 대한 기술로, 변화하는 환경에 전문지식을 적용할 수 있는 능력이나 분석능력, 문제해결 능력, 핵심파악 능력, 시간관리 및 네트워킹 능력, 글쓰기 능력 및 프리젠테이션 능력 등이 포함된다.

정답 | ③

해설 | ③ 재무설계 영역별로 수집, 분석, 통합이라는 세 가지 프로세스적인 요소는 재무설계사가 갖추어야 하는 전문능력의 구분이다. 재무설계사가 갖추어야 하는 전문기술은 전문가적 책임, 업무수행, 인지, 커뮤니케이션의 4가지 요소로 구분된다.

★★☆

09 재무설계사가 갖추어야 하는 전문능력 중 통합 능력에 대한 설명으로 모두 묶인 것은?

가. 수리적 방법이나 공식을 적절하게 적용할 수 있어야 한다.
나. 정량적 · 정성적 정보를 모으고 사실관계를 확인하는 것이다.
다. 잠재적 기회와 제약 요인을 확인하고 전략개발을 위한 정보를 분석하고 평가한다.
라. 정보를 통합하여 재무전략을 평가 · 확정하고 재무설계안을 수립한다.
마. 도출된 재무전략을 바탕으로 재무설계안을 수립 · 제안하고, 제안된 재무설계안의 실행과 사후관리에 집중되어 있다.

① 가, 나
② 나, 다
③ 다, 라
④ 라, 마

정답 | ④

해설 | 가. 재무설계사가 갖추어야 하는 전문기술 중 인지에 해당한다.
나. 전문능력 중 수집 능력에 해당한다.
다. 전문능력 중 분석 능력에 해당한다.

★★☆

10 **재무설계에 대한 설명으로 가장 적절한 것은?**

① 재무설계의 개념은 곧 재테크이다.
② 재무설계를 통해 자신의 현재 재무상황을 정확하게 파악할 수 있다.
③ 재무설계의 문제해결 방식은 철저히 사후처리 관점에서 접근해야 한다.
④ 재무설계사에게 필요한 역량들 중 가장 중요한 것은 전문지식과 기술이다.

정답 | ②

해설 | ① 재무설계와 재테크는 본질적으로 다르다. 재테크는 돈을 불리는 기술로 투자수익을 극대화하여 돈의 양을 늘리는 것을 목표로 삼는 데 반해, 재무설계는 재무목표를 정하고 이를 위해 필요한 자금을 만들기 위한 플랜과 꾸준한 실천에 중점을 둔다.
③ 재무설계는 사후 대책 마련보다 사전 예방적 기능이 강하다. 재무적으로 인생 전체를 조망해 보고 발생 가능한 재무이슈와 변동요인 등을 미리 예측하여 관리하면 심리적 · 재무적 안정에 도움이 된다.
④ 한국FPSB에서는 자격인증자에게 필요한 역량을 전문지식, 전문기술 및 전문능력의 복합체로 구분하여 정의하고 있다.

CHAPTER

02 재무설계사의 기본업무

출제비중 : 20~33% / 3~5문항

학습가이드 ■ ■

학습 목표	학습 중요도
Tip 고객의 재무상태표와 현금흐름표를 작성할 수 있는 문제에 대한 학습 필요 Tip 재무비율의 정의뿐만 아니라 고객의 재무비율 수치를 계산할 수 있는 계산하는 문제에 대한 학습 필요	
1. 재무목표를 구체화하고 재무전략을 수립할 수 있다.	★★
2. 재무상태표를 정의하고 작성할 수 있다.	★★★
3. 월간 현금흐름표를 정의하고 작성할 수 있다.	★★★
4. 재무비율의 종류와 의미를 설명할 수 있다.	★★★
5. 고객의 강점과 약점을 재무전략과 재무설계 제안서에 반영할 수 있다.	★

··· TOPIC 1 재무목표 구체화 및 재무전략 수립

★★☆

01 재무관리의 접목 사항 관련 재무설계 프로세스 6단계가 순서대로 나열된 것은?

> 가. 고객 공감을 바탕으로 고객이 재무관리를 집중해서 실행하도록 돕는다.
> 나. 고객에게 재무관리 관점이 적용된 제안서를 제시한다.
> 다. 재무관리 관점에서 고객의 상황을 분석한다.
> 라. 고객 상황 중 재무관리사항을 중점적으로 확인한다.
> 마. 고객에게 재무관리의 개념을 소개한다.
> 바. 고객에게 재무관리의 중요성을 상기시키며 방향성을 유지하도록 돕는다.

① 라－다－나－바－마－가　　② 라－마－다－나－가－바
③ 마－라－나－다－가－바　　④ 마－라－다－나－가－바

정답 | ④

해설 | 마. 1단계 : 고객과의 관계정립
라. 2단계 : 고객 관련 정보의 수집
다. 3단계 : 고객의 재무상태 분석 및 평가
나. 4단계 : 재무설계 제안서의 작성 및 제시
가. 5단계 : 재무설계 제안서의 실행
바. 6단계 : 고객 상황의 모니터링

★★☆

02 재무목표 구체화에 있어 재무설계사의 역할에 대한 적절한 설명으로 모두 묶인 것은?

> 가. 고객 스스로 본인의 인생목표가 무엇인지에 대해 구체적으로 생각하고 표현할 수 있도록 도와준다.
> 나. 고객이 가지고 있는 막연한 목표를 구체적이고 정확하게 설정할 수 있도록 도와주어야 한다.
> 다. 고객이 명시적으로 생각하지 못한 중요한 재무목표들을 파악할 수 있도록 도와주는 것도 필요하다.
> 라. 재무설계사는 고객의 인생관, 가치관, 삶의 태도 등 비재무적 성향도 파악하려는 노력을 해야 한다.
> 마. 재무목표 구체화를 어려워하는 고객을 위해 재무설계사의 판단에 의해서 임의로 재무목표를 제시하는 것도 좋은 방법이다.

① 가, 나, 다, 라　　② 가, 나, 라, 마
③ 가, 다, 라, 마　　④ 나, 다, 라, 마

정답 | ①
해설 | 마. 고객의 재무목표 구체화를 도울 때, 재무설계사의 판단에 의해서 임의로 재무목표를 제시하려고 해선 안 된다.

★★☆

03 재무목표 구체화에 대한 설명으로 적절하지 않은 것은?

① 일반적인 재무관심사에 대해 알려주고, 이를 통해 고객의 재무목표를 생각해 보게 하는 것도 재무목표 설정의 좋은 방법이 될 수 있다.
② 단기(1년 이내), 중기(1~10년), 장기(10년 이상)의 기간별로 구분하여 각각의 기간에서 가장 중요한 목표를 1호로 표시하고 그 다음 목표는 2호로 표시하는 식으로 하면 기간별로 우선순위 재무목표를 쉽게 파악할 수 있다.
③ 각 생애주기별로 생각해볼 수 있는 여러 이슈를 고려하여 고객의 재무목표를 구체화하는 방법은 고객으로 하여금 미처 생각해보지 못했던 인생 전 기간에 대한 전반적인 조망을 가능케 하며, 향후 가능성 있는 잠재된 재무목표에 대한 생각을 해볼 수 있다는 특징이 있다.
④ 개인에 따라 생애주기가 서로 비슷하므로, 1인가구나 이혼가구 등의 경우에도 생애주기에 따른 재무목표 적용이 가능하다.

정답 | ④
해설 | ④ 개인에 따라 생애주기가 서로 다르다. 특히 1인가구나 이혼가구 등의 경우 생애주기에 따른 재무목표를 무비판적으로 적용해서는 안 된다.

★★☆

04 생애주기에 따른 주요 재무목표가 적절하게 연결된 것은?

	생애주기	주요 재무이슈	주요 재무목표
①	사회 초년기	결혼생활, 자녀출산, 육아, 교육	주택구입자금 마련
②	가정 형성기	자녀교육, 재산 형성	자녀교육자금 마련 자녀독립자금 마련
③	자녀 성장기	자녀독립, 은퇴준비	자산 배분 · 사전 증여
④	노후 생활기	제2인생기, 사회적/신체적 은퇴	생활비 기반 의료비 기반

정답 | ④

해설 | 〈생애주기에 따른 주요 재무목표 예시〉

생애주기	주요 재무이슈	주요 재무목표
사회 초년기	졸업, 취업, 결혼, 능력개발	본인결혼자금 마련 주거자금 마련 학자금 대출상환
가정 형성기	결혼생활, 자녀출산, 육아, 교육	육아비용 마련 자동차 구입 비상예비자금 마련 주택구입자금 마련 자녀교육자금 마련 대출상환
자녀 성장기	자녀교육, 재산 형성	자녀교육자금 마련 주택 구입 · 확장 자녀독립자금 마련 대출상환
생애 전환기	자녀독립, 은퇴준비	노후생활비 기반 마련 노후의료비 기반 마련 생산적 소일거리 준비 자산 배분 · 사전 증여
노후 생활기	제2인생기, 사회적/신체적 은퇴	생활비 기반 의료비 기반 생산적 소일거리 자산배분 · 사전 증여
(고객 상황별)	사업소득자 가구 1인가구 이혼가구 장애가족 부양	상황별 재무전략 수립 상황별 재무관리 제시

★★☆

05 현금흐름 관리의 장점에 대한 적절한 설명으로 모두 묶인 것은?

가. 현금흐름 관리는 필연적으로 예산제약에 부딪히게 되고, 예산제약에 부딪히면 개인이나 가계가 할 수 없는 것이 생기기 마련이므로 삶의 우선순위를 생각해 보게 한다.
나. 현금흐름 관리는 고객 스스로 지출에 대한 지침을 마련하게 되어 자기통제를 돕는 역할을 할 수 있다.
다. 가족 구성원 간의 재무목표 구체화가 공유되고, 현금흐름 관리에 대한 공감이 이루어지면 이전에는 어색해서 놓치기 쉬웠던 돈에 대한 대화를 촉진할 수 있다.
라. 항목별 엄격한 지출의 통제는 성공적인 재무목표 달성을 돕는다.

① 가, 나, 다
② 가, 나, 라
③ 가, 다, 라
④ 나, 다, 라

정답 | ①

해설 | 라. 고객의 의욕만 앞선 지나친 통제는 오히려 재무목표 달성에 방해요인이 된다. 고객이 의욕만 앞서 현재의 소비습관 등을 전혀 고려하지 않고 과도한 자기통제를 요구할 경우 오히려 달성을 방해하는 요소로서 작용한다.

★★☆

06 현금흐름 관리에 대한 설명으로 적절하지 않은 것은?

① 현금흐름 관리의 전반적인 목표는 고객의 목적자금을 달성하는 데 필요한 추가적인 재무관리 활동들을 위해 보유자금을 최대화하는 동시에 고객의 현재 소비욕구를 효율적으로 충족하는 것이다.
② 현금흐름 관리는 목적지에 도달할 가능성을 증가시키는 로드맵과 같아 고객이 재무목표를 달성할 수 있도록 적극적으로 돈을 관리하는 데 도움을 준다.
③ 고객이 구체화된 재무목표를 달성하기 위해서는 가지고 있는 자산을 파악하고 현재와 미래의 소득을 관리해 나가야 한다.
④ 소비행태를 개선시키고 자기통제를 하는 데 도움을 준다.

정답 | ③

해설 | ③ 고객이 구체화된 재무목표를 달성하기 위해서는 가지고 있는 자산과 미래의 예상소득을 파악하고 현재와 미래의 지출을 관리해 나가야 한다.

★★☆
07 현금흐름 관리의 절차가 순서대로 나열된 것은?

가. 현금흐름표를 바탕으로 개인 또는 가계가 가지고 있는 모든 소득원으로부터 매월 가계에 유입되는 현금흐름을 살펴본다.
나. 지출비용을 추정할 때는 본인, 배우자, 부모님, 자녀, 기타 생활비 등의 카테고리별로 개인 또는 가계가 실제로 소비하는 모든 항목을 빠짐없이 포함해야 하며, 각 지출항목 간에 중복이 없어야 한다.
다. 발생하는 수입과 지출되는 비용을 비교하여 저축 여력을 파악하는 것은 재무설계에서 재무목표 달성에 필요한 필수적인 절차이다.

① 가－나－다　　② 가－다－나
③ 나－가－다　　④ 나－다－가

정답 | ①
해설 | 가. 1단계 : 월수입 확인
나. 2단계 : 지출비용 추정
다. 3단계 : 수입과 지출비용을 비교 · 검토하여 조정

★★☆
08 현금흐름 관리의 절차에 대한 설명으로 가장 적절한 것은?

① 근로소득자의 경우 매월 가계에 들어오는 현금흐름은 총수입(세전수입)이 된다.
② 현금흐름 관리는 계획수립이 중요하기 때문에 보수적으로 지출비용을 추정할 필요가 있다.
③ 개인사업자의 경우 수입에 세금이 포함되어져 있으므로, 지출항목 추정 시에 납부해야 할 세금도 동시에 고려한다.
④ 월 순수입에 비해 지출이 큰 경우 저축 여력은 재무목표 달성을 위한 재원으로 이용된다.

정답 | ③
해설 | ① 개인사업자에 대한 설명이다. 근로소득자의 경우 매월 가계에 들어오는 현금흐름은 순수입(실수령액)으로 세후 수입을 말한다.
② 너무 보수적으로 지출비용을 추정해서는 안 된다. 현금흐름 관리는 계획수립이 중요한 것이 아니라 실행이 중요하기 때문에 너무 보수적인 지출비용 추정은 실현 가능성이 낮고, 결국 현금흐름 관리에 대한 부정적인 이미지만 낳을 뿐이다.
④ 월 순수입이 지출비용보다 클 경우에 대한 설명이다. 월 순수입에 비해 지출이 큰 경우 첫째, 지출항목이 정확하게 추정되었는지, 과도하게 책정된 것은 없는지를 검토한다. 정확하게 추정되었다면 지출 중에서 줄일 수 있는 방안이 있는지를 검토한다. 둘째, 현재의 수입 외에 다른 수입원이 있는지 점검하고 수입을 증대시킬 수 있는 방안을 살펴본다.

★★☆

09 현금흐름 관리의 절차에 대한 적절한 설명으로 모두 묶인 것은?

가. 근로소득자의 경우 매월 가계에 들어오는 현금흐름은 순수입(실수령액)으로 세후 수입을 말하며, 이때 비정기적으로 발생하는 상여 등 기타유입도 함께 고려한다.
나. 개인사업자의 경우 수입에 세금이 포함되어 있지 않으므로, 지출항목 추정 시에 납부해야 할 세금을 고려할 필요가 없다.
다. 월 순수입에 비해 지출이 큰 경우 지출항목이 정확하게 추정되었는지, 과도하게 책정된 것은 없는지를 검토하고, 정확하게 추정되었다면 지출 중에서 줄일 수 있는 방안이 있는지를 검토한다.
라. 월 순수입이 지출비용보다 클 경우 저축 여력은 재무목표 달성을 위한 재원으로 이용되며, 저축 여력은 재무목표 달성에 필요한 장단기 항목에 배분한다.

① 라　　② 나, 다
③ 가, 나, 다　　④ 가, 다, 라

정답 | ④
해설 | 나. 개인사업자의 경우 수입에 세금이 포함되어져 있으므로, 지출항목 추정 시에 납부해야 할 세금도 동시에 고려한다.

★★☆

10 저축 여력의 장단기 배분 대상이 적절하게 연결된 것은?

A. 가계경제의 주춧돌과 기둥역할을 하는 장기플랜을 말한다.
B. 주로 투자설계와 부동산설계, 부채관리의 영역이며, 저축적립액의 증대 여부가 필요한 영역이기도 하다.
C. 간헐적으로 발생하는 지출을 해결하는 '지출 측면', 월수입이 균등하지 않을 경우 수입을 관리하는 '수입 측면', 이직이나 퇴직 등 일시적 수입 단절을 대비하는 '비상상황' 등을 대비할 수 있게 한다.

	안정자산	투자자산	운용자산
①	A	B	C
②	A	C	B
③	B	A	C
④	C	B	A

정답 | ①
해설 | 〈저축 여력의 장단기 배분 대상〉

구분	관련 영역		투자기간
안정자산	위험관리, 은퇴설계	세금설계	10년 이상
투자자산	투자설계, 부동산설계, 부채관리		1~10년
운용자산	재무관리(비상예비자금, 초단기목적자금)		1년 미만

★★☆
11 저축 여력의 장단기 배분에 대한 설명으로 적절하지 않은 것은?

① 안정자산은 보장자산과 연금자산으로 구분할 수 있으며, 주로 위험관리와 은퇴설계의 영역이다.
② 투자자산이라 함은 중기 재무목표 달성을 위한, 또는 자산 증식과 관련된 플랜을 말한다.
③ 고객의 재무목표기간에 따라 장단기로 배분된 투자자산이나 운용자산과 같은 목적자금들은 서로 간에 항목을 이동하면 아니 된다.
④ 세금설계는 안정 · 투자 · 운용자산으로의 장단기 배분이라는 현금흐름 관리에서도 모두 고려되어야 하는 분야라고 할 수 있다.

정답 | ③
해설 | ③ 고객의 재무목표기간에 따라 투자자산에 운용되어지던 자금들이 운용자산 항목으로 이동할 수도 있고, 운용자산에 있던 자금들이 투자자산 항목으로 이동할 수도 있다. 예를 들어 부동산 취득자금 마련을 위해 그동안 진행해오던 주식, 펀드 등 투자자금과 예 · 적금 등을 만기에 맞춰 CMA 등 수시입출금이 가능한 통장으로 모을 필요가 있다. 또는 보너스 등 일시적 수입(기타유입)이 발생할 경우 이를 재무목표 기간에 따라 투자나 예금항목에 불입할 수도 있다.

★★☆
12 재무전략에 대한 적절한 설명으로 모두 묶인 것은?

가. 개인의 삶의 목표를 파악하고 그 목표를 달성하기 위하여 개인이 가지고 있는 재무적 · 비재무적 자원을 적절하게 관리하는 일련의 과정이다.
나. 고객의 재무목표를 구체화하고 현금흐름을 관리 · 조정하여 저축 여력을 만들고, 이를 안정자산, 투자자산, 운용자산으로 배분하여 관리하는 것이다.
다. 고객의 재무목표 달성을 위한 개별고객 고유의 방향성을 세우는 것을 말한다.
라. 재무전략은 재무설계의 각 영역들과 유기적 연관성을 가지므로, 재무전략의 수립 시 재무설계 각 영역들을 종합적으로 고려하여 수립하여야 한다.

① 가, 나
② 가, 다
③ 다, 라
④ 가, 다, 라

정답 | ③
해설 | 가. 재무설계에 대한 설명이다.
나. 재무관리에 대한 설명이다.

★★☆
13 재무전략 수립 시 유의사항에 대한 적절한 설명으로 모두 묶인 것은?

가. 생애주기별 각 단계의 주요 재무이슈를 파악하고 이에 대한 대응방안을 모색하고 있어야 한다.
나. 고객이 자신의 재무상태를 확립하기 위한 재무목표들과 아이디어들을 우선시하도록 고객을 도울 수 있어야 한다.
다. 수입을 관리하는 것을 돕기 위해 재무설계사의 가이드가 다른 무엇보다 우선된다.
라. 고객으로 하여금 단기 · 장기적으로 모두 불리한 부채가 쌓이는 것을 막고 재무요소들을 관리할 수 있는 부채관리 플랜을 수립할 수 있어야 한다.
마. 주택이나 자동차 구입, 휴가 비용 지불, 세무와 같은 재무의사결정의 장단점을 다룰 수 있어야 한다.

① 가, 나, 다
② 가, 다, 라
③ 나, 다, 라, 마
④ 가, 나, 다, 라, 마

정답 | ④
해설 | 모두 적절한 설명이다.

TOPIC 2 재무상태표

★★★
14 개인재무제표 작성 시 회계원칙에 대한 설명이 적절하게 연결된 것은?

가. 수량이 검증 가능해야 한다.
나. 유사한 상황에는 유사한 처리를 한다.
다. 수익이나 자산은 확인되었을 때만 보고한다.
라. 모든 중요한 사실들은 표시되어야 한다.

A. 객관성의 원칙
B. 중요성의 원칙
C. 일관성의 원칙
D. 보수주의 원칙
E. 완전공개의 원칙

	가	나	다	라
①	A	B	C	D
②	A	C	D	E
③	E	C	D	B
④	E	D	C	B

정답 | ②

해설 | A. 객관성의 원칙 : 수량이 검증 가능해야 한다.
B. 중요성의 원칙 : 세부사항의 정도는 수집비용과 상대적 중요도에 달려있다.
C. 일관성의 원칙 : 유사한 상황에는 유사한 처리를 한다.
D. 보수주의 원칙 : 수익이나 자산은 확인되었을 때만 보고한다.
E. 완전공개의 원칙 : 모든 중요한 사실들은 표시되어야 한다.

★★★
15 개인재무제표에 대한 설명으로 가장 적절한 것은?

① 개인재무제표는 일반적으로 재무상태표, 손익계산서, 현금흐름표로 구성된다.
② 재무상태표는 일정 기간 동안 가계에 발생하는 현금의 유입과 유출을 통해 미래 재무상태를 예측해 볼 수 있는 재무제표라고 할 수 있다.
③ 재무상태표의 경우 일반적으로 자산은 왼쪽, 부채는 오른쪽, 그리고 자산에서 부채를 차감한 순자산은 오른쪽 하단에 작성한다.
④ 현금흐름표 작성과 분석의 가장 큰 목적은 가계의 자산과 부채상황을 파악하여 재무설계 업무의 실행과 평가에 중요한 기준이 되는 순자산을 파악하는 것이다.

정답 | ③

해설 | ① 일반적으로 손익계산서는 기업에 가장 중요한 재무제표이지만 개인재무제표로는 존재하지 않는다. 개인재무제표는 일반적으로 재무상태표와 현금흐름표로 구성된다.
② 현금흐름표에 대한 설명이다. 개인재무설계에서 사용되는 재무상태표는 일정 시점에서 개인 또는 가계의 재무상태를 나타내는 표로서 현재시점에서의 고객의 재무상태를 나타내고 고객의 과거 재무활동의 결과를 반영한다.
④ 재무상태표에 대한 설명이다. 현금흐름표 작성과 분석의 가장 큰 목적은 가계의 가용한 현금흐름을 파악하여 월평균 저축 여력을 도출해 내는 것이다.

★★★
16 자산의 종류별 기록방법으로 적절하지 않은 것은?

① 저축성보험 – 작성일 해지 가정 시 해지환급금
② 상장주식 – 작성일 전후 2개월의 평균 종가
③ 비상장주식 – 거래가 또는 공정가치평가금액으로 평가한 금액
④ 변액보험 및 연금계좌 – 작성일 당시의 평가금액

정답 | ②

해설 | ② 상장주식 – 작성일의 종가

★★★
17 자산의 종류별 기록방법으로 가장 적절한 것은?

① 은행의 정기예 · 적금 : 원금
② 상장주식 : 작성일 전후 2개월의 종가 평균액
③ 비상장주식 : 상증법에 의한 평가방법
④ 펀드 : 작성일 당시의 평가금액

정답 | ④
해설 | ① 은행의 정기예 · 적금 : 작성일 해지 가정 시 해지환급금
② 상장주식 : 작성일의 종가
③ 비상장주식 : 거래가 또는 공정가치평가금액으로 평가한 금액

★★★
18 자산의 종류별 기록방법에 대한 적절한 설명으로 모두 묶인 것은?

가. 재무설계사 이숙씨는 고객이 보유한 정기예금상품을 평가하기 위해 재무상태표 작성일 해지 가정 시 해지환급금을 확인하였다.
나. 재무설계사 김세진씨는 고객의 저축성보험 평가를 위해 재무상태표 작성일 해지 가정 시 해지환급금을 확인하였다.
다. 재무설계사 임영웅씨는 고객이 보유한 상장주식을 평가하기 위해 재무상태표 작성일의 종가를 확인하였다.
라. 재무설계사 박미진씨는 고객이 보유한 펀드의 평가를 위해 재무상태표 작성일 당시의 평가금액을 확인하였다.
마. 재무설계사 양지성씨는 고객이 보유한 상가건물의 평가를 위해 주변 지역의 부동산 중개소를 통해 고객이 소유하고 있는 부동산과 유사한 규모의 매물이 최근 얼마의 시가로 거래되었는지 알아보았다.

① 가, 나, 다, 라
② 가, 나, 라, 마
③ 가, 다, 라, 마
④ 나, 다, 라, 마

정답 | ①
해설 | 마. 수익형 부동산은 실거래가, 감정평가액, 임대수준에 의한 수익가격 등으로 평가하여 기록한다.

★★★

19 다음 (가)~(라) 중 자산가치평가에 대한 설명으로 가장 적절한 것은?

재무상태표(20□□년 12월 31일 현재)

(단위 : 천원)

자산				부채 및 순자산			
항목		금액	명의	항목		금액	명의
금융자산	MMF	4,000	○○○	유동부채	신용대출	1,000	○○○
	(가) 정기예금	100,000	○○○	비유동부채	–	–	–
	(나) 비상장주식	30,000	○○○	총부채		1,000	
	(다) 채권	10,000	○○○				
	(라) 연금저축	40,000	○○○				
금융자산 총액		184,000					
부동산자산	–	–	–				
사용자산	주거용 아파트	300,000	○○○				
사용자산 총액		300,000					
기타자산	–	–	–				
총자산		484,000		순자산		483,000	

① 재무설계사는 재무상담 1개월 전 정기예금 잔액인 1억원을 (가)에 기입했다.

② 재무설계사는 (나) 항목에 최근 거래가가 없어 공정가치평가금액으로 평가한 금액을 기록했다.

③ 재무설계사는 (다) 항목에 매입 시 적용한 매매금리를 적용하여 평가액을 기록했다.

④ 재무설계사는 (라) 항목에 최종 납부된 시점 기준 평가액을 기준으로 기록했다.

정답 | ②

해설 | ① 은행의 정기 예 · 적금, 저축성보험, 세제비적격 연금 등 저축성자산은 재무상태표 작성일 해지 가정 시 해지환급금으로 기록한다.

③ 투자자산 중 채권, 펀드, 신탁, 변액보험 등은 작성일 당시의 평가금액으로 기록한다.

④ 연금계좌(연금저축, 확정기여형 퇴직연금, 개인형 퇴직연금)는 재무상태표 작성일 당시의 평가금액으로 기록한다.

★★★
20 다음의 재무상태표를 토대로 홍지윤 고객의 총자산을 계산한 것으로 적절한 것은?

홍지윤씨 가족의 재무상태표(20××년 12월 31일 기준)

(단위 : 천원)

자산			
항목		금액	명의
금융자산	보통예금	20,000	홍지윤
	CMA[1]	(　　　)	홍지윤
	상장주식[2]	(　　　)	홍지윤
부동산자산	토지[3]	(　　　)	홍지윤
사용자산	아파트	600,000	홍지윤
기타자산	–	–	–
총자산		(　　　)	

1) 최초 납입원금 10,000천원, 20××년 12월 31일 CMA 잔액 11,000천원
2) 20××년 12월 31일 종가 10,000천원, 최근 3개월 평균종가 11,000천원
3) 감정평가액 100,000천원, 기준시가 80,000천원

① 739,000천원　② 740,000천원
③ 741,000천원　④ 742,000천원

정답 | ③

해설 |

자산의 종류	기록방법(자산가치평가)
• 현금 • 보통예금 • 단기금융상품(CMA, MMF, MMDA 등) • 90일 미만의 양도성 예금증서(CD) 등	• 원금 or 작성일 해지 가정 시 환급금(원금이 크고 경과일이 길 경우)
• 주식	• 상장주식 : 작성일의 종가 • 비상장주식 : 거래가 or 공정가치평가금액으로 평가한 금액
• 토지	• 실거래가, 감정평가액, 개별공시지가 등

- 금융자산 : 보통예금 20,000 + CMA 11,000 + 상장주식 10,000 = 41,000천원
- 부동산자산 : 토지 100,000천원
- 총자산 : 금융자산 41,000 + 부동산자산 100,000 + 사용자산 600,000 = 741,000천원

★★★
21 재무상태표 작성 시 자산의 분류와 가치평가에 대한 설명으로 가장 적절한 것은?

① 보통예금이나 CMA, MMF, MMDA 등 단기금융상품은 원금으로 기록하여도 무방하나, 원금이 크고 경과일이 길 경우 재무상태표 작성일 해지 가정 시 환급금으로 기록한다.
② 만기 9개월인 양도성예금증서는 현금성자산으로 분류할 수 있다.
③ 전세로 거주하는 경우 임차보증금도 기타자산에 포함한다.
④ 투자목적의 미술품, 골동품 등 투자를 목적으로 한 실물자산이 있는 경우에도 이를 투자자산으로 분류한다.

정답 | ①
해설 | ② 은행의 정기예금에 양도성을 부여한 양도성예금증서(CD)의 만기가 90일 이하인 경우에도 현금성자산으로 분류할 수 있다.
③ 전세로 거주하는 경우 임차보증금도 사용자산에 포함한다.
④ 투자목적의 미술품, 골동품 등 투자를 목적으로 한 실물자산이 있는 경우에도 이를 편의상 기타자산으로 분류한다.

★★★
22 재무상태표 작성 시 자산의 분류가 적절하게 이루어진 것으로 모두 묶인 것은?

가. 저축성보험 – 저축성자산
나. 확정기여형 퇴직연금(DC) – 투자자산
다. 국민연금 – 투자자산
라. 거주 부동산 – 사용자산
마. 금전소비대차계약에 의한 개인대여금 – 기타자산

① 가, 나, 다, 라
② 가, 나, 라, 마
③ 가, 다, 라, 마
④ 나, 다, 라, 마

정답 | ②
해설 | 다. 국민연금이나 공무원연금, 군인연금, 사학연금 등과 같은 공적연금은 재무상태표에는 포함하지 않는다. 물론 공적연금은 은퇴재무목표 달성을 위한 매우 중요한 자산이지만 그 특성상 스스로 형성한 자금을 기반으로 연금액이 결정되는 다른 연금자산과는 달리 소득분배기능 등 여러 변수가 함께 고려되는 자산이므로 재무상태표에 포함하지 않으며, 재무건전성 파악을 위한 재무상태 분석에도 반영하지 않는다. 다만, 노후필요자금을 산출하거나 노후준비를 위한 추가저축액을 계산하는 등의 은퇴설계 과정에서는 공적연금에 대한 정보가 필요하므로 별도의 항목으로 수집하여 주석으로 반영한다.

★★★
23 **다음은 최형민씨의 재무상태표이다. 최형민씨의 추가 요구사항을 반영할 경우, 순자산금액으로 가장 적절한 것은(단, 재무상태표 작성시점과 최형민씨의 추가적인 요구사항 반영시점 사이에 각 자산 및 부채 평가금액은 변동이 없다.)?**

최형민씨의 재무상태표(20××년 12월 31일 기준)

(단위 : 천원)

자산		부채 및 순자산	
항목	금액	항목	금액
금융자산	7,000	총부채	116,400
투자자산	153,000		
사용자산	188,000		
기타자산	100,000		
총자산	448,000	순자산	331,600

〈최형민씨의 추가 요구사항〉
- '사용자산' 항목에 포함되어 있는 골동품(8,000천원)을 '기타자산'으로 반영하기를 원함
- 퇴직까지의 기간이 많이 남아 있기 때문에 '기타자산'으로 분류했던 퇴직금 예상수령액(100,000천원)을 재무상태표 상에 반영하지 않기를 원함
- 인지하지 못했던 대출금(20,000천원)이 발견되어 재무상태표 상의 '부채' 항목에 20,000천원을 반영하기를 원함

① 203,600천원 ② 211,600천원
③ 251,600천원 ④ 311,600천원

정답 | ②

해설 |
- '사용자산' 항목에 포함되어 있는 골동품(8,000천원)을 '기타자산'으로 반영하더라도 항목 변동만 있고 총자산의 변화는 없으므로 순자산의 변화도 없음
- '기타자산'으로 분류했던 퇴직금 예상수령액(100,000천원)을 재무상태표 상에 반영하지 않을 경우, 총자산 100,000천원의 감소를 가져옴
- 인지하지 못했던 대출금 20,000천원을 재무상태표 상의 '부채' 항목에 반영할 경우 부채 20,000천원의 증가를 가져옴
- 총자산 : 448,000 − 100,000 = 348,000천원
- 총부채 : 116,400 + 20,000 = 136,400천원
- 순자산 : 총자산 − 총부채 = 348,000 − 136,400 = 211,600천원

▪▪▪ TOPIC 3 월간 현금흐름표

★★★
24 월간 현금흐름표에서 수입에 대한 적절한 설명으로 모두 묶인 것은?

가. 근로소득자인 A고객은 이번 달에 받은 급여는 월 순수입으로, 같은 달에 받은 보너스는 기타유입으로 구분하였다.
나. 근로소득자인 B고객은 매월 실수령액(세후)을 기준으로 월 순수입을 기재함과 동시에 보너스 등의 기타유입과 세금과 공적연금, 건강보험료 등의 유출을 파악하기 위해 연간 총수입(세전)도 주석으로 기재하였다.
다. 근로소득자인 C고객은 이번 달에 발생한 기타유입을 운용자산에 편입하였다가 재산세 납부에 사용하였다.
라. 개인사업자인 D고객은 매월 가계에 들어오는 현금흐름을 세후수입으로 기재하였다.
마. 월수입이 균등하지 않은 F고객은 보수적인 관점에서 수입이 가장 적은 달의 금액을 기준으로 현금흐름표에 기재하였다.

① 가, 나, 다　　② 나, 다, 라
③ 나, 다, 마　　④ 다, 라, 마

정답 | ①
해설 | 라. 개인사업자의 경우 매월 가계에 들어오는 현금흐름은 총수입(세전수입)이 된다.
마. 고객의 소득체계에 따라 월수입이 균등하지 않을 경우 이를 평균액으로 계산하여 저축 여력을 계산할 수 있다. 이럴 경우 월별로 순현금흐름이 (+)인 달과 (−)인 달이 발생하게 되는데, 순현금흐름이 (+)인 달은 차액을 운용자산(가계비상예비자금)으로 유입하고, (−)인 달은 부족분을 운용자산에서 인출한다. 이렇게 할 경우 고객입장에서 월평균 저축 여력 파악이 용이해지고, 집중적인 저축액 적립이 가능해진다.

★★★
25 현금흐름표 작성에 대한 설명으로 가장 적절한 것은?

① 사업소득의 경우 수입란에 기록하기보다는 기업 재무제표에 별도로 작성해야 한다.
② 월수입이 균등하지 않을 경우 순현금흐름이 (+)인 달은 차액을 운용자산(가계비상예비자금)으로 유입하고, (−)인 달은 부족분을 운용자산에서 인출한다.
③ 적립식펀드 불입액은 기타유입 항목에 기록한다.
④ 보험상품 중 환급금이 없는 보장성보험료는 저축 · 투자액에 기록한다.

정답 | ②
해설 | ① 월간 현금흐름표에서 수입은 가계에서 발생하는 모든 소득원, 즉 근로소득, 사업소득 외에도 재산소득, 연금소득, 이전소득, 기타소득 등 월 단위로 발생하는 현금흐름을 모두 포함한다.
③ 일반적으로 대출상환원금, 정기적금, 적립식펀드, 연금, 저축성보험 등은 저축 · 투자액에 포함된다.
④ 일반적으로 보장성보험료, 대출이자, 월세 등은 고정지출에 포함된다.

★★★
26 현금흐름표 작성에 대한 적절한 설명으로 모두 묶인 것은?

가. 대출을 받은 경우 부채상환원리금을 모두 고정지출에 표기한다.
나. 추가저축 여력(순현금흐름)은 매월 현금유입액에서 현금유출액을 뺀 금액을 의미한다.
다. 현금유입 중 일부를 유출하지 않고 보유하고 있다면 유입이 유출보다 많아 유입과 유출의 차이가 (+)로 표시되고, 이는 부채상환재원이나 추가저축 여력이 되어 순자산 증가와 재무목표 달성을 위한 재원으로 사용될 수 있다.
라. 유입과 유출의 차이가 (−)가 나온 경우에는 유출이 유입보다 더 많은 것으로 기타유입항목이 누락되지 않았는지 살펴볼 필요가 있다.

① 나, 라　　② 가, 나, 다
③ 가, 다, 라　　④ 나, 다, 라

정답 | ④
해설 | 가. 부채상환원리금 중 원금상환 부분은 부채를 감소시켜 순자산 증가를 가져오기 때문에 단순 지출로 보기 어렵다. 또한 부채관리를 통해 조기상환을 유도할 경우도 있으므로 대출상환원금은 저축 · 투자액에 표기하고, 고정지출에는 대출이자만 표기하는 것이 바람직하다. 다만, 부채상환 비율 등 재무비율분석에 적용하기 위해 상환금액을 원금과 이자로 분리하여 기록하거나 주석으로 설명한다.

★★★
27 현금흐름표 작성에 대한 적절한 설명으로 모두 묶인 것은?

가. 월간 현금흐름표에서 수입은 가계에서 발생하는 모든 소득원, 즉 근로소득, 사업소득 외에도 재산소득, 연금소득, 이전소득, 기타소득 등 월 단위로 발생하는 현금흐름을 모두 포함한다.
나. 변동지출은 식비, 교통비, 통신비, 의류비, 의료비 등 주로 생활비에 해당되는 항목이 포함된다.
다. 월간 현금흐름표에서 가계 생활비 항목을 구분할 때 중규모 카테고리로 총액을 기재하는 것보다는 가계 전체의 식비, 교통비, 통신비 등으로 구분하는 것이 현금흐름 관리에 유리하다.
라. 근로소득자 연말정산에 의한 소득세추징액, 재산세, 자동차세 등과 개인사업자 종합소득세 등의 세금납부는 변동지출에 기록한다.
마. 적립식펀드 납입액은 고정지출에 포함시키는 것이 바람직하다.

① 가, 나　　② 가, 나, 다
③ 나, 다, 라　　④ 가, 다, 라, 마

정답 | ①
해설 | 다. 월간 현금흐름표에서 가계 생활비 항목을 구분할 때 가계 전체의 식비, 교통비, 통신비 등으로 구분하기보다는 중규모 카테고리(예를 들어 사람별)로 총액을 기재하는 것이 현금흐름 관리에 유리하다. 즉, 가계 구성원별로 총액을 기재함으로써 가계 구성원 각자가 본인의 매월 생활비 변동액을 스스로 느낄 수 있게 하는 것이 중요하다.
라. 근로소득자 연말정산에 의한 소득세추징액, 재산세, 자동차세 등과 개인사업자 종합소득세 등의 세금납부는 매월 발생하지 않으므로, 월간 현금흐름표에서는 주석으로 표기하고 발생하는 달에 운용자산(가계 비상예비자금)으로 해결하거나 금액이 클 경우 따로 저축 · 투자액에 반영하여 사전에 준비하게 된다.
마. 대출상환원금, 정기적금, 적립식펀드, 연금, 저축성보험 등은 일반적으로 저축 · 투자액에 포함된다.

★★★
28 거주 주택 구입 시 주택담보대출을 받았을 경우 재무제표 작성에 대한 설명으로 가장 적절한 것은?

① 거주 부동산을 투자목적이 아닌 거주목적으로 구매했다 하더라도 거주 부동산의 평가금액은 재무상태표 작성 시 '부동산자산' 항목에 기록한다.
② 주택담보대출은 재무상태표 작성 시 '비유동부채' 항목에 기록한다.
③ 주택담보대출 부채금액은 재무상태표 작성 시 대출원금을 기록한다.
④ 연간 주택담보대출 원리금상환액은 현금흐름표 작성 시 '고정지출' 항목에 기록한다.

정답 | ②

해설 | ① 거주 부동산은 매매차익과 상관없이 거주의 효용을 누리는 것이 일차목적이므로 사용자산으로 분류한다.
③ 모든 부채는 작성일을 기준으로 앞으로 상환해야 하는 잔액을 기록한다.
④ 부채상환원리금 중 원금상환 부분은 부채를 감소시켜 순자산 증가를 가져오기 때문에 단순 지출로 보기 어렵다. 또한 부채관리를 통해 조기상환을 유도할 경우도 있으므로 대출상환원금은 저축 · 투자액에 표기하고, 고정지출에는 대출이자만 표기하는 것이 바람직하다. 다만, 부채상환 비율 등 재무비율분석에 적용하기 위해 상환금액을 원금과 이자로 분리하여 기록하거나 주석으로 설명한다.

★★★
29 현금흐름표에 대한 설명으로 가장 적절한 것은?

① 고객의 과거 재무활동의 결과를 현시점에서 보여주는 재무제표이다.
② 월간 현금흐름표에서 가계 생활비 항목을 구분할 때 가계 전체의 식비, 교통비, 통신비 등으로 구분하기보다는 중규모 카테고리(예를 들어 사람별)로 총액을 기재하는 것이 현금흐름 관리에 유리하다.
③ 근로소득자 연말정산에 의한 소득세추징액, 재산세, 자동차세 등과 개인사업자 종합소득세 등의 세금납부는 변동지출에 기록한다.
④ 현금유입액과 현금유출액은 반드시 같아야 한다.

정답 | ②

해설 | ① 재무상태표가 고객의 과거 재무활동의 결과를 현시점에서 보여주는 재무제표라고 하면, 현금흐름표는 일정기간 동안 가계에 발생하는 현금의 유입과 유출을 통해 미래 재무상태를 예측해 볼 수 있는 재무제표라고 할 수 있다.
③ 근로소득자 연말정산에 의한 소득세추징액, 재산세, 자동차세 등과 개인사업자 종합소득세 등의 세금납부는 매월 발생하지 않으므로, 월간 현금흐름표에서는 주석으로 표기하고 발생하는 달에 운용자산(가계 비상예비자금)으로 해결하거나 금액이 클 경우 따로 저축 · 투자액에 반영하여 사전에 준비하게 된다.
④ 현금유입 중 일부를 유출하지 않고 보유하고 있다면 유입이 유출보다 많아 유입과 유출의 차이가 추가저축여력(순현금흐름)에 (+)로 표시되고, 반대로 유입과 유출의 차이가 추가저축여력(순현금흐름)에 마이너스(−)가 나온 경우에는 유출이 유입보다 더 많은 것이다.

··· TOPIC 4 재무비율

★★★

30 다음 홍주현 가계의 현금흐름표를 토대로 계산한 가계수지상태지표로 가장 적절한 것은?

〈홍주현 가계의 월간 현금흐름표(20××년 ×월)〉

(단위 : 천원)

항목		금액
수입	근로소득	6,000
	재산소득	25
	이전소득	120
	기타소득	90
	기타유입	100
	총계	6,335
변동지출	총계	3,200
고정지출	총계	1,527
저축 · 투자액	총계	1,100
추가저축 여력(순현금흐름)		508

① 약 75.3%
② 약 75.8%
③ 약 92%
④ 약 93.5%

정답 | ②

해설 | • 월 순수입 : 순수입 − 기타유입 = 6,335 − 100 = 6,235천원
• 월 총지출 : 고정지출 + 변동지출 = 1,527 + 3,200 = 4,727천원
• 가계수지상태지표 : $\frac{\text{월 총지출}}{\text{월 순수입}} = \frac{4,727}{6,235} = 0.7581 = 75.81\%$

★★★
31 다음 정보를 고려할 때 최수종씨의 가계수지상태 분석에 대한 설명으로 가장 적절한 것은?

〈최수종씨의 현금흐름표(20××년 ×월)〉

(단위 : 천원)

항목		금액
수입	근로소득	7,000
	기타유입	1,000
	총계	8,000
변동지출	총계	3,596
고정지출	총계	2,204
저축 · 투자액	총계	2,200
추가저축 여력(순현금흐름)		0

① 약 51.4%
② 약 72.5%
③ 약 82.9%
④ 약 87.5%

정답 | ③

해설 | • 월 순수입 : 근로소득 70,000천원

• 월 총지출 : 고정지출 + 변동지출 = 2,204 + 3,596 = 5,800천원

• 가계수지상태지표 : $\frac{\text{월 총지출}}{\text{월 순수입}} = \frac{5,800}{7,000} = 0.8286 = 82.86\%$

★★★
32 다음 홍상호 가계의 현금흐름표를 토대로 계산한 비상예비자금의 적정 규모로 가장 적절한 것은?

〈홍상호 가계의 월간 현금흐름표(20××년 ×월)〉

항목	금액
변동지출	3,200천원
고정지출	1,527천원
저축 · 투자액	1,100천원

① 4,581천원~9,162천원
② 7,881천원~15,762천원
③ 14,181천원~28,362천원
④ 17,481천원~34,962천원

정답 | ③

해설 | • 비상예비자금의 크기는 일반적으로 3개월에서 6개월의 고정 및 변동지출에 해당하는 금액이 적당하다고 여겨진다.

• 월 총지출 : 고정지출 + 변동지출 = 1,527 + 3,200 = 4,727천원

• 비상예비자금 3개월분 : 4,727 × 3 = 14,181천원

• 비상예비자금 6개월분 : 4,727 × 6 = 28,362천원

★★★

33 이숙씨의 재무상태표 상 금융자산 보유 내역과 현금흐름표상 월 총지출 내역이 다음과 같을 때 이숙씨의 비상예비자금 지표에 대한 설명으로 가장 적절한 것은?

> • 금융자산
> – 현금성자산 : 7,000천원
> – 저축성자산 : 8,000천원
> – 투자자산 : 9,000천원
> • 유출
> – 변동지출 : 2,000천원
> – 고정지출 : 3,000천원
> – 저축 · 투자액 : 3,000천원

① 비상예비자금의 크기를 일반적으로 3개월의 생활비에 해당하는 금액이라고 한다면, 이숙씨 가계의 비상예비자금지표는 월 총지출의 1.4배로 미달하므로 추가적인 비상예비자금을 확보해야 한다.

② 비상예비자금의 크기를 일반적으로 3개월의 생활비에 해당하는 금액이라고 한다면, 이숙씨 가계의 비상예비자금지표는 월 총지출의 약 1.9배로 미달하므로 추가적인 비상예비자금을 확보해야 한다.

③ 비상예비자금의 크기를 일반적으로 3개월의 생활비에 해당하는 금액이라고 한다면, 이숙씨 가계의 비상예비자금지표는 월 총지출의 3배로 적정한 수준이다.

④ 비상예비자금의 크기를 일반적으로 3개월의 생활비에 해당하는 금액이라고 한다면, 이숙씨 가계의 비상예비자금지표는 월 총지출의 4.8배로 적정한 수준이다.

정답 | ①

해설 | 〈비상예비자금지표〉

평가지표	재무비율
비상예비자금지표	$\frac{\text{현금성자산}}{\text{월 총지출}}$

• 월 총지출 : 고정지출 + 변동지출 = 3,000 + 2,000 = 5,000천원

• 비상예비자금지표 : $\frac{\text{현금성자산}}{\text{월 총지출}} = \frac{7,000}{5,000} = 1.4$배

★★★

34 다음 홍정연 가계의 현금흐름표를 토대로 비상예비자금 분석에 대한 설명으로 가장 적절한 것은?

〈홍정연 가계의 월간 현금흐름표(20××년 ×월)〉

(단위 : 천원)

항목	금액
순수입	5,000
변동지출	2,000
고정지출	1,000
저축 · 투자액	2,000
추가저축 여력(순현금흐름)	0

〈비상예비자금으로 사용 예정인 자산〉

- CMA : 5,000천원(결제계좌)
- CD : 6,000천원(만기 90일 미만)
- 저축성보험 해지환급금 : 6,000천원

① 비상예비자금의 적정 수준을 현재 생활비의 3개월에 해당하는 금액이라고 한다면 9,000천원이며, 비상예비자금으로 활용할 수 있는 금액이 6,000천원이어서 추가적인 준비를 할 필요가 있다.

② 비상예비자금의 적정 수준을 현재 생활비의 3개월에 해당하는 금액이라고 한다면 9,000천원이며, 비상예비자금으로 활용할 수 있는 금액이 11,000천원이어서 추가적인 준비를 할 필요가 없다.

③ 비상예비자금의 적정 수준을 현재 생활비의 3개월에 해당하는 금액이라고 한다면 15,000천원이며, 비상예비자금으로 활용할 수 있는 금액이 12,000천원이어서 추가적인 준비를 할 필요가 있다.

④ 비상예비자금의 적정 수준을 현재 생활비의 3개월에 해당하는 금액이라고 한다면 15,000천원이며, 비상예비자금으로 활용할 수 있는 금액이 17,000천원이어서 추가적인 준비를 할 필요가 없다.

정답 | ①

해설 | • 비상예비자금의 평가는 비상예비자금지표를 통해 가계의 월별 총지출 대비 현금성자산이 차지하는 규모로 평가한다.
• 3개월분의 비상예비자금 : (고정지출 1,000 + 변동지출 2,000)×3 = 9,000천원
• 비상예비자금은 급여계좌 내지 결제계좌 등 일반 생활자금과 별도의 계좌로 관리하는 것이 필요하다. 따라서 재무설계사는 비상예비자금 용도의 금융상품을 선택할 때 원금손실의 위험 없이 신속하게 접근할 수 있는지 등 금융상품의 특성을 분명하게 파악해야 한다.

★★★
35 홍지연씨에 대한 다음 정보를 토대로 부채관련 상담에 대한 조언으로 적절한 것은?

〈홍지연(46세)씨 인적 정보〉
• 월 총수입 : 400만원
• 월 순수입 : 330만원

〈월간 부채상환액 현황〉
• 신용카드 현금서비스 잔액 : 24만원
• 신용대출 상환액 : 35만원
• 주택담보대출원리금상환액 : 60만원

① 가이드라인상 소비성부채상환액 적정 규모는 80만원 이내이다.
② 소비성부채비율은 14.75%로 가이드라인상 재무건전성이 양호한 수준이다.
③ 주거관련부채비율은 가이드라인상 양호한 수준이다.
④ 총부채상환비율은 가이드라인을 초과하여 재무건전성이 위험할 수 있다.

정답 | ③
해설 | 〈부채 적정성 평가지표〉

평가지표		재무비율	가이드라인
현금흐름	소비성부채비율	$\frac{\text{소비성부채상환액}}{\text{월 순수입}}$	20% 이내
	주거관련부채상환비율	$\frac{\text{주거관련부채상환액}}{\text{월 총수입}}$	28% 이내
	총부채상환비율	$\frac{\text{총부채상환액}}{\text{월 총수입}}$	36% 이내

① 가이드라인상 소비성부채상환액 적정 규모는 월 순수입의 20%인 66만원 이내이다.
② 소비성부채비율 $= \frac{\text{소비성부채상환액}}{\text{월 순수입}} = \frac{(24+35)}{330} = 17.88\%$로 가이드라인 20% 이내이므로 재무건전성이 양호한 수준이다.
③ 주거관련부채상환비율 $= \frac{\text{주거관련부채상환액}}{\text{월 총수입}} = \frac{60}{400} = 15\%$로 가이드라인 28% 이내이므로 양호한 수준으로 본다.
④ 총부채상환비율 $= \frac{\text{총부채상환액}}{\text{월 총수입}} = \frac{(59+60)}{400} = 29.75\%$로 가이드라인 36% 이내이므로 바람직한 것으로 평가한다.

★★★
36 다음 정보를 고려할 때, 이연수씨의 주거관련부채상환비율과 주거관련부채부담율로 가장 적절한 것은(단, 이연수씨는 거주하고 있는 주택A 외에 다른 부동산자산은 없다.)?

〈이연수씨 관련 정보〉
- 이연수씨 월 총수입 : 6,600천원
- 현재시점 총자산 : 800,000천원
- 현재시점 주택A 평가금액 : 500,000천원
- 현재시점 주택A 담보대출 관련 정보
  - 대출금 : 5년 전 주택A 구입 시 200,000천원 대출받음(대출기간 15년)
  - 대출상환액 : 매월 말 원리금균등분할상환 방식으로 매월 1,500천원씩 상환 중
  - 현재 대출잔액 : 147,000천원

	주거관련부채상환비율	주거관련부채부담율
①	약 18.4%	약 18.4%
②	약 18.4%	약 22.7%
③	약 22.7%	약 18.4%
④	약 22.7%	약 22.7%

정답 | ③

해설 | • 주거관련부채상환비율 $= \frac{\text{주거관련부채상환액}}{\text{월 총수입}} = \frac{1,500}{6,600} = 22.73\%$

• 주거관련부채부담율 $= \frac{\text{주거관련부채}}{\text{총자산}} = \frac{147,000}{800,000} = 0.1836 =$ 약 18.4%

★★★
37 재무비율 계산식이 적절하지 않은 것은?

① 가계수지상태표 $= \frac{(\text{고정지출} + \text{변동지출})}{\text{월 순수입}}$

② 비상예비자금지표 $= \frac{\text{현금성자산}}{(\text{고정지출} + \text{변동지출})}$

③ 소비성부채비율 $= \frac{\text{소비성부채상환액}}{\text{월 순수입}}$

④ 주거관련부채부담율 $= \frac{\text{주거관련부채상환액}}{\text{월 총수입}}$

정답 | ④

해설 | 〈부채 적정성 평가지표〉

평가지표		재무비율	가이드라인
현금흐름	소비성부채비율	$\frac{\text{소비성부채상환액}}{\text{월 순수입}}$	20% 이내
	주거관련부채비율	$\frac{\text{주거관련부채상환액}}{\text{월 총수입}}$	28% 이내
	총부채상환비율	$\frac{\text{총부채상환액}}{\text{월 총수입}}$	36% 이내
재무상태	주거관련부채부담율	$\frac{\text{주거관련부채}}{\text{총자산}}$	30% 이내
	총부채부담율	$\frac{\text{총부채}}{\text{총자산}}$	40% 이내

★★★

38 고객의 재무상태 분석에 관한 설명으로 가장 적절한 것은?

① 1년 전에 주당 100천원에 구입한 모 회사 주식이 1년이 지난 지금 500천원의 가치를 가지고 있다고 하더라도 재무상태표에는 100천원으로 기재해야 한다.

② 고객 소유의 주택이 현재 시가가 2억원이고 그 주택에 담보대출 잔액이 1억원이라면 재무상태표 자산 부문에 담보대출 잔액 1억원을 차감한 후 1억원을 표시한다.

③ 주거관련부채상환비율은 거주하고 있는 주택과 관련하여 개인의 월 주택담보대출에 대한 원리금상환액이 월 총수입에서 차지하는 비중이 28% 이하이면 위험한 수준은 아닌 것으로 평가한다.

④ 총부채상환비율은 월 총수입에서 총부채상환액이 차지하는 비중으로, 이 값이 30%를 초과하면 재무건전성에 부정적인 영향을 미친다고 평가한다.

정답 | ③

해설 | ① 1년 전에 주당 100천원에 구입한 모 회사 주식이 1년이 지난 지금 500천원의 가치를 가지고 있다면 재무상태표에는 100천원이 아닌 500천원으로 기재해야 한다.

② 고객 소유의 주택이 현재 시가가 2억원이고 그 주택에 담보대출 잔액이 1억원이라면 재무상태표 자산 부문에 2억원을 기재하고 부채란에 1억원을 각각 표시한다.

④ 총부채상환비율은 월 총수입에서 총부채상환액이 차지하는 비중으로, 이 값이 36%를 초과하면 재무건전성에 부정적인 영향을 미친다고 평가한다.

★★★
39 고객의 재무상태 분석에 대한 설명으로 가장 적절하지 않은 것은?

① 자산 평가 시 고객 소유의 주택이 현재 시가가 2억원이고 그 주택에 담보대출 잔액이 1억원이라면 자산부채상태표 자산 부문에 2억원을 기재하고 부채란에는 1억원을 각각 표시한다.

② 근로소득자의 경우 수입은 다시 매월 발생하는 총수입(세전수입)과 비정기적으로 발생하는 기타유입으로 구분한다.

③ 비상예비자금의 크기는 일반적으로 3개월에서 6개월의 고정 및 변동지출에 해당하는 금액이 적당하며, 비상예비자금의 평가는 가계의 월별 총지출 대비 현금성자산이 차지하는 규모로 평가한다.

④ 거주하고 있는 주택 관련 개인의 월 주택담보대출에 대한 원리금상환액이 월 총수입에서 차지하는 비중이 28% 이하이면 위험한 수준은 아닌 것으로 평가한다.

정답 | ②

해설 | ② 근로소득자의 경우 수입은 다시 매월 발생하는 월 순수입과 비정기적으로 발생하는 기타유입(예 보너스 등)으로 구분한다.

CHAPTER

03 재무설계 프로세스

출제비중 : 13~33% / 2~5문항

학습가이드 ■ ■

학습 목표	학습 중요도
Tip 화폐의 시간가치 개념이해 및 공식의 적용에 대한 학습 필요 Tip 프로세스 각 단계별 내용과 순서에 대한 학습 필요	
1. 화폐의 시간가치 기본개념을 설명할 수 있다.	★★★
2. 재무설계 프로세스와 단계별 핵심 업무를 설명할 수 있다.	★★★

▪▪▪ TOPIC 1 화폐의 시간가치

★★★

01 다음 금융상품 중 1,000만원을 2년간 예금했다면 2년 후 받게 되는 총이자 금액이 가장 큰 상품으로 적절한 것은(단, 세금 및 기타 비용은 없다고 가정한다.)?

① 연 5% 단리 상품
② 연 5% 연복리 상품
③ 연 5% 반기복리 상품
④ 연 5% 월복리 상품

정답 | ④

해설 | 단리는 일정한 시기에 원금에 대해서만 이자율을 곱하여 이자를 계산하는 방식으로, 1,000만원을 연 5%의 단리로 2년간 예금했다면 첫 1년간의 이자는 원금의 5%에 해당하는 50만원이고, 1년 후 2년 만기까지의 이자도 원금의 5%에 해당하는 이자 50만원으로 2년간의 전체 이자는 총 100만원이 된다. 이와는 달리 복리는 이자를 계산할 때 지급한 이자를 원금에 더한 금액에 이자율을 곱하여 이자를 계산하는 방식으로 1,000만원을 연 5%의 복리로 2년간 예금했다면 첫 1년간의 이자는 원금의 5%에 해당하는 50만원으로 단리방식과 동일하지만, 1년 후 2년 만기까지의 이자는 원금에 첫 1년간 이자 50만원을 더한 1,050만원의 5%에 해당하는 52.5만원으로 2년간의 전체 102.5만원으로 단리방식보다 이자가 더 많다. 투자기간이 같다면 복리의 경우 이자를 부리하는 수기가 짧을수록(이자 부리횟수가 많을수록) 만기에 수령하는 전체 이자금액이 더 많아진다.

★★★

02 화폐의 시간가치에 대한 설명으로 적절하지 않은 것은?

① 100만원을 연 5% 연복리로 2년간 예금했다면, 2년간의 전체 이자는 세전 10만원이다.
② 투자 원금 등의 조건이 동일하다면, 단리방식보다 복리방식의 이자가 더 크다.
③ 미래가치는 현재가치에 이자율을 곱하여 구할 수 있다.
④ 일반적으로 제시되는 이자율은 연간 표면이자율이기 때문에 월복리일 경우 표면이자율은 기간에 12를 곱하여 적용하고, 이자율은 12로 나누어서 적용한다.

정답 | ①
해설 | ① 복리는 원금에 이자를 더한 금액에 이자율을 곱해서 이자를 지급하는 방식으로 100만원을 5% 연복리로 2년간 예금했다면 1년 후에는 100만원의 5%에 해당하는 5만원의 이자를 받지만, 2년 후에는 원금과 이자의 합인 105만원의 5%에 해당하는 이자를 받게 되어 2년간 총이자는 102,500원이 된다.

★★★

03 이자율에 대한 적절한 설명으로 모두 묶인 것은?

가. 100만원을 연간 4%의 단리로 2년간 예금했다면 2년간 총 8만원의 세전 이자를 받게 된다.
나. 연 4%의 월복리 상품이 연 4%의 연복리보다 만기에 수령하는 금액이 더 많아진다.
다. 이자율은 원금에 대한 이자의 비율로 금리라고도 하는데, 일반적으로 제시되는 이자율은 연간 표면이자율이다.
라. 미래가치는 현재의 일정 금액을 미래 일정 시점의 화폐가치로 환산한 것이며, 현재가치를 이자율로 할인하여 구할 수 있다.

① 가, 나, 다
② 가, 나, 라
③ 가, 다, 라
④ 나, 다, 라

정답 | ①
해설 | 라. 미래가치는 현재가치에 이자율을 곱하여 구할 수 있다. 현재가치는 미래가치를 기간에 따른 할인율로 할인하여 구한다.

★★★

04 연정훈씨는 지금부터 4년 후 은퇴시점에 10억원을 마련하고자 한다. 연정훈씨가 세후투자수익률 연 5% 연복리 투자상품에 투자할 경우 은퇴자금 확보를 위해 현재 보유하고 있어야 하는 일시금 금액을 계산하기 위한 공식으로 가장 적절한 것은?

① 10억원 $\times (1+0.05\times 4)$
② 10억원 $\div (1+0.05\times 4)$
③ 10억원 $\times (1+0.05)^4$
④ 10억원 $\div (1+0.05)^4$

정답 | ④

해설 | 현재가치는 미래에 발생할 일정금액을 현재시점의 화폐가치로 환산한 것으로, 미래가치를 기간에 따른 할인율로 할인하여 구한다. 연복리의 경우 현재가치를 계산하는 식은 다음과 같다.

$$PV = \frac{FV}{(1+i)^n}$$

★★★

05 권진아씨는 지금부터 4년 후 결혼시점에 결혼자금으로 1억원을 마련하고자 한다. 권진아씨가 세후투자수익률 연 5% 월복리 투자상품에 투자할 경우 결혼자금 확보를 위해 현재 보유하고 있어야 하는 일시금 금액을 계산하기 위한 공식으로 가장 적절한 것은?

① 1억원 $\times (1+0.05)^4$

② 1억원 $\div (1+0.05)^4$

③ 1억원 $\div (1+0.05)^{4\times12}$

④ 1억원 $\div \left(1+\frac{0.05}{12}\right)^{4\times12}$

정답 | ④

해설 | 현재가치는 미래에 발생할 일정금액을 현재시점의 화폐가치로 환산한 것으로, 미래가치를 기간에 따른 할인율로 할인하여 구한다. 일반적으로 제시되는 이자율은 연간 표면이자율이기 때문에 1년에 이자가 2회 이상 지급되는 복리일 경우에는 표면이자율은 기간(n)에 복리지급횟수를 곱하여 적용하고, 이자율(i)은 복리횟수로 나누어서 적용한다. 아래는 월복리일 경우 현재가치를 구하는 식이다.

$$PV = \frac{FV}{\left(1+\frac{i}{12}\right)^{n\times12}}$$

★★★

06 화폐의 시간가치 기본개념에 대한 설명으로 적절하지 않은 것은?

① 단리는 일정한 시기에 원금에 대해서만 이자율을 곱하여 이자를 계산하는 방식인데 반해, 복리는 이자를 계산할 때 앞에서 지급한 이자를 원금에 중복한 금액에 이자율을 곱하여 이자를 계산하는 방식이다.

② A은행에 원금 1억원을 연 5%의 단리로 3년간 예금했다면, A은행으로부터 3년 뒤 수령할 수 있는 원리금은 115,000천원이다.

③ 투자기간이 같다면 복리의 경우 이자를 부리하는 주기가 짧을수록 만기에 수령하는 전체 이자금액이 더 많아진다.

④ 적립식 정액투자의 경우 기간 말에 입금하는 것이 기간 초에 입금하는 것보다 미래가치가 더 크다.

정답 | ④

해설 | ④ 적립식 정액투자의 경우 기간 초에 입금하는 것이 기간 말에 입금하는 것보다 한 기간의 이자가 더 가산되기 때문에 미래가치가 더 크다.

★★★
07 화폐의 시간가치에 대한 설명으로 적절하지 않은 것은?

① 미래가치는 현재의 일정 금액을 미래의 일정 시점의 화폐가치로 환산한 것으로, 화폐의 시간가치를 반영하여 현재의 일정 금액과 동일한 미래의 금액이 얼마인지를 평가한 것이다.
② 연금을 지급받는 경우 기간 말에 수령할 경우 기간 초에 수령하는 것보다 연금의 소진기간을 단축시킨다.
③ 복리기간이 연 7% 월복리이고 투자기간이 10년일 경우, 계산식은 $\left(1+\frac{0.07}{12}\right)^{10\times12}$ 으로 표현된다.
④ 미래의 은퇴시점에 10억원의 은퇴자금이 필요하다면 현재부터 은퇴시점까지 남은 기간 동안에 투자수익률로 투자되기 때문에 오늘 현재시점에는 10억원을 은퇴까지의 기간만큼 할인율로 할인한 금액만을 준비하면 된다.

정답 | ②
해설 | ② 연금을 지급받는 경우 기간 초에 수령할 경우 기간 말에 수령하는 것보다 한 기간만큼 연금적립금이 빨리 줄어들어 해당 수령액에 대한 투자기회가 상실되므로 연금의 소진기간을 단축시킨다.

··· TOPIC 2 재무설계 프로세스

★★★
08 다음 상담 내용 중 재무설계 프로세스 6단계가 순서대로 나열된 것은?

가. 투자설명서를 제공하고 설명한다.
나. 재무목표 달성을 위한 포트폴리오 전략을 구성한다.
다. 재무상태표 및 현금흐름표를 작성한다.
라. 재무목표를 구체화한다.
마. '왜? 고객이 재무설계사를 만나야 할까?'에 대한 답변을 준비한다.
바. 포트폴리오 전략, 수익률 등을 모니터링하고 측정한다.

① 라－다－나－바－마－가
② 라－마－다－나－가－바
③ 마－라－나－다－가－바
④ 마－라－다－나－가－바

정답 | ④
해설 | 마. 1단계 : 고객과의 관계정립
라. 2단계 : 고객 관련 정보의 수집
다. 3단계 : 고객의 재무상태 분석 및 평가
나. 4단계 : 재무설계 제안서의 작성 및 제시
가. 5단계 : 재무설계 제안서의 실행
바. 6단계 : 고객 상황의 모니터링

★★★
09 재무설계 프로세스 6단계가 순서대로 나열된 것은?

가. 고객의 재무목표 달성을 위하여 합리적이고 효율적인 재무설계안을 수립하고 이를 고객에게 제시하여 설명하여야 한다.
나. 고객의 재무적 자원, 해야 할 사항과 기대치들의 다양한 측면에 대한 인터뷰 또는 질문이 포함되며, 모든 문서수집도 포함된다.
다. 자료수집의 중요성을 설명하고, 정확한 자료수집에 협력해 줄 것을 당부한다.
라. 재무설계 제안서를 이행할 상품과 서비스를 선택할 때 재무설계사는 자신의 이익보다 고객의 이익을 우선시해야 한다.
마. 재무설계사의 제안 내용에 대한 성과평가는 물론이고 고객의 개인적인 상황변화, 법률, 세금 및 경제환경의 변화를 포함한 많은 요소들을 검토하고 필요시 조정을 진행한다.
바. 미래에 재무목표 달성을 위한 필요자금과 부족자금 등을 분석하여 추가로 필요한 저축여력을 계산하고, 현재 고객이 보유한 자산, 부채 상태와 고객의 현금흐름을 검토한다.

① 가－나－다－라－마－바
② 가－나－라－마－바－다
③ 다－가－나－라－마－바
④ 다－나－바－가－라－마

정답 | ④

해설 | 다. 1단계 고객과의 관계정립
나. 2단계 고객 관련 정보의 수집
바. 3단계 고객의 재무상태 분석 및 평가
가. 4단계 재무설계 제안서의 작성 및 제시
라. 5단계 재무설계 제안서의 실행
마. 6단계 고객 상황의 모니터링

★★★
10 다음 상담 내용을 토대로 재무설계 프로세스 6단계가 순서대로 나열된 것은?

가. 설정하신 목표를 이루기 위해서는 주식 70%, 채권 30%로 구성된 포트폴리오를 추천합니다.
나. 다른 고객님께서도 재무설계를 통해 인생의 목표를 차근차근 준비해 나가고 계십니다.
다. 투자상품의 성과를 점검한 결과 금융시장 악화로 재무설계 제안서의 목표치에 다소 미달하는 것으로 나타났습니다.
라. 고객님의 보험가입사항을 파악하기 위해 가입하고 있는 보험증권을 받아볼 수 있을까요?
마. 현금성자산의 금액이나 운용방법, 저축성자산의 만기나 예상환급금, 퇴직연금 등 기타자산의 규모 등을 파악한 결과 고객님의 재무목표에 부합하는 것으로 나타났습니다.
바. 고객님 성향에 맞는 최적의 펀드를 선정하기 위해서 관련 분야 전문가와 상담한 결과 A회사의 주식형 펀드가 가장 적합한 것으로 판단됩니다.

① 나－가－라－마－바－다
② 나－라－마－가－바－다
③ 라－나－마－가－바－다
④ 라－마－가－다－나－바

정답 | ②

해설 | 나. 1단계 : 고객과의 관계정립
라. 2단계 : 고객 관련 정보의 수집
마. 3단계 : 고객의 재무상태 분석 및 평가
가. 4단계 : 재무설계 제안서의 작성 및 제시
바. 5단계 : 재무설계 제안서의 실행
다. 6단계 : 고객 상황의 모니터링

★★★
11 재무설계 프로세스 1단계 고객과의 관계정립 단계에서 수행해야 할 핵심 업무에 해당하지 않는 것은?

① 재무설계의 정의와 내용에 대해 설명한다.
② 재무설계사 본인에 대한 정보를 알린다.
③ 자료수집의 중요성을 설명한다.
④ 구체적이고 측정 가능한 목표를 설정한다.

정답 | ④

해설 | ④ 2단계 고객 관련 정보의 수집 단계에서 수행해야 할 핵심 업무에 해당한다.

★★★
12 업무수행범위를 합의한 업무수행 계약서에 포함하는 사항으로 적절하지 않은 것은?

① 재무설계사와 고객의 역할과 책임
② 고객 정보의 비밀유지에 대한 확약
③ 발생 가능한 이해상충 상황
④ 다른 전문가에 대한 정보

정답 | ④

해설 | 업무수행범위를 합의한 업무수행 계약서에는 다음과 같은 사항을 포함한다.

- 재무설계사와 고객의 역할과 책임
- 포함되는 서비스와 포함되지 않는 서비스의 구분
- 재무설계 업무의 보수에 관한 사항
- 고객 정보의 비밀유지에 대한 확약
- 계약당사자와 계약기간
- 고객 불만 해결에 대한 사항
- 발생 가능한 이해상충 상황
- 계약 해지 및 종료에 대한 사항

★★★
13 업무수행범위의 설명에 대한 설명으로 적절하지 않은 것은?

① 재무설계사가 제공할 수 있는 서비스에 대해 정확히 알려야 함과 동시에, 제공할 수 없는 서비스에 대해 밝히는 것도 중요하다.

② 재무설계사의 상담범위를 넘어서는 전문분야에 대해서는 고객의 동의 없이도 반드시 다른 전문가의 도움을 받아야 한다.

③ 재무설계사와 고객은 프로세스를 진행하는 동안 제공하는 서비스의 범위에 대해 상호 합의하여 결정하고, 이를 문서화한 업무수행 계약서를 작성한다.

④ 업무수행범위를 합의한 업무수행 계약서에는 재무설계사와 고객의 역할과 책임, 포함되는 서비스와 포함되지 않는 서비스의 구분, 재무설계 업무의 보수에 관한 사항, 발생 가능한 이해상충 상황 등 업무수행과 관련된 중요사항을 포함한다.

정답 | ②

해설 | ② 재무설계사의 상담범위를 넘어서는 전문분야에 대해서는 반드시 다른 전문가의 도움을 받아야 하며, 고객에게 이를 설명하고 동의를 얻어야 한다.

★★★
14 재무설계 프로세스 6단계 중 나머지와 다른 프로세스로 적절한 것은?

① 자격의 종류, 본인의 역량 및 역할, 그리고 다른 전문가들과 어떻게 구별되는지에 대해서도 설명한다.

② 자료수집의 중요성을 설명한다.

③ 재무설계사와 고객은 프로세스를 진행하는 동안 제공하는 서비스의 범위에 대해 상호 합의하여 결정하고, 이를 문서화한 업무수행계약서를 작성한다.

④ 목표설정을 어려워하거나 목표의 우선순위 설정에 혼란을 겪거나, 비현실적인 목표를 생각하는 고객이 있다면 재무설계사가 도움을 주어야 한다.

정답 | ④

해설 | ④ 2단계 고객 관련 정보의 수집 단계에서 수행하는 업무이며, 나머지는 1단계 고객과의 관계정립 단계에서 수행하는 업무이다.

★★★
15 **재무설계사와 고객과의 대화 내용 중 재무설계 프로세스 1단계에 해당하는 것으로 모두 묶인 것은?**

> 가. 저는 AFPK 자격인증자로서 재무설계 경력 12년차이며 투자설계에 강점을 가지고 있습니다.
> 나. 저의 상담범위를 넘어서는 전문분야에 대해서는 다른 전문가의 도움을 받아 수행할 수 있습니다.
> 다. 가능하면 부부가 함께 면담하시는 것이 좋기 때문에 제가 면담시간을 맞추도록 하겠습니다.
> 라. 고객님께서 생각하시는 최고의 가치와 앞으로의 삶의 목표에는 어떤 것들이 있으신지요?

① 가, 나　　② 가, 다
③ 가, 나, 다　　④ 나, 다, 라

정답 | ①
해설 | 다. 2단계 고객 관련 정보의 수집단계에서의 유의사항이다.
라. 2단계 고객 관련 정보의 수집단계의 업무수행내용이다.

★★★
16 **재무관리 항목 중 재무목표의 구체화에 대한 적절한 설명으로 모두 묶인 것은?**

> 가. 목표설정을 어려워하거나 목표의 우선순위 설정에 혼란을 겪거나, 비현실적인 목표를 생각하는 고객이 있다면 재무설계사가 도움을 주어야 한다.
> 나. '조만간 내 집 마련'과 같은 목표가 아니라 '5년 후에 특정 지역에 약 10억원 정도의 아파트 마련' 등과 같이 구체적이며 측정 가능한 목표여야 한다.
> 다. 재무목표 구체화의 한 방법으로 생애주기에 따라 재무목표를 구분할 수 있다.
> 라. 저축여력을 기간에 따라 안정자산과 투자자산, 운용자산으로 배분해야 할 필요성을 설명하고, 현재 배분금액의 적정성 등을 확인한다.

① 가, 나, 다　　② 가, 나, 라
③ 가, 다, 라　　④ 나, 다, 라

정답 | ①
해설 | 라. 재무관리 항목 중 저축여력의 기간배분 여부에 대한 설명이다.

★★★
17 재무설계사가 2단계에서 수행해야 할 핵심 업무에 대한 설명으로 가장 적절한 것은?

① A재무설계사는 수입과 지출의 파악 시 비정기 소득은 제외하고 정기 소득만 파악하였다.
② B재무설계사는 고객의 미래 재무상태의 원인이 될 수 있는 자산과 부채 상황을 파악하였다.
③ C재무설계사는 보험증권을 통해 보장내용, 보장금액, 보장기간 등 고객의 보험가입사항을 정확히 파악하였다.
④ D재무설계사는 고객으로 하여금 도출된 결과를 더욱 신뢰하게 만들기 위해 일방의 생각으로 경제가정치를 결정하였다.

정답 | ③
해설 | ① 수입은 소득의 종류, 금액, 근무연수, 소득구조의 변화 가능성, 비정기 소득 여부 등이 함께 파악되어야 한다.
② 현금흐름, 즉 수입과 지출의 파악은 고객의 미래 재무상태의 원인이 될 수 있는 항목이다. 자산 및 부채 상황은 과거 여러 재무활동의 결과이다.
④ 설계안을 수립할 때 어떤 가정치를 적용하느냐에 따라 전혀 다른 결과가 도출되기도 하므로, 재무설계사는 일방의 생각이 아닌 고객과의 상호 협의에 따라 가정치를 결정한다. 이는 고객으로 하여금 도출된 결과를 더욱 신뢰하게 만드는 효과가 있다.

★★★
18 재무설계 프로세스 2단계인 고객 관련 정보의 수집에 대한 설명으로 적절하지 않은 것은?

① 재무설계사 홍길동씨는 효과적인 질문법과 경청하는 태도가 중요하다고 판단하여, 고객이 스스로 생각하고 대답할 수 있도록 가능하면 간편하고 쉬운 질문을 이용하였다.
② 면담 또는 화상미팅을 통해서 파악하는 방법은 정량적 정보뿐만 아니라 정성적 정보를 파악하기에 용이하고 고객과의 신뢰관계 형성에도 가장 적합한 방법이다.
③ 면담이 불가능한 경우에는 설문서나 전화 또는 이메일 등을 통해서도 가능하지만, 이와 같은 방법은 불명확한 정보를 수집할 가능성도 있고, 정성적 정보를 파악하기에는 한계가 있다.
④ 재무설계사 오승재씨는 고객의 정성적 정보에 저축과 투자 내역, 각종 보험 등 보장자산 내역, 현재 또는 미래의 납세의무 등을 포함시켰다.

정답 | ④
해설 | ④ 수입지출, 자산과 부채 및 저축과 투자 내역, 각종 보험 등 보장자산 내역, 자산과 부채의 과세 특성, 현재 또는 미래의 납세의무 등은 재무적(정량적) 정보에 해당한다. 비재무적(정성적) 정보에는 가치관, 꿈, 희망사항, 돈에 대한 신념이나 태도(재무심리상태), 삶의 목표, 기혼가정의 경우 돈 관리의 주체, 관심과 취미생활, 고용에 대한 상황 및 기대, 위험수용성향, 투자경험 및 금융이해력 수준, 현재 or 미래 라이프스타일에서 예상되는 변화, 의사결정에 영향을 미칠만한 가족관계(부모, 형제관계), 고객과 연결된 다른 전문가들에 대한 정보 등이 포함된다.

★★★
19 재무설계사가 수행해야 할 3단계의 업무수행내용으로 모두 묶인 것은?

> 가. 고객의 현재 재무상태에 대한 강점과 취약점을 평가하여 고객이 현재 하고 있는 것으로 그들의 재무목표를 충족할 수 있는지 여부를 살펴봐야 한다.
> 나. 고객의 재무목표 달성을 위하여 합리적이고 효율적인 재무설계안을 수립하고 이를 고객에게 제시하여 설명하여야 한다.
> 다. 재무설계 제안서를 이행할 상품과 서비스를 선택할 때 재무설계사는 자신의 이익보다 고객의 이익을 우선시해야 한다.
> 라. 실행된 재무설계 제안서 사항들의 건전성과 목표달성을 위한 진행상황을 모니터링한다.

① 가
② 나, 다
③ 다, 라
④ 가, 나, 라

정답 | ①
해설 | 나. 4단계 : 재무설계 제안서의 작성 및 제시
다. 5단계 : 재무설계 제안서의 실행
라. 6단계 : 고객 상황의 모니터링

★★★
20 다음 '가~라'에 해당하는 재무설계 프로세스 단계가 적절하게 연결된 것은?

> 가. 기간이 명시되고, 금액으로 수치화가 가능한 구체적이고 측정 가능한 재무목표를 설정한다.
> 나. 재무설계의 정의와 내용, 재무설계가 필요할 수밖에 없는 여러 환경적 변화, 재무설계의 이점에 대해 설명한다.
> 다. 고객으로부터 수집한 정량적, 정성적 정보를 철저히 분석하여 고객의 현재 재무상태에 대한 강점과 취약점을 평가하여 고객이 현재 하고 있는 것으로 그들의 재무목표를 충족할 수 있는지 여부를 살펴본다.
> 라. 현 상황에서 목표달성을 위해 최적화된 방안이 무엇인지 도출하고 이의 실행이 가져올 효과까지 고려하여 최적의 재무설계 대안을 마련한다.

	가	나	다	라
①	1단계	2단계	3단계	4단계
②	2단계	1단계	3단계	4단계
③	2단계	3단계	4단계	1단계
④	3단계	1단계	4단계	2단계

정답 | ②
해설 | 가. 2단계 : 고객 관련 정보의 수집
나. 1단계 : 고객과의 관계정립
다. 3단계 : 고객의 재무상태 분석 및 평가
라. 4단계 : 재무설계 제안서의 작성 및 제시

★★★

21 재무설계사가 작성하는 재무설계 제안서에 포함되어야 하는 내용으로 모두 묶인 것은?

> 가. 고객의 위험수용성향과 고객과 합의된 목표수익률의 제시
> 나. 고객의 재무심리상태분석
> 다. 저축여력의 배분 필요성 재확인
> 라. 각론별 재무설계상의 대안 제시
> 마. 고객의 실천과제 요약정리

① 가, 라, 마　　② 가, 나, 라, 마
③ 나, 다, 라, 마　　④ 가, 나, 다, 라, 마

정답 | ④
해설 | 재무설계사가 작성하는 재무설계 제안서에 포함되어야 하는 주요 내용은 다음과 같다.

> ① 고객의 재무목표 우선순위
> ② 고객의 위험수용성향과 고객과 합의된 목표수익률의 제시
> ③ 고객의 재무심리상태분석
> ④ 재무관리 요약(저축여력의 배분 필요성 재확인)
> ⑤ 각론별 재무설계상의 대안 제시
> ⑥ 수정 재무상태표와 수정 현금흐름표의 제시
> ⑦ 저축여력의 기간 배분(재무관리) 제시
> ⑧ 재무설계안의 요약정리
> ⑨ 고객의 실천사항(실행과제) 요약정리

★★★

22 재무설계 제안서의 작성 및 제시에 대한 적절한 설명으로 모두 묶인 것은?

> 가. 물가상승률, 세후투자수익률 등 경제가정치는 재무설계사 일방의 생각이 아닌 고객과의 상호 협의에 따라 결정한다.
> 나. 고객의 정량화된 분석평가 사항과 상담을 통해 파악한 고객의 정성적 사항을 고려하여 재무설계사가 고객의 입장에서 그 고객 고유의 방향성을 고민하는 단계이다.
> 다. 재무설계 수립의 맥락에서 재무설계사는 일반적으로 기술적이고 생산적이고 절차적인 제안서를 고객의 핵심 재무목표와 일치시키기 위해 노력해야 한다.
> 라. 재무설계안의 내용에 대해 충분히 이해하고 있는지, 실행하려는 의지가 있는지 또는 다른 전문가의 도움이 필요한지 등을 확인한다.

① 가, 나, 다　　② 가, 나, 라
③ 가, 다, 라　　④ 나, 다, 라

정답 | ④
해설 | 가. 2단계 고객 관련 정보의 수집 단계에서 수행해야 할 업무 내용이다.

★★★
23 재무설계 제안서의 실행 단계에서 수행하는 활동으로 모두 묶인 것은?

> 가. 재무설계사와 고객 사이의 역할 분담을 결정하는 것
> 나. 다른 전문가들을 소개하는 것
> 다. 승인된 정보를 공유하는 것
> 라. 상품과 서비스를 선택하고 확보하는 것
> 마. 고객 재무상황의 변화를 점검하는 것

① 가, 나, 다　　② 가, 라, 마
③ 가, 나, 다, 라　　④ 나, 다, 라, 마

정답 | ③
해설 | 〈5단계에서 포함하는 활동들〉

> • 실행단계에 필요한 활동들을 식별하는 것
> • 재무설계사와 고객 사이의 역할 분담을 결정하는 것
> • 다른 전문가들을 소개하는 것
> • 다른 전문가들과 협력하는 것
> • 승인된 정보를 공유하는 것
> • 상품과 서비스를 선택하고 확보하는 것

★★★
24 재무설계 제안서의 작성 및 제시, 실행, 고객 상황의 모니터링에 대한 적절한 설명으로 모두 묶인 것은?

> 가. 재무설계 제안서는 고객의 입장에서 전문가의 눈으로 바라본 대안으로서 재무설계사의 견해가 포함된 문서이다.
> 나. 재무설계사가 작성하는 재무설계 제안서에는 각론별 재무설계상의 대안, 수정재무상태표와 수정 현금흐름표, 저축 여력의 기간 배분 제시 등과 같은 내용이 포함되어야 한다.
> 다. 재무설계 제안서의 실행은 재무설계사가 지시하기 때문에 '재무설계사의 관점에서 실행안을 보는 것'이 중요하다.
> 라. 일련의 성과평가 이후에는 정보수집 단계로 돌아가 재무목표를 재설정하고 이에 필요한 정보들을 수집해 다시 재무설계 프로세스를 진행할 수도 있다.

① 가, 나, 다　　② 가, 나, 라
③ 가, 다, 라　　④ 나, 다, 라

정답 | ②
해설 | 다. 재무설계사가 지시하기는 하지만 고객이 수행할 필요를 느낄 수 있을지 없을지 모를 많은 책임들이 있기 때문에 '고객의 관점에서 실행안을 보는 것'이 중요하다.

★★★
25 재무설계 프로세스에 대한 설명으로 적절하지 않은 것은?

① 재무설계 프로세스는 단일, 복합, 종합재무설계에서 모두 이루어지며, 체계적인 프로세스는 고객 상황을 이해하려는 재무설계사의 노력, 국제 FPSB의 업무수행기준, 전문가적인 업무수행 그리고 윤리규정들에 의해 형성되고 수행된다.
② 고객으로부터 수집해야 하는 정보는 고객 및 가족구성원에 관한 기본정보, 가치관, 삶의 목표, 관심과 취미생활과 같은 비재무적 정보, 위험수용성향, 투자경험 및 금융이해력 수준과 같은 재무적 정보, 그리고 경제가정치가 있다.
③ 현재의 재무상황이 재무목표 달성을 위해 적절하지 않다면 재무목표에 대한 조정이 필요한지, 현금흐름 조정이 가능한지, 자산 · 부채상황을 재무목표 달성을 위해 최적화할 수 있는지 등과 같은 사항을 고려해야 한다.
④ 실행기간 동안 재무설계사는 고객을 위해 추가적인 서비스들을 수행하거나, 고객으로 하여금 다른 전문가들과 협력하는 노력을 하게끔 자문한다.

정답 | ②
해설 | ② 재무적(정량적) 정보는 수입지출, 자산과 부채 및 저축과 투자 내역, 공적연금, 퇴직연금(퇴직금), 개인연금 등 연금자산 내역, 각종 보험 등 보장자산 내역, 자산과 부채의 과세 특성, 현재 또는 미래의 납세의무, 개인사업자의 경우 사업 정보(임차료/인건비/관리비 등 3대 기본경비 포함), 증여, 상속 내역 등이 있다. 위험수용성향, 투자경험 및 금융이해력 수준은 비재무적(정성적) 정보에 해당된다.

★★★
26 다음 재무설계 프로세스 단계와 각 단계별 송지효 재무설계사가 수행하는 업무에 대한 설명으로 적절하지 않은 것은?

① 1단계 : 송지효 재무설계사와 고객은 프로세스를 진행하는 동안 제공하는 서비스의 범위에 대해 상호 합의하여 결정하고, 이를 문서화한 업무수행 계약서를 작성하였다.
② 2단계 : 송지효 재무설계사는 고객이 막연하게 생각하고 있는 인생목표를 구체적으로 생각해 보게 하고 그것을 표현할 수 있도록 도와주었다.
③ 3단계 : 송지효 재무설계사는 현재의 재무상황이 재무목표 달성을 위해 적절하지 않아 재무목표에 대한 조정이 필요한지, 현금흐름 조정이 가능한지, 자산 · 부채상황을 재무목표 달성을 위해 최적화할 수 있는지 등과 같은 사항을 고려하였다.
④ 4단계 : 송지효 재무설계사는 재무설계 제안서를 작성하는 과정에서 자신의 주관적인 견해가 들어가지 않도록 최대한 노력하였다.

정답 | ④
해설 | ④ 재무설계 제안서는 '고객의 입장에서 전문가의 눈으로' 바라본 대안으로서 재무설계사의 견해가 포함된 문서이다.

★★★
27 실제 상황에서 일어날 수 있는 재무설계사와 고객 간의 다음 대화 내용과 재무설계 프로세스 각 단계가 적절하게 연결된 것은?

① 1단계 : 고객님께서 교통사고로 크게 다치시거나 장애를 입을 수도 있다는 생각을 하시진 않으셨나요?
② 2단계 : 고객님의 사정으로 재무설계에 필요한 충분한 자료가 확보되지 못할 경우 서비스 범위가 제한될 수 있습니다.
③ 4단계 : 고객님의 개인적인 상황 변화나 재무상황의 변화는 재무설계안에 신속히 반영되어야 하는 중요한 사항이므로 지속적으로 알려주셔야 합니다.
④ 5단계 : 실행기간 동안 고객님을 위해 추가적인 서비스들을 수행하거나, 다른 전문가들과 협력할 수 있습니다.

정답 | ④
해설 | ① 고객의 재무목표를 파악하는 2단계에 해당함
② 자료수집의 중요성을 설명하는 1단계에 해당함
③ 고객 상황의 모니터링은 6단계에 해당함

CHAPTER

04 소비자신용 및 부채관리

출제비중 : 20~33% / 3~5문항

학습가이드

학습 목표	학습 중요도
Tip 제도 이해를 중심으로 학습 필요	
1. 소비자신용의 개념과 분류 및 장단점 등을 설명할 수 있다.	★★
2. 개인신용정보의 종류를 파악하고 개인신용평가체계 및 신용관리 방법을 알 수 있다.	★★
3. 대출 시 고려사항을 알고 부채관리를 할 수 있다.	★★★
4. 채무자구제제도를 알고 고객에게 상담할 수 있다.	★★★

TOPIC 1 소비자신용

★★☆

01 소비자신용에 대한 설명으로 가장 적절한 것은?

① 금융회사나 판매업자가 소비자에게 소비지출에 필요한 자금을 직접 대출하거나 소비자에게 물품이나 서비스를 제공하고 그 대금을 나중에 갚도록 하는 것 등을 통해 신용을 제공하는 것을 말한다.

② 금융회사에서 소비자가 물품이나 서비스 구입에 필요한 자금을 제공하는 것은 신용판매라고 한다.

③ 판매업자가 물품 등을 소비자에게 제공하고 그 대금을 나중에 받는 것은 소비자금융이라고 한다.

④ 소비자금융은 사금융대출, 담보부대출, 신용판매로 구분되고, 신용대출은 신용카드 할부판매, 할부금융회사 할부판매로 구분된다.

정답 | ①

해설 | • 소비자신용은 크게 금융회사에서 소비자가 물품이나 서비스 구입에 필요한 자금을 제공하는 것은 소비자금융과 판매업자가 물품 등을 소비자에게 제공하고 그 대금을 나중에 받는 것은 신용판매로 나눈다.
• 소비자금융은 다양한 금융회사를 통해 담보부대출이나 신용대출의 형태로 제공되고 있으며, 공금융대출과 사금융대출로 구분하기도 한다. 신용판매는 신용카드 할부판매와 할부금융회사 할부판매로 구분된다.

★★☆

02 소비자신용 중 소비자금융에 해당하는 사례로 모두 묶인 것은?

가. A는 주택을 구입하기 위해 은행에서 1억원의 주택담보대출을 받았다. 나. B는 얼마 전 가입한 보험회사로부터 200만원의 신용대출을 받았다. 다. C는 사고로 인한 긴급생활비 충당을 위해 개인대부업자에게 500만원을 대출하였다. 라. D는 집을 이사하면서 **회사에서 신형냉장고를 300만원에 구매했다. 마. E는 **회사에서 중형자동차를 36개월 차량할부로 구입했다.

① 가, 나, 다 ② 가, 라, 마
③ 나, 다, 라 ④ 다, 라, 마

정답 | ①

해설 | • 소비자신용은 크게 금융회사에서 소비자가 물품이나 서비스 구입에 필요한 자금을 제공하는 것은 소비자금융과 판매업자가 물품 등을 소비자에게 제공하고 그 대금을 나중에 받는 것은 신용판매로 나눈다. 주택의 건축이나 구입, 임대 등과 관련된 자금을 금융회사에서 제공하는 주택금융은 그 특성상 대부분 소비자금융의 범주에 속한다.
• 소비자금융은 (소비자)대출이라고도 하는데, 다양한 금융회사를 통해 담보부대출이나 신용대출의 형태로 제공되고 있다.

★★☆

03 리스에 대한 적절한 설명으로 모두 묶인 것은?

가. 금융리스는 소비자금융의 성격이 강하다. 나. 금융리스 이용자는 리스 이용물건에 대한 유지 · 관리 및 위험에 대한 책임을 지니게 되고, 리스계약기간은 리스물건의 경제적 내용연수를 참고하여 양 당사자 간의 합의에 의하여 결정된다. 다. 운용리스는 리스이용자가 사용하고자 하는 물건을 필요한 기간 동안에만 이용하고 계약기간이 만료되면 리스회사에 물건을 반환하는 형태의 리스계약으로 임대차거래의 성격을 갖는다. 라. 운용리스는 원칙적으로 중도해지를 할 수 없다.

① 가, 나, 다 ② 가, 나, 라
③ 가, 다, 라 ④ 나, 다, 라

정답 | ①

해설 | 라. 금융리스에 대한 설명이다. 운용리스는 금융리스와 달리 계약기간 만료 이전이라도 리스이용자의 희망에 따라 언제라도 중도해지할 수 있으며 사무용기계나 의료기기, 자동차나 컴퓨터, 정수기 등의 내구소비재 등의 이용을 위해 주로 사용된다.

★★☆

04 소비자신용의 장점에 해당하지 않는 것은?

① 인플레이션을 대비할 수 있도록 도와주는 역할을 할 수 있다.
② 개인 및 가계의 재무관리에 융통성을 제공할 수 있다.
③ 신용을 사용하는 것은 생활에서 필요한 물품을 즉시 구입할 수 있도록 도와주어 만족을 극대화하는 효과도 있다.
④ 신용을 이용하여 미래의 구매력을 증가시킬 수 있다.

정답 | ④
해설 | ④ 신용을 이용하여 현재의 구매력을 증가시킬 수 있으며, 미래의 구매력을 감소시킨다.

▪▪▪ TOPIC 2 개인신용정보와 개인신용평가

★★☆

05 한국신용정보원을 통해 집중 및 관리되는 개인신용정보로 모두 묶인 것은?

가. 채무불이행 정보(연체 3개월 이상)
나. 대출 및 채무보증 정보
다. 신용카드 개설 정보
라. 세금체납 등 공공정보

① 가, 라
② 가, 나, 다
③ 나, 다, 라
④ 가, 나, 다, 라

정답 | ④
해설 | 〈개인신용정보의 집중 및 관리〉

구분		신용정보 집중내용	신용정보 제공기관	신용정보 이용기관
공공 CB	한국신용정보원	채무불이행 정보(연체 3개월 이상)	금융회사, 국세청과 법원 등 공공기관	금융회사
		대출 및 채무보증 정보		
		신용카드 개설 정보		
		세금체납 등 공공정보		
민간 CB	KCB, NICE평가정보 등	한국신용정보원에서 받은 정보	한국신용정보원	금융회사 및 비금융회사
		5영업일 이상 연체정보 등 한국신용정보원보다 더 상세한 자료	금융회사	
		대부업체 및 비금융회사로부터 받은 정보	대부업체, 비금융회사(통신회사, 백화점 등)	

★★☆

06 연체정보에 대한 적절한 설명으로 모두 묶인 것은?

가. 금융회사는 고객이 대출원금, 이자 등을 3개월 이상 연체한 경우, 신용카드대금(5만원 이상), 카드론대금 및 할부금융 상환금을 3개월 이상 연체한 경우 등에 해당할 때에는 사유발생일로부터 7영업일 이내에 한국신용정보원에 해당 연체정보를 등록해야 한다.
나. 한국신용정보원에 등록된 연체정보는 등록일로부터 60일 이내에 연체금을 상환한 경우 또는 연체대출금이 5백만원 이하 중에서 상환한 경우에는 해제된다.
다. 등록사유가 해제되더라도 해제사유발생일로부터 연체기간까지 연체기록이 최장 6개월 보존된 후에 삭제된다.
라. 연체기간이 3개월 미만의 단기연체정보는 한국신용정보원의 등록대상이 아니지만 신용평가회사에서는 연체 5영업일 이상의 연체정보를 수집하고 있다.

① 가, 라
② 나, 다
③ 가, 나, 다
④ 가, 나, 다, 라

정답 | ①

해설 | 〈연체정보의 등록, 해제 및 삭제〉

<table>
<tr><th rowspan="2">금융회사</th><th colspan="4">연체정보(한국신용정보원)</th></tr>
<tr><th>등록</th><th>해제</th><th colspan="2">삭제</th></tr>
<tr><td rowspan="2">3개월 이상
연체 발생</td><td rowspan="2">7영업일 이내</td><td rowspan="2">연체금 상환
즉시</td><td>해제(상환)와 동시</td><td>• 등록일로부터 90일 이내 상환
• 연체대출금 1천만원(카드 5백만원) 이하 중 상환</td></tr>
<tr><td>해제(상환)일로부터
연체 기간(최장 1년)</td><td>그밖에</td></tr>
</table>

★★☆

07 개인신용정보에 대한 적절한 설명으로 모두 묶인 것은?

가. 공공 CB인 한국신용정보원은 금융회사로부터 연체정보(연체 3개월 이상), 대출정보, 채무보증정보, 신용카드 개설정보 등을, 국세청으로부터 세금체납정보를, 법원으로부터 파산정보 등을 각각 수집하여 집중적으로 관리하고 있다.
나. 금융회사는 고객이 대출원금, 이자 등을 3개월 이상 연체한 경우에는 사유발생일로부터 7영업일 이내에 한국신용정보원에 해당 연체정보를 등록해야 한다.
다. 금융질서문란정보는 해제사유가 발생하더라도 그 기록이 5년간 보존된 후에 삭제되므로 오랫동안 금융거래에 불이익을 받게 된다.
라. 세금, 과태료, 국민건강보험료 및 국민연금보험료 등의 체납, 법원 또는 신용회복위원회의 신용회복지원, 법원의 판결에 의한 채무불이행자, 국세청 모범납세자 등 모든 공공정보는 해제와 동시에 삭제되어 별도의 기록 보존기간이 없다.

① 나, 다
② 가, 나, 라
③ 가, 다, 라
④ 가, 나, 다, 라

정답 | ④
해설 | 모두 적절한 설명이다.

★★☆
08 개인신용평가에 대한 적절한 설명으로 모두 묶인 것은?

가. 금융회사는 CB에서 제공받은 개인신용정보, 신용평가회사의 개인신용평가 결과, 해당 금융회사에서 스스로 수집한 개인신용정보 등을 종합하여 자체 신용평가모형에 반영하여 개인신용평가를 재산정한 후에 여신심사 시 활용하고 있다.
나. 개인신용평점이란 신용평가회사가 개인의 과거와 현재 신용정보를 수집한 후 이를 통계적으로 분석하여 향후 신용위험 발생 가능성을 통계적 방법에 의하여 1~500점으로 점수화하여 제공하는 지표이다.
다. 각 점수는 상대적인 위험 정도를 나타내는 것으로 신용평점이 높을수록 신용위험 발생 가능성이 높다는 의미이다.
라. 개인신용평점은 개인의 신용을 바탕으로 금융회사가 대출심사나 신용카드 개설 등을 결정하거나 일반 기업체가 대리점 관리, 외상거래 개설 등의 의사를 결정할 때 참고자료로 활용할 수 있다.
마. 개인은 신용평가회사 등의 인터넷 홈페이지 등을 통해 연 3회까지 무료로 본인 신용정보를 확인할 수 있으므로, 재무설계사는 개인이 개인신용정보 무료조회를 활용하여 평소 자신의 신용상태를 점검하고 개선하도록 유도하는 것이 좋다.

① 가, 나, 다
② 가, 나, 라
③ 가, 라, 마
④ 나, 다, 라, 마

정답 | ③
해설 | 나. 개인신용평점이란 신용평가회사가 개인의 과거와 현재 신용정보를 수집한 후 이를 통계적으로 분석하여 향후 1년 내 90일 이상 장기연체 등 신용위험 발생 가능성(위험도)을 통계적 방법에 의하여 1~1,000점으로 점수화하여 제공하는 지표이다.
다. 각 점수는 상대적인 위험 정도를 나타내는 것으로 신용평점이 높을수록 신용상태가 우수하며, 낮을수록 신용상태가 좋지 않다는 의미이다.

★★☆

09 신용관리에 대한 설명으로 적절하지 않은 것은?

① 신용정보주체는 신용정보회사 등이 가지고 있는 본인 신용정보의 제공 또는 열람을 청구할 수 있으며, 본인 신용정보가 사실과 다른 경우에는 정정을 청구할 수 있는데, 이 경우 신용정보회사 등은 7영업일 이내에 그 처리결과를 알려야 한다.

② 개인은 신용정보 고지요구권을 행사하여 고지받은 본인 정보의 내용에 이의가 있으면 고지를 받은 날로부터 60일 이내에 해당 신용정보를 수집 · 제공한 신용평가회사 등에게 그 신용정보의 정확성을 확인하도록 요청할 수 있다.

③ 신용평점 설명요구권은 개인신용정보에 근거하여 상거래 관계 설정을 거절하거나 중지한 경우에만 제한적으로 적용되는 데 반해 신용정보의 고지요구권은 상거래 관계 거절 여부와 상관없이 적용된다.

④ 신용평점 설명요구권을 행사하는 과정에서 개인은 자동화평가 결과의 산출에 유리한 신용정보를 제출할 수 있고, 부정확한 정보 또는 오래된 정보의 정정 또는 삭제하거나 재산출해 줄 것을 요구할 수 있다.

정답 | ③

해설 | ③ 신용정보의 고지요구권은 개인신용정보에 근거하여 상거래 관계 설정을 거절하거나 중지한 경우에만 제한적으로 적용되는 데 반해 신용평점 설명요구권은 상거래 관계 거절 여부와 상관없이 적용된다.

★★☆

10 홍성완씨의 재무상황에 대한 재무설계사의 조언으로 가장 적절한 것은?

〈홍성완씨의 재무상황〉
- 자녀의 교육비 마련을 위해 1년에 3회 정도 신용카드 대출을 받았다.
- 현재 신용카드를 4개 정도 보유하고 있다.
- ○○신용카드의 경우 결제통장 잔고부족으로 3일 정도의 연체이력이 있다.
- ○○구 ○○동에 위치한 신규주택으로 이사할 예정이다.

① 홍성완 고객의 ○○신용카드 연체기록은 한국신용정보원에 연체정보로 등록되었다고 설명하였다.

② 신용카드 사용실적은 신용점수에 긍정적으로 작용하므로, 신용카드를 여러 개 발급받아 사용하는 등 신용점수 상승을 위한 분명한 목표설정 및 노력이 필요하다고 설명하였다.

③ 신용카드 이용대금 중 일정 금액만 당월 결제하고 미결제 잔액을 이월시키는 리볼빙 제도가 있으므로 반드시 상환능력 범위 내에서 대출 및 신용카드를 사용할 필요는 없다고 조언하였다.

④ 청구서를 수령하지 못해 연체되는 등 불이익을 발생하지 않도록 주소나 휴대폰 번호 등 개인정보 변경 시 꼭 금융회사 등에 알리라고 조언하였다.

정답 | ④

해설 | ① 금융회사는 고객이 대출원금, 이자 등을 3개월 이상 연체한 경우, 신용카드대금(5만원 이상), 카드론대금 및 할부금융 상환금을 3개월 이상 연체한 경우 등에 해당할 때에는 사유발생일로부터 7영업일 이내에 한국신용정보원에 해당 연체정보를 등록해야 한다.

② 신용카드 발급과 사용은 신중히 하자. 건전한 신용카드 사용실적은 신용점수에 긍정적으로 작용하지만 카드 개수가 너무 많거나 과도한 사용으로 연체가 발생하면 신용점수에 부정적 영향을 준다.

③ 리볼빙의 습관적 사용은 신용관리에 독이 된다. 신용카드 이용대금 중 일정 금액만 당월 결제하고 미결제 잔액을 이월시키는 리볼빙 제도를 자주 사용하면 연체로 이어질 가능성이 높으므로, 당월 결제가 가능한 금액만 소비하는 습관을 갖는다. 상환능력 범위 내에서 대출 및 신용카드를 사용한다. 정기적인 대출 상환계획을 수립하고 장기적으로 본인의 상환능력을 벗어난 대출 및 신용카드는 사용하지 않는다.

••• TOPIC 3 부채관리

★★★

11 연소득 3,000만원인 한소희씨가 비수도권에 3억원짜리 주택을 구입하기 위해 주택담보대출(만기 10년, 연 2.5% 월복리)을 희망하는 경우 한소희씨가 LTV 60% 적용기준으로 대출받을 수 있는 최대대출가능금액으로 가장 적절한 것은(단, 기타대출, 선순위채권, 임차보증금 및 최우선변제 소액임차보증금은 없으며, 현재 무주택자이고 실수요 목적으로 청약조정대상지역 이외에 주택을 구입하는 것으로 가정한다.)?

① 1.2억원 ② 1.5억원

③ 1.8억원 ④ 2.1억원

정답 | ③

해설 | • 담보인정비율이란 주택 담보가치에 대한 대출 취급가능 금액의 비율로 주택을 담보로 금융회사에서 대출을 받을 때 해당 주택가격에 대한 대출의 크기를 나타낸다.

• $\text{LTV} = \frac{\text{주택담보대출금액} + \text{선순위 채권} + \text{임차보증금 등}}{\text{담보가치}} \times 100$

• 최대 대출가능 한도 : 담보가치 3억원×LTV 60% = 1.8억원

★★★
12 대출한도 결정에 대한 설명이 적절하게 연결된 것은?

A. 주택 담보가치에 대한 대출 취급가능 금액의 비율로 주택을 담보로 금융회사에서 대출을 받을 때 해당 주택가격에 대한 대출의 크기
B. 차주의 연간 소득 대비 연간 금융부채 원리금 상환 비율로 차주의 소득수준에 비해 총 금융부채 상환부담을 판단하는 지표
C. $\frac{\text{'주택담보대출 연간 원리금 상환액+기타부채 연간 이자상환액'}}{\text{연간소득}}$으로 산출

	LTV	DTI	DSR
①	A	B	C
②	A	C	B
③	B	C	A
④	C	B	A

정답 | ②
해설 | A. 담보인정비율(LTV)에 대한 설명이다.
B. 총부채원리금상환비율(DSR)에 대한 설명이다.
C. 총부채상환비율(DTI)에 대한 설명이다.

★★★
13 대출한도 결정에 대한 설명으로 가장 적절한 것은?

① 담보인정비율(LTV)은 차주의 원리금 상환액이 연간 소득에서 차지하는 비율로 주택 등 부동산을 담보로 대출을 받을 때 차주의 부채부담능력을 측정하는 지표이다.
② 담보 제공된 주택에 설정된 선순위 근저당권 등과 같은 선순위채권 또는 임차보증금 등은 주택담보대출금액에 합산되는데, 지역별로 LTV가 차등 적용되고 고가주택 및 다주택자의 경우 LTV를 차감하며, 서민 · 실수요자는 LTV를 우대한다.
③ 총부채상환비율(DTI)은 주택 담보가치에 대한 대출 취급가능 금액의 비율로 주택을 담보로 금융회사에서 대출을 받을 때 해당 주택가격에 대한 대출의 크기를 나타낸다.
④ 총부채원리금상환비율(DSR)은
$\frac{\text{'주택담보대출 연간 원리금 상환액+기타부채 연간 이자상환액'}}{\text{연간소득}}$으로 산정한다.

정답 | ②
해설 | ① 총부채상환비율(DTI)에 대한 설명이다.
③ 담보인정비율(LTV)에 대한 설명이다.
④ 총부채상환비율(DTI)에 대한 설명이다.
총부채원리금상환비율(DSR)은 $\frac{\text{'금융회사 대출의 연간 원리금 상환액'}}{\text{연간소득}}$으로 산정한다.

★★★
14 부채관리에 대한 설명으로 적절하지 않은 것은?

① DTI는 대출로 인한 부채상환액이 소득의 일정 비율을 넘지 못하도록 규제하여 대출원금의 크기를 조정하는 것을 의미한다.

② 고정금리는 대출을 받은 후에 시장의 기준금리가 상승하더라도 추가적인 이자 부담이 없어 유리하며, 반대로 시장 기준금리가 하락할 경우에는 이자에 대한 부담이 줄어드는 장점이 있다.

③ 고정금리는 대출을 해 준 이후에 시장의 기준금리가 변동할 위험을 금융회사가 부담하게 되어 해당 위험을 보존받기 위하여 차주에게 추가 비용을 요구하게 되므로 통상 변동금리보다 금리 수준이 높은 것이 일반적이다.

④ 변동금리는 시장의 기준금리가 하락하는 경우에는 이자 부담이 줄어드는 장점이 있지만 금리가 상승하는 경우에는 추가적 이자부담이 발생하게 되는 단점이 있다.

정답 | ②

해설 | ② 고정금리는 대출을 받을 때 금리가 확정되어 대출기간 동안 동일하게 적용되는데, 대출을 받은 후에 시장의 기준금리가 상승하더라도 대출계약이 이루어진 시점의 금리가 그대로 적용되므로 추가적인 이자 부담이 없어 유리하지만 반대로 시장 기준금리가 하락할 경우에는 대출금리에 변동이 없어 이자에 대한 부담이 줄어들지 않아 불리하다.

★★★
15 부채관리에 대한 적절한 설명으로 모두 묶인 것은?

가. 앞으로 금리가 내려갈 것을 예상한다면 변동금리로 대출을 받는 것이 유리하고 반대로 올라갈 것으로 예상되면 고정금리가 좋다.
나. 일반적으로 대출기간이 3년 이하라면 고정금리, 3년 이상이라면 변동금리가 권고된다.
다. 대출금리는 금융회사별로 자율적으로 산정하고 있는데 일반적으로 기준금리에 가산금리를 더하여 결정된다.
라. COFIX란 전국은행연합회가 국내 주요 8개 은행들의 자금조달 관련 정보를 기초로 산출하는 자금조달비용지수이다.

① 가, 나, 다 ② 가, 나, 라
③ 가, 다, 라 ④ 나, 다, 라

정답 | ③

해설 | 나. 일반적으로 대출기간이 3년 이하라면 변동금리, 3년 이상이라면 금리변동의 불확실성에 크게 노출되므로 고정금리가 권고된다.

★★★
16 다음 홍지은씨의 대출내용을 토대로 첫 회차 대출상환액이 가장 적은 부채상환방식은?

- 대출원금 : 1억원
- 연 이자율 : 5%
- 대출기간 : 20년

① 만기일시상환
② 원리금균등분할상환
③ 원금균등분할상환
④ 점증상환

정답 | ①
해설 | 만기일시상환은 대출기간 동안은 이자만 내다가 만기일에 원금을 모두 상환하는 방식으로 첫 회차 대출상환액이 가장 적다.

★★★
17 부채상환방식에 대한 설명이 적절하게 연결된 것은?

A. 대출기간 동안은 이자만 내다가 만기일에 원금을 모두 상환하는 방식
B. 만기까지의 대출원금과 이자를 미리 계산해서 매월 일정한 금액을 상환하는 방식
C. 대출기간 전체의 총 이자 납부액이 가장 적은 방식

	만기일시상환	원금균등분할상환	원리금균등분할상환
①	A	B	C
②	A	C	B
③	B	A	C
④	C	B	A

정답 | ②
해설 | A. 만기일시상환에 대한 설명이다.
B. 원리금균등분할상환에 대한 설명이다.
C. 원금균등분할상환은 원리금균등분할상환과 비교하여 대출기간 전체의 총 이자 납부액이 더 적다.

★★★
18 대출조건이 모두 동일할 경우 부채상환방식의 이자비용이 많은 순서부터 적은 순서대로 나열된 것은?

① 만기일시상환 > 원리금균등분할상환 > 원금균등분할상환
② 만기일시상환 > 원금균등분할상환 > 원리금균등분할상환
③ 원리금균등분할상환 > 만기일시상환 > 원금균등분할상환
④ 원금균등분할상환 > 원리금균등분할상환 > 만기일시상환

정답 | ①
해설 | 이자비용이 가장 적은 방식은 원금균등분할상환방식이며 만기일시상환방식이 이자비용이 가장 많다.

★★★
19 부채관리에 대한 적절한 설명으로 모두 묶인 것은?

> 가. 자금의 사용목적과 관계없이 대출기간은 장기성 대출보다는 가급적 단기성 대출이 재무적으로 유리하다.
> 나. 소비성부채상환액은 월 총수입에서 차지하는 비중이 10% 이내로 권고하지만 가능한 이러한 부채가 발생하지 않는 것이 좋으며, 만약 부채가 있다고 하더라도 단기간 내에 상환하는 것이 바람직하다.
> 다. 월 총수입에서 총부채상환액이 차지하는 비중이 30%를 초과하면 재무건전성에 부정적인 영향을 미친다고 평가한다.
> 라. 재무상태표 측면에서 총부채부담율의 가이드라인은 50%로 적어도 이 수준은 넘지 말아야 할 것을 권고한다.
> 마. 고정금리 대출은 금리 상승기에 유리하고 변동금리 대출은 금리 하락기에 유리하므로 금리가 급격하게 상승 또는 하락할 경우에는 금리체계를 변경하거나 신규대출로 전환하는 등 이자부담을 완화할 수 있는 방안을 강구한다.

① 마
② 가, 나
③ 나, 다, 라
④ 다, 라, 마

정답 | ①
해설 | 가. 주택구입자금, 긴급 가계자금, 투자목적자금 등 대출금의 사용목적을 확인하여 주택구입자금은 장기성 대출을, 긴급 가계자금은 단기성 대출을 받는 것이 좋다.
나. 소비성부채상환액은 월 순수입에서 차지하는 비중이 20% 이내로 권고하지만 가능한 이러한 부채가 발생하지 않는 것이 좋으며, 만약 부채가 있다고 하더라도 단기간 내에 상환하는 것이 바람직하다.
다. 월 총수입에서 총부채상환액이 차지하는 비중이 36%를 초과하면 재무건전성에 부정적인 영향을 미친다고 평가한다.
라. 재무상태표 측면에서 총부채부담율의 가이드라인은 40%로 적어도 이 수준은 넘지 말아야 할 것을 권고한다.

▪▪▪ TOPIC 4 채무자구제제도

★★★

20 신속채무조정에 대한 설명으로 적절하지 않은 것은?

① 채무를 정상 이행 중이라도 연체가 예상되거나 30일 이하 단기 연체 중인 채무자에 대한 신속한 채무조정을 지원하여 연체 장기화를 방지하는 제도로 일시적 채무상환이 곤란한 채무자에게 유리하다.

② 연체 전 채무조정을 신청하면 단기연체정보가 집중되지 않고 이미 등록된 단기연체정보도 해제되어 신용회복에 유리하다.

③ 연체 전 채무조정이 확정되면 연체이자를 감면받고 최장 10년 범위 내에서 상환기간을 연장할 수 있다.

④ 조정이자율은 약정이자율로 하되 최고이자율이 연 10%이기 때문에 일부 경우에는 이자율 인하 효과도 기대할 수 있다.

정답 | ④

해설 | ④ 조정이자율은 약정이자율로 하되 최고이자율이 연 15%(신용카드 10%)이기 때문에 일부 경우에는 이자율 인하 효과도 기대할 수 있다.

★★★

21 프리워크아웃에 대한 설명으로 가장 적절한 것은?

① 연체 31일 이상 179일 이하인 채무자를 대상으로 한다.

② 이자율 채무조정이 확정되면 연체이자를 감면받고 최장 10년 범위 내에서 상환기간을 연장할 수 있다.

③ 총채무액이 5억원인데 무담보채무가 3억원인 경우, 무담보채무가 총 채무액의 50%를 상회하므로 지원대상에 포함되지 않는다.

④ 지원내용으로 약정이자율의 50% 이자율을 인하하며, 최고이자율은 연 5%로 제한한다.

정답 | ②

해설 | ① 이자율 채무조정은 연체 31일 이상 89일 이하인 채무자를 대상으로 하고 장기간 분할상환을 하고 싶은 채무자 또는 일시적 어려움으로 조기상환이 가능한 채무자에게 유리한 제도로 프리워크아웃이라고 부른다.

③ 채무범위가 총채무액 15억원(무담보 5억원, 담보 10억원) 이내인 경우 지원대상에 포함된다.

④ 채무과중도에 따라 약정이자율의 30~70% 이자율을 인하하며, 최고이자율은 연 8%로 제한한다.

★★★
22 개인워크아웃의 지원내용에 대한 적절한 설명으로 모두 묶인 것은?

> 가. 개인워크아웃이 확정되면 이자와 연체이자는 모두 감면된다.
> 나. 한국신용정보원에 공공정보가 등록되더라도 24개월 이상 성실상환을 하는 경우 나머지를 모두 변제하지 않더라도 해당 공공정보가 해제됨과 동시에 삭제되어 신용평가회사의 신용평점 산정과 금융회사의 신용거래에 긍정적 영향을 미치게 된다.
> 다. 대출원금은 채무자의 상환능력에 따라 30~50% 범위 내에서 원금이 감면된다.

① 가, 나 ② 가, 다
③ 나, 다 ④ 가, 나, 다

정답 | ①

해설 | 다. 대출원금은 0~70% 범위 내에서 감면되며, 기초수급자, 장애인 등 사회취약계층의 경우 최대 90%까지 감면받게 된다.

★★★
23 고객의 재무상황과 여건이 채무자구제제도와 적절하게 연결된 것은?

> 가. 홍승균씨는 개인사업을 하다가 어려워지자 폐업을 하고 현재는 작은 중소기업에 취직해 월급을 받으면서 생활하고 있다. 그러나 사업실패로 발생한 부채 4억원을 갚지 못해 걱정이 많다. 매달 받는 급여만으로는 부채 상환에 어려움이 많아서 항상 불안한 상태이다. 그나마 다행이라면 사채를 사용하지 않아서 모든 부채가 금융기관 부채라는 점이다. 문제는 최근 홍승균씨가 출근 중 빙판길에 미끄러져 크게 다치는 바람에 병원비를 대느라 2개월 동안 부채상환을 하지 못하고 있다는 것이다.
> 나. 홍은균씨는 현재 부채상환에 큰 어려움을 겪고 있다. 개인사업을 하고 있어 사업소득이 일정부분 있지만 부채상환에는 턱없이 모자라 원리금이 연체된 지 4개월째이다. 홍은균씨의 부채는 현재 부친이 보증을 서고 있어 부친에게 채권추심 전화가 갈까 노심초사 중이다. 아직 사채는 쓰지 않았지만 5억원에 육박한 부채를 감당할 수 없는 지경이다.

	가	나		가	나
①	신속채무조정	프리워크아웃	②	이자율 채무조정	개인워크아웃
③	프리워크아웃	개인회생	④	개인워크아웃	개인회생

정답 | ②

해설 | 가. 이자율 채무조정은 연체 31일 이상 89일 이하인 채무자를 대상으로 하고 장기간 분할상환을 하고 싶은 채무자 또는 일시적 어려움으로 조기상환이 가능한 채무자에게 유리한 제도로 프리워크아웃이라고 부른다. 이자율 채무조정을 신청하면 금융채무불이행자로 등록되지 않아 신용회복에 유리하다. 이자율 채무조정이 확정되면 연체이자를 감면받고 최장 10년 범위 내에서 상환기간을 연장할 수 있다.
나. 신용회복위원회의 개인채무조정은 보증인까지 혜택을 받을 수 있으므로 보증인이 있는 경우에는 신용회복위원회의 제도가 적합하다. 개인워크아웃은 최근 6개월 내 신규 발생 채무액이 총채무액의 30% 미만이고 최저생계비 이상의 수입이 있거나 채무상환이 가능하다고 인정되며, 연체기간이 3개월(90일) 이상인 채무자를 대상으로 한다. 개인워크아웃은 소득 대비 금융비용 과다로 3개월 이상 연체 중인 채무자 중에서 채무조정 이후 장기간 분할상환이 가능한 경우 유리하다.

★★★
24 신용회복위원회의 개인채무조정에 대한 설명으로 적절하지 않은 것은?

① 이자율 채무조정은 연체 31일 이상 89일 이하인 채무자를 대상으로 하고 장기간 분할상환을 하고 싶은 채무자 또는 일시적 어려움으로 조기상환이 가능한 채무자에게 유리한 제도로 프리워크아웃이라고 부른다.

② 이자율 채무조정이 확정되면 연체이자를 감면받고 최장 10년 범위 내에서 상환기간을 연장할 수 있다.

③ 개인워크아웃은 소득 대비 금융비용 과다로 3개월 이상 연체 중인 채무자 중에서 채무조정 이후 장기간 분할상환이 가능한 경우 유리하다.

④ 개인워크아웃제도의 지원이 확정되면 원금 및 이자 전액감면이 가능하다.

정답 | ④

해설 | ④ 개인워크아웃이 확정되면 이자와 연체이자는 모두 감면된다. 대출원금은 0~70% 범위 내에서 감면되며, 기초수급자, 장애인 등 사회취약계층의 경우 최대 90%까지 감면받게 된다.

★★★
25 개인회생에 대한 설명으로 가장 적절한 것은?

① 파산절차가 진행 중인 개인채무자는 신청이 불가능하다.

② 조정대상 채무에 사적채무는 포함하지 않는다.

③ 조정대상 채무는 무담보채무 10억원, 담보채무 15억원 이내의 채무이다.

④ 변제기간은 변제가 시작된 날로부터 7년을 초과해서는 안 된다.

정답 | ③

해설 | ① 신용회복위원회의 채무조정 지원제도를 이용 중이거나 파산절차나 회생절차가 진행 중인 개인채무자도 신청이 가능하다.
② 조정대상 채무는 금융회사의 대출금, 사적채무 등 채무의 발생 원인에는 제한이 없고 총 25억원(무담보채무 10억원, 담보채무 15억원) 이내의 채무이다.
④ 개인회생의 변제기간은 원칙적으로 변제가 시작된 날로부터 3년을 초과해서는 안 된다. 다만, 특별한 사정이 있는 때에는 5년을 초과하지 않는 범위 내에서 변제기간을 정할 수 있다.

★★★
26 개인회생에 대한 적절한 설명으로 모두 묶인 것은?

가. 운영주체는 신용회복위원회이다.
나. 조정대상 채무는 금융회사의 대출금, 사적채무 등 채무의 발생 원인에는 제한이 없고 총 25억원(무담보채무 10억원, 담보채무 15억원) 이내의 채무이다.
다. 채무자가 개인회생 변제계획에 따라 변제를 완료하면 법원은 신청 또는 직권으로 개인회생채권에 대하여 면책결정을 하게 되지만, 보증인은 주채무자가 개인회생으로 면책되더라도 보증채무를 이행할 책임이 남아 있다.
라. 개인회생절차를 이용하는 경우 공법 및 사법상 자격이 제한된다.

① 나 ② 나, 다
③ 다, 라 ④ 가, 나, 다

정답 | ②
해설 | 가. 개인회생제도는 '채무자 회생 및 파산에 관한 법률(채무자회생법)'에 따라 법원에서 운영되고 있는 공적 채무조정제도이다.
라. 개인파산에 대한 설명이다.

★★★
27 파산선고에 따른 불이익 내용으로 모두 묶인 것은?

가. 공무원, 지방공무원, 사립학교 교원은 파산선고를 받은 경우 당연퇴직 사유에 해당한다.
나. 채무자가 파산선고를 받은 경우 채무자는 사법상 후견인, 유언집행자, 수탁자가 될 수 없다.
다. 민사상 권리능력, 행위능력을 제한받는다.
라. 파산을 선고받은 채무자가 면책불허가 결정이 내려진 경우 신원조회 시 파산선고사실이 나타나게 된다.

① 나, 다 ② 나, 라
③ 가, 나, 라 ④ 나, 다, 라

정답 | ③
해설 | 다. 민사상 권리능력, 행위능력 및 민사소송법상 소송능력은 제한받지 않는다.

★★★
28 개인파산에 대한 설명으로 가장 적절한 것은?

① 개인파산에 처한 채무자나 해당 채권자가 신청할 수 있다.
② 금융권 대출이나 신용카드대금, 개인채무 등 채무발생 원인을 불문하고 파산선고와 면책이 허가된다.
③ 파산선고가 내려지면 채무자는 파산자가 되고 파산자는 공·사법상 자격제한, 경제활동 제한, 신원조회 대상과 같은 불이익을 받게 되며, 파산선고에 따른 불이익은 면책결정이 확정되거나 복권을 받더라도 소멸하지 않는다.
④ 면책은 채권자가 채무자의 보증인 그 밖에 채무자와 더불어 채무를 부담하는 자에 대하여 가지는 권리와 채권자를 위하여 제공된 담보에도 동일한 효력이 미친다.

정답 | ①
해설 | ② 금융권 대출이나 신용카드대금, 개인채무 등 채무발생 원인을 불문하고 채무범위에도 특별한 제한이 없고, 연체정보 등록 여부와 관계없이 신청이 가능하다. 다만, 그 채무가 낭비나 도박 등 재산을 현저히 감소시키는 행위에 의한 채무 등이라면 파산선고는 받을 수 있으나 면책은 허가되지 않는다.
③ 파산선고에 따른 불이익은 채무자 본인에게 한정되고, 가족 등 다른 사람에게 전가되지 않고 면책결정이 확정되거나 복권을 받으면 모두 소멸하게 된다.
④ 면책은 채권자가 채무자의 보증인 그 밖에 채무자와 더불어 채무를 부담하는 자에 대하여 가지는 권리와 채권자를 위하여 제공된 담보에는 영향을 미치지 않는다. 따라서 보증인은 주채무자가 면책을 받더라도 자신의 보증채무를 변제하여야 하며, 설령 보증인이 면책받은 주채무자의 보증채무를 변제하더라도 해당 면책채무자에게 다시 돈을 갚으라고 청구할 수 없다.

★★★
29 채무자구제제도 중 공적채무조정제도에 대한 적절한 설명으로 모두 묶인 것은?

가. 개인회생을 이용할 수 있는 채무자는 지급불능의 상태에 빠져 있거나 지급불능의 상태가 발생할 염려가 있는 개인채무자가 신청할 수 있다.
나. 개인회생은 개인채무자 중에서 장래에 가용소득이 있을 것으로 판단되는 급여소득자와 영업소득자만이 신청할 수 있으며, 신용회복위원회의 채무조정 지원제도를 이용 중이거나 파산절차나 회생절차가 진행 중인 개인채무자도 신청이 가능하다.
다. 채무자가 개인회생 변제계획에 따라 변제를 완료하더라도 나머지 채무를 면책받을 수는 없다.
라. 개인파산제도를 신청한 경우 남아있는 자산을 채권자들에게 공평하게 배분하여 상환하고 잔여 채무에 대한 상환의무를 지니지 않을 수 있다.
마. 그 채무가 낭비나 도박 등 재산을 현저히 감소시키는 행위에 의한 채무 등이라면 파산선고는 받을 수 있으나 면책은 허가되지 않는다.

① 가, 나, 다　　② 나, 라, 마
③ 가, 나, 라, 마　　④ 나, 다, 라, 마

정답 | ③
해설 | 다. 채무자가 개인회생 변제계획에 따라 변제를 완료하면 법원은 신청 또는 직권으로 개인회생채권에 대하여 면책결정을 하게 된다.

★★★
30 채무자구제제도에 대한 설명이 적절하게 연결된 것은?

① 프리워크아웃 : 연체기간이 3개월 이상인 채무자를 대상으로 한다.
② 개인워크아웃 : 채무범위에 대한 제한이 없다.
③ 개인회생 : 법원에서 운영되고 있는 공적 채무조정제도이다.
④ 개인파산 : 보증인에 대한 채권추심이 불가하다.

정답 | ③

해설 |

<table>
<tr><th rowspan="2">구분</th><th colspan="3">사적제도</th><th colspan="2">공적제도</th></tr>
<tr><th>연체 전 채무조정
(신속채무조정)</th><th>이자율 채무조정
(프리워크아웃)</th><th>채무조정
(개인워크아웃)</th><th>개인회생</th><th>개인파산</th></tr>
<tr><td>운영주체</td><td colspan="3">신용회복위원회</td><td colspan="2">법원</td></tr>
<tr><td>연체기간</td><td>0~30일
(정상변제자 포함)</td><td>31~89일</td><td>90일 이상</td><td colspan="2">연체 무관</td></tr>
<tr><td>대상채무</td><td colspan="3">신용회복지원협약 가입 채권금융회사(대부업체 포함)
※세금, 건보료, 개인채무 등 비금융채무 조정불가</td><td>제한 없음
(세금, 건보료, 개인채무 등 포함)</td><td>제한 없음
(세금, 건보료 면책 불가)</td></tr>
<tr><td>채무범위</td><td colspan="3">총 채무액 15억원(무담보 5억원, 담보 10억원)</td><td>총 채무액 25억원
(무담보 10억원, 담보 15억원)</td><td>제한 없음</td></tr>
<tr><td>보증인 채권추심</td><td colspan="3">불가</td><td colspan="2">가능</td></tr>
</table>

★★★

31 **고객의 재무상황과 여건이 채무자구제제도와 적절하게 연결된 것은?**

A. 연체기간이 3개월 이상이고 최저생계비 이상의 지속적인 월소득이 있는 홍진영 고객은 채무의 대부분이 신용회복위원회와 협약이 맺어진 곳이며, 보증인에 대한 채권추심이 없는 제도를 원하고 있다.

B. 연체기간이 3개월 이상이고 최저생계비 이상의 지속적인 월소득이 있는 나태주 고객은 채무가 주로 사채 위주이며, 금융기관 이용 시 불이익이 없는 것을 원한다.

C. 총채무액이 25억원을 초과하며 채무를 상환할 만큼의 자산이 충분하지 않고 소득도 불안정한 성덕임 고객은 향후 공사법상 자격제한이나 금융회사와의 거래 시 불이익을 받더라도 부채에 대한 면책을 가장 중요한 요건으로 생각하고 있다.

	개인워크아웃	개인회생	개인파산
①	A	B	C
②	A	C	B
③	B	A	C
④	B	C	A

정답 | ①

해설 |

채무자 상황	적합한 채무구제제도
소득 대비 금융비용 과다로 3개월 이상 연체 중이고 채무조정 이후 장기간 분할상환 가능	개인워크아웃
보증인이 있어 보증인에게 피해를 주고 싶지 않음	신용회복위원회의 채무조정제도
보증인은 없으나 금융회사 채무 이외에 사적인 채무도 있음	법원의 개인회생 or 개인파산
총 채무액이 15억원 초과 25억원 이하(담보 15억원, 무담보 10억원)로 과다하지만 가용소득이 있고 청산가치 이상 변제 가능	법원의 개인회생
총 채무액이 25억원을 초과하고 변제능력이 없음	법원의 개인파산

CHAPTER

05 재무설계와 행동재무학

출제비중 : 7~20% / 1~3문항

학습가이드 ■ ■

학습 목표	학습 중요도
Tip 심리적 편향에 대한 개념과 특징에 대한 학습 필요	
1. 행동재무학의 발생배경과 기본개념을 이해한다.	★
2. 행동재무학의 심리적 편향의 유형과 개념을 설명할 수 있다.	★★★

TOPIC 1 행동재무학의 발생배경과 기본개념

★☆☆

01 행동재무학에 대한 설명으로 가장 적절한 것은?

① 개인 재무의사결정 분야에서 개인의 제한된 합리성을 설명하는 이론으로, 사람들이 내리는 경제적 의사결정은 생각보다 합리적이고 그 의사결정 이면에 숨겨진 선호나 태도를 보면 별다른 체계성 없이 반복되고 있음에 주목한다.

② 휴리스틱이란 시간이나 정보가 불충분하여 합리적인 판단을 할 수 없거나, 굳이 체계적이고 합리적인 판단을 할 필요가 없는 상황에서 신속하게 사용하는 편의적, 직감적인 판단방법이다.

③ 대표성 휴리스틱은 어떤 사건이 출현하는 빈도나 확률을 판단할 때 그 사건이 발생했다고 쉽게 알 수 있는 사례를 생각해 내고 그것을 기초로 판단하는 것이다.

④ 이용 가능성 휴리스틱은 어떤 집합에 속하는 사상이 그 집합의 특성을 그대로 나타낸다고 간주해 빈도와 확률을 판단하는 것이다.

정답 | ②

해설 | ① 개인 재무의사결정 분야에서 개인의 제한된 합리성을 설명하는 이론으로, 사람들이 내리는 경제적 의사결정은 생각보다 비합리적이고 그 의사결정 이면에 숨겨진 선호나 태도를 보면 나름의 체계를 가지고 반복되고 있음에 주목한다.

③ 이용 가능성 휴리스틱에 대한 설명이다.

④ 대표성 휴리스틱에 대한 설명이다.

★☆☆

02 휴리스틱에 대한 설명이 적절하게 연결된 것은?

가. 어떤 사건이 출현하는 빈도나 확률을 판단할 때 그 사건이 발생했다고 쉽게 알 수 있는 사례를 생각해 내고 그것을 기초로 판단하는 것이다. 그러나 이때 떠오르는 사례가 그 사건의 빈도나 확률을 올바르게 나타내지 못할 경우 편향이 발생한다.
나. 어떤 집합에 속하는 사상이 그 집합의 특성을 그대로 나타낸다고 간주해 빈도와 확률을 판단하는 것이다. 크기가 작은 표본일지라도 모집단의 성격을 대변한다고 여겨서 편향이 발생한다.

	가	나
①	조정 휴리스틱	이용 가능성 휴리스틱
②	이용 가능성 휴리스틱	대표성 휴리스틱
③	대표성 휴리스틱	이용 가능성 휴리스틱
④	메타 휴리스틱	대표성 휴리스틱

정답 | ②
해설 | 가. 이용 가능성 휴리스틱에 대한 설명이다.
나. 대표성 휴리스틱에 대한 설명이다.

★☆☆

03 재무설계 시 행동재무학적 접근의 필요성에 대한 적절한 설명으로 모두 묶인 것은?

가. 고객으로 하여금 보다 신중한 의사결정을 하도록 유도한다.
나. 한 번 더 심사숙고하는 기회를 가지며 그 심사숙고의 방향성도 제시할 수 있다.
다. 고객 스스로 내가 어떤 특정 심리적 편향에 빠져서 잘못된 의사결정을 하는 것인지를 판단하게 하는 역할을 한다.
라. 고객의 지속적인 편향의 효과를 늘림으로써 지속가능한 재무복지를 달성할 수 있도록 한다.

① 가
② 가, 나
③ 가, 나, 다
④ 가, 나, 다, 라

정답 | ③
해설 | 라. 고객의 지속적인 편향의 효과를 줄임으로써 지속가능한 재무복지를 달성할 수 있도록 한다.

··· TOPIC 2 행동재무학의 심리적 편향

★★★
04 행동재무학의 심리적 편향에 대한 설명이 적절하게 연결된 것은?

A. '지난 한 해 동안 내가 주식투자를 했다면 연평균 주식투자 수익률보다 훨씬 높은 수익률이 발생했을 것이다'라고 생각하는 것처럼 자신의 능력을 과대평가하거나 자신이 다른 사람에게 실제보다 더 좋게 비칠 것이라고 믿으며, 무엇을 예측할 때 실수할 확률이 적다고 믿는 성향
B. 한 고객이 지금까지 경험한 최고의 투자수익률이 30%였다면 향후 투자에서 기대하는 평균수익률도 30%에 근접한 수익률이기를 바라는 것처럼 어떤 사항에 대한 판단을 내릴 때 초기에 제시된 기준에 의해 영향을 받는 것
C. 자신이 가지고 있는 물건은 시장가격보다 더 높은 가치를 부여하고 같은 물건을 사려고 할 때는 시장가격보다 더 싸게 사고 싶어 하는 성향으로, 예를 들어 자신이 소유한 아파트는 입지 요건이 우수하다고 생각하여 시장가격보다 더 높은 가치를 부여하지만 같은 아파트를 사고자 할 때는 시장가격보다 더 싸게 사고자 하는 것

	자기과신	닻 내리기 효과	소유효과
①	A	B	C
②	A	C	B
③	B	A	C
④	B	C	A

정답 | ①
해설 | A. 자기과신에 대한 설명이다.
B. 닻 내리기 효과에 대한 설명이다.
C. 소유효과에 대한 설명이다.

★★★

05 **현재 소유한 주택을 팔기로 했다. 여러분이 잘 알고 지내던 부동산중개인은 이 집에 5억원이라는 가격을 책정했다. 15년 전 구입 당시 이 집은 1억원이었다. 그런데 이 집의 가격이 앞으로 10% 정도 하락할 가능성이 있다. 이런 상황에서 현재 소유한 주택의 매매 가능성 정도가 보통 수준이라고 할 때 다음 중 닻 내리기 성향이 높다고 볼 수 있는 선택으로 모두 묶인 것은?**

가. 5억원의 가격으로 유지
나. 현재가격(5억원)보다 5% 낮은 가격으로 결정
다. 현재가격보다 10% 낮은 가격(4억 5천만원)으로 결정
라. 매매가 확실할 것으로 판단되는 4억 4천만원으로 결정

① 가 ② 가, 나
③ 가, 나, 다 ④ 가, 나, 다, 라

정답 | ②
해설 | 위 질문에 대해 가번과 나번으로 답한 경우는 부동산 가격이 10% 하락한 것을 대수롭지 않게 받아들임으로써 닻 내리기 성향이 높다고 볼 수 있다. 자신의 고객이 이러한 성향이 높을 경우 고객의 초기 값이나 정보를 잊어버릴 수 있도록 주의를 환기시키는 노력을 해야 할 것이다.

★★★

06 **행동재무학의 심리적 편향에 대한 설명이 적절하게 연결된 것은?**

A. 이익에 있어서는 위험을 회피하는 성향을 보이고, 손실에 있어서는 위험을 추구하는 경향이 있다는 것
B. 어떤 사건이 발생할 확률이 그 사건이 속한 전체 집단의 확률과 같다고 생각하는 경향으로 몇 개의 금융주가 상승한다고 모두 상승할 것이라 생각하는 것과 같은 것
C. 어떤 문제나 상황이 제시되는 방법과 표현되는 틀에 따라 그 문제나 상황을 판단하는 방향이 달라지는 현상
D. 개인이 재무적 의사결정을 할 때 상황에 따라 적용되는 내적 프레이밍이 달라지는 것

	대표성 오류	손실회피	프레이밍 효과	심적회계
①	A	B	C	D
②	A	B	D	C
③	B	A	C	D
④	B	A	D	C

정답 | ③
해설 | A. 손실회피
B. 대표성 오류
C. 프레이밍 효과
D. 심적회계

★★★
07 손실회피에 대한 적절한 설명으로 모두 묶인 것은?

가. 투자수익에 대한 불확실성 하에서 투자자들이 어떻게 의사결정을 하는지를 설명하는 데에 인용되는데, 투자자들은 이익에 대해서는 위험을 회피하지만 손실에 대해서는 위험을 추구한다는 것이다.
나. 100% 확률로 300만원을 딸 수 있는 기회(A)와 80% 확률로 400만원을 딸 수 있는 기회(B)가 있을 때 합리적인 결정을 하는 사람들은 기댓값이 큰 B를 선택해야 하지만, 실제로 대부분의 사람들이 A를 더 선호하는 것으로 나타났다.
다. 80%의 확률로 400만원을 잃는 기회(C)와 100% 확률로 300만원을 잃는 기회(D)가 있을 때 합리적 투자자라면 기댓값이 더 적은 D를 선택해야 함에도 불구하고 실험결과에서는 C를 선택하는 사람이 더 많았던 것이다.
라. 손실을 회피하고자 오르는 주식을 너무 일찍 팔아서 더 큰 이익을 얻지 못하거나, 손실이 나는 주식을 너무 오랫동안 보유해서 더 큰 손실을 초래함으로써 궁극적인 재무목표에 도달하지 못할 수 있는 것처럼 재무의사결정 시 고객이 원하는 방향과 전혀 반대의 결과를 초래할 수 있다.

① 가　　② 가, 나
③ 가, 나, 다　　④ 가, 나, 다, 라

정답 | ④
해설 | 모두 적절한 설명이다.

★★★
08 행동재무학의 심리적 편향에 대한 설명이 적절하게 연결된 것은?

A. 손실로 인한 고통의 크기는 동일한 이익의 기쁨보다 더 크게 느끼는 경향으로, 대부분 사람들은 손실 100만원의 크기에 대한 고통을 이익 100만원의 기쁨보다 크게 받아들인다고 한다.
B. 자신이 선택하는 길이 무엇이건 간에 그 일이 사후에 적절치 못한 것일지도 모른다는 두려움 때문에 결정적인 행동을 취하지 않는 성향이다.
C. 좋은 일에 대한 확률은 과대평가하고 나쁜 일에 대한 발생확률은 과소평가하는 경향으로, 다른 사람과 비교하여 자신에게 긍정적인 일이 더 많이 일어날 거라고 판단하며 부정적인 일은 덜 일어날 것이라고 믿는 성향을 말한다.
D. 계획한대로 실행하려고 하지만 이를 방해하는 다른 요인들 때문에 스스로 통제가 되지 않는 현상을 말한다.

	손실회피	후회회피	낙관주의 오류	자기통제 오류
①	A	B	C	D
②	A	C	B	D
③	B	A	C	D
④	B	C	D	A

정답 | ①

해설 | A. 손실회피에 대한 설명이다.
B. 후회회피에 대한 설명이다.
C. 낙관주의 오류에 대한 설명이다.
D. 자기통제 오류에 대한 설명이다.

★★★

09 재무설계와 행동재무학에 대한 설명으로 적절하지 않은 것은?

① 행동재무학은 개인 재무의사결정 분야에서 개인의 제한된 합리성을 설명하는 이론으로, 사람들이 내리는 경제적 의사결정은 생각보다 비합리적이고 그 의사결정 이면에 숨겨진 선호나 태도를 보면 나름의 체계를 가지고 반복되고 있음에 주목한다.

② 손실회피에 따르면 투자자들은 이익에 대해서는 위험을 추구하지만 손실에 대해서는 위험을 회피한다는 것이다.

③ 프레이밍 효과는 쇼핑에서 가격 및 품질을 평가하거나 일상생활의 많은 의사결정에 영향을 줄 뿐 아니라 재무설계 시 같은 기준임에도 어떤 틀로 제시하느냐에 따라 재무적 의사결정을 다르게 한다.

④ 심적회계도 일종의 프레이밍 효과로 볼 수 있으나 기준이 되는 '프레임'이 외부가 아닌 개인의 내면에서 발생한다는 점에서 차이가 있다.

정답 | ②

해설 | ② 투자자들은 이익에 대해서는 위험을 회피하지만 손실에 대해서는 위험을 추구한다는 것이다.

CHAPTER

06 효과적 의사소통과 재무설계

출제비중 : 7~20% / 1~3문항

학습가이드 ■ ■

학습 목표	학습 중요도
Tip 고객과의 상담에 활용 가능한 의사소통기법에 대한 학습 필요	
1. 효과적인 의사소통능력을 활용할 수 있다.	★★

··· TOPIC 1 효과적 의사소통

★★☆

01 효과적 의사소통을 위한 기본원칙에 대한 설명으로 적절하지 않은 것은?

① 친밀감의 형성은 단순히 친해지는 것을 의미하는 것이 아닌 신뢰형성의 의미를 포함한다.

② 재무목표 달성을 위해 지출을 통제해야 한다는 것을 알고 있는 고객이 계획하지 않은 여행에 대한 욕구를 재무설계사에게 말했을 때 그러면 안 된다는 내용을 분명한 어조로 표현하여 전달해야 한다.

③ 고객이 하는 말을 들으면서 겉으로는 잘 들어주고 적절히 공감하고 반응을 보이지만 속으로는 고객이 하는 말을 의심한다면 제대로 된 의사소통이 이루어질 수 없다.

④ 여러 가지 다른 조건들을 가진 다양한 고객들을 대면하는 재무설계사는 몇 가지 단서만으로 고객을 판단하고 그러한 선입견이 있는 상태에서 재무설계를 진행하는 실수를 범하게 되면 성공적인 상담으로 이어지지 못한다.

정답 | ②

해설 | ② 재무목표 달성을 위해 지출을 통제해야 한다는 것을 알고 있는 고객이 계획하지 않은 여행에 대한 욕구를 재무설계사에게 말했을 때 재무설계사가 고객을 질타한다면 더 이상 고객과의 의사소통이 이루어질 수 없을 것이다. 따라서, 재무설계사는 고객의 감정표출에 대해 수용적이고 공감하는 반응을 보이는 자세가 필요하다.

★★☆

02 말하기의 기본적 요건에 대한 적절한 설명으로 모두 묶인 것은?

가. 말하기는 메시지를 음성으로 전달하는 것이므로 그 메시지에 대한 이해가 이루어지기 위해 정확한 발음으로 올바르게 전달되어야 한다. 나. 상황에 따라 고객이 듣고 싶어 하지 않거나 원하지 않는 사항을 전달해야 하는 경우, 감정적으로 모호한 표현으로 내용을 전달한다면 고객이 재무설계사가 전달하려는 진정한 의미를 왜곡하여 수용할 수 있다. 다. 재무설계사의 전문성을 나타내기 위해 고객에게 익숙하고 일반적인 단어보다는 전문적인 용어를 사용하여 전달하는 것이 좋다. 라. "그러한 행동을 해서는 절대 안 됩니다"처럼 고객에게 전달하고자 하는 내용을 분명하게 표현하여 전달해야 한다.

① 가, 나　　② 가, 라
③ 나, 다　　④ 다, 라

정답 | ①

해설 | 다. 재무설계사가 사용하는 단어는 고객이 재무설계사가 전달하고자 하는 의미를 정확하게 이해하는 데에 영향을 주고 심리적으로도 안정감과 공감대를 형성하는 데에도 도움이 된다. 이를 위해 전문적인 용어보다는 고객에게 익숙하고 일반적인 단어를 사용하여 쉽게 전달하는 것이 좋다.
라. 부정적인 단어나 극단적인 단어를 사용하게 되면 고객은 문제해결을 위한 심리적 어려움을 느낄 가능성이 크다. 예를 들어 "그러한 행동을 해서는 절대 안 됩니다"라고 말하는 것보다는 "그러한 행동을 가능한 참아 보시고, 어려우시더라도 재무목표를 달성하기 위해 노력하시는 것이 좋습니다"처럼 긍정적인 단어를 사용하는 것이 좋다.

★★☆

03 언어적 의사소통에 대한 설명으로 적절하지 않은 것은?

① 언어적 의사소통은 단순히 말하기만으로 이루어지지 않으며 듣고 반응하여 공감하는 행위가 수반될 때 효과적으로 의사소통이 이루어지는 것이다.
② 경청이란 상대에게 기울여 잘 듣는 것으로 듣는 사람은 말하는 사람이 하는 말을 정확하게 듣기 위해 주의를 기울여야 하고, 경청을 방해하는 요인들을 제거하는 것이 필요하다.
③ 말하기 능력은 정확한 발음과 정확한 표현, 적절한 단어의 사용으로 나타나며 음성의 크기와 속도, 억양, 웃음, 침묵 등 비언어적 표현과 함께 사용될 경우 의사소통 효과가 반감된다.
④ 재무설계사는 고객에게 전달하고자 하는 내용을 분명하게 표현하여 전달해야 하며, 재무설계사의 실수에 의해 전달하기 어려운 상황이 되었다면 그러한 잘못은 즉각적이고 솔직하게 인정해야 한다.

정답 | ③

해설 | ③ 말하기 능력은 정확한 발음과 정확한 표현, 적절한 단어의 사용으로 나타나며 음성의 크기와 속도, 억양, 웃음, 침묵 등 비언어적 표현과 함께 사용되어 의사소통 효과를 높인다.

★★☆

04 비언어적 의사소통의 기능에 대한 적절한 설명으로 모두 묶인 것은?

가. 고개를 끄덕이면 긍정의 표시로 상대방 메시지에 동의함을 나타내고 팔짱을 끼고 심각한 표정을 지을 경우 상대방 메시지를 이해하려고 노력하고 있음을 나타내는 등 일반적으로 통용되는 비언어적 표현들만으로 완벽한 의사소통이 가능하다.
나. 만약 상대방이 눈치 없이 길게 얘기하거나 참견할 때 말로써 규제하기란 매우 곤란하므로, 눈짓을 보내거나 몰래 툭 치는 등 비언어적 행동으로 규제할 수 있다.
다. 때로는 말로 표현할 수 없는 것들도 표정이나 행동으로 표현하면 뜻이 전달되는 경우가 있으며, 경우에 따라서는 말하는 것보다 비언어적인 표현이 더 많은 뜻을 전달하는 경우도 있다.
라. 사람들의 비언어적인 모습으로 그 사람들의 인간관계를 짐작할 수 있는 단서를 제공한다.
마. 식사 전에 기도를 한다거나 합장을 하고 인사를 하는 등의 비언어적 표현은 그 사람이 가지고 있는 종교적인 배경을 나타내기도 한다.

① 가, 나
② 가, 라, 마
③ 나, 다, 라
④ 나, 다, 라, 마

정답 | ④

해설 | 가. 비언어적 의사소통은 언어적 의사소통을 대신하여 사용될 수 있다. 그러나 비언어적 표현에 대한 해석은 주관적으로 이루어질 수도 있기 때문에 완벽하게 비언어적 표현만으로 성공적인 커뮤니케이션을 수행하기는 어렵다고 할 수 있다.

★★☆

05 언어적 의사소통과 비언어적 의사소통의 특성에 대한 설명으로 적절하지 않은 것은?

① 재무설계사는 고객에게 전달하고자 하는 내용을 분명하게 표현하여 전달해야 한다.
② 상황에 따라 고객이 듣고 싶어 하지 않거나 원하지 않는 사항을 전달해야 하는 경우, 고객이 듣기 싫어한다고 전달을 미루거나 고객이 오해할 수 있는 표현으로 전달하기보다는 오히려 직접적으로 솔직하게 전달하는 것이 좋다.
③ 공간을 통한 비언어적 표현은 공간에서의 사람들 간 간격으로 표현되며, 사람들이 각 개인 사이에 두고 있는 거리에 따라서 개인 간의 친밀도를 표현할 수 있다.
④ 언어와 비언어는 항상 일치한다.

정답 | ④

해설 | ④ 언어와 비언어는 일치하는 것이 보통이지만 서로 다르게 표현되는 경우에는 혼란이 발생하게 된다. 일반적으로 언어보다는 비언어적 표현이 더 솔직하게 나타나기 때문에 말과 행동(표정 등)이 다른 경우에는 표정이나 몸짓 등의 비언어적 표현을 더 믿는 경향이 있다.

★★☆

06 고객과의 의사소통 시 개방형 대화방식으로 모두 묶인 것은?

가. 자녀를 모두 대학에 보낼 생각이신가요?
나. 가장 최근에 한 재무적 의사결정 중 가장 잘했다고 생각하는 결정은 무엇입니까?
다. 부모님의 은퇴 후의 삶을 보면 당신은 무엇을 느끼십니까?
라. 고객님께서 저를 만나러 오신 이유는 무엇입니까?

① 가, 나, 다
② 가, 나, 라
③ 가, 다, 라
④ 나, 다, 라

정답 | ④

해설 | Yes, No를 요구하는 폐쇄형 대화방식이 아니라 고객의 생각이나 의견을 묻는 개방형 대화방식으로 대화를 이끌어 나간다. 고객의 가치관, 돈에 대한 태도 등 비재무적(정성적) 정보는 개방형 대화를 통해서만 얻을 수 있는 정보이다.

★★☆

07 고객과의 의사소통 시 유의해야 할 사항들로 가장 적절한 것은?

① 상호 간의 친밀감을 형성하기 위해서는 기본적으로 고객의 삶에 관심을 기울이는 자세가 필요하다.
② 재무설계는 재무설계사가 본인이 가진 지식으로 고객을 일방적으로 설득하는 행위이므로, 고객의 공감을 이끌어내기 위해 재무설계사가 적극적인 태도를 가질 필요가 있다.
③ 전달하고자 하는 핵심주제를 말머리에 배치하는 두괄식 화법은 고객으로 하여금 대화에 집중하게 하고, 핵심에의 접근을 더 쉽게 만든다.
④ 어려운 용어, 복잡한 수치 등은 고객이 재무설계 과정을 보다 전문적으로 느끼게 하는 데 도움이 된다.

정답 | ①

해설 | ② 재무설계는 재무설계사가 본인이 가진 지식으로 고객을 일방적으로 설득하는 행위가 아니다. 고객의 공감을 이끌어내기 위해 재무설계사가 먼저 경청하고 이해하려는 태도를 가질 필요가 있다.
③ 전달하고자 하는 핵심주제를 말머리와 끝으로 배치하는 양괄식 화법은 고객으로 하여금 대화에 집중하게 하고, 핵심에의 접근을 더 쉽게 만든다.
④ 어려운 용어, 복잡한 수치 등은 고객이 재무설계 과정을 친숙하고 쉽게 느끼게 하는 데 장애요인이 된다. 용어는 가능하면 쉽게 풀어서 말하고, 말의 강약과 고저를 적절히 활용하여 고객으로 하여금 재무설계에 쉽고 친근하게 다가올 수 있도록 신경 써야 한다.

★★☆

08 효과적인 의사소통에 대한 설명으로 적절하지 않은 것은?

① 의사소통을 잘하기 위해서는 상대방의 말을 듣는 것에 그치지 않고 듣고 반응하여 공감하는 '경청'을 잘 해야 한다.

② 얼굴 표정, 시선, 어조, 크기, 제스처, 몸동작 같은 비언어는 모두 언어를 보완하거나 강조하는 기능을 함으로써 의미전달을 보다 뚜렷하게 한다.

③ Yes, No를 요구하는 폐쇄형 대화방식이 아니라 고객의 생각이나 의견을 묻는 개방형 대화방식으로 대화를 이끌어 나간다.

④ 고객의 가치관, 돈에 대한 태도 등 정성적 정보는 폐쇄형 대화를 통해서만 얻을 수 있는 정보이다.

정답 | ④

해설 | ④ 고객의 가치관, 돈에 대한 태도 등 정성적 정보는 개방형 대화를 통해서만 얻을 수 있는 정보이다.

CHAPTER

07 금융소비자보호

출제비중 : 20~33% / 3~5문항

학습가이드 ■ ■

학습 목표	학습 중요도
Tip 개념 이해를 중심으로 학습 필요	
1. 금융소비자보호법의 특징과 주요 내용을 이해할 수 있다.	★★★

▪▪▪ TOPIC 1 금융소비자보호법

★★★

01 사전적 금융소비자보호로 모두 묶인 것은?

가. 금융상품의 약관심사	나. 영업행위규제
다. 금융상품 비교공시	라. 금융교육
마. 미스터리쇼핑(판매현장 사전점검)	

① 라, 마 ② 가, 나, 라

③ 나, 다, 마 ④ 가, 나, 다, 라, 마

정답 I ④

해설 I 사전적 금융소비자보호로는 금융상품의 약관심사, 영업행위규제, 금융상품 비교공시, 금융교육, 미스터리쇼핑(판매현장 사전점검) 등이 있으며, 사후적 금융소비자보호로는 금융상담 및 금융민원 처리, 금융분쟁조정 등이 있다.

★★★
02 금소법상 금융상품 및 금융상품 판매채널에 대한 설명으로 적절하지 않은 것은?

① 금융상품을 속성에 따라 예금성 상품, 투자성 상품, 보장성 상품 및 대출성 상품의 4가지 유형으로 분류하고 동일한 유형의 금융상품에는 동일한 규제를 적용하는 것을 원칙으로 하고 있다.
② 금융상품 판매채널은 금융상품직접판매업자, 금융상품판매대리 · 중개업자, 금융상품자문업자, 금융상품일임업자로 구분하였다.
③ 자본시장법상 투자중개업자는 금융상품직접판매업자에 포함된다.
④ 투자권유대행인 · 보험설계사/대리점/중개사 · 대출모집인 · 대부중개업자 등은 금융상품판매대리 · 중개업자에 해당한다.

정답 | ②
해설 |

구분		개념	대상
금융상품 판매업자	금융상품 직접판매업자	자신이 직접 계약의 상대방으로서 금융상품에 관한 계약 체결을 영업으로 하는 자 (자본시장법상 투자중개업자 포함)	은행 · 저축은행 · 여전사 · 증권사 · 신협 · 신협중앙회 공제사업부문 · P2P업자 · 대부업자 · 증권금융회사 등
	금융상품판매 대리 · 중개업자	금융상품 계약 체결을 대리 · 중개하는 것을 영업으로 하는 자	투자권유대행인 · 보험설계사/대리점/중개사 · 대출모집인 · 대부중개업자 등
금융상품자문업자		금융상품의 가치 or 취득 · 처분결정에 관한 자문에 응하는 것을 영업으로 하는 자	투자자문업자(자본시장법) · 독립금융상품자문업자(금소법)

★★★
03 금소법상 금융소비자에 대한 설명으로 적절하지 않은 것은?

① 금융상품에 관한 계약의 체결 또는 계약 체결을 권유하거나 청약을 받는 것에 관한 금융상품판매업자의 거래상대방 또는 금융상품자문업자의 자문업무의 상대방을 금융소비자로 정의하였다.
② 금융상품에 관한 전문성, 소유자산 규모 등에 비추어 금융상품 계약에 따른 위험감수능력이 있는 경우를 전문금융소비자로, 없는 경우를 일반금융소비자로 각각 구분하였다.
③ 일반금융소비자에 대해서는 6대 판매규제를 모두 적용하여 보호수준을 두텁게 하고 있는 반면, 전문금융소비자는 부당권유 금지 및 허위 · 부당광고 금지 관련 2가지 규제만을 적용하고 있다.
④ 일반금융소비자는 청약철회권과 위법계약해지권을 모두 적용받지만 전문금융소비자는 청약철회권의 적용 대상에서 배제된다.

정답 | ③
해설 | 〈금융소비자 구분에 따른 금소법상 규제 적용 범위〉

구분	6대 판매규제						청약 철회권	위법계약 해지권
	적합성	적정성	설명의무	불공정영업행위	부당권유	광고규제		
일반	○	○	○	○	○	○	○	○
전문	×	×	×	○	○	○	×	○

★★★
04 금소법상 6대 판매규제에 대한 설명이 적절하게 연결된 것은?

가. 고객정보를 파악하고, 부적합한 상품은 권유를 금지
나. 고객정보를 파악하고, 고객이 청약한 상품이 부적합한 경우 그 사실을 고지
다. 우월적 지위를 이용하여 금융소비자 권익을 침해하는 부당요구를 금지
라. 불확실한 사항에 단정적 판단을 제공하는 행위 등 금지

	가	나	다	라
①	적합성원칙	적정성원칙	불공정영업행위 금지	부당권유행위 금지
②	적합성원칙	적정성원칙	부당권유행위 금지	불공정영업행위 금지
③	적정성원칙	적합성원칙	불공정영업행위 금지	부당권유행위 금지
④	적정성원칙	적합성원칙	부당권유행위 금지	불공정영업행위 금지

정답 | ①
해설 | 가. 적합성원칙 나. 적정성원칙
다. 불공정영업행위 금지 라. 부당권유행위 금지

★★★
05 금소법상 6대 판매규제에 대한 설명이 적절하게 연결된 것은?

A. 금융상품판매업자 등은 일반금융소비자의 재산상황, 금융상품 처분 · 취득 경험 등에 대한 정보를 고려하여 그 일반금융소비자에게 적합하지 아니하다고 인정되는 금융상품의 계약체결을 권유해서는 아니 된다.
B. 금융상품판매업자는 보장성 상품, 투자성 상품 및 대출성 상품에 대하여 일반금융소비자에게 계약체결을 권유하지 아니하고 금융상품 판매 계약을 체결하려는 경우에는 미리 면담 · 질문 등을 통하여 일반금융소비자의 재산상황 등 위험감수능력에 대한 정보를 파악하여야 한다.
C. 금융상품판매업자 등이 우월적 지위를 이용하여 금융소비자의 권익을 침해하는 행위를 금지한다.
D. 금융상품판매업자가 금융상품 계약체결을 권유하거나 금융상품자문업자가 금융상품에 대한 자문에 응하는 과정에서 금융소비자가 오인할 우려가 있는 허위 사실 등을 알리는 행위는 금지된다.

	적합성원칙	적정성원칙	불공정영업행위 금지	부당권유행위 금지
①	A	B	C	D
②	A	B	D	C
③	B	A	C	D
④	B	A	D	C

정답 | ①
해설 | A. 적합성원칙 B. 적정성원칙
C. 불공정영업행위 금지 D. 부당권유행위 금지

★★★
06 금소법상 적합성원칙에 대한 적절한 설명으로 모두 묶인 것은?

가. 적합성원칙은 금융상품 계약에 따른 위험감수능력이 있는 전문금융소비자에게는 적용되지 않는다.
나. 권유란 특정한 금융소비자로 하여금 특정 금융상품에 대해 청약의사를 표시하도록 유인하는 행위이다.
다. 금융상품 설명내용에 구체성이 없고 상품명 등에 대해서만 단순히 안내하는 것도 권유에 해당되므로 주의해야 한다.
라. 고객으로부터 "부적합 상품을 권유해도 괜찮다"는 동의를 받고 부적합 상품을 권유하는 행위는 위규사례에 해당된다.
마. 계약의 내용을 고객에게 적합하도록 변경하여 권유하거나 고객의 손실을 제한할 수 있는 다른 거래조건을 모색하고 권유하는 행위는 적합성원칙 위반으로 볼 수 없다.

① 가, 나, 다　② 가, 나, 라
③ 가, 다, 라, 마　④ 나, 다, 라, 마

정답 | ②

해설 | 다. 금융상품 설명내용에 구체성이 없고 상품명 등에 대해서만 단순히 안내하는 것은 단순한 정보제공에 불과하므로 권유에 해당되지 아니한다. 예를 들어 전화상담 등을 통해 보험약관상 보험계약대출에 관한 사항을 알리는 행위는 단순정보제공 사례에 해당된다. 그러나 보험약관에 없는 금리 등의 정보를 알리거나 대출청약을 접수하는 등 적극적인 유인행위가 이루어질 경우에는 권유에 해당된다. 또한 구체적인 사실관계에 따라 권유 또는 광고에 해당될 수도 있다.

마. 적합성원칙은 일반적으로는 적합하지 않다고 판단될 경우에 그 사실을 경고한 후에 더 이상 권유하지 않는 것을 말한다. 계약의 내용을 고객에게 적합하도록 변경하여 권유하거나 고객의 손실을 제한할 수 있는 다른 거래조건을 모색하고 권유하는 적극적 의무가 아니라 고객의 정보를 확인한 후에 부적합한 금융상품의 계약체결을 권유하지 못하도록 하는 소극적인 의무이다. 고객이 원한다는 이유로 펀드 카탈로그 제공 등의 방법으로 부적합한 금융상품을 권유하고 고객으로부터 부적합확인서를 받아 계약하는 행위는 적합성원칙 위반으로 볼 수 있다.

★★★
07 적정성원칙에 대한 설명으로 적절하지 않은 것은?

① 금융상품판매업자는 파악한 정보를 바탕으로 해당 금융상품이 그 일반금융소비자에게 적당하지 아니하다고 판단되는 경우에는 그 사실을 알리고 그 일반금융소비자로부터 서명, 기명날인, 녹취 등의 방법으로 확인을 받아야 한다.
② 1년 후 전세보증금 반환을 위해 원금이 반드시 보장되어야 하는 고객의 개별적 상황을 고려하지 않고 획일화된 투자자성향점수표에 따라 적합 여부를 판단하는 행위는 위규사례에 해당된다.
③ 적합성 · 적정성 판단은 기존 대출계약의 기한연장 때도 추가로 수행해야 한다.
④ 적정성 판단 결과 부적정으로 판단되어 계약 미체결 시 해당 고객으로부터 부적정 사실을 확인받지 않아도 된다.

정답 | ③
해설 | ③ 신규로 대출을 취급하는 경우 적합성 또는 적정성 판단을 실시한다. 기존대출의 증액, 재약정, 대환, 채무인수 등은 신규대출로 본다. 다만, 대출 기한연장, 금리 또는 만기 조건만 변경되는 재약정 · 대환은 신규대출로 보지 아니한다.

★★★
08 금소법상 적합성원칙과 적정성원칙에 대한 적절한 설명으로 모두 묶인 것은?

가. 적합성원칙과 적정성원칙은 일반금융소비자의 재산상황 등의 정보를 사전에 파악하여 일반금융소비자가 자신에게 적합한 상품을 구매할 수 있도록 유도하는 원칙이라는 점에서 유사하다.
나. 적합성원칙은 금융소비자가 먼저 자발적으로 구매의사를 밝힌 경우에 적용되는 반면, 적정성원칙은 판매자가 적극적으로 구매권유를 하는 경우에 적용된다.
다. 금융회사가 금융상품 판매과정에서 적합성 및 적정성 원칙을 준수하였는지 여부에 대한 판단기준은 동일하다.
라. 보장성 상품과 투자성 상품의 경우 손실에 대한 감수능력과 금융상품의 위험등급 정보와 비교평가를 통해 준수 여부를 판단하며, 대출성 상품의 경우 상환능력과 관련하여 거래목적, 원리금 변제계획 등을 종합적으로 고려하여 준수 여부를 평가하고 있다.

① 가, 나, 다
② 가, 나, 라
③ 가, 다, 라
④ 나, 다, 라

정답 | ③
해설 | 나. 적합성원칙은 판매자가 적극적으로 구매권유를 하는 경우에 적용되는 반면, 적정성원칙은 금융소비자가 먼저 자발적으로 구매의사를 밝힌 경우에 적용된다.

★★★
09 금소법상 설명의무에 대한 설명으로 적절하지 않은 것은?

① 금융상품판매업자 등으로 하여금 정보 열위에 있는 일반금융소비자가 스스로 거래결과에 책임을 질 수 있도록 정보를 제공하는 것으로 6대 판매규제 중 가장 중요한 사항이다.
② 전문금융소비자는 설명의무가 적용되지 않는다.
③ 금소법은 모든 금융상품의 유형에 대해 설명의무를 도입했고 금융상품 유형별로는 설명해야 하는 중요한 사항을 달리 규정하고 있다.
④ 보장성 상품, 투자성 상품, 예금성 상품, 대출성 상품의 모든 금융상품 유형에 적용되나 연계 · 제휴서비스 및 청약철회권에는 설명의무가 부과되지 않는다.

정답 | ④
해설 | ④ 보장성 상품, 투자성 상품, 예금성 상품, 대출성 상품의 모든 금융상품 유형에 적용되고 연계 · 제휴서비스 및 청약철회권에도 설명의무가 부과된다.

★★★
10 금융소비자보호법상 설명의무에 대한 적절한 설명으로 모두 묶인 것은?

가. 금융상품판매업자 등은 금융상품에 대해 설명을 할 때 일반금융소비자에게 설명서를 서면 등으로 제공하고 서명 등의 방법으로 확인을 받아야 한다.
나. 고객의 이해도와는 관계없이 설명을 이해했다는 서명을 요구하거나 실제 설명과 다른 내용의 설명서를 교부하는 행위는 위규사례에 해당된다.
다. 공모펀드의 경우 고객에게 간이투자설명서를 제공하였더라도 반드시 금소법상 설명서를 제공하여야 한다.
라. 계약이 체결되지 않았으나 계약체결 권유를 한 경우에는 설명서를 제공하지 않아도 된다.

① 가, 나
② 가, 나, 라
③ 가, 다, 라
④ 나, 다, 라

정답 | ①
해설 | 다. 금소법에 정하는 바에 따라 간이투자설명서가 작성되어 있다면 금소법상 설명서 제공은 불필요하다. 다만, 간이투자설명서의 내용이 금소법상 설명의무에 부족한 것이 있으면 그 부족한 것에 대한 설명서를 제공해야 한다.
라. 금소법상 설명서 제공은 계약이 체결되기 전 금융상품을 권유하는 단계에서 준수해야 할 사항으로 해당 금융상품에 대한 계약이 실제로 체결되었는지 여부와는 직접적인 관련성이 없다.

★★★

11 금융소비자보호법상 불공정영업행위의 유형으로 모두 묶인 것은?

> 가. 대출성 상품에 관한 계약체결과 관련하여 금융소비자의 의사에 반하여 다른 금융상품의 계약체결을 강요하는 행위
> 나. 대출성 상품에 대한 부당한 담보 및 보증을 요구하거나 업무와 관련하여 편익 요구 및 제공받는 행위
> 다. 대출성 상품 취급 시 자기 또는 제3자의 이익을 위하여 금융소비자에게 특정 대출상환방식을 강요하는 행위
> 라. 금융상품의 내용을 사실과 다르게 알리는 행위

① 가, 나, 다 ② 가, 나, 라
③ 가, 다, 라 ④ 나, 다, 라

정답 | ①
해설 | 라. 부당권유행위의 유형이다.

★★★

12 불공정영업행위 금지 관련 재무설계 시 주의사항에 대한 적절한 설명으로 모두 묶인 것은?

> 가. 신용카드 부가서비스를 일방적으로 중단하는 행위는 위규사례에 해당된다.
> 나. 금리인하요구권, 청약철회권, 위법계약해지권 등에 대한 금융소비자의 권리 행사를 방해하는 행위는 위규사례에 해당된다.
> 다. 대출계약 만기일 연장 후 1개월 이내에 가입한 금융상품에 대해서도 구속행위 간주 규제가 적용된다.
> 라. 초단기금전신탁(MMT), 초단기금융집합투자신탁(MMF) 등 입출금을 수시로 할 수 있는 투자성 상품계약도 구속성 판매 간주행위 적용 대상이다.

① 가, 나 ② 다, 라
③ 가, 나, 라 ④ 나, 다, 라

정답 | ①
해설 | 다. 대출 기한연장은 계약체결로 보지 않기 때문에 구속행위 간주 규제가 적용되지 않는다.
라. 입출금을 수시로 할 수 있는 금융상품 가입의 경우 금융소비자의 자금 사용을 구속한다고 보기 어렵고, 금융소비자에 대한 보호에 문제가 발생할 우려가 적으므로 구속성 판매 간주 행위 적용 예외 대상으로 보는 것이 적절하다.

★★★
13 금융소비자보호법상 부당권유행위에 포함되는 것으로 모두 묶인 것은?

> 가. 고위험 금융상품계약을 체결하는 행위
> 나. 불확실한 사항에 대하여 단정적 판단을 제공하거나 확실하다고 오인하게 할 소지가 있는 내용을 알리는 행위
> 다. 금융상품의 가치에 중대한 영향을 미치는 사항을 미리 알고 있으면서 금융소비자에게 알리지 아니하는 행위
> 라. 금융상품 내용의 일부에 대하여 비교대상 및 기준을 밝히지 아니하거나 객관적인 근거 없이 다른 금융상품과 비교하여 해당 금융상품이 우수하거나 유리하다고 알리는 행위

① 가, 나, 다　　② 가, 나, 라
③ 가, 다, 라　　④ 나, 다, 라

정답 | ④
해설 | 가. 고위험 금융상품 계약은 위험성을 알리고 고도의 주의의무가 부과된 것으로 부당권유행위와는 관련이 없다.

★★★
14 금소법상 부당권유행위에 대한 설명으로 적절하지 않은 것은?

① 부당권유행위 금지에 대한 규제는 일반금융소비자에게만 적용되고, 전문금융소비자에게는 적용되지 않는다.
② 부적합 상품 판매를 위해 고객에게 정보조작을 유도하는 행위는 위규사례에 해당된다.
③ 투자자의 합리적 투자판단 또는 해당 금융상품의 가치에 영향을 미칠 수 있는 사항 중 객관적으로 진위가 분명히 판명될 수 없는 사항에 대하여 진위를 명확히 판단해 주거나 투자자에게 그 진위가 명확하다고 잘못 생각하게 할 가능성이 있는 내용을 알리는 행위를 말한다.
④ 어떠한 행위가 단정적 판단 제공 등의 행위에 해당하는지는 통상의 주의력을 가진 평균적 투자자를 기준으로 금융회사가 사용한 표현은 물론 투자에 관련된 제반 상황을 종합적으로 고려하여 객관적 · 규범적으로 판단하여야 한다.

정답 | ①
해설 | ① 부당권유행위 금지에 대한 규제는 일반금융소비자와 전문금융소비자 모두에게 적용된다.

★★★

15 금융소비자보호법상 판매규제에 대한 설명이 적절하게 연결된 것은?

> 가. 금융상품판매업자는 보장성 상품, 투자성 상품 및 대출성 상품에 대하여 일반금융소비자에게 계약체결을 권유하지 아니하고 금융상품 판매 계약을 체결하려는 경우에는 미리 면담 · 질문 등을 통하여 일반금융소비자의 재산상황 등 위험감수능력에 대한 정보를 파악하여야 한다.
>
> 나. 금융상품판매업자가 금융상품의 계약체결을 권유하거나 금융상품자문업자가 금융상품에 대한 자문에 응하는 과정에서 금융소비자가 오인할 우려가 있는 허위 사실 등을 알리는 행위는 금지된다.

	가	나
①	적합성원칙	불공정영업행위 금지
②	적합성원칙	부당권유행위 금지
③	적정성원칙	불공정영업행위 금지
④	적정성원칙	부당권유행위 금지

정답 | ④

해설 | 가. 적정성원칙에 대한 설명이다.
나. 부당권유행위 금지에 대한 설명이다.

★★★

16 재무설계 시 주의해야 하는 판매규제 위규사례가 적절하게 연결된 것은?

> 가. 부적합 상품 판매를 위해 고객에게 정보조작을 유도하는 행위
>
> 나. 불확실한 사항에 대하여 단정적 판단을 제공하거나 확실하다고 오인하게 할 소지가 있는 내용을 알리는 행위
>
> 다. 신용카드 부가서비스를 일방적으로 중단하는 행위
>
> 라. 금리인하요구권, 청약철회권, 위법계약해지권 등에 대한 금융소비자의 권리 행사를 방해하는 행위

	불공정영업행위	부당권유행위
①	가, 나	다, 라
②	가, 다	나, 라
③	나, 다	가, 라
④	다, 라	가, 나

정답 | ④

해설 | 가. 부당권유행위 나. 부당권유행위
다. 불공정영업행위 라. 불공정영업행위

★★★

17 금소법상 광고규제에 대한 설명으로 적절하지 않은 것은?

① 광고규제는 금융상품판매업자 등의 업무광고와 금융상품광고에 적용된다.

② 금융상품광고란 금융상품의 계약체결 또는 자문을 유인할 목적을 가지지 않고 금융상품판매업자 등의 경영관리 및 그에 부수한 업무 등을 불특정 다수를 대상으로 널리 알리거나 제시하는 것을 말한다.

③ 금융상품판매업자 등이 아닌 경우에는 업무광고와 금융상품광고를 할 수 없으며, 광고를 하는 경우에는 필수 포함사항과 금지사항을 준수하여 금융소비자가 금융상품 내용을 오해하지 않도록 명확하고 공정하게 전달하게 하여야 한다.

④ 광고규제는 일반금융소비자 및 전문금융소비자 모두에게 적용된다.

정답 | ②

해설 | ② 업무광고에 대한 설명이다. 금융상품광고란 금융상품판매업자 등이 불특정 다수의 금융소비자를 대상으로 금융상품의 계약체결 또는 자문을 유인할 목적을 가지고 금융상품의 내용과 거래조건, 그 밖에 소비자의 계약 여부 결정에 영향을 미치는 사항을 소비자에게 널리 알리거나 제시하는 것을 말한다.

★★★

18 광고규제 관련 재무설계 시 주의사항에 대한 설명으로 가장 적절한 것은?

① 펀드 광고에 객관적인 근거자료 없이 기대수익률을 제시하는 행위는 위규사례에 해당된다.

② 금융회사가 자사 금융상품 가입 시 경품을 제공한다는 내용의 이벤트를 광고하는 경우 금융상품 광고에 해당한다.

③ 투자권유대행인도 광고를 할 수 있다.

④ GA대리점, 보험설계사 등 보험모집인이 교육용 전단지를 수정하여 고객에게 상품을 설명하고 판매한 경우 보험회사에 책임을 물을 수는 없다.

정답 | ①

해설 | ② 특정 금융상품이 아닌 금융상품 일반에 대한 이벤트 광고는 업무광고에 해당한다.
③ 자본시장법상 투자권유대행인의 광고는 전면 금지되어 있다.
④ 전단지 형태의 자료라도 보험상품 교육을 목적으로 만들어 교육에만 활용되는 한 금소법상 광고로 보지 아니한다. 다만, 교육용 전단지를 수정하여 상품판매에 활용하였다면 고객은 광고규제 위반에 따른 피해에 대해 보험모집인뿐만 아니라 보험회사에도 손해배상 청구가 가능하다. 이 경우 보험회사는 보험모집인에 대한 업무감독을 철저히 하였다면 손해배상책임에서 벗어날 수도 있다.

★★★
19 금소법상 계약서류 제공의무에 대한 적절한 설명으로 모두 묶인 것은?

가. 금융상품의 계약서류는 금융회사와 금융소비자 간 금융상품 계약에 따른 권리와 의무관계를 증명할 수 있는 중요한 서류이다.
나. 금융회사에 대해 금융상품 계약서류를 금융소비자에게 제공하도록 의무를 부과함으로써, 금융거래의 상대적 약자인 금융소비자가 향후 분쟁 발생 시 필요한 증빙자료를 용이하게 확보할 수 있도록 하였다.
다. 계약서류 제공의무는 일반금융소비자와 전문금융소비자 모두에게 적용된다.

① 가, 나　　② 가, 다
③ 나, 다　　④ 가, 나, 다

정답 | ④
해설 | 모두 적절한 설명이다.

★★★
20 금융감독원의 금융분쟁조정제도에 대한 적절한 설명으로 모두 묶인 것은?

가. 금소법에 의하여 금융분쟁조정위원회에서 심의 · 의결된 조정안에 대하여 양 분쟁 당사자가 수락할 경우 민법상 화해와 동일한 효력을 갖는다.
나. 양 분쟁 당사자 중 어느 일방이라도 수락하지 않는 경우에는 조정은 성립되지 않으므로 수락 여부는 전적으로 분쟁 당사자의 자유의사에 있다.
다. 조정이 신청된 사건에 대하여 신청 전 또는 신청 후 소가 제기되어 소송이 진행 중일 때에는 수소법원은 조정이 있을 때까지 소송절차를 중지할 수 있다.
라. 조정대상기관은 소액분쟁사건에 대하여 조정절차가 개시된 경우에는 금융분쟁조정위원회의 조정안을 제시받기 전에는 소를 제기할 수 없다.

① 가, 나, 다　　② 가, 나, 라
③ 가, 다, 라　　④ 나, 다, 라

정답 | ④
해설 | 가. 금융감독원의 금융분쟁조정은 일반 분쟁조정과 같이 법률상 당사자를 구속하지는 않음이 원칙이나, 금소법에 의하여 금융분쟁조정위원회에서 심의 · 의결된 조정안에 대하여 양 분쟁 당사자가 수락(조정위원회 부의 전에 합의권고를 수락한 경우는 아님)할 경우 재판상의 화해(확정판결과 동일한 효력)와 동일한 효력을 갖는다.

★★★
21 금융감독원의 금융분쟁조정제도에 대한 설명으로 적절하지 않은 것은?

① 금융감독원 금융분쟁조정위원회는 금융소비자와 금융회사 사이에 발생한 금융업무와 관련된 권리 · 의무 등에 대한 분쟁조정 신청을 받아 당사자의 주장과 사실관계를 조사 · 확인하고 이에 대한 합리적인 분쟁 해결방안을 제시하여 당사자의 원만한 합의를 유도한다.

② 금소법에 의하여 금융분쟁조정위원회에서 심의 · 의결된 조정안에 대하여 양 분쟁 당사자가 수락할 경우 재판상의 화해와 동일한 효력을 갖는다.

③ 금융소비자보호 차원에서 조정결정에 대해 금융소비자는 수락 또는 거절을 할 수 있으나, 금융회사는 거절할 수 없고 반드시 수락해야 한다.

④ 소액분쟁사건이란 일반금융소비자가 신청한 사건일 것, 조정을 통하여 주장하는 권리나 이익의 가액이 2천만원 이하일 것을 모두 충족한 분쟁사건을 말한다.

정답 | ③

해설 | ③ 양 분쟁 당사자 중 어느 일방이라도 수락하지 않는 경우에는 조정은 성립되지 않으므로 수락 여부는 전적으로 분쟁 당사자의 자유의사에 있다.

★★★
22 금소법상 손해배상책임에 대한 설명으로 적절하지 않은 것은?

① 금융상품판매업자 등이 설명의무를 위반하여 금융소비자에게 손해를 발생시킨 경우에는 금융상품판매업자 등이 고의 또는 과실이 없음을 입증하지 못한 때에는 그 손해를 배상할 책임을 지도록 하였다.

② 설명의무 이외의 금소법을 위반한 경우에는 금융소비자가 금융상품판매업자 등의 손해배상책임 발생요건을 모두 입증하여야 한다.

③ 금융상품판매대리 · 중개업자 등이 대리 · 중개업무를 수행하는 과정에서 위법행위로 금융소비자에게 손해를 발생시킨 경우 대리 · 중개업자에게 업무를 위탁한 금융상품직접판매업자에게 민법상 "사용자 책임"의 법리에 따라 배상책임을 부담하게 하고 있다.

④ 대리 · 중개업자 등의 위법행위로 인해 손해가 발생할 경우 금융상품직접판매업자가 상당한 주의의무를 다한 것을 입증하더라도 금융상품직접판매업자가 손해배상책임을 부담하도록 하고 있다.

정답 | ④

해설 | ④ 금융소비자는 금융상품을 금융상품판매대리 · 중개업자 등으로부터 구입하는 경우가 많지만 대리 · 중개업자 등의 위법행위로 인해 손해가 발생할 경우 대리중개업자 등의 배상능력 부족으로 손해배상을 제대로 받기 어려운 측면이 있다. 이에 금소법은 상대적으로 배상능력이 충분한 금융상품직접판매업자가 손해배상책임을 부담하도록 하여 금융소비자 보호를 강화하였다. 다만, 금융상품직접판매업자가 상당한 주의의무를 다한 것을 입증하는 경우에는 면책된다.

★★★
23 금소법상 청약철회권에 대한 설명으로 가장 적절한 것은?

① 정상적으로 계약이 체결된 후 단순변심 등의 사유로 일방적으로 청약을 철회할 수는 없다.
② 일정 기간 내 일반금융소비자가 금융상품 계약을 철회하는 경우 금융상품판매업자는 이미 받은 금전 · 재화 등의 원금에 이자 · 부대비용을 함께 반환하여야 한다.
③ 청약철회권은 일반금융소비자와 전문금융소비자 모두에게 적용된다.
④ 보장성 상품, 투자성 상품, 자문계약의 경우 철회 의사표시를 발송한 때 철회효과가 발생한다.

정답 | ④
해설 | ① 정상적으로 계약이 체결된 후에도 금융상품에 대한 위험감수능력이 상대적으로 취약한 일반금융소비자를 대상으로 단순변심 등의 사유라도 일방적으로 청약을 철회할 수 있는 권리를 부여하고 있다.
② 일정 기간 내 일반금융소비자가 금융상품 계약을 철회하는 경우 금융상품판매업자는 이미 받은 금전 · 재화 등을 반환하여야 한다.
③ 청약철회권은 일반금융소비자에게만 적용된다.

★★★
24 보장성 상품의 경우 청약철회권 대상 상품에서 제외되는 상품으로 모두 묶인 것은?

가. 타인을 위한 보증보험
나. 자동차보험
다. 단기(90일) 보험상품
라. 법률 가입의무 보험
마. 건강진단지원보험

① 다, 마
② 가, 나, 다
③ 나, 다, 라
④ 가, 나, 다, 라, 마

정답 | ④
해설 | 아래를 제외한 모든 보장성 상품이 청약철회권 대상 상품이다.

- 타인을 위한 보증보험(제3자 동의 시 제외)
- 자동차보험(동종 다른 책임보험 가입 시 제외)
- 단기(90일) 보험상품
- 법률 가입의무 보험(동종 다른 보험 가입 시 제외)
- 건강진단지원보험

★★★

25 투자성 상품의 경우 청약철회권 대상 상품에 해당하지 않는 것은?

① 파생결합증권 ② 고난도투자일임계약
③ 고난도금전신탁계약 ④ 부동산신탁계약

정답 | ①

해설 | 아래의 투자성 상품만 해당. 단, 청약기간 이내에 투자 동의 시 제외

- 고난도 금융투자상품(모집기간 종료 후 투자 실시하는 펀드에 限)
- 고난도투자일임계약
- 고난도금전신탁계약
- 신탁계약(금전신탁 제외)

★★★

26 금소법상 청약철회권의 행사 가능기간에 대한 다음 설명 중 (가)~(다)에 들어갈 내용으로 적절하게 연결된 것은?

- 보장성 상품 : 보험증권 수령일로부터 (가)과 청약일로부터 (나) 중 먼저 도래한 기간
- 투자성 상품 및 자문 계약 : 계약서류 제공일 또는 계약체결일로부터 (다)

	가	나	다
①	15일	30일	7일
②	15일	30일	14일
③	30일	15일	7일
④	30일	15일	14일

정답 | ①

해설 |

구분	철회가능기간
보장성 상품	보험증권 수령일로부터 15일과 청약일로부터 30일 중 먼저 도래한 기간
투자성 상품	계약서류 제공일 또는 계약체결일로부터 7일
자문 계약	

★★★
27 금소법상 위법계약 해지권에 대한 적절한 설명으로 모두 묶인 것은?

> 가. 판매행위 규제를 위반한 위법한 계약에 대해 금융소비자에게 일정 기간 내에 해당 계약을 해지할 수 있는 권리를 부여하였다.
> 나. 금융소비자는 계약체결에 대한 위법사항을 안 날로부터 5년 이내의 기간에 해당 계약의 해지를 요구할 수 있다.
> 다. 금융소비자는 계약해지에 따른 수수료 또는 위약금을 물지 않고 위법한 계약으로부터 탈퇴할 수 있는 기회를 제공받음으로써 위법계약 해지 후 더 나은 조건으로 새로운 금융상품을 구매할 수 있게 되었다.
> 라. 위법계약 해지권은 계약 자체가 처음부터 체결되지 않은 것으로 소급하여 무효로 한다.

① 가, 나　　② 가, 다
③ 가, 다, 라　　④ 나, 다, 라

정답 | ②
해설 | 나. 금융소비자는 계약체결에 대한 위법사항을 안 날로부터 1년 이내의 기간(계약체결일로부터 5년 이내의 범위)에 해당 계약의 해지를 요구할 수 있다.
라. 위법계약 해지권은 계약 자체가 처음부터 체결되지 않은 것으로 소급하여 무효로 하지 아니하고 해지 시점부터 해당 계약이 무효로 된다.

★★★
28 금소법상 과징금과 과태료에 대한 설명으로 가장 적절한 것은?

① 금융상품직접판매업자 또는 금융상품자문업자가 6대 판매규제 행위 중에서 적합성원칙과 적정성원칙을 제외하고 설명의무, 불공정영업행위 금지, 부당권유 금지 및 광고 규제에 해당하는 4가지 규제를 위반한 경우에만 과태료 부과 대상이 된다.
② 금융위원회는 금융상품직접판매업자 또는 금융상품자문업자가 과징금 부과 대상 위반행위를 한 경우에는 그 위반행위와 관련된 계약으로 얻은 수입 등의 50% 이내에서 과징금을 부과할 수 있다.
③ 6대 판매규제 위반, 내부통제기준 미수립, 계약서류 제공의무 위반 등에 대해 과징금을 부과하도록 규정하고 있다.
④ 법상 의무위반에 따른 부당이득 환수, 영업정지 갈음 또는 징벌적 목적으로 부과되는 과태료와는 달리 과징금은 직접적인 행정목적 침해가 아닌 경미한 의무위반에 부과한다.

정답 | ②
해설 | ① 금융상품직접판매업자 또는 금융상품자문업자가 6대 판매규제 행위 중에서 적합성원칙과 적정성원칙을 제외하고 설명의무, 불공정영업행위 금지, 부당권유 금지 및 광고 규제에 해당하는 4가지 규제를 위반한 경우에만 과징금 부과 대상이 된다.
③ 6대 판매규제 위반, 내부통제기준 미수립, 계약서류 제공의무 위반 등에 대해 과태료를 부과하도록 규정하고 있다.
④ 법상 의무위반에 따른 부당이득 환수, 영업정지 갈음 또는 징벌적 목적으로 부과되는 과징금과는 달리 과태료는 직접적인 행정목적 침해가 아닌 경미한 의무위반에 부과한다.

★★★

29 금소법에서 규정하고 있는 소비자보호장치에 해당하지 않는 것은?

① 소액분쟁사건에 대한 특례(소송이탈금지제도)

② 손해배상금액 추정

③ 위법계약 해지권

④ 징벌적 과징금

정답 | ②

해설 | ② 손해배상금액 추정 조항은 자본시장법에 규정되어 있고 금융소비자보호법에는 설명의무 위반에 대하여 고의 또는 과실이 없음을 금융상품판매업자 등에게 지우는 입증책임전환 조항이 규정되어 있다.

★★★

30 금융소비자보호법에 대한 설명으로 거리가 먼 것은?

① 금융상품판매업자 등이 설명의무를 위반하여 금융소비자에게 손해를 발생시킨 경우에는 금융상품판매업자 등이 고의 또는 과실이 없음을 입증하지 못한 때에는 그 손해를 배상할 책임을 지도록 하여 입증책임에 대한 부담을 금융상품판매업자 등에게 전환하였다.

② 대출성 상품의 청약철회권 행사 가능기간은 계약서류 제공일, 계약체결일 또는 계약에 따른 금전 · 재화 등 제공일로부터 14일이다.

③ 금융소비자는 계약체결에 대한 위법사항을 안 날로부터 1년 이내의 기간(계약체결일로부터 5년 이내의 범위)에 해당 계약의 해지를 요구할 수 있다.

④ 금융상품직접판매업자 또는 금융상품자문업자가 6대 판매규제 행위 중에서 적합성원칙과 적정성원칙을 제외하고 설명의무, 불공정영업행위 금지, 부당권유 금지 및 광고 규제에 해당하는 4가지 규제를 위반한 경우에만 과태료 부과 대상이 된다.

정답 | ④

해설 | ④ 금융상품직접판매업자 또는 금융상품자문업자가 6대 판매규제 행위 중에서 적합성원칙과 적정성원칙을 제외하고 설명의무, 불공정영업행위 금지, 부당권유 금지 및 광고 규제에 해당하는 4가지 규제를 위반한 경우에만 과징금 부과 대상이 된다. 금소법은 6대 판매규제 위반, 내부통제기준 미수립, 계약서류 제공의무 위반 등에 대해 과태료를 부과하도록 규정하고 있다.

★★★

31 금융소비자보호법의 주요 내용에 대한 적절한 설명으로 모두 묶인 것은?

가. 금융상품을 속성에 따라 예금성 상품, 투자성 상품, 보장성 상품 및 대출성 상품의 4가지 유형으로 분류하고 동일한 유형의 금융상품에는 동일한 규제 적용하는 것을 원칙으로 하고 있다.
나. 금융상품판매업자 등이 설명의무를 위반하여 금융소비자에게 손해를 발생시킨 경우에는 금융상품판매업자 등이 고의 또는 과실이 없음을 입증하지 못한 때에는 그 손해를 배상할 책임을 지도록 하였다.
다. 대출성 상품의 청약철회권 행사 가능기간은 계약서류 제공일, 계약체결일 또는 계약에 따른 금전 · 재화 등 제공일로부터 15일이다.
라. 금융소비자는 계약체결에 대한 위법사항을 안 날로부터 1년 이내의 기간(계약체결일로부터 5년 이내의 범위)에 해당 계약의 해지를 요구할 수 있다.
마. 금융상품직접판매업자 또는 금융상품자문업자가 6대 판매규제 행위 중에서 적합성원칙과 적정성원칙을 제외하고 설명의무, 불공정영업행위 금지, 부당권유 금지 및 광고 규제에 해당하는 4가지 규제를 위반한 경우에만 과징금 부과 대상이 된다.

① 나, 다
② 가, 나, 다
③ 가, 나, 다, 라
④ 가, 나, 라, 마

정답 | ④

해설 | 〈청약철회권〉

구분	철회가능기간
보장성 상품	보험증권 수령일로부터 15일과 청약일로부터 30일 중 먼저 도래한 기간
투자성 상품 및 자문 계약	계약서류 제공일 또는 계약체결일로부터 7일
대출성 상품	계약서류 제공일, 계약체결일 또는 계약에 따른 금전 · 재화 등 제공일로부터 14일

MEMO

www.tomatopass.com

PART 02

재무설계사 직업윤리

CONTENTS

CHAPTER

01 재무설계사의 고객에 대한 의무

출제비중 : 20~40% / 1~2문항

학습가이드 ■ ■

학습 목표	학습 중요도
Tip '고객에 대한 의무'의 구체적인 내용 학습 필요 Tip 사례에서 위반한 '고객에 대한 의무'를 찾는 문제에 대한 학습 필요	
1. 고객에 대한 재무설계사의 의무를 이해하고 준수할 수 있다.	★★★

TOPIC 1 재무설계사의 고객에 대한 의무

★★★

01 재무설계사의 고객에 대한 의무에 관한 다음 설명 중 (가)~(라)에 들어갈 내용이 적절하게 연결된 것은?

- CFP 자격인증자 및 AFPK 자격인증자를 포함하는 모든 전문직업인은 신뢰에 바탕을 둔 고객과의 (가) 관계에 따라 우선적으로 고객의 이익을 위하여 노력하여야 할 의무가 있다.
- 재무설계사의 고객에 대한 의무는 선량한 관리자로서의 신의와 성실 및 충성에 바탕을 둔 충실의무 외에 고지의무, 진단의무, 자문의무, 금융환경의 변화와 함께 금융제도 및 금융상품의 내용을 항상 파악하고 있어야 하는 (나)로 대별되며, 이러한 의무는 서로 (다)되는 경우가 많다.
- 충실의무는 선량한 관리자로서의 (라)와 충성의무로 구성되며, 재무설계사를 포함한 변호사, 회계사 등 모든 전문직업인에게 요구되는 고객에 대한 기본적인 의무이다.

	가	나	다	라
①	신의성실	갱신유지의무	중복	주의의무
②	신의성실	고객우선의무	구분	신인의무
③	신의충성	고객우선의무	중복	선관의무
④	신의충실	갱신유지의무	구분	성실의무

정답 | ①

해설 | • CFP 자격인증자 및 AFPK 자격인증자를 포함하는 모든 전문직업인은 신뢰에 바탕을 둔 고객과의 신의성실 관계에 따라 우선적으로 고객의 이익을 위하여 노력하여야 할 의무가 있는 것이다.
• 재무설계사의 고객에 대한 의무는 선량한 관리자로서의 신의와 성실 및 충성에 바탕을 둔 충실의무 외에 고지의무, 진단의무, 자문의무, 금융환경의 변화와 함께 금융제도 및 금융상품의 내용을 항상 파악하고 있어야 하는 갱신유지의무로 대별되며, 이러한 의무는 서로 중복되는 경우가 많다.
• 신인 또는 선관 의무라고도 소개되는 충실의무는 선량한 관리자로서의 주의의무와 충성의무로 구성되며, 재무설계사를 포함한 변호사, 회계사 등 모든 전문직업인에게 요구되는 고객에 대한 기본적인 의무이다.

★★★

02 다음 재무설계사의 업무수행 내용 중 진단의무에 대한 업무수행 내용으로 모두 묶인 것은?

가. 제안되는 투자방안에 내포된 위험을 고객에게 알려주었다.
나. 최근 경기변동의 국면, 투자실적 및 세제의 변경을 포함하는 전반적인 투자환경의 변화를 분석하였다.
다. 투자자의 투자성향, 재무상황, 투자위험 감수수준이 투자방안과 적절하게 조화되는지 여부를 파악하였다.
라. 고객이 비전문 분야에 대한 서비스를 요청하는 경우에 대비하여 세무사와 네트워크를 구성하고 상호 간에 긴밀한 협조관계를 유지하였다.

① 가, 나
② 가, 라
③ 나, 다
④ 다, 라

정답 | ③

해설 | 가. 고지의무에 해당한다.
라. 자문의무에 해당한다.

★★★
03 재무설계사의 고객에 대한 의무를 설명한 것 중 가장 적절하게 연결된 것은?

① 진단의무 : 재무설계사는 고객에게 사심 없는 공명정대한 조언을 하여야 한다.

② 충실의무 : 재무설계사의 입장에서는 고객과의 이해상충을 완벽하게 제거하는 것이 불가능하기 때문에 이해상충을 회피할 수 있는 가장 확실한 방안은 관련되는 모든 정보를 고객에게 미리 알려주는 것이다.

③ 진단의무 : 재무설계 업무수행과정상의 모든 단계에 적용되는 중요한 요소이며, '투자자의 적합성'이라는 개념이 내포되어 있다.

④ 고지의무 : 고객이 비전문 분야에 대한 서비스를 요청하는 경우에 원만한 업무수행을 위하여서도 반드시 필요한 사항이며, 이와 같은 상황에 대비하여 분야별로 다른 전문가 그룹과 네트워크를 구성하고 상호 간에 긴밀한 협조관계를 유지하는 것도 재무설계사에게 필요한 방안이 될 수 있다.

정답 | ③

해설 | ① 충실의무에 대한 설명이다.
② 고지의무에 대한 설명이다.
④ 자문의무에 대한 설명이다.

★★★
04 재무설계사의 고객에 대한 의무를 설명한 것으로 적절하지 않은 것은?

① 제안되는 투자방안에 내포된 위험을 고객에게 알려주는 것은 충실의무와 관련된다.

② 진단의무에는 '투자자 적합성'이라는 개념이 내포되어 있다.

③ 재무설계사의 자문의무는 고객이 비전문 분야에 대한 서비스를 요청하는 경우에 원만한 업무수행을 위하여서도 반드시 필요한 사항이다.

④ 지속적으로 변화하는 금융환경과 제도의 내용과 함께 새로 개발된 금융 및 실물 투자상품에 대한 정보 등 고객의 재무계획에 영향을 미칠 수 있는 제반 사항에 대한 전문지식을 파악하고 보강하는 것은 갱신유지의무와 관련된다.

정답 | ①

해설 | ① 고지의무에 대한 설명이다. 재무설계 업무 분야에서 가장 중요한 고지사항 중의 하나는 제안되는 투자방안에 내포된 위험을 고객에게 알려주는 것이다.

★★★

05 고객에 대한 재무설계사의 다음 조언 내용과 관련된 재무설계사의 고객에 대한 의무가 가장 적절하게 연결된 것은?

> 가. 고객님! A상품과 B상품의 예상 만기환급률을 비교해 보면 A상품의 만기환급률이 더 높게 나옵니다. 또한 A상품이 B상품보다 수수료도 저렴하므로 A상품이 고객님께 더 유리한 상품으로 판단됩니다.
> 나. 고객님! 과거의 지수 흐름을 보았을 때 이 ELS 상품은 안정적인 수익이 발생할 것으로 예상되지만, 향후 만기 시점에 기초자산이 −30%까지 하락할 경우에는 원금 손실이 발생하게 됩니다.

① 가. 충실의무, 나. 고지의무
② 가. 충실의무, 나. 자문의무
③ 가. 고지의무, 나. 자문의무
④ 가. 자문의무, 나. 충실의무

정답 | ①

해설 | 가. 재무설계사는 언제나 자신의 이익보다는 고객의 합법적 이익을 최우선순위에 두어야 한다. 따라서 고객에게 투자설계에 따른 투자방안을 제안하는 경우 및 위험관리를 위한 보험설계에 따른 보험가입을 제안하는 경우에는 재무설계사 자신에 대한 수입보다도 고객에 대한 서비스를 우선하여야 하는데, 이는 충실의무에 해당된다.
나. 재무설계 업무 분야에서 가장 중요한 고지사항 중의 하나는 제안되는 투자방안에 내포된 위험을 고객에게 알려주는 것으로 이는 고지의무에 해당된다.

★★★

06 재무설계사가 위반한 고객에 대한 의무가 순서대로 나열된 것은?

> • A재무설계사는 제안되는 투자방안에 내포된 위험을 고객에게 제대로 알리지 않고 자사에서 판매 중인 공격적인 금융투자상품에 투자할 것을 조언하였다.
> • B재무설계사는 투자에 대한 지식수준과 경험이 부족한 고객의 투자성향을 제대로 파악하지 않고 고객의 포트폴리오를 구성하였다.
> • C재무설계사는 상속 문제에 대한 고민을 털어놓는 고객에게 변호사의 검토를 거치지 않고 자신이 직접 유언장을 작성해 주었다.

① 충실의무, 고지의무, 진단의무
② 충실의무, 진단의무, 자문의무
③ 고지의무, 진단의무, 자문의무
④ 고지의무, 진단의무, 충실의무

정답 | ③

해설 | • A재무설계사는 고지의무를 위반하였다.
• B재무설계사는 진단의무를 위반하였다.
• C재무설계사는 자문의무를 위반하였다.

CHAPTER

02 재무설계의 직업윤리에 관한 기본 규정

출제비중 : 40~80% / 2~4문항

학습가이드 ■ ■

학습 목표	학습 중요도
Tip 윤리규정의 구체적인 내용 학습 필요 Tip 사례에서 위반한 윤리규정을 찾는 문제에 대한 학습 필요 Tip 업무수행기준 단계별 내용과 프로세스 순서에 대한 학습 필요 Tip 올바른 표장사용 용법과 틀린 용법을 찾는 문제에 대한 학습 필요	
1. 윤리규정을 이해하고 준수할 수 있다.	★★★
2. 재무설계 업무수행기준을 이해하고 설명할 수 있다.	★★★
3. AFPK® 자격표장 사용기준을 이해하고 준수할 수 있다.	★★★

··· TOPIC 1 윤리규정

★★★

01 재무설계 자격인증자에게 요구되는 윤리원칙 중 다음에서 설명하고 있는 윤리원칙으로 적절한 것은?

> • 고객이 당연하게 기대하는 것을 고객에게 합리적으로 제공하는 것을 뜻한다.
> • 자신이 받기 원하는 것과 동일하게 다른 사람을 대우하는 것이다.

① 고객우선의 원칙 ② 성실성의 원칙
③ 객관성의 원칙 ④ 공정성의 원칙

정답 | ④
해설 | 공정성의 원칙에 대한 설명이다.

★★★
02 윤리원칙에 대한 설명이 적절하게 연결된 것은?

A. 자격인증자는 고객의 의뢰를 받아 업무를 수행함에 있어 고객의 합법적인 이익을 최대한 보호하고 실현하도록 노력하여야 한다.
B. 자격인증자는 고객으로부터 믿음과 신뢰의 대상이 되어야 한다.
C. 자격인증자는 성실성을 기초로 전문가로서 고객에게 적절하다고 판단되는 서비스만 제공하여야 한다.
D. 모든 고객을 차별 없이 같은 기준으로 동등하게 대하여야 한다.

	고객우선의 원칙	성실성의 원칙	객관성의 원칙	공정성의 원칙
①	A	B	C	D
②	A	D	C	B
③	B	C	D	A
④	B	D	C	A

정답 | ①
해설 | A. 고객우선의 원칙
B. 성실성의 원칙
C. 객관성의 원칙
D. 공정성의 원칙

★★★
03 윤리원칙에 대한 적절한 설명으로 모두 묶인 것은?

가. '자격인증자는 독자적으로 또는 동료 전문가들과 함께 재무설계업무에 대한 일반 대중의 이미지를 제고하고 공익에 대한 봉사능력을 유지하고 향상시켜야 한다.'는 것은 전문가 정신의 원칙에 해당된다.
나. '자기 자신의 한계를 인식하고 적절한 시기에 다른 전문가의 자문을 구할 수 있는 지혜와 결단력이 있어야 한다.'는 것은 능력개발의 원칙에 해당된다.
다. 고객과의 법적인 분쟁이나 자기 자신의 규정 위반에 대한 징계조치에 대한 변호 또는 고객과의 민사소송 등 특별히 인정되는 경우에는 비밀유지 원칙의 예외가 인정된다.

① 다 ② 가, 나
③ 가, 다 ④ 가, 나, 다

정답 | ④
해설 | 모두 적절한 설명이다.

★★★
04 재무설계사가 위반한 윤리원칙이 순서대로 나열된 것은?

> • A재무설계사는 고객의 이익과 소속회사의 이익이 상충될 수 있다는 사실을 고객에게 알리지 않고 금융상품을 제안하였다.
> • B재무설계사는 바쁜 업무로 인해 자격갱신에 필요한 계속교육을 이수하지 않고 고객과의 상담을 진행하였다.

① 성실성의 원칙, 근면성의 원칙
② 객관성의 원칙, 능력개발의 원칙
③ 공정성의 원칙, 전문가 정신의 원칙
④ 공정성의 원칙, 근면성의 원칙

정답 | ③
해설 | • 자격인증자는 고객뿐만 아니라 직장상사, 동업자 및 고용주에 대하여 공정하고 합리적인 방법으로 업무를 수행하여야 하며, 이해상충이 있는 경우에는 그 사실을 밝혀야 한다. 이해관계의 균형을 유지하기 위하여 개인적 감정과 편견 및 욕구를 초월하여야 하며, 고객에게 중대한 이해상충의 사실을 정직하게 알려야 한다. 이는 공정성의 원칙에 해당된다.
• 전문가 정신은 업무수행과 관련하여 고객뿐만 아니라 동료 전문가 및 다른 관계자들을 존중하고 관련 규정과 법률 및 전문가로서의 자격요건을 준수하는 것을 뜻한다.

★★★
05 재무설계사가 위반한 윤리원칙으로 가장 적절한 것은?

> 세무사 자격이나 변호사 자격이 없는 김인남 재무설계사는 고객의 상속설계 진행시 상속세 절세 대책으로 고객 소유의 부동산을 자녀에게 부담부증여하는 방안을 제안하였으나, 이 과정에서 수수료 절감을 위해 다른 전문가의 자문을 구하지 않았다.

① 고객우선의 원칙
② 공정성의 원칙
③ 전문가 정신의 원칙
④ 능력개발의 원칙

정답 | ④
해설 | • 자기 자신의 한계를 인식하고 적절한 시기에 다른 전문가의 자문을 구할 수 있는 지혜와 결단력이 있어야 한다. 이는 능력개발의 원칙에 해당된다.

★★★
06 재무설계사가 위반한 윤리원칙이 순서대로 나열된 것은?

> • 변호사 자격이 없는 A재무설계사는 상담 고객의 요청으로 유언장을 직접 작성해 주었다.
> • B재무설계사는 자신이 관리하는 소속직원의 전문 서비스 제공과 관련한 관리감독을 소홀히 하여 고객에 대한 문제가 발생하였다.

① 전문가 정신의 원칙, 객관성의 원칙
② 전문가 정신의 원칙, 근면성의 원칙
③ 능력개발의 원칙, 성실성의 원칙
④ 능력개발의 원칙, 근면성의 원칙

정답 | ④
해설 | • 자기 자신의 한계를 인식하고 적절한 시기에 다른 전문가의 자문을 구할 수 있는 지혜와 결단력이 있어야 한다. 이는 능력개발의 원칙에 해당된다.
• 전문 서비스의 제공과 관련하여 주의의무를 다하여 적절한 사전계획을 수립하고 소속직원을 적절하게 관리하고 감독하는 것은 근면성의 원칙에 해당된다.

★★★
07 고객의 정보와 자산에 대한 행동규범 위반 사례로 모두 묶인 것은?

> 가. 박영호 재무설계사는 법원의 명령에 의해 고객의 정보를 법원에 통보하였다.
> 나. 홍은균 재무설계사는 고객인 어머니에게 5천만원의 자금을 차입하였다.
> 다. 홍성완 재무설계사는 지인인 송민호 고객에게 1억원의 자금을 빌려주었다.
> 라. 이숙 재무설계사는 A, B, C 고객의 자산을 공동으로 관리하였다.

① 가, 나　② 가, 라
③ 나, 다　④ 다, 라

정답 | ④
해설 | 가. 법적 요건 또는 관련 규제당국의 요구가 있는 경우 비밀 유지의 예외로 한다.
나. 고객이 자격인증자의 직계가족인 경우 자금 차입의 예외로 한다.
다. 자격인증자는 고객에게 자금을 빌려주어서는 아니 된다.
라. 자격인증자는 고객의 자산을 보관하거나 관리하는 경우에는 고객별로 명확하게 구분하여야 하며, 고객의 자산을 자신이나 소속회사나 다른 고객의 자산과 공동으로 관리해서는 아니 된다.

★★★
08 행동규범 중 고객에 대한 의무로 적절하지 않은 것은?

① 자격인증자는 고객이 요청하는 모든 분야에 대한 조언을 제공하여야 한다.
② 자격인증자는 자신의 업무수행과 관련된 모든 분야에서 전문능력을 유지하여야 한다.
③ 자격인증자는 고객에게 제안하는 금융상품에 대하여 합리적인 조사를 하여야 한다.
④ 자격인증자는 한국FPSB로부터 자격정지 또는 자격취소의 처분을 받은 경우에는 그 사실을 고객에게 알려야 한다.

정답 | ①
해설 | ① 자격인증자는 자신의 전문 분야에 대해서만 조언을 제공하여야 한다. 자신의 전문 분야가 아닌 경우에는 다른 전문가의 자문을 구하거나 또는 고객을 다른 전문가에게 소개하여야 한다.

★★★
09 한국FPSB에 대한 통보사항이 행동규범에 따라 적절하게 이루어진 경우로 모두 묶인 것은?

가. 20××년 8월 5일 회사이전을 완료하였고, 20××년 8월 16일 주소변경사항을 한국FPSB에 통보하였다. 나. 20××년 7월14일 서울로 이사한 후, 20××년 8월 4일 자택주소 변경사항을 한국FPSB에 통보하였다. 다. 20××년 7월 1일 포털사이트 폐쇄에 따른 개인 이메일 변경사항을 20××년 8월 4일 한국FPSB에 통보하였다. 라. 20××년 7월 1일 금융감독원으로부터 업무정지통보를 받고, 20××년 8월 12일 한국FPSB에 서면으로 통보하였다. 마. 20××년 2월 3일 자금유용의 죄를 범한 혐의로 사법당국의 조사를 받게 되었고, 20××년 3월 1일 이에 내한 내용을 한국FPSB에 서면으로 통보하였다.

① 가, 나
② 나, 다
③ 다, 라
④ 라, 마

정답 | ①
해설 | • 자격인증자는 이메일 주소, 전화번호, 자택 주소, 소속회사 주소 등의 연락처 정보가 변경되는 경우에는 1개월 또는 30일 이내에 한국FPSB에 통보하여야 한다.
• 자격인증자는 자신이 결격사유에 해당되는 사실을 알게 된 날로부터 10일 이내에 한국FPSB에 서면으로 통보하여야 한다.

★★★
10 재무설계사의 행동규범 중 한국FPSB에 대한 의무를 위반한 것으로 모두 묶인 것은?

> 가. 지인인 A고객에게 5천만원의 자금을 차입하였다.
> 나. 자신의 전문분야가 아닌 경우에도 다른 전문가의 자문을 구하거나 고객을 다른 전문가에게 소개하지 않고 직접 조언을 제공하였다.
> 다. 재무설계 전문직 자격정지로 인해 자격인증자의 명예와 신뢰를 손상시키는 행위를 하였다.
> 라. 국제FPSB의 명예와 신뢰를 손상시키는 행위를 하였다.

① 가, 나　　② 가, 라
③ 나, 다　　④ 다, 라

정답 | ④
해설 | 가. 고객의 정보와 자산에 대한 행동규범 위반 사례이다.
나. 고객에 대한 의무 위반 사례이다.

★★★
11 재무설계 자격인증자가 될 수 없는 결격사유로 모두 묶인 것은?

> 가. 파산자로서 복권되지 아니한 자 또는 파산신청 후 5년이 지나지 아니한 자
> 나. 자금유용이나 자산유용의 죄를 범한 혐의로 사법당국의 조사를 받고 있거나 재판 중에 있는 자
> 다. 한국FPSB가 인증하는 자격을 사칭하거나, 자격표장을 무단으로 사용하거나 또는 고객의 이익을 침해한 사실이 확인된 후 3년이 지나지 아니한 자
> 라. 한국FPSB, 국제FPSB 또는 한국FPSB의 자격인증자나 회원의 명예 또는 신뢰를 손상하였거나 손상할 우려가 있는 자

① 가, 라　　② 가, 나, 다
③ 나, 다, 라　　④ 가, 나, 다, 라

정답 | ④
해설 | 모두 결격사유에 해당된다.

TOPIC 2 재무설계 업무수행기준

★★★
12 **업무수행기준 1-3 업무수행범위의 결정 단계에서 업무수행계약서에 포함하여야 하는 사항으로 모두 묶인 것은?**

> 가. 포함되는 서비스와 포함되지 않는 서비스의 구분
> 나. 고객정보의 비밀유지에 대한 확약
> 다. 자격인증자의 책임
> 라. 계약의 해지 및 종료에 대한 사항

① 가, 라 ② 가, 나, 다
③ 나, 다, 라 ④ 가, 나, 다, 라

정답 | ④
해설 | 업무수행 계약서는 다음의 사항을 포함하여야 한다.

> - 포함되는 서비스와 포함되지 않는 서비스의 구분(예 제안사항의 실행 또는 모니터링 등의 포함 여부)
> - 재무설계업무에 대한 보수체계[고객이 지급하는 수수료(fee)를 포함]
> - 제3자와의 보수계약과 관련한 이해상충을 포함하여 현 시점에서 존재하는 모든 이해상충 사항
> - 향후 추가로 발생되는 이해상충 통지의 절차와 방법에 대한 사항
> - 법적 계약관계 및 대리인 계약관계를 포함하여 계약과 관련된 특정 당사자에 대한 사항
> - 고객정보의 비밀유지에 대한 확약
> - 계약기간
> - 고객에 대한 완전한 정보의 적시 제공을 포함하는 고객의 책임
> - 자격인증자의 책임
> - 계약의 해지 및 종료에 대한 사항
> - 자격인증자에 대한 고객의 클레임과 불만을 처리하는 절차

★★★
13 **업무수행기준 3－2 고객의 목표, 니즈 및 우선순위의 평가에 해당하는 업무수행내용으로 가장 적절한 것은?**

① 자격인증자와 고객은 자격인증자가 고객의 재무 및 인생 목표와 우선순위를 기반으로 고객의 니즈를 충족할 수 있는 적절한 능력과 기술 및 지식을 보유하고 있는지 상호점검하여야 한다.
② 재무설계 제안서를 작성하거나 실행하기 전에 업무수행 범위와 관계되는 고객에 대한 계량정보를 충분히 수집하여야 한다.
③ 고객의 지적 수준과 재무에 관한 지식 보유 정도를 판단하여야 하며, 이러한 고객의 비계량적인 정보에 관한 분석과 판단은 주관적이며, 고객이 자신에 대한 정보를 알려주는 정도에 따라 자격인증자의 판단과 해석에 대한 제약이 있음을 전달하여야 한다.
④ 고객이 목표를 달성하는데 영향을 미칠 수 있는 다른 사항들을 파악하고 이를 고객과 협의하여야 한다.

정답 | ④
해설 | ① 업무수행기준 1－2 : 고객 니즈의 충족 가능성에 대한 결정
② 업무수행기준 2－2 : 계량정보 및 자료의 수집
③ 업무수행기준 2－3 : 비계량정보의 수집

★★★
14 **다음에서 설명하고 있는 업무수행기준으로 적절한 것은?**

> 자격인증자는 고객의 재무상태 및 현행 자산운용방식에 내재된 기회, 제약 및 위험사항 등을 평가하고, 현재의 방식을 계속 유지할 경우와 이를 변경하는 경우에 대하여 고객의 목표를 달성할 수 있는 가능성을 점검하여야 한다.

① 업무수행기준 2－1 : 고객의 개인적인 재무목표, 니즈 및 우선순위의 파악
② 업무수행기준 2－2 : 계량정보 및 자료의 수집
③ 업무수행기준 3－1 : 고객 관련 정보의 분석
④ 업무수행기준 3－2 : 고객의 목표, 니즈 및 우선순위의 평가

정답 | ④
해설 | ④ 업무수행기준 3－2 : 고객의 목표, 니즈 및 우선순위의 평가

★★★

15 **재무설계 업무수행과정 3－2 고객의 목표, 니즈 및 우선순위의 평가에 해당하는 업무수행내용으로 적절하지 않은 것은?**

① 고객의 재무상태 및 현행 자산운용방식에 내재된 기회, 제약 및 위험사항 등을 평가하고, 현재의 방식을 계속 유지할 경우와 이를 변경하는 경우에 대하여 고객의 목표를 달성할 수 있는 가능성을 점검하여야 한다.

② 고객이 목표를 달성하는 데 영향을 미칠 수 있는 다른 사항들을 파악하고 이를 고객과 협의하여야 한다.

③ 필요한 경우 업무수행계약의 범위를 변경하거나 고객으로부터 추가 정보를 입수하여야 한다.

④ 고객이 각 전략에 대해 이해할 수 있도록 적절한 정보를 제공하여 각 전략이 어떻게 고객의 목표, 니즈 및 우선순위를 합리적으로 충족시키는지를 고객에게 설명하여야 한다.

정답 | ④

해설 | ④ 업무수행내용 4－1 : 재무설계 대안의 파악 및 평가

★★★

16 **AFPK 자격인증자가 수행한 업무수행내용 중 업무수행과정 1단계~3단계에 해당하는 업무로 모두 묶인 것은?**

가. 자신의 기술과 지식, 경력을 감안하여 고객이 요청하는 서비스의 제공 범위를 점검하였으며, 이해상충의 가능성이 있는지를 살펴보고 고객에게 알렸다.
나. 고객이 단기와 장기 목표를 명확히 수립하여 우선순위를 확실하게 파악할 수 있도록 지원하고, 각 목표의 장점과 비현실적일 수 있는 목표의 실행 가능성에 대하여 고객과 협의하였다.
다. 고객이 목표를 달성하는 데 영향을 미칠 수 있는 다른 사항들을 파악하고 이를 고객과 협의하였다.
라. 고객의 재무상태에 적합하고 고객의 목표, 니즈 및 우선순위를 합리적으로 충족하는 금융상품, 서비스 또는 자산운용방식을 추천하고, 전문적인 판단으로 고객에게 이익이 되는 상품, 서비스 또는 재무 행동의 변화를 파악하였다.

① 가, 나, 다
② 가, 나, 라
③ 가, 다, 라
④ 나, 다, 라

정답 | ①

해설 | 가. 업무수행기준 1－2 : 고객 니즈의 충족 가능성에 대한 결정
나. 업무수행기준 2－1 : 고객의 개인적인 재무목표, 니즈 및 우선순위의 파악
다. 업무수행기준 3－2 : 고객의 목표, 니즈 및 우선순위의 평가
라. 업무수행기준 5－2 : 실행을 위한 상품과 서비스의 선별 및 제시

★★★

17 AFPK 자격인증자가 설명한 업무수행내용 중 업무수행과정 1단계~3단계에 해당하는 업무로 모두 묶인 것은?

> 가. 고객님께 제공되는 재무설계 서비스의 범위를 명확히 하기 위해서 업무수행계약서를 작성해야 합니다.
> 나. 고객님께서 생각하시는 재무목표와 니즈를 알려주시면, 그에 대한 우선순위를 정하는 데에 대한 조언을 해드리겠습니다.
> 다. 고객님의 목표 달성에 필요한 전략에 대한 대안을 도출하였습니다.
> 라. 고객님의 재무상태에 적합하고 고객님의 목표, 니즈 및 우선순위를 합리적으로 충족하는 금융상품으로 ㅇㅇ회사의 A상품을 추천합니다.

① 가, 나　　② 가, 다
③ 나, 다　　④ 나, 라

정답 | ①
해설 | 가. 1단계 고객과의 관계정립
나. 2단계 고객 관련 정보의 수집
다. 4단계 재무설계 제안서의 작성 및 제시
라. 5단계 재무설계 제안서의 실행

★★★

18 재무설계 업무수행과정 4－3 재무설계 제안서의 제시에 해당하는 업무수행내용으로 적절하지 않은 것은?

① 자신의 의견이 증명된 사실인 것처럼 제시하여서는 안 된다.
② 고객의 개인 신상, 경제 및 다른 일반 조건이 변동되는 경우에는 재무설계 제안서가 변경될 필요가 있다는 점을 고객에게 알려주어야 한다.
③ 재무설계 제안서가 고객의 기대를 충족할 수 있는지, 고객이 제안서를 받아들여 실행할 의사가 있는지, 제안서의 내용에 수정이 필요한지의 여부를 점검해 보아야 한다.
④ 고객에게 다른 전문가를 소개하는 경우에는 해당 전문가의 자격 내용과 소개의 근거를 설명하여야 한다.

정답 | ④
해설 | ④ 재무설계 업무수행과정 5－1 실행책임에 대한 상호 합의에 해당하는 업무수행내용이다.

★★★
19 재무설계 업무수행과정 5단계에 해당하는 업무수행내용으로 모두 묶인 것은?

가. 고객에게 다른 전문가를 소개하면서 해당 전문가의 자격 내용과 소개의 근거를 설명하였다.
나. 고객의 재무상태에 적합하고 고객의 목표, 니즈 및 우선순위를 합리적으로 충족하는 금융상품, 서비스 또는 자산운용방식을 추천하였다.
다. 고객이 제안된 상품과 전략을 이해하고 만족하여 제안사항의 실행에 협조한다는 고객의 동의를 얻었다.

① 가, 나
② 가, 다
③ 나, 다
④ 가, 나, 다

정답 | ④
해설 | 모두 5단계에 해당하는 업무수행내용이다.

★★★
20 AFPK 자격인증자의 업무수행 단계가 적절하게 연결된 것은?

가. 2단계 : 고객이 단기와 장기 목표를 명확히 수립하여 우선순위를 확실하게 파악할 수 있도록 지원하고, 각 목표의 장점과 비현실적일 수 있는 목표의 실행 가능성에 대하여 고객과 협의한다.
나. 3단계 : 현재 고객의 재무상태 및 정보를 분석하고, 고객이 언급한 목표 또는 수집된 정보 중 명백한 사실이 누락되거나 일관성이 없거나, 애매모호한 정보의 보완방안을 고객과 함께 협의하여 처리한다.
다. 4단계 : 확정된 고객의 목표를 달성하기 위해 가능한 전략을 준비한다.
라. 5단계 : 전문적인 판단으로 고객에게 이익이 되는 상품, 서비스 또는 재무 행동의 변화를 파악한다.

① 가, 나, 다
② 가, 다, 라
③ 나, 다, 라
④ 가, 나, 다, 라

정답 | ④
해설 | 가. 업무수행기준 2－1 : 고객의 개인적인 재무목표, 니즈 및 우선순위의 파악
나. 업무수행기준 3－1 : 고객 관련 정보의 분석
다. 업무수행기준 4－1 : 재무설계 대안의 파악 및 평가
라. 업무수행기준 5－2 : 실행을 위한 상품과 서비스의 선별 및 제시

▪▪▪ TOPIC 3 AFPK® 자격표장 사용기준

★★★

21 **AFPK® 자격표장 사용기준에 대한 설명으로 적절하지 않은 것은?**

① AFPK 자격상표는 자격인증자의 이름 바로 다음에 독자적으로 사용할 수 없다.

② AFPK와 ASSOCIATE FINANCIAL PLANNER KOREA™ 자격상표를 도메인 이름의 일부로 사용하여서는 아니 된다.

③ AFPK와 ASSOCIATE FINANCIAL PLANNER KOREA™ 자격상표를 이메일 주소의 일부로 사용하여서는 아니 된다.

④ 인터넷의 개별 웹사이트에 AFPK® 자격표장을 사용하는 경우에는 쉽게 판별할 수 있는 위치에 태그라인을 표시하는 것을 원칙으로 한다.

정답 | ①

해설 | ① AFPK 자격상표를 자격인증자의 이름 바로 다음에 표시하는 경우에는 독자적으로 사용할 수 있다.

★★★

22 **AFPK® 자격표장 사용지침을 준수한 사례로 가장 적절한 것은?**

① A.F.P.K®

② 홍지윤, AFPK®

③ 홍주현, AFPK®

④ Associate Financial Planner Korea™

정답 | ③

해설 | ① 글자 사이에 생략점을 표시하여서는 아니 된다.

② 항상 'Ⓡ' 심볼을 위첨자로 사용하여야 한다.

④ 항상 대문자(큰 대문자와 작은 대문자 혼용 가능)로 사용하여야 한다.

★★★

23 **AFPK® 자격표장 사용지침을 준수한 사례로 가장 적절한 것은?**

① 홍은균, AFPK®

② 홍승균, ASSOCIATE FINANCIAL PLANNER KOREA™

③ 홍성완, Associate Financial Planner Korea™

④ www.AFPK.co.kr

정답 | ②

해설 | ① 항상 'Ⓡ' 심볼을 위첨자로 사용하여야 한다.

③ 항상 대문자(큰 대문자와 작은 대문자 혼용 가능)로 사용하여야 한다.

④ 자격상표를 도메인 이름의 일부로 사용하여서는 아니 된다.

★★★
24 AFPK® 자격표장 사용지침을 위반한 사례로 모두 묶인 것은?

가. 이재경, AFPK®
나. 홍진영, ASSOCIATE FINANCIAL PLANNER KOREA™
다. www.AFPK.com
라. AFPK114@hanmail.net

① 가, 나, 다 ② 가, 나, 라
③ 가, 다, 라 ④ 나, 다, 라

정답 | ③

해설 | 가. 항상 '®' 심볼을 위첨자로 사용하여야 한다.
다. 자격상표를 도메인 이름의 일부로 사용하여서는 아니 된다.
라. 자격상표를 이메일 주소의 일부로 사용하여서는 아니 된다.

★★★
25 AFPK® 자격표장 사용지침을 준수한 예로 가장 적절한 것은?

① '안녕하세요? 저는 김호중 AFPK®입니다'라는 소개의 글로 시작하는 문자메시지를 고객에게 발송하였다.
② '김희재, AFPK®'라는 문구를 명함에 사용하였다.
③ 소속회사 직원 모두가 금장 명함 디자인이어서 AFPK 로고를 금장 로고로 박아 명함을 제작하였다.
④ 이메일 주소로 'goodAFPK@daum.net'을 사용하였다.

정답 | ②

해설 | ① 항상 '®' 심볼을 위첨자로 사용하여야 한다. 항상 '자격인증자, 자격자, 인증자', '자격인증, 자격, 인증', '자격인증서, 자격증', '자격명칭, 자격칭호', '자격인증시험, 자격시험, 시험', '자격상표, 상표', '자격표장, 표장', '업무종사자', '전문자격자, 전문가' 등의 적절한 명사를 수식하는 형용사형으로 사용하여야 하며, 명사형으로 사용하여서는 아니 된다.
③ 로고는 항상 아트워크 원본으로부터 복제하여야 하며, 로고를 변형하거나 수정하여서는 아니 된다.
④ 자격상표를 이메일 주소의 일부로 사용하여서는 아니 된다.

★★★

26 AFPK® 자격표장 사용지침을 준수한 사례로 가장 적절한 것은?

① AFPK® 로고를 아트워크 원본으로부터 복제하여 명함에 사용하였다.
② 소속회사 홈페이지를 제작하면서 인터넷 도메인으로 'www.niceafpk.co.kr'을 사용하였다.
③ 개인 이메일 주소로 'bestafpk@hotmail.com'을 사용하였다.
④ 인터넷의 개별 웹사이트에 AFPK® 자격표장을 사용하면서 태그라인을 표시하지 않았다.

정답 | ①

해설 | ② 자격상표를 이메일 주소의 일부로 사용하여서는 아니 된다.
③ 자격상표를 도메인 이름의 일부로 사용하여서는 아니 된다.
④ 인터넷의 개별 웹사이트에 AFPK® 자격표장을 사용하는 경우에는 쉽게 판별할 수 있는 위치에 태그라인을 표시하는 것을 원칙으로 한다.

CHAPTER

03 재무설계 업무수행 시 유의사항

출제비중 : 0~20% / 0~1문항

학습가이드

학습 목표	학습 중요도
Tip 금지행위와 법률 위반 사항에 대한 내용 중심으로 학습 필요	
1. 재무설계 업무수행 시 다른 법률 규정을 준수하고 협업할 수 있다.	★

TOPIC 1 재무설계 업무수행 시 유의사항

★☆☆

01 개업공인중개사의 금지행위로 모두 묶인 것은?

가. 중개대상물의 매매와 중개를 업으로 하는 행위
나. 사례 · 증여 그 밖에 어떠한 명목으로도 조례에 따른 보수 또는 실비를 초과하여 금품을 받는 행위
다. 해당 중개대상물의 거래상의 중요사항에 관하여 거짓된 언행 그 밖의 방법으로 중개의뢰인의 판단을 그르치게 하는 행위
라. 거래당사자 일방을 대리하는 행위
마. 탈세 등 관계 법령을 위반할 목적으로 소유권보존등기 또는 이전등기를 하지 아니한 부동산이나 관계 법령의 규정에 의하여 전매 등 권리의 변동이 제한된 부동산의 매매를 중개하는 등 부동산투기를 조장하는 행위

① 가, 나, 다
② 가, 나, 라
③ 나, 다, 마
④ 다, 라, 마

정답 | ③
해설 | 가. 중개대상물의 매매를 업으로 하는 행위
라. 중개의뢰인과 직접 거래하거나 거래당사자 쌍방을 대리하는 행위

★☆☆

02 재무설계 업무수행이 적절하게 이루어진 것으로 모두 묶인 것은?

가. 상속 문제 관련 조언을 구하는 고객을 변호사에게 소개한 후 그 대가로 금품을 받았다.
나. 부동산을 매매하던 고객이 양도소득세 관련 질문을 하여서 일반적인 세율에 관해 설명해 드렸다.
다. 조세에 관한 신고를 요청하는 고객을 위해 무상으로 세무 관련 서류를 작성해 주었다.
라. 증권투자에 관심을 보이는 고객에게 유망종목을 선정해 주고, 손실이 발생하더라도 재무목표 달성에 큰 지장이 없을 정도의 투자금액을 계산해 주었다.

① 나
② 가, 다
③ 다, 라
④ 가, 나, 라

정답 | ①

해설 | 가. 당사자 또는 그 밖의 관계인을 특정한 변호사나 그 사무직원에게 소개, 알선 또는 유인한 후 그 대가로 금품, 향응 또는 그 밖의 이익을 받거나 요구하는 행위는 변호사법에 규정된 금지 행위이다.
다. 별도로 세무사의 자격이 없는 자격인증자의 경우 고객 등 다른 사람을 위하여 조세에 관한 상담을 포함하여 세무대리업무에 해당될 수 있는 행위를 하는 경우에는 비록 무보수라고 할지라도 세무사법에 위반되는 행위로 간주되어 처벌대상이 되므로 유의하여야 한다.
라. 투자자문업자나 투자일임업자가 아닌 재무설계사는 고객이 증권의 투자판단에 대한 조언을 요청하는 경우 고객에 대한 서비스 제공 차원에서도 금융위원회에 정식으로 등록을 마친 유능한 투자자문업자나 투자일임업자를 물색하여 업무를 위임하는 방법으로 전문가의 판단을 구하여야 할 것이다.

★☆☆

03 재무설계 업무수행이 적절하게 이루어진 것으로 모두 묶인 것은?

가. 변호사가 아니면서 비송사건에 관한 법률관계 문서를 작성해 주었다.
나. 별도의 세무사 자격을 보유하고 있지 아니하는 자격인증자가 고객의 세무 관련 서류를 작성해 주었다.
다. 별도의 공인중개사 자격을 취득하지 않은 재무설계사가 고객에게 적합한 부동산을 물색하여 부동산투자의 대상으로 제안하였다.
라. 고객의 증권투자 시 투자금액을 전액 손실을 볼 수 있는 부분에 대해서만 투자전문가를 연계해 주었다.

① 다
② 가, 나
③ 나, 라
④ 가, 다, 라

정답 | ①

해설 | 가. 변호사가 아니면서 금품, 향응 또는 그 밖의 이익을 받거나 받을 것을 약속하고 또는 제3자에게 이를 공여하게 하거나 공여하게 할 것을 약속하고 변호사의 직무에 속하는 사건에 관하여 감정, 대리, 중재, 화해, 청탁, 법률상담 또는 법률관계 문서작성, 그 밖의 법률사무를 취급하거나 이러한 행위를 알선한 자는 7년 이하의 징역 또는 5,000만원 이하의 벌금에 처하거나 이를 병과할 수 있다.
나. 세무사 자격을 보유하고 있지 않은 사람이 조세에 관한 신고나 세무 관련 서류의 작성 등 세무대리업무를 하는 경우 세무사법 위반이 된다.
라. 전문가의 판단을 바탕으로 증권과 관련된 투자에 대한 조언을 하여야 하는 경우 증권투자에 따른 일반적인 위험을 고려하여 고객이 전액 손실을 볼 경우에도 주요 재무계획에는 별 타격이 없을 것으로 보이는 일정한 금액 범위 이내에서 제한적으로 증권 관련 투자에 임하도록 고객에게 조언하고 이를 준수하도록 하여야 할 것이다.

MEMO

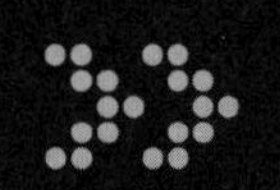

www.tomatopass.com

PART 03

은퇴설계

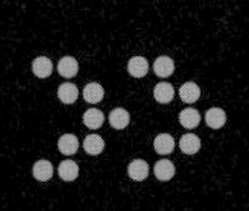

CONTENTS

CHAPTER

01 은퇴설계 개요

출제비중 : 3~7% / 1~2문항

학습가이드

학습 목표	학습 중요도
Tip 구체적인 수치의 암기보다 개괄적인 내용의 이해 중심으로 학습 필요	
1. 은퇴설계의 필요성과 재무설계사의 역할에 대해 설명할 수 있다.	★★

TOPIC 1 은퇴설계 개요

★★☆

01 은퇴생활 적응 단계에 대한 적절한 설명으로 모두 묶인 것은?

가. 활동기에는 정기적인 소득은 중단 또는 감소하지만 이전의 지출습관이 남아 있고, 퇴직금 등의 목돈이 생길 가능성이 많으며 지난 20~30년간의 근로활동에 대한 보상심리, 아직까지 양호한 건강상태 등에 기인하여 지출이 급격하게 증가하기 쉽다.
나. 회상기의 지출 증가는 은퇴자산의 소진을 가속화시키고, 이후 20~30년 동안의 은퇴생활 패턴에 영향을 줄 수 있기 때문에 은퇴소득과 자산에 대한 전반적인 검토와 계획을 수립·점검하고 계획적인 소비활동을 하여야 한다.
다. 회상기는 일반적으로 70대 초반부터 후반까지로 보지만 완전은퇴 시기가 늦어지고 평균수명이 연장되면서 그 기간이 더 길어질 수 있는데, 은퇴 이후 자신의 인생을 돌아보면서 가족이나 친구 등 사회적 관계에 대해 다시 생각하게 된다.
라. 활동기는 건강상태는 아직까지 양호하지만 활발하게 활동하기에는 어려움이 있어 사회활동이 줄어들고 정적인 여가활동이나 봉사활동에 관심을 가지는 시기이다.
마. 간병기는 거동이 불편해지고 뇌졸중이나 치매 등 노인성 질환에 노출되어 타인의 간호가 필요한 시기이다.

① 가, 다 ② 나, 라
③ 가, 다, 마 ④ 나, 라, 마

정답 | ③
해설 | 나. 활동기에 대한 설명이다.
라. 회상기에 대한 설명이다.

★★☆

02 은퇴생활 적응 단계에 대한 설명이 적절하게 연결된 것은?

A. 은퇴생활 초반의 지출 증가는 은퇴자산의 소진을 가속화시키고, 이후 20~30년 동안의 은퇴생활 패턴에 영향을 줄 수 있기 때문에 은퇴소득과 자산에 대한 전반적인 검토와 계획을 수립 · 점검하고 계획적인 소비활동을 하여야 한다.
B. 은퇴 이후 자신의 인생을 돌아보면서 가족이나 친구 등 사회적 관계에 대해 다시 생각하게 되며, 건강상태는 아직까지 양호하지만 활발하게 활동하기에는 어려움이 있어 사회활동이 줄어들고 정적인 여가활동이나 봉사활동에 관심을 가지는 시기이다.
C. 집에서 보내는 시간이 많아지면서 우울감을 느끼는 경우도 있으므로 심리적 건강관리에 주의를 기울여야 하고, 자녀와 친지, 지인들과의 교류를 지속적으로 유지하는 것이 중요하다.
D. 이 기간에는 크고 작은 질병을 가진 채로 긴 시간을 보내야 하는 시기이기 때문에 의료비와 간병비가 집중적으로 필요할 뿐만 아니라 가족의 보살핌이나 간병인과의 새로운 관계, 이 시기를 보낼 안전한 주거지로의 이동 등을 고려하고 적응하여야 한다.

	활동기	회상기	간병기
①	A	B, C	D
②	A, C	B	D
③	C	A, B	D
④	B	C, D	A

정답 | ①

해설 | A. 활동기(go－go years)　B. 회상기(reflective years)
C. 회상기(reflective years)　D. 간병기(care years)

★★☆

03 은퇴생활 적응 단계에 대한 설명이 적절하게 연결된 것은?

A. 거의 모든 일에 의욕적이며 여행이나 스포츠, 취미 등 여가활동을 활발하게 하며 은퇴생활을 즐기는 시기이다.
B. 은퇴 이후 자신의 인생을 돌아보면서 가족이나 친구 등 사회적 관계에 대해 다시 생각하게 되며, 건강상태는 아직까지 양호하지만 활발하게 활동하기에는 어려움이 있어 사회활동이 줄어들고 정적인 여가활동이나 봉사활동에 관심을 가지는 시기이다.
C. 생애말기에 필요한 의료비와 간병비를 위해 은퇴자금이 부족하지 않도록 생활비 관리에 주의를 필요로 한다.
D. 거동이 불편해지고 뇌졸중이나 치매 등 노인성 질환에 노출되어 타인의 간호가 필요한 시기이다.
E. 의료비와 간병비가 집중적으로 필요할 뿐만 아니라 가족의 보살핌이나 간병인과의 새로운 관계, 이 시기를 보낼 안전한 주거지로의 이동 등을 고려하고 적응하여야 한다.

① 활동기(go－go years)－A, C
② 회상기(reflective years)－B, E
③ 회상기(reflective years)－C, D
④ 간병기(care years)－D, E

정답 | ④

해설 | A. 활동기(go-go years) B. 회상기(reflective years)
C. 회상기(reflective years) D. 간병기(care years)
E. 간병기(care years)

★★☆

04 노년부양비에 대한 다음 설명 중 (가)~(나)에 들어갈 내용이 적절하게 연결된 것은?

노년부양비 : (가) 1백명당 부양할 (나)

	가	나
①	유소년(14세 이하) 인구	고령(60세 이상) 인구
②	생산연령(15~64세) 인구	고령(60세 이상) 인구
③	유소년(14세 이하) 인구	고령(65세 이상) 인구
④	생산연령(15~64세) 인구	고령(65세 이상) 인구

정답 | ④

해설 | • 노년부양비 : 생산연령(15~64세) 인구 1백명당 부양할 고령(65세 이상) 인구
• 노령화지수 : 유소년(14세 이하) 인구 1백명당 고령(65세 이상) 인구

★★☆

05 통계청 장래인구추계가 다음과 같다고 할 때, 이에 대한 설명으로 적절하지 않은 것은?

구분	2024년	2060년	2072년
총부양비	42.5	104.5	118.5
유소년부양비	15.1	14.2	14.3
노년부양비	27.4	90.3	104.2
노령화지수	181.2	636.9	726.8

① 우리나라의 합계출산율은 0.78명으로 역대 최저치로 낮아졌고, 이는 유소년인구와 생산연령인구의 감소로 이어져 국가와 자녀세대의 노년부양 부담은 계속해서 증가하고 있기 때문에 은퇴기간의 생활비에 대한 부담을 스스로 감당할 수 있도록 준비해야 한다.
② 2024년 현재 고령(65세 이상) 인구가 유소년(14세 이하) 인구보다 많아, 2072년에는 고령인구가 유소년 인구보다 7.3배 많을 것으로 전망된다.
③ 2024년 현재 생산연령(15~64세) 인구 1백명당 부양할 고령(65세 이상) 인구는 27.4명이다.
④ 2060년에는 생산연령(15~64세) 인구보다 고령(65세 이상) 인구가 더 많아질 전망이다.

정답 | ④

해설 | ④ 2060년에는 생산연령(15~64세) 인구 1백명당 부양할 고령(65세 이상) 인구가 90.3명으로 전망되며, 2072년에는 생산연령 인구 1백명당 부양할 고령 인구가 104.2명으로 전망된다.

★★☆

06 은퇴 후 생활비를 월 250만원으로 생각할 경우 매년 2%씩 물가상승을 가정할 경우와 물가상승률이 연 4%라고 가정할 경우 10년 후 필요한 생활비의 차이로 가장 적절한 것은?

〈화폐의 시간가치 금액〉
- 250만원 $\div (1+0.02)^{10}$ = 205만원
- 250만원 $\times (1+0.02)^{10}$ = 305만원
- 250만원 $\div (1+0.04)^{10}$ = 169만원
- 250만원 $\times (1+0.04)^{10}$ = 370만원

① 36만원
② 65만원
③ 136만원
④ 165만원

정답 | ②

해설 | • 물가상승률을 연 2%로 가정할 경우 은퇴 후 생활비 : 305만원
• 물가상승률을 연 4%로 가정할 경우 은퇴 후 생활비 : 370만원
• 물가상승률 변화에 따른 은퇴시점 필요한 생활비의 차이 : 370만원 − 305만원 = 65만원

★★☆

07 1억원의 은퇴자산이 연 3%의 물가상승률을 가정할 경우와 연 5%의 물가상승률을 가정할 경우 10년 뒤 은퇴자산 가치의 차이로 가장 적절한 것은?

〈화폐의 시간가치 금액〉
- 100,000천원 $\div (1+0.03)^{10}$ = 74,409천원
- 100,000천원 $\times (1+0.03)^{10}$ = 134,392천원
- 100,000천원 $\div (1+0.05)^{10}$ = 61,391천원
- 100,000천원 $\times (1+0.05)^{10}$ = 162,889천원

① 13,018천원
② 28,497천원
③ 73,001천원
④ 88,480천원

정답 | ①

해설 | • 물가상승률을 연 3%로 가정할 경우 10년 뒤 은퇴자산 가치 : 74,409천원
• 물가상승률을 연 5%로 가정할 경우 10년 뒤 은퇴자산 가치 : 61,391천원
• 물가상승률 변화에 따른 10년 뒤 은퇴자산 가치의 차이 : 74,409천원 − 61,391천원 = 13,018천원

★★☆

08 은퇴설계의 필요성에 대한 적절한 설명으로 모두 묶인 것은?

가. 평균수명 증가는 단순히 오래 사는 것만을 의미하는 것이 아니라 그만큼의 재무적 준비 증가와 건강 등 삶의 질을 결정짓는 요소를 미리 준비해야 하는 가장 기본적 이유가 된다.
나. 저출산으로 인하여 국가와 자녀세대의 노년부양 부담은 계속해서 증가하고 있기 때문에 은퇴기간의 생활비에 대한 부담을 스스로 감당할 수 있도록 준비해야 한다.
다. 저출산 현상은 유소년인구와 생산연령인구의 감소로 이어져 2022년 151명이던 노령화지수가 2072년에는 726.8명으로 증가할 것으로 전망되고, 2022년 24.4명이었던 노년부양비 역시 2072년에는 104.2명으로 증가하여 고령인구 1명을 부양하기 위한 생산연령인구가 감소할 것으로 전망하고 있다.
라. 주된 일자리에서의 퇴직시기와 가교일자리에 대한 준비, 퇴직연금과 개인연금의 수급개시연령의 조정 등 자신이 처한 고용환경에 따라 안정적인 은퇴소득을 발생시킬 수 있는 연금공백 전략을 수립해야 할 것이다.

① 가, 나　　② 다, 라
③ 가, 나, 라　　④ 가, 나, 다, 라

정답 | ④
해설 | 모두 적절한 설명이다.

★★☆

09 "당장 노후를 준비하라"를 주제로 한 세미나를 듣고 온 A씨가 세미나 내용에서 들을 수 있었던 내용 중 적절한 내용으로 모두 묶인 것은?

가. 재무설계에서의 은퇴는 직임에서 물러나거나 사회활동에서 손을 떼고 한가히 지낸다는 의미로, 고용상태에 있던 사람이 더 이상 직위에 관련된 역할 수행을 하지 않게 된 상태를 말한다.
나. 길어진 은퇴기간 동안 이미 축적되어 있는 은퇴자산을 잘 배분하여 사망하기 전에 고갈되지 않도록 운용하고 관리하며 인출하는 계획도 매우 중요하다.
다. 노령화지수는 고령(65세 이상) 인구 1백명당 유소년(14세 이하) 인구를 의미한다.
라. 물가가 오를 경우 이전과 비슷한 생활수준을 유지하기 위해서는 더 많은 생활비를 지출해야 하기 때문에 은퇴자금이 더 빨리 고갈될 위험에 노출되므로, 재무설계사들은 고객들이 물가 변화에 대응할 수 있도록 체계적이고 전문적인 은퇴설계를 진행하여야 한다.
마. 급변하는 금융환경에서는 예 · 적금과 같은 안전자산뿐만 아니라 투자상품을 적절히 배분함으로써 수익률이 높은 자산포트폴리오를 구성할 필요가 있다.

① 가, 나　　② 나, 라, 마
③ 다, 라, 마　　④ 가, 다, 라, 마

정답 | ②

해설 | 가. 은퇴의 사전적 의미에 대한 설명이다. 재무설계에서의 은퇴는 단순히 사전적 의미의 일회성 사건이 아닌 개인이 직업 활동을 중단하여 생계를 위해 소득활동을 하지 않게 되는 상태에 도달하는 일련의 과정으로 보아야 하며, 은퇴 전과는 다른 새로운 인생을 향유해 가기 위한 여정으로 보아야 한다. 즉, 주된 일자리에서 재취업이나 창업을 하는 중간과정의 일자리(가교직업)를 거치고, 소일거리나 부업 정도의 일을 하지만 생계를 위한 소득활동을 주목적으로 하지 않거나 직장생활을 할 때에 비해 다양한 활동을 하면서 여유로운 시간을 보내는 과정으로 이해하여야 한다.

다. 노령화지수 : 유소년(14세 이하) 인구 1백명당 고령(65세 이상) 인구

★★☆

10 은퇴설계에서 재무설계사의 역할에 대한 적절한 설명으로 모두 묶인 것은?

가. 빠르고 효율적인 상담을 위해 획일화된 일정한 모듈이나 공식에 맞추어 은퇴설계안을 제시해 줄 수 있어야 한다.
나. 성공적인 은퇴설계를 위해서 재무설계사는 위험관리, 세금, 부동산, 상속, 투자 등과 같은 재무설계의 다양한 영역들을 유기적으로 통합할 수 있는 능력을 가져야 한다.
다. 재무설계사는 재무적, 비재무적 은퇴설계 영역에서 다루는 다양한 부분에 관한 전문적인 조언과 상담, 정보제공 등을 할 수 있어야 한다.
라. 은퇴 후 생활의 특성을 이해하고 노인의 특성과 노화 건강, 주거, 삶의 질 등 노후생활의 다양한 측면에 대한 폭넓은 이해를 바탕으로 은퇴라이프스타일, 건강관리, 주거관리, 일과 여가활동, 사회봉사, 시간관리 등과 같은 다양하고 구체적인 사안에 대해 고객과 충분한 의사소통을 할 수 있어야 한다.
마. 현재에 해결해야만 하는 재무적 문제가 닥친 경우 은퇴설계를 포기하는 것이 아닌 절충안을 제시함으로써 고객이 은퇴설계를 포기하지 않고 지속적인 관심을 가지고 적극적으로 참여할 수 있도록 해야 한다.

① 가, 나
② 가, 나, 다
③ 다, 라, 마
④ 나, 다, 라, 마

정답 | ④

해설 | 가. 고객이 가입하였거나 가입할 수 있는 공적연금의 차이를 기초로, 직업에 따른 퇴직연금과 개별적으로 보유하고 있는 개인연금 등의 은퇴자산을 평가하는 것도 고객의 성별, 나이, 결혼상태, 자녀 유무와 자녀 수 등 인구통계학적 특성이 반영되어 맞춤화되어야 한다. 뿐만 아니라 고객의 건강상태, 성격, 위험수용성향 등 건강과 심리적인 상황 등 매우 다양한 개인적 또는 환경적 특성에 따라 달라져야 한다. 따라서 고객의 은퇴설계를 담당하는 재무설계사는 그 무엇보다 고객과의 관계형성이 매우 중요하며, 개개인이 갖고 있는 문제를 해결하기 위해 획일화된 일정한 모듈이나 틀에 맞추어 은퇴설계안을 제시해 주는 것을 지양하여야 한다. 고객 각각의 상황과 특성에 대한 깊은 이해와 통찰을 바탕으로 은퇴설계에 대한 조언을 해줄 수 있어야 한다.

CHAPTER

02 은퇴소득

출제비중 : 7~17% / 2~5문항

학습가이드 ■ ■

학습 목표	학습 중요도
Tip 개념 이해 중심으로 학습 필요 Tip 실제 고객 사례를 분석하는 해석형 또는 문제해결형 문제가 나올 수 있으므로 이에 대한 학습 필요	
1. 다층 노후보장제도를 활용한 은퇴설계 방법을 설명할 수 있다.	★
2. 적정은퇴생활비의 개념을 설명하고 목표은퇴소득을 결정할 수 있다.	★★★
3. 다양한 은퇴소득원을 활용하여 은퇴소득을 확보할 수 있다.	★★★

TOPIC 1 노후소득보장제도 이해

★☆☆

01 노후소득보장제도와 은퇴설계에 대한 설명으로 적절하지 않은 것은?

① 공적연금은 국민들이 노령, 장애, 사망 등으로 소득능력이 상실되거나 감소될 경우 최소한의 의식주 생활을 할 수 있도록 마련된 제도이다.

② 은퇴설계에서 퇴직연금은 국가가 보장하는 국민연금의 부족한 소득을 보충하는 역할을 한다.

③ 은퇴설계에서 개인연금은 안정적인 노후생활을 보장하기 위한 것으로 3층 보장체계의 상위에 위치해 있다.

④ 우리나라의 경우 국민연금과 퇴직연금을 합한 소득대체율은 대체로 57~61% 정도를 연금소득으로 확보할 수 있다는 연구결과가 있는데, 이는 World Bank 등 국제기구에서 권고하고 있는 소득대체율(70~80%)과 비교하면 대략 10~20%p 부족한 수준이다.

정답 | ③

해설 | ③ 은퇴설계에서 개인연금은 여유로운 노후생활을 보장하기 위한 것으로 3층 보장체계의 상위에 위치해 있다.

★☆☆
02 노후소득보장제도와 은퇴설계에 대한 설명으로 적절하지 않은 것은?

① 직역연금은 공무원, 군인, 사립학교 교직원, 별정우체국 직원 등을 대상으로 하는 연금으로 노후소득보장 기능과 인사정책적 기능이 함께 포함되어 있다.

② 퇴직연금제도는 기업이 근로자의 안정적인 노후생활 보장을 위해 근로자 재직기간 중 사용자가 퇴직급여 재원을 금융회사에 적립하고, 이를 사용자 또는 근로자의 지시에 따라 운용하여 퇴직급여를 연금으로 지급받을 수 있도록 하는 제도이다.

③ 은퇴설계에서 퇴직연금은 국가가 보장하는 국민연금의 부족한 소득을 보충하는 역할을 한다.

④ 우리나라의 경우 국제기구에서 권고하고 있는 수준의 소득대체율을 보장받고 있으므로 개인연금이 은퇴설계에서 차지하는 역할은 미미한 편이다.

정답 | ④

해설 | ④ 우리나라의 경우 국민연금과 퇴직연금을 합한 소득대체율은 대체로 57～61% 정도를 연금소득으로 확보할 수 있다는 연구결과가 있다. 이는 평균적인 근로소득자가 25년 근로하고 퇴직하는 경우 수령할 수 있는 국민연금과 퇴직연금에서 수령하는 연금수준이다. 이는 World Bank 등 국제기구에서 권고하고 있는 소득대체율(70～80%)과 비교하면 대략 10～20%p 부족한 수준이다. 따라서 우리나라의 현실을 감안할 경우 안정적인 은퇴생활을 위해서는 개인연금을 통한 추가적인 은퇴소득을 확보하는 것이 필요하다.

★☆☆
03 노후소득보장제도에 대한 적절한 설명으로 모두 묶인 것은?

가. 기업보장과 개인보장은 기업이나 개인이 주체가 되어 노후생활을 풍요로운 수준으로 향상시키기 위한 추가적인 보완 연금이다.
나. 노후소득보장제도란 노후생계를 유지할 수 있도록 도와주는 사회보장적 성격의 공적연금, 근로자의 퇴직급여를 바탕으로 한 직역연금, 개인이 추가적으로 저축하는 개인연금으로 구성된 체계를 의미한다.
다. 공적연금의 장점은 매년 물가상승률로 조정한 연금액을 사망할 때까지 지급한다는 점이다.
라. 국민연금의 경우 소득대체율이 낮아 기본적인 연금액 확보가 잘 안되므로 그 중요성이 낮다.
마. 퇴직연금은 확정급여형과 확정기여형 퇴직연금으로 구분되며, 55세 이후부터 연금을 수령할 수 있다.

① 가, 나
② 가, 다, 마
③ 다, 라, 마
④ 나, 다, 라, 마

정답 | ②

해설 | 나. 노후소득보장제도란 노후생계를 유지할 수 있도록 도와주는 사회보장적 성격의 공적연금, 근로자의 퇴직급여를 바탕으로 한 퇴직연금, 개인이 추가적으로 저축하는 개인연금으로 구성된 체계를 의미한다.
라. 국민연금은 가입기간에 따라 소득대체율이 차이가 나지만 노후에 최소한의 생활을 유지할 수 있는 연금을 지급한다는 점에서 그 중요성을 찾을 수 있다.

★☆☆
04 노후소득보장제도에 대한 설명으로 적절하지 않은 것은?

① 기업보장은 퇴직연금과 같이 기업이 주체가 되어 국민들의 기초적인 의식주 생활을 보장하기 위해 실시하는 공적연금을 의미하며, 국가보장과 개인보장은 국가나 개인이 주체가 되어 노후생활을 풍요로운 수준으로 향상시키기 위한 추가적인 보완 연금이다.
② 노후소득보장제도란 노후생계를 유지할 수 있도록 도와주는 사회보장적 성격의 공적연금, 근로자의 퇴직급여를 바탕으로 한 퇴직연금, 개인이 추가적으로 저축하는 개인연금으로 구성된 체계를 의미한다.
③ 공적연금은 기초연금, 국민연금, 공무원연금 등 직역연금으로 구분된다.
④ 국민연금은 국민의 기본적인 노후생활을 보장하기 위한 것으로서 노후에 소득활동이 중단되었을 때 기본생활을 유지할 수 있도록 도와주는 제도이다.

정답 | ①
해설 | ① 국가(사회)보장은 기초연금이나 국민연금과 같이 정부가 주체가 되어 국민들의 기초적인 의식주 생활을 보장하기 위해 실시하는 공적연금을 말한다. 기업보장과 개인보장은 기업이나 개인이 주체가 되어 노후생활을 풍요로운 수준으로 향상시키기 위한 추가적인 보완 연금이다.

··· TOPIC 2 은퇴 후 필요소득

★★☆
05 은퇴소득에 대한 적절한 설명으로 모두 묶인 것은?

가. 국가보장은 국민연금과 같이 정부가 주체가 되어 국민들의 노후생활을 풍요로운 수준으로 향상시키기 위해 실시하는 공적연금을 의미한다.
나. 확정급여형의 경우 개인의 성향에 따라 설계할 수 있는 여지가 거의 없으나, 확정기여형은 적립금에 대한 투자방법을 가입자가 선택하여 운용할 수 있다.
다. 은퇴소득원에서 공적연금의 비중이 낮아지는 추세 속에서 개인연금은 장수위험을 효과적으로 관리할 수 있는 대안이 될 수 있다.
라. 소득대체율이란 은퇴 후 소득이 은퇴 전의 소득을 어느 정도 대체하는가를 나타낸 것이다.
마. World Bank 등 국제기구에서는 은퇴 전 소득의 70~80%를 적정 은퇴소득으로 권고하고 있다.

① 가, 나　　② 가, 다, 마
③ 나, 다, 라　　④ 나, 다, 라, 마

정답 | ④
해설 | 가. 국가(사회)보장은 기초연금이나 국민연금과 같이 정부가 주체가 되어 국민들의 기초적인 의식주 생활을 보장하기 위해 실시하는 공적연금을 말한다.

★★★
06 다음 정보를 토대로 송강씨의 소득대체율로 적절한 것은?

〈송강씨 관련 정보〉
• 은퇴 전 소득 : 300만원
• 은퇴 후 소득
 – 개인연금 : 종신연금으로 월 100만원 정액 수령 예상
 – 국민연금 : 연금수급개시연령부터 노령연금을 수령할 계획임(노령연금 계산을 위한 기본연금 산정액은 월 100만원이라고 가정함)
 – 국민연금의 부양가족연금액은 없다고 가정하며, 개인연금과 국민연금 수령시점은 동일함

① 약 53.3%　② 약 56.7%
③ 약 60.0%　④ 약 66.7%

정답 | ④
해설 | • 은퇴 후 소득수준 : 개인연금 100만원 + 국민연금 100만원 = 200만원
• 소득대체율 = $\frac{\text{은퇴 후 소득(소비)수준}}{\text{은퇴 전 소득(소비)수준}} = \frac{\text{200만원}}{\text{300만원}} = 0.6667 = 66.7\%$

★★★
07 목표은퇴소득 결정을 위한 고려사항에 대한 설명으로 적절하지 않은 것은?

① 은퇴시점을 결정하는 것은 고객이 처한 상황에 따라 다르므로, 은퇴시점을 추정하는 데 있어 막연한 기대보다는 직업과 사업장 등 현황에 대한 정확한 분석이 필요하다.
② 은퇴설계에서 은퇴기간은 기대여명을 적용하는 것이 일반적이며, 최빈사망연령 등을 적용하는 사례들은 거의 찾아보기 힘들다.
③ 자녀와 하나의 가계를 구성하고 있고 자녀가 생활비를 부담할 능력이 있는 경우 자녀에게 생활비를 일정 부분 부담하도록 한다.
④ 자녀가 독립한 상태이지만 자녀와의 유대 강화 그리고 지속적 관계 유지를 위하여 지원하는 경우에는 최소한의 비용 지출을 통한 효용 극대화 방안을 고려해야 한다.

정답 | ②
해설 | ② 은퇴설계에서 은퇴기간은 기대여명 이외에 한 해 동안 사망한 사람들을 나이별로 나열할 경우 가장 많은 사람이 사망하는 나이를 의미하는 최빈사망연령 등을 적용하는 사례들도 있다.

■■■ TOPIC 3 은퇴소득 확보

★★★

08 은퇴소득 확보계획 수립 전 점검사항에 대한 설명이 적절하게 연결된 것은?

> 가. 은퇴자금으로 활용할 수 있는 여유자금은 연금성 금융상품을 활용하여 은퇴시점까지 생활비나 다른 목적의 용도로 미리 소진되지 않도록 안전장치를 해 둘 필요가 있다.
> 나. 만약 가계의 소비성향이 과소비성향을 보이고 있거나 소득대비 지출액이 과도하다고 판단되면 변동지출을 점검하여 소득대비 지출액을 적정 수준으로 조정하고 은퇴를 위한 추가적인 저축여력을 확보한다.
> 다. 특정한 목적 없이 저축되고 있는 것은 없는지를 확인하여 은퇴소득 목적의 자산으로 조정을 한다.

	가	나	다
①	은퇴소득원 점검	소득대비 지출 점검	저축여력 점검
②	은퇴소득원 점검	저축여력 점검	소득대비 지출 점검
③	저축여력 점검	비상예비자금 점검	은퇴소득원 점검
④	저축여력 점검	소득대비 지출 점검	은퇴소득원 점검

정답 | ①

해설 | 가. 은퇴소득원 점검
나. 소득대비 지출 점검
다. 저축여력 점검

★★★
09 은퇴소득 확보계획 수립 전 점검사항에 대한 설명이 적절하게 연결된 것은?

A. 정기적인 일정 소득은 물가변화에 대처할 수 있도록 매년 조정되도록 하는 것이 좋다.
B. 총소득 대비 총지출로 산출되는 가계수지지표를 통해 가계의 소비성향과 적자 여부를 파악할 수 있다.
C. 기본적으로 자산과 부채 및 소득과 지출의 구성비를 파악한 후 재무비율을 분석한다.
D. 은퇴준비와 비상예비자금 준비를 동시에 고려할 여력이 안 되는 일반 가계의 경우에는 은퇴준비 자산 중 일부를 유동성 자산으로 준비하여 비상예비자금에 대비하면서 은퇴자산을 운용할 수도 있다.

	은퇴소득원 점검	소득대비 지출 점검	저축여력 점검	비상예비자금 점검
①	A	B	C	D
②	A	D	C	B
③	B	C	D	A
④	D	C	B	A

정답 | ①
해설 | A. 은퇴소득원 점검
B. 소득대비 지출 점검
C. 저축여력 점검
D. 비상예비자금 점검

★★★
10 은퇴소득 확보계획 수립 전 점검사항에 대한 설명으로 적절하지 않은 것은?

① 은퇴소득 확보의 기본원칙은 은퇴 후 정기적인 소득이 발생할 수 있도록 하는 것이며, 이를 위해 연금 형태로 일정 금액이 정기적으로 지급되는 방식이 바람직하다.
② 만약 가계의 소비성향이 과소비성향을 보이고 있거나 소득대비 지출액이 과도하다고 판단되면 변동지출을 점검하여 소득대비 지출액을 적정 수준으로 조정하고 은퇴를 위한 추가적인 저축여력을 확보한다.
③ 은퇴 목적 외에 특정 재무목표를 위해 투자하고 있는 자산은 우선적으로 은퇴소득 목적의 자산으로 조정을 한다.
④ 일상생활이나 위험관리차원에서 자금이 필요할 경우 부득이하게 은퇴저축을 중단하거나 일부 해지하는 상황이 생기면, 결국 은퇴준비를 방해하는 결과로 이어지므로 비상예비자금 준비는 은퇴설계가 제대로 진행되기 위해서 반드시 고려되어야 할 요소이다.

정답 | ③
해설 | ③ 특정한 목적 없이 저축되고 있는 것은 없는지를 확인하여 은퇴소득 목적의 자산으로 조정을 한다.

★★★
11 은퇴소득 확보계획 수립 전 점검사항에 대한 설명으로 가장 적절한 것은?

① 은퇴소득 확보의 기본원칙은 은퇴 후 일시금의 형태로 마련된 총은퇴일시금을 확보할 수 있도록 은퇴소득원을 점검하는 것이 바람직하다.
② 현금흐름표와 재무상태표를 이용하여 현재의 재무상태와 수입 · 지출 상황을 분석하고, 은퇴소득 확보를 위한 추가저축여력이 있는지를 점검한다.
③ 부족한 은퇴자금 마련을 위해서는 저축여력을 모두 은퇴를 위한 장기상품에 투자하는 것이 은퇴소득 확보를 위해 바람직하다.
④ 비상예비자금 준비는 은퇴설계가 제대로 진행되기 위해 반드시 고려되어야 할 요소이므로, 여력이 안 되는 경우라 하더라도 은퇴자금과 비상예비자금을 별도로 준비해야 한다.

정답 | ②

해설 | ① 은퇴소득 확보의 기본원칙은 은퇴 후 정기적인 소득이 발생할 수 있도록 하는 것이다. 이를 위해 연금 형태로 일정 금액이 정기적으로 지급되는 방식이 바람직하다. 또한 정기적인 일정 소득은 물가변화에 대처할 수 있도록 매년 조정되도록 하는 것이 좋다.
③ 가계의 저축여력을 모두 은퇴를 위한 장기상품에 투자한다면 일상생활이나 위험관리차원에서 자금이 필요할 경우 부득이하게 은퇴저축을 중단하거나 일부 해지하는 상황이 생길 수도 있다. 이는 결국 은퇴준비를 방해하는 결과로 이어지므로 비상예비자금 준비는 은퇴설계가 제대로 진행되기 위해 반드시 고려되어야 할 요소이다.
④ 일반 가계의 경우 은퇴준비와 비상예비자금 준비를 동시에 고려할 여력이 안 되는 경우가 많다. 이럴 경우에는 은퇴준비 자산 중 일부를 유동성 자산으로 준비하여 비상예비자금에 대비하면서 은퇴자산을 운용할 수도 있다.

★★★
12 연령대별로 은퇴소득 확보를 위해 필요한 점검사항과 방안들에 대한 적절한 설명으로 모두 묶인 것은?

가. 30대에는 20대와 같이 은퇴저축기간이 상대적으로 많은 연령대이므로 기대수익률을 높일 수 있는 주식형펀드 등을 선택하여 장기투자를 할 수 있다.
나. 40대에는 다양한 장 · 단기 재무목표를 구체화하여 저축을 하는 시기이지만 은퇴저축은 다른 재무목표에 우선순위가 밀릴 수도 있다.
다. 50대에는 은퇴에 대해 현실적으로 인식하는 연령대이며, 은퇴준비와 관련하여 가장 중요한 시기이므로 은퇴계획과 은퇴라이프스타일을 구체적으로 정하고 목표은퇴소득을 명확하게 설정하는 것에서부터 출발한다.
라. 50대에 가장 먼저 진행해야 할 사항은 기존의 은퇴자산을 재검토하는 일이며, 이를 위해 현재까지 저축한 은퇴자산의 규모를 추정해 보고 은퇴목표를 달성할 수 있는지 평가해 보는 것이 필요하다.

① 가, 나
② 가, 라
③ 나, 다
④ 다, 라

정답 | ②

해설 | 나. 30대에 대한 설명이다.
다. 40대에 대한 설명이다.

★★★

13 **연령대별로 은퇴소득 확보를 위해 필요한 점검사항과 방안들에 대한 설명으로 적절하지 않은 것은?**

① 직접 투자포트폴리오를 구성하기 어렵거나 투자관리에 자신이 없는 30대라면 희망하는 은퇴시기에 초점을 맞춘 타켓데이트펀드(TDF)를 선택해 장기투자하는 것이 바람직하다.

② 40대에는 은퇴까지의 기간이 대략 20여년 정도 남아 있어 현실적인 은퇴목표를 정하고 저축을 해나간다면 은퇴자산을 충분히 축적할 수 있으나, 반대로 이 시기에 은퇴저축을 충분히 하지 않게 되면 희망하는 은퇴생활을 수정할 수밖에 없게 될 것이다.

③ 50대에서는 은퇴계획과 은퇴라이프스타일을 구체적으로 정하고 목표은퇴소득을 명확하게 설정하는 것부터 출발하며, 지금까지 은퇴저축을 하지 않은 상태라면 재무설계 전문가의 도움을 받아 체계적으로 은퇴저축을 실행한다.

④ 50대에는 현재의 은퇴자산 포트폴리오를 은퇴시기에 초점을 맞추어 재배분하는 것을 검토하고, 은퇴기간 중 정기적으로 필요한 은퇴소득을 어디에서, 얼마를, 어떻게 인출할 것인지 가상 시나리오를 만들어 보는 것도 의미가 있다.

정답 | ③

해설 | ③ 40대에 대한 설명이다.

★★★

14 **주택연금 가입이 가능한 사례로 모두 묶인 것은(제시된 정보 외 다른 요건은 모두 충족한 것으로 가정)?**

가. 이재경(만 58세), 배우자 나경원(만 52세) : 부부 공동명의 주택 나. 한지민 : 공시가격 11억원의 1주택 보유 다. 이숙 : 보유주택 합산 공시가격이 13억원인 3주택 라. 강혜연 : 주거목적으로 사용하지 않는 시가 13억원의 오피스텔

① 가　　② 가, 나
③ 나, 라　　④ 가, 다, 라

정답 | ②

해설 | 주택연금은 근저당 설정일 기준 주택소유자 또는 그 배우자 중 1명이 55세 이상이고, 부부기준 공시가격 등이 12억원 이하의 주택을 보유한 경우 이용할 수 있다. 다주택자라도 합산 공시가격 등이 12억원 이하이면 가입이 가능하고, 12억원 초과 2주택자는 3년 이내 1주택을 처분하는 조건으로 가입이 가능하다. 다만, 주택연금 가입 대상 주택은 가입자 또는 배우자가 실제로 거주지로 이용하고 있어야 하며, 의사능력 및 행위능력이 있어야 가입이 가능하다. 만약 치매 등의 사유로 의사능력 또는 행위능력이 없거나 부족한 경우는 성년후견제도를 활용하여 가입이 가능하다.

★★★
15 주택연금에 대한 적절한 설명으로 모두 묶인 것은?

가. 연금지급은 국가에서 지급보증을 하므로 연금지급의 중단위험이 없다.
나. 연금지급방식은 종신지급방식과 확정기간혼합방식의 2가지 방식이 있다.
다. 주택담보대출금 상환용도가 아닌 일반용도로는 중도인출이 불가능하다.
라. 종신지급방식과 종신혼합방식의 월지급금 유형은 정액형, 초기증액형, 정기증가형 중 선택할 수 있다.

① 가, 나　　② 가, 다
③ 가, 라　　④ 나, 다

정답 | ③
해설 | 나. 종신지급방식, 종신혼합방식, 확정기간혼합방식, 대출상환방식이 있으며, 가입자의 요건에 따라 우대지급방식, 우대혼합방식을 선택할 수도 있다.
다. 대출상환방식은 인출한도(대출한도의 90%) 이내 범위 안에서 기존의 주택담보대출금 상환용도로 일시에 인출할 수 있고 나머지 부분을 연금으로 종신토록 지급받는 방식이다. 종신혼합방식, 확정기간혼합방식, 우대혼합방식은 인출한도 설정 후 나머지 부분을 월지급금으로 지급받을 수 있다.

★★★
16 다음 정보를 토대로 재무설계사가 주택소유자인 이재경씨에게 주택연금에 대한 조언 내용으로 가장 적절한 것은?

- 인적정보 : 고객 이재경(60세), 배우자 성민지(54세)
- 주택가격 : 시가 11억원
- 주택형태 : 아파트
- 거주형태 : 실거주, 1세대 1주택
- 기타사항 : 임대차 계약사항 없음, 주택담보대출 없음

① 주택연금은 매월 연금방식으로 노후생활자금을 지급받는 도중 은행의 손실금액이 너무 커지면 연금을 지급받지 못한다.
② 배우자의 연령 미달로 이재경씨는 주택연금 신청이 불가능하다.
③ 이재경씨가 연금지급 방식 중 종신혼합방식을 선택할 경우 대출한도의 50% 이내에서 인출한도 설정 후 필요할 때 일시금 형태로 인출할 수 있고 나머지 부분을 월지급금으로 종신토록 지급받는다.
④ 이재경씨가 연금지급 방식 중 종신지급방식을 선택할 경우 월지급금 유형은 정액형만 선택할 수 있다.

정답 | ③

해설 | ① 주택연금은 거주하고 있는 주택을 담보로 한국주택금융공사의 보증으로 금융회사로부터 평생(또는 일정기간) 동안 매월 연금을 수령할 수 있는 제도이다. 연금지급은 국가에서 지급보증을 하므로 연금지급의 중단위험이 없다.

② 주택연금은 근저당 설정일 기준 주택소유자 또는 그 배우자 중 1명이 55세 이상이고, 부부기준 공시가격 등이 12억원 이하의 주택을 보유한 경우 이용할 수 있다.

④ 종신지급방식과 종신혼합방식의 월지급금 유형은 정액형, 초기증액형, 정기증가형 중 선택할 수 있다.

★★★

17 주택연금에 대한 설명으로 적절하지 않은 것은?

① 주택연금은 근저당 설정일 기준 주택소유자 또는 그 배우자 중 1명이 55세 이상이고, 부부기준 공시가격 등이 12억원 이하의 주택을 보유한 경우 이용할 수 있다.

② 주택연금 가입대상 주택을 전세로 주고 본인은 다른 주택에서 월세를 살고 있는 경우에도 가입이 가능하다.

③ 종신지급방식은 인출한도 설정 없이 월지급금을 종신토록 지급받는 방식이며, 종신혼합방식은 대출한도의 50% 이내 인출한도 설정 후 필요할 때 일시금 형태로 인출할 수 있고 나머지 부분을 월지급금으로 종신토록 지급받는다.

④ 매각, 양도로 소유권이 이전되거나 화재 등으로 주택이 멸실된 경우 한국주택금융공사의 요청에 의하여 은행이 가입자에게 연금대출의 지급을 정지할 수 있다.

정답 | ②

해설 | ② 주택연금 가입대상 주택은 가입자 또는 배우자가 실제로 거주지로 이용하고 있어야 하며, 의사능력 및 행위능력이 있어야 가입이 가능하다. 주택연금 수급자와 배우자 모두 주민등록상 주소지가 담보주택 주소지와 다른 경우, 부부 모두 1년 이상 계속하여 담보주택에서 거주하지 않는 경우 한국주택금융공사의 요청에 의하여 은행이 가입자에게 연금대출의 지급을 정지할 수 있다. 또한 가입자와 배우자 모두 다른 장소에 주민등록을 이전한 경우, 가입자와 배우자 모두 해당 주택에 실제로 거주하지 않는 경우에는 변제시기가 도래되면 대출금을 상환해야 한다.

★★★

18 **주택연금에 대한 적절한 설명으로 모두 묶인 것은?**

> 가. 주택연금은 거주하고 있는 주택을 담보로 한국주택금융공사의 보증으로 금융회사로부터 평생(또는 일정기간) 동안 매월 연금을 수령할 수 있는 제도로, 거주주택에서 평생 거주하면서 부부 모두 사망 시까지 동일한 연금을 수령할 수 있다.
> 나. 주택연금은 근저당 설정일 기준 주택소유자 또는 그 배우자 중 1명이 60세 이상이고, 부부기준 공시가격 등이 9억원 이하의 주택을 보유한 경우 이용할 수 있다.
> 다. 신탁방식의 주택연금은 저당권 방식의 주택연금과 달리 일부 임대한 경우 임대보증금을 공사가 지정하는 은행에 예치하는 조건으로 신청이 가능하며, 연금가입자 사망 시 공동상속인의 동의 없이 주택연금을 승계할 수 있다.
> 라. 연금액은 주택가격 상승률, 생명표에 따른 기대여명의 변화, 이자율 추이 등 미래위험을 예측하여 산출하는데 주택가격 상승률이 높아질수록, 기대여명이 낮아질수록, 이자율이 낮아질수록 월지급액은 증가한다.
> 마. 부부 모두 사망 시 상속인 등에 의한 상환이 없으면 주택처분금액으로 상환이 가능한데, 주택가격이 대출 잔액보다 클 때는 남은 부분은 자녀에게 상속되나, 주택가격이 대출 잔액보다 적을 때는 부족분에 대하여 상속인에게 추가적으로 청구한다.

① 가, 나　　② 가, 다, 라
③ 다, 라, 마　　④ 나, 다, 라, 마

정답 | ②

해설 | 나. 주택연금은 근저당 설정일 기준 주택소유자 또는 그 배우자 중 1명이 55세 이상이고, 부부기준 공시가격 등이 12억원 이하의 주택을 보유한 경우 이용할 수 있다.
마. 부부 모두 사망 시 상속인 등에 의한 상환이 없으면 주택처분금액으로 상환이 가능하다. 상환정산 시 주택가격이 대출 잔액보다 클 때는 남은 부분은 자녀에게 상속되고, 주택가격이 대출 잔액보다 적을 때는 부족분에 대하여 상속인에게 추가적으로 청구하지 않는다.

★★★
19 농지연금에 대한 적절한 설명으로 모두 묶인 것은?

가. 농지연금을 받던 농업인이 사망할 경우 배우자 승계가 불가하다는 단점이 있다.
나. 농지연금을 받으면서 담보농지를 직접 경작하거나 임대할 수 있어 연금 이외의 추가소득을 얻을 수 있다.
다. 연금채무 상환 시 담보농지 처분으로 상환하고 남은 금액이 있으면 상속인에게 돌려주고, 부족하더라도 더 이상 청구하지 않는다.
라. 9억원 이하 농지는 재산세가 전액 감면되며, 9억원 초과 농지는 9억원까지 감면된다.
마. 농지연금은 신청연도 말일 기준으로 농지소유자 본인이 만 55세 이상이고, 영농경력이 5년 이상인 자가 신청할 수 있다.

① 가, 나　　② 나, 다
③ 다, 라　　④ 라, 마

정답 | ②
해설 | 가. 농지연금을 받던 농업인이 사망할 경우 배우자가 승계하면 배우자 사망 시까지 계속해서 농지연금을 받을 수 있다.
라. 6억원 이하 농지는 재산세가 전액 감면되며, 6억원 초과 농지는 6억원까지 감면된다.
마. 농지연금은 신청연도 말일 기준으로 농지소유자 본인이 만 60세 이상이고, 영농경력이 5년 이상인 자가 신청할 수 있다.

CHAPTER

03 은퇴설계 실행

출제비중 : 13~23% / 4~7문항

학습가이드 ■ ■

학습 목표	학습 중요도
Tip 은퇴설계 실행 절차의 각 단계별 내용과 순서에 대한 학습 필요	
1. 은퇴설계 실행절차를 설명할 수 있다.	★★
2. 은퇴설계 실행을 위해 필요한 정보의 유형을 설명할 수 있다.	★★★
3. 총은퇴일시금을 산정하고 확보 가능한 은퇴자산을 평가할 수 있다.	★★★
4. 은퇴자산 축적을 위한 자산배분전략과 포트폴리오 구성방법을 설명할 수 있다.	★★★

··· TOPIC 1 은퇴설계 실행 개요

★★☆

01 은퇴설계 실행 절차 6단계가 순서대로 나열된 것은?

가. 총은퇴일시금 산정	나. 은퇴저축 계획 수립
다. 은퇴설계 정보수집	라. 은퇴자산 평가
마. 연간 은퇴저축액 계산	바. 추가로 필요한 은퇴일시금 계산

① 가－다－라－마－바－나　　② 가－다－라－바－나－마

③ 다－가－라－바－마－나　　④ 다－가－마－라－바－나

정답 | ③

해설 | 다. 1단계 : 은퇴설계 정보수집

가. 2단계 : 총은퇴일시금 산정

라. 3단계 : 은퇴자산 평가

바. 4단계 : 추가로 필요한 은퇴일시금 계산

마. 5단계 : 연간 은퇴저축액 계산

나. 6단계 : 은퇴저축(투자) 계획 수립

★★☆
02 은퇴설계 실행 절차가 순서대로 나열된 것은?

가. 고객과 상담을 하면서 고객이 희망하는 은퇴라이프스타일을 확인하고, 은퇴설계를 위해 필요한 정보와 경제적 가정조건을 고객과 합의하여 결정한다.
나. 연간 목표은퇴소득을 설정하고 목표은퇴소득금액에서 공적연금 수령예상액을 차감한 은퇴기간 중 연간 은퇴소득 부족금액을 은퇴시점에서 일시금으로 계산하는 단계이다.
다. 현재 준비하고 있는 은퇴자산별로 은퇴시점에서 인출이나 매각에 따른 세금과 매도비용을 공제한 순미래가치로 평가를 하고 목표은퇴소득을 충족할 수 있는지 평가하는 단계이다.
라. 목표은퇴소득을 충족하기 위해 총은퇴일시금에서 은퇴자산 평가금액을 차감하는 방식으로 추가로 필요한 은퇴일시금을 계산하는 단계이다.
마. 추가로 필요한 은퇴일시금 마련을 위해 연간 어느 수준의 은퇴저축을 해야 하는지 계산하는 단계이다.
바. 추가로 필요한 은퇴일시금을 마련하기 위한 저축계획을 수립하는 단계이다.

① 가－나－다－라－마－바
② 가－나－다－마－라－바
③ 나－가－다－라－마－바
④ 나－가－다－라－바－마

정답 | ①
해설 | 가. 1단계 : 은퇴설계 정보수집
나. 2단계 : 총은퇴일시금 산정
다. 3단계 : 은퇴자산 평가
라. 4단계 : 추가로 필요한 은퇴일시금 계산
마. 5단계 : 연간 은퇴저축액 계산
바. 6단계 : 은퇴저축(투자) 계획 수립

★★☆
03 은퇴설계 실행 절차에 대한 설명으로 적절하지 않은 것은?

① 총은퇴일시금은 은퇴기간 중 연간 은퇴소득 부족금액을 현재시점에서 일시금으로 계산한 금액으로, 은퇴기간 중 연간 은퇴소득 부족금액은 목표은퇴소득금액에서 공적연금 수령예상액을 차감한 금액을 말한다.
② 3단계는 현재 준비하고 있는 은퇴자산을 은퇴시점에서 일시금으로 평가를 하고 목표은퇴소득을 충족할 수 있는지 평가하는 단계이다.
③ 은퇴자산 평가는 은퇴자산별로 은퇴시점에서의 순미래가치로 평가를 하는 것인데, 이는 인출이나 매각에 따른 세금과 매도비용을 공제한 금액으로 평가한다는 것을 의미한다.
④ 은퇴저축계획은 고객의 위험성향 등을 고려해 자산배분 및 투자포트폴리오를 구성하고, 투자기간과 저축방법 등을 정하는 방식으로 수립한다.

정답 | ①
해설 | ① 총은퇴일시금은 은퇴기간 중 연간 은퇴소득 부족금액을 은퇴시점에서 일시금으로 계산한 금액이다.

••• TOPIC 2 은퇴설계를 위한 정보수집

★★★
04 은퇴기간에 대한 설명으로 적절하지 않은 것은?

① 은퇴기간은 은퇴시점 이후부터 사망 시까지의 기간으로 은퇴시기와 고객이 예상하는 기대수명에 따라 결정된다.
② 은퇴기간은 은퇴기간 중 필요한 은퇴소득의 총규모를 결정하는데 영향을 크게 미친다.
③ 조기에 은퇴하는 경우 총은퇴일시금의 규모가 작아지게 되고 은퇴자산 축적을 위한 기간은 상대적으로 길어지게 된다.
④ 장수위험에 대비하여 통계청에서 발표하는 은퇴연령에 따른 기대수명에 일정 기간을 더하여 보수적으로 결정할 수도 있다.

정답 | ③
해설 | ③ 연간 목표은퇴소득이 동일하더라도 은퇴기간이 길수록 총은퇴일시금의 규모는 커지게 된다. 조기에 은퇴하는 경우 동일한 기대수명이라도 은퇴기간이 길어져 총은퇴일시금의 규모가 커지게 되고 은퇴자산 축적을 위한 기간은 상대적으로 짧아지게 된다. 이처럼 은퇴시기를 결정하는 일은 은퇴기간에도 영향을 주지만 은퇴준비기간을 결정하는 의미도 있다.

★★★
05 은퇴기간에 대한 적절한 설명으로 모두 묶인 것은?

가. 조기에 은퇴하는 경우 동일한 기대수명이라도 은퇴기간이 길어져 총은퇴일시금의 규모가 커지게 되고 은퇴자산 축적을 위한 기간은 상대적으로 짧아지게 된다.
나. 은퇴기간을 결정짓는 기대수명은 일반적으로 통계청에서 발표하는 은퇴연령에 따른 기대수명, 현재의 건강상태 및 가족력 등을 고려하여 정한다.
다. 장수위험에 대비하여 통계청에서 발표하는 은퇴연령에 따른 기대수명에 일정 기간을 더하여 보수적으로 결정할 수도 있다.
라. 은퇴기간은 다양한 요소를 고려하여 현실적이고 합리적으로 결정하여야 하지만 가장 중요한 점은 고객의 의사라는 점이다.

① 가, 나　　② 다, 라
③ 나, 다, 라　　④ 가, 나, 다, 라

정답 | ④
해설 | 모두 적절한 설명이다.

★★★
06 목표은퇴소득에 대한 적절한 설명으로 모두 묶인 것은?

가. 재무자원의 한계로 인해 희망하는 은퇴라이프스타일을 모두 영위할 수 없을 경우, 추가저축 여력 등 재무적 상황에 따라 고객이 희망하는 은퇴라이프스타일을 합리적 수준으로 조정하고, 그에 따른 목표은퇴소득을 결정할 수 있어야 한다.
나. 소득대체율을 적용하여 목표은퇴소득을 설정하는 방법은 경험칙에 근거하여 합리성을 갖고 있기 때문에 은퇴기간 중에 필요한 지출은 현재의 지출수준과 많이 달라지지 않는다.
다. 재무설계사는 목표은퇴소득을 설정하는 과정에서 어떠한 방식을 적용하든 고객의 의사를 최우선으로 고려하여 합리적이고 실현 가능한 목표를 설정할 수 있어야 한다.
라. 목표은퇴소득은 은퇴시점 물가기준 금액으로 설정하고, 은퇴기간 중 매년 동일한 금액으로 설정하거나 은퇴기간 단계별로 구분하여 달리 설정할 수 있다.
마. 부부은퇴설계의 경우 부부은퇴기간 중 목표은퇴소득과 부부 중 일방이 사망한 후 유족배우자의 목표은퇴소득을 구분하여 설정한다.

① 가, 나 ② 가, 다, 마
③ 다, 라, 마 ④ 나, 다, 라, 마

정답 | ②
해설 | 나. (목표)소득대체율을 적용하여 목표은퇴소득을 설정하는 방법은 경험칙에 근거한 나름 합리성을 갖고 있지만 은퇴기간 중에 필요한 지출은 현재의 지출수준과 많이 달라질 수 있다.
라. 목표은퇴소득은 현재물가기준 금액으로 설정하고, 은퇴기간 중 매년 동일한 금액으로 설정하거나 은퇴기간 단계별로 구분하여 달리 설정할 수 있다.

★★★
07 은퇴설계를 위한 정보수집 과정에서 은퇴소득원에 대한 설명으로 적절하지 않은 것은?

① 저축 및 투자자산은 은퇴소득으로 사용할 목적을 갖고 저축 · 투자하고 있는 자산으로 과세이연 및 인출 시 과세가 되는 금융상품을 말한다.
② 저축성자산에는 정기예 · 적금 및 연금보험 등이 있으며, 투자자산은 주식, 채권, 투자펀드, 상장지수펀드, 타겟데이트펀드, 타겟연금펀드 등 다양하다.
③ 퇴직급여 중 은퇴소득으로 활용할 비율이나 금액, 지급되는 퇴직급여를 은퇴소득으로 사용한다면 개인형 퇴직연금을 활용할 것인지 아니면 직접 운용할 것인지를 파악한다.
④ 설계시점에서 금액을 확정하기 어렵거나 투자수익률을 예상하기 어려운 은퇴자산은 기타자산으로 분류한다.

정답 | ①
해설 | ① 저축 및 투자자산은 은퇴소득으로 사용할 목적을 갖고 저축 · 투자하고 있는 자산으로 인출 시 이연된 세금이 없는 금융상품을 말한다. 납입금에 대한 세액공제, 운용수익에 대한 과세이연 및 인출 시 과세가 되는 연금저축펀드, 연금저축보험, 연금저축신탁은 세제적격연금으로 분류한다.

★★★

08 **은퇴설계를 위한 정보수집 과정에서 은퇴소득원에 대한 설명으로 가장 적절한 것은?**

① 직역연금의 경우 일시금 형태로 지급받을 수 있기 때문에 고객의 의사를 반영하여 일시금은 퇴직급여에 기입하고 연금은 세제적격연금으로 분류한다.

② 저축성자산에는 정기예 · 적금 및 연금보험 등이 있으며, 투자자산은 주식, 채권, 투자펀드, ETF, TDF, TIF 등 다양하다.

③ 퇴직연금 가입자가 추가로 은퇴소득 확보를 위해 설정하고 납입하는 개인형 퇴직연금도 퇴직급여로 분류한다.

④ 현재 거주하고 있는 주택의 규모를 은퇴시점에서 60% 수준으로 다운사이징하고 나머지는 은퇴소득으로 활용하겠다는 계획이 있다 하더라도 현재 주택가액의 전체 가치에 해당하는 금액을 부동산자산에 포함시킨다.

정답 | ②

해설 | ① 기초연금, 국민연금 및 직역연금은 공적연금으로 분류하고 관련 정보를 수집한다.
③ 퇴직연금 가입자가 추가로 은퇴소득 확보를 위해 설정하고 납입하는 개인형 퇴직연금도 세제적격연금으로 분류한다.
④ 부동산자산은 설계시점에서 보유하고 있는 부동산 중 은퇴소득으로 사용할 부동산을 의미한다. 예를 들어 현재 거주하고 있는 주택의 규모를 은퇴시점에서 60% 수준으로 다운사이징하고 나머지는 은퇴소득으로 활용하겠다는 계획이 있다면, 주택가액의 40%에 해당하는 금액을 부동산자산에 포함시킨다.

★★★

09 **다음 은퇴설계 정보를 고려하여 개인사업자 한지민(40세)씨의 은퇴소득원 분류에 대한 적절한 설명으로 모두 묶인 것은?**

- 국민연금 : 보험료를 계속 납입 중이며 65세부터 연금을 수령할 계획임
- 연금보험 : 납입 완료됨
- 연금저축펀드 : 매월 납입하고 있음
- 개인형 퇴직연금 : 한지민씨가 추가로 은퇴소득 확보를 위해 설정하고 납입하고 있음

가. 국민연금은 공적연금으로 분류하고 관련 정보를 수집한다.
나. 연금보험은 저축 및 투자자산으로 분류한다.
다. 연금저축펀드는 저축/투자자산으로 분류한다.
라. 개인형 퇴직연금은 퇴직급여로 분류한다.

① 가, 나 ② 다, 라
③ 가, 나, 다 ④ 나, 다, 라

정답 | ①

해설 | 다. 납입금에 대한 세액공제, 운용수익에 대한 과세이연 및 인출 시 과세가 되는 연금저축펀드, 연금저축보험, 연금저축신탁은 세제적격연금으로 분류한다.
라. 퇴직연금 가입자가 추가로 은퇴소득 확보를 위해 설정하고 납입하는 개인형 퇴직연금도 세제적격연금으로 분류한다.

★★★

10 **은퇴시점에 특별한 이벤트를 위해 오늘 현재의 가치로 10,000천원이 필요하고 은퇴까지 남은 기간이 20년이라면, 물가상승률을 연 3%로 가정할 경우와 연 4%로 가정할 경우 필요자금의 은퇴시점 가치의 차이로 가장 적절한 것은?**

〈물가를 반영한 계산 수치〉
- 10,000천원 $\div (1+0.03)^{20} = 5,537$천원
- 10,000천원 $\times (1+0.03)^{20} = 18,061$천원
- 10,000천원 $\div (1+0.04)^{20} = 4,564$천원
- 10,000천원 $\times (1+0.04)^{20} = 21,911$천원

① 973천원
② 3,850천원
③ 13,497천원
④ 16,374천원

정답 | ②

해설 | • 물가상승률을 연 3%로 가정할 경우 필요자금의 은퇴시점 가치 : 18,061천원
• 물가상승률을 연 4%로 가정할 경우 필요자금의 은퇴시점 가치 : 21,911천원
• 물가상승률 가정에 따른 필요자금의 은퇴시점 가치의 차이 : 21,911천원 − 18,061천원 = 3,850천원

★★★

11 **경제지표 가정에 대한 설명으로 적절하지 않은 것은?**

① 은퇴설계는 특성상 장기간에 걸쳐 진행되기 때문에 물가상승률이 1%p만 차이나도 은퇴시점에서 필요한 총은퇴일시금은 큰 차이가 나타나며, 특히 은퇴준비기간이 길어질수록 그 차이는 복리효과에 의해 더 크게 나타난다.
② 고객에 따라서는 소비자물가상승률뿐만 아니라 생활물가상승률 등의 통계자료를 활용하여 정할 수도 있다.
③ 은퇴자산 세후투자수익률은 은퇴소득원 중 공적연금을 제외한 은퇴자산 포트폴리오의 세후투자수익률을 의미하며 연평균수익률 개념의 가정 아래 은퇴기간 중 필요한 총은퇴일시금과 추가적인 은퇴저축액을 계산하는 과정에 사용하게 된다.
④ 소득세율의 경우 앞으로 변할 가능성이 높기 때문에 미래의 소득세율을 미리 예측하여 반영하여 주는 것이 바람직하다.

정답 | ④

해설 | ④ 소득세율은 다양한 사회적, 경제적, 정치적 요인 등 복잡한 환경적 변화에 따라 정책적으로 결정되는 것이므로 이를 추정하거나 예측하기는 어렵다. 따라서 은퇴설계 시 소득세율은 설계 당시의 세율을 적용한다. 은퇴자산 축적기간 또는 은퇴소득 인출기간 동안 소득세율이 개정되어 예측한 현금흐름에 크게 영향을 미치게 되는 경우 기존의 은퇴설계안을 수정해 나간다.

★★★
12 경제지표 가정에 대한 설명으로 가장 적절한 것은?

① 물가상승률은 화폐의 구매력인 실질가치를 결정하는 데 사용하는 가정치로 은퇴자산 평가에 영향을 미치게 된다.
② 은퇴설계 시 적용하는 물가상승률에 대한 가정을 지나치게 보수적으로 결정을 하게 되면 은퇴기간 중 목표로 했던 은퇴소득이 부족하게 되는 상황이 발생한다.
③ 은퇴자산 세후투자수익률은 포트폴리오를 구성하는 자산군별 역사적 수익률보다 더 높은 수익률을 사용하는 것이 좋다.
④ 은퇴설계 시 소득세율은 설계 당시의 세율을 적용한다.

정답 | ④

해설 | ① 물가상승률은 화폐의 구매력인 실질가치를 결정하는 데 사용하는 가정치로 총은퇴일시금 산정에 영향을 미치게 된다.
② 은퇴설계 시 적용하는 물가상승률에 대한 가정을 지나치게 보수적(높은 수준)으로 결정을 하게 되면 목표은퇴소득이 높은 수준으로 설정되어 은퇴자산 축적을 위한 동기부여를 적절하게 할 수 없다. 반대로 물가상승률을 지나치게 낮은 수준으로 가정하고 은퇴저축을 실행하더라도 실제 물가상승률이 가정치보다 높게 나타난다면 은퇴기간 중 목표로 했던 은퇴소득이 부족하게 되는 상황이 발생한다. 따라서 물가상승률에 대한 가정은 장기적인 물가상승률 변화추이를 반영하여 보수적으로 결정할 필요가 있다.
③ 역사적 수익률이 장래에도 동일하게 실현되는 것은 아니므로 은퇴자산 세후수익률은 가능한 보수적으로 결정하는 것이 바람직하다.

★★★
13 은퇴설계를 위한 정보수집에 대한 설명으로 가장 적절한 것은?

① 은퇴자산은 은퇴기간 중 사용할 목적으로 보유하고 있는 자산으로 성격에 따라 공적연금, 저축 및 투자자산, 퇴직급여, 세제적격연금, 부동산, 기타자산 등으로 분류한다.
② 기초연금, 국민연금 및 직역연금은 공적연금으로 분류하고 관련 정보를 수집한다.
③ 고객이 은퇴 이후 거주주택을 담보로 주택연금을 활용할 계획이 있거나 보유 농지를 담보로 농지연금을 활용할 계획이 있는 경우 현재 시가, 담보제공 시기, 예상되는 담보가액 및 예상연금액 등을 파악하여 세제적격연금으로 분류한다.
④ 소득세율은 앞으로 변할 가능성이 높으므로 미래 소득세율의 변화를 미리 추정하거나 예측하여 반영한다.

정답 | ②

해설 | ① 은퇴소득원은 은퇴기간 중 인출하여 은퇴소득으로 사용할 수 있는 소득원천으로 공적연금과 은퇴자산으로 구분할 수 있다. 공적연금은 기초연금, 국민연금, 공무원연금 등 직역연금을 말하며 관련 법률에 의해 연금이 지급된다. 은퇴자산은 은퇴기간 중 사용할 목적으로 보유(저축, 투자)하고 있는 자산으로 성격에 따라 저축 및 투자자산, 퇴직급여, 세제적격연금, 부동산, 기타자산 등으로 분류한다.
③ 고객이 은퇴 이후 거주주택을 담보로 주택연금을 활용할 계획이 있거나 보유 농지를 담보로 농지연금을 활용할 계획이 있는 경우 부동산자산으로 분류한다.
④ 소득세율은 다양한 사회적, 경제적, 정치적 요인 등 복잡한 환경적 변화에 따라 정책적으로 결정되는 것이므로 이를 추정하거나 예측하기는 어렵다. 따라서 은퇴설계 시 소득세율은 설계 당시의 세율을 적용한다. 은퇴자산 축적기간 또는 은퇴소득 인출기간 동안 소득세율이 개정되어 예측한 현금흐름에 크게 영향을 미치게 되는 경우 기존의 은퇴설계안을 수정해 나간다.

★★★

14 은퇴설계를 위한 정보수집에 대한 설명으로 가장 적절한 것은?

① 은퇴자산은 은퇴기간 중 사용할 목적으로 저축, 투자하고 있는 자산으로 성격에 따라 공적연금, 저축 및 투자자산, 퇴직급여, 세제적격연금, 부동산, 기타자산 등으로 분류한다.

② 은퇴설계 실행을 위해서는 은퇴기간, 목표은퇴소득, 은퇴소득원 등에 대한 정보 이외에 제반 경제지표에 대해 합리적 수준으로 재무설계사가 직접 결정해야 한다.

③ 물가상승률에 대한 가정은 장기적인 물가상승률 변화추이를 반영하여 보수적으로 결정할 필요가 있다.

④ 은퇴자산 세후투자수익률은 은퇴소득원 중 공적연금을 제외한 은퇴자산 포트폴리오의 세후투자수익률을 의미하며 해당 기간에 실제 발생한 수익률을 적용하여 은퇴설계를 진행한다.

정답 | ③

해설 | ① 은퇴소득원은 은퇴기간 중 인출하여 은퇴소득으로 사용할 수 있는 소득원천으로 공적연금과 은퇴자산으로 구분할 수 있다. 공적연금은 기초연금, 국민연금, 공무원연금 등 직역연금을 말하며 관련 법률에 의해 연금이 지급된다. 은퇴자산은 은퇴기간 중 사용할 목적으로 보유(저축, 투자)하고 있는 자산으로 성격에 따라 저축 및 투자자산, 퇴직급여, 세제적격연금, 부동산, 기타자산 등으로 분류한다.

② 은퇴설계 실행을 위해서는 은퇴기간, 목표은퇴소득, 은퇴소득원 등에 대한 정보 이외에 제반 경제지표에 대해 합리적 수준으로 고객과 합의하여 결정해야 한다.

④ 은퇴자산 세후투자수익률은 은퇴소득원 중 공적연금을 제외한 은퇴자산 포트폴리오의 세후투자수익률을 의미하며 연평균수익률 개념으로 가정하고 은퇴설계를 진행한다.

··· TOPIC 3 은퇴설계를 위한 분석 및 평가

★★★

15 총은퇴일시금 산정 진행이 순서대로 나열된 것은?

가. 재무계산기를 활용하여 은퇴기간, 연간 은퇴소득 부족금액, 물가상승률 조정수익률을 입력하고 은퇴시점에서 일시금을 계산한다.

나. 은퇴생활비 이외에 간병비, 손·자녀에 대한 지원, 상속니즈 등 추가적인 재무목표가 있는 경우 총은퇴일시금에 해당 금액을 더하여 총은퇴일시금을 수정한다.

다. 연간 목표은퇴소득에서 공적연금 수령예상액을 차감해 연간 은퇴소득 부족금액을 계산한다.

라. 계산된 일시금을 설계시점부터 은퇴시점까지의 기간 동안 가정한 물가상승률로 조정하여 총은퇴일시금을 계산한다.

① 가－다－나－라　　② 가－다－라－나

③ 다－가－나－라　　④ 다－가－라－나

정답 | ④

해설 | 다. 1단계 : 연간 목표은퇴소득에서 공적연금 수령예상액을 차감해 연간 은퇴소득 부족금액(현재물가기준)을 계산한다.
가. 2단계 : 재무계산기를 활용하여 은퇴기간, 연간 은퇴소득 부족금액(현재물가기준), 물가상승률 조정수익률을 입력하고 은퇴시점에서 일시금을 계산한다.
라. 3단계 : 2단계에서 계산된 일시금을 설계시점부터 은퇴시점까지의 기간 동안 가정한 물가상승률로 조정하여 총은퇴일시금(은퇴시점 물가기준)을 계산한다.
나. 4단계 : 은퇴생활비 이외에 간병비, 손 · 자녀에 대한 지원, 상속니즈 등 추가적인 재무목표가 있는 경우 3단계에서 계산한 총은퇴일시금에 해당 금액을 더하여 총은퇴일시금을 수정한다.

★★★

16 총은퇴일시금 산정에 대한 설명으로 가장 적절한 것은?

① 총은퇴일시금은 은퇴기간 중 연간 목표은퇴소득금액에서 공적연금액을 포함한 금액을 은퇴시점에서 일시금 형태로 계산한 금액이다.
② 총은퇴일시금은 고객이 목표로 하는 은퇴생활 수준을 영위하기 위해 준비된 은퇴자산을 기준으로 산정하는 것이 바람직하다.
③ 은퇴생활비 이외에 상속니즈나 손자녀 지원, 은퇴예비자금 준비 등 추가적인 재무적 목표가 있을 경우 그 금액을 은퇴생활비 중심으로 산정한 총은퇴일시금에 더하는 방식으로 총은퇴일시금을 수정한다.
④ 은퇴자산 세후투자수익률을 물가상승률과 동일한 수준으로 가정할 경우 총은퇴일시금은 연간 은퇴소득 부족금액에 은퇴기간을 곱하는 방식으로 산정하면 되는 반면, 총은퇴일시금의 규모가 줄어들 수 있다.

정답 | ③

해설 | ① 총은퇴일시금은 은퇴기간 중 연간 목표은퇴소득금액에서 공적연금액을 차감한 금액(은퇴소득 부족금액)을 은퇴시점에서 일시금 형태로 계산한 금액이다.
② 총은퇴일시금은 고객이 목표로 하는 은퇴생활 수준을 영위하기 위해 필요한 비용(목표은퇴소득)을 기준으로 산정하는 것이 바람직하다.
④ 고객에 따라서는 은퇴기간 중 은퇴자산 관리의 우선순위를 안정성과 유동성에 두고 은퇴자산 세후투자수익률을 물가상승률과 동일한 수준으로 가정할 수도 있다. 이러한 경우 총은퇴일시금은 연간 은퇴소득 부족금액에 은퇴기간을 곱하는 방식으로 산정하면 된다. 은퇴자산 세후투자수익률을 보수적으로 정하였기 때문에 총은퇴일시금의 규모가 많아질 수 있지만 여유 있는 은퇴자산 준비를 할 수 있다.

★★★
17 **은퇴자산 중 저축 및 투자자산에 대한 설명으로 가장 적절한 것은?**

① 저축 및 투자자산은 현재까지의 적립금뿐만 아니라 정기적으로 납입하고 있는 저축 및 투자금액을 계획대로 실행하는 것을 전제로 은퇴시점에서의 세후금액으로 평가한다.
② 은퇴시점에서의 세후평가금액은 각 자산군별 역사적 수익률을 기초로 연평균수익률 개념으로 계산한다.
③ 연금보험은 은퇴기간 중 정기적으로 지급받는 연금액을 은퇴시점으로 할인한 일시금으로 평가한다.
④ 연금지급형태가 종신형인 경우에는 순보험료에 공시이율을 적용하여 산정한 금액으로 평가한다.

정답 | ①
해설 | ② 은퇴시점에서의 세후평가금액은 개별 금융상품별로 적용되는 세후수익률을 적용하여 은퇴시점에서의 미래가치를 계산하거나, 개별 금융상품별로 적용되는 세전수익률을 적용하여 은퇴시점에서의 미래가치를 계산하고, 은퇴시점에서 전액 인출할 때 예상되는 소득세를 차감하여 계산할 수도 있다.
③ 연금보험은 장기저축성보험으로 10년 이상 납입하고 인출 시 보험차익이 발생하더라도 과세되지 않는다. 연금보험의 은퇴시점 평가는 순보험료에 공시이율(설계시점에서 적용되는 공시이율)을 적용하여 산정한 금액(또는 해약환급금)으로 평가한다.
④ 연금지급형태가 종신형인 경우에는 은퇴기간 중 정기적으로 지급받는 연금액을 은퇴시점으로 할인한 일시금으로 평가한다.

★★★
18 **고객이 현재 퇴직연금에 가입하고 있고 퇴직급여를 퇴직연금으로 수령할 계획인 경우, 은퇴시점에서 퇴직급여의 세후평가금액 산출 과정이 순서대로 나열된 것은?**

> 가. 퇴직 시 IRP로 이전되는 퇴직급여액을 산정한다.
> 나. IRP로 이전된 퇴직급여를 은퇴시점까지 IRP의 운용수익률을 적용하여 미래가치를 계산한다.
> 다. 은퇴시점에서 평가된 IRP의 적립금을 기초로 은퇴기간 중 연간 지급되는 연금액을 계산한다.
> 라. IRP에서 매년 인출되는 연금에 대한 소득세를 산출하고 세후연금액을 계산한다.
> 마. IRP에서 은퇴기간 중 매년 수령하는 세후연금액을 은퇴시점에서 일시금으로 할인한다.

① 가－나－다－라－마　　② 가－나－다－마－라
③ 나－가－다－라－마　　④ 나－가－다－마－라

정답 | ①
해설 | 은퇴시점에서 퇴직급여의 세후평가금액은 보기와 같이 산출한다.

★★★
19 은퇴자산 평가에 대한 설명으로 적절하지 않은 것은?

① 은퇴시점에서 실제 전액을 인출하거나 매각하지는 않더라도 은퇴시점에서 매각 또는 인출하는 것을 전제로 평가를 한다.

② 연금저축계좌의 은퇴시점 평가금액은 연금저축계좌에서 은퇴기간 중 예상되는 연금액에서 소득세를 미공제한 세전연금액을 은퇴시점에서 할인하는 방식으로 평가한다.

③ 은퇴 후 은퇴소득으로 사용할 부동산은 은퇴시점에서 매각하는 것으로 가정하고 매각 시 발생하는 매도비용과 양도소득세 등을 공제한 순미래가치로 평가한다.

④ 금액을 확정하기 어렵거나 예상되는 투자수익률을 예상하기 어려운 대체자산은 설계시점의 공정시장가액을 적용하거나 지극히 보수적인 가치상승률을 적용하여 은퇴시점에서의 가액을 평가한다.

정답 | ②

해설 | ② 연금저축계좌에서 연금을 수령하는 경우 소득세가 과세되므로 실제 수령하는 연금액을 세전연금액에서 소득세를 차감한 금액이 된다. 따라서 연금저축계좌의 은퇴시점 세후평가금액은 연금저축계좌에서 은퇴기간 중 예상되는 세전연금액에서 소득세를 공제한 세후연금액을 은퇴시점에서 할인하는 방식으로 평가한다.

★★★
20 한가인씨가 은퇴시점에 아래 표와 같은 재무상황일 경우 은퇴시점 은퇴자산의 세후평가금액으로 가장 적절한 것은?

- 은퇴시점 연금보험의 세후평가금액 : 5천만원
- 은퇴시점 타겟데이트펀드의 세후평가금액 : 1억원
- 은퇴시점 퇴직급여의 세후평가금액 : 1억원
- 은퇴시점 연금저축보험의 세후평가금액 : 1억원
- 은퇴시점 국민연금의 세후평가금액 : 1.5억원

① 1억원 ② 2억원
③ 3.5억원 ④ 5억원

정답 | ③

해설 | • 은퇴기간 중 지급이 예상되는 기초연금, 국민연금 및 공무원연금 등 직역연금은 은퇴자산으로 평가하지 않는다. 공적연금은 은퇴설계의 편의성을 위해 목표은퇴소득에서 차감하여 총은퇴일시금 산정을 위한 연간 은퇴소득 부족금액을 계산하는데 사용된다.
• 은퇴자산 : 연금보험 5천만원 + 타겟데이트펀드 1억 = 퇴직급여 1억원 + 연금저축보험 1억원 = 3.5억원

★★★

21 **다음 한소희씨의 은퇴소득원 정보를 고려할 때, 저축 및 투자자산의 은퇴시점 세후평가금액의 합계액으로 가장 적절한 것은?**

〈한소희씨의 은퇴소득원 정보〉
- 은퇴시점 장기저축성보험의 세후평가금액 : 1억원
- 은퇴시점 상장지수펀드의 세후평가금액 : 1억원
- 은퇴시점 연금저축신탁의 세후평가금액 : 5천만원
- 은퇴시점 개인형 퇴직연금의 세후평가금액 : 1억원
- 은퇴시점 국민연금의 세후평가금액 : 1.5억원

① 1억원 ② 2억원
③ 3.5억원 ④ 5억원

정답 | ②

해설 | • 저축 및 투자자산은 은퇴소득으로 사용할 목적을 갖고 저축 · 투자하고 있는 자산으로 인출 시 이연된 세금이 없는 금융상품을 말한다. 저축성자산에는 정기예 · 적금 및 연금보험 등이 있으며, 투자자산은 주식, 채권, 투자펀드, 상장지수펀드(ETF), 타겟데이트펀드(TDF), 타겟연금펀드(TIF) 등 다양하다.
• 저축 및 투자자산 : 장기저축성보험 1억원+상장지수펀드 1억원=2억원

★★★

22 **다음 정보를 토대로 유재석씨가 은퇴시점에 부족한 은퇴일시금으로 가장 적절한 것은?**

- 은퇴시점에 필요한 총은퇴일시금 : 1,500,000천원
- 은퇴시점 은퇴자산 평가액
  - 은퇴시점 변액연금보험 세후평가금액 : 303,000천원
  - 은퇴시점 연금저축펀드 세후평가금액 : 243,000천원
  - 은퇴시점 부동산자산 순미래가치 : 700,000천원

① 254,000천원 ② 546,000천원
③ 954,000천원 ④ 1,246,000천원

정답 | ①

해설 | • 총은퇴일시금에서 은퇴자산 평가액을 차감하여 부족한 은퇴일시금 계산
• 은퇴자산 평가액 : 303,000+243,000+700,000=1,246,000천원
• 은퇴시점에 부족한 은퇴일시금 : 1,500,000−1,246,000=254,000천원

★★★
23 은퇴설계를 위한 분석 및 평가 시 추가저축액 계산 과정이 순서대로 나열된 것은?

> 가. 계산된 추가저축액과 추가저축여력을 비교 검토
> 나. 은퇴자산의 세후투자수익률을 고려하여 추가저축의 세후투자수익률 결정
> 다. 추가저축액 결정을 위한 절차를 다시 진행
> 라. 총은퇴일시금에서 은퇴자산 평가액을 차감하여 부족한 은퇴일시금 계산
> 마. 만약 추가저축액이 추가저축여력을 초과하는 경우 은퇴설계 가정치 수정
> 바. 저축가능기간 동안 연간 또는 월간 얼마를 저축해야 하는지를 계산

① 나－라－가－바－다－마
② 나－라－바－가－다－마
③ 라－나－가－바－다－마
④ 라－나－바－가－마－다

정답 | ④
해설 | 추가저축액 계산 과정은 보기와 같다.

★★★
24 은퇴설계를 위한 분석 및 평가 시 가정조건의 수정에 대한 설명으로 적절하지 않은 것은?

① 재무설계사가 물가상승률을 조정하여 고객의 은퇴목표를 충족시키는 은퇴설계안을 만드는 것은 바람직하지 않다.
② 은퇴자산 포트폴리오의 자산군별 투자비중을 고려하여 산출된 포트폴리오의 세후투자수익률이 최초로 가정한 세후투자수익률과 일치하지 않을 경우, 역사적수익률을 기초로 총은퇴일시금, 추가로 저축해야 할 일시금 및 투자기간 중 연간 저축액을 수정한다.
③ 은퇴자산의 세후투자수익률을 수정하게 되는 상황을 방지하기 위해 설계시점에서 고객의 위험수용성향 등을 반영하여 은퇴자산배분 안을 구성하고 자산군별 투자비중과 자산군별 역사적 수익률을 고려하여 세후투자수익률을 결정한다.
④ 최초 가정한 은퇴시기를 기준으로 설계한 은퇴설계안을 고객이 실행할 수 없는 상황이라면, 은퇴 이후 일정 기간 소득활동을 할 수 있다는 점을 이해시키고 은퇴시기를 조정하여 은퇴설계안을 수정할 수 있다.

정답 | ②
해설 | ② 은퇴자산의 세후투자수익률에 대한 가정치는 역사적 수익률을 기초로 산정하여 은퇴설계 실행과정에 적용하는 것으로 하였다. 그러나 은퇴저축 계획을 수립하기 위한 은퇴자산배분 과정에서 은퇴자산 포트폴리오의 자산군별 투자비중을 고려하여 산출된 포트폴리오의 세후투자수익률이 최초로 가정한 세후투자수익률과 일치하지 않을 수 있다. 이 경우 자산배분에 의해 구성된 은퇴자산 포트폴리오의 예상 세후투자수익률을 근거로 총은퇴일시금, 추가로 저축해야 할 일시금 및 투자기간 중 연간 저축액을 수정한다.

TOPIC 4 은퇴자산 축적을 위한 저축 및 투자

★★★
25 전략적 자산배분과 전술적 자산배분에 대한 적절한 설명으로 모두 묶인 것은?

가. 전략적 자산배분은 자산군별 객관적인 시장분석을 근거로 하여 중·장기적 자산군별 투자비중을 결정하는 것을 말한다.
나. 전술적 자산배분은 시장상황이나 고객상황이 특별하게 변화하지 않는 한 원래의 자산배분을 유지해 나가는 전략이며, 또한 전략적 자산배분의 자산군별 투자비중의 변동허용폭을 정하기도 한다.
다. 전략적 자산배분은 경제상황 변화 및 시장상황을 예측하여 투자위험을 관리하거나 최적의 수익률을 얻을 수 있도록 자산군별 투자비중을 조정해 나가는 전략으로, 전술적 자산배분에서 정한 자산군별 투자허용범위 내에서 실행된다.
라. 전술적 자산배분은 본질적으로 저평가된 자산을 매수하고, 고평가된 자산을 매도함으로써 투자수익률을 높이는 역투자전략이다.

① 가, 나　　② 가, 라
③ 나, 다　　④ 다, 라

정답 | ②
해설 | 나. 전략적 자산배분은 시장상황이나 고객상황이 특별하게 변화하지 않는 한 원래의 자산배분을 유지해 나가는 전략이다. 또한 전술적 자산배분의 자산군별 투자비중의 변동허용폭을 정하기도 한다.
다. 전술적 자산배분은 경제상황 변화 및 시장상황을 예측하여 투자위험을 관리하거나 최적의 수익률을 얻을 수 있도록 자산군별 투자비중을 조정해 나가는 전략이다. 시장상황에 대응하기 위한 투자비중 조정은 전략적 자산배분에서 정한 자산군별 투자허용범위 내에서 실행된다.

★★★
26 근로소득자 고승완(40세)씨가 은퇴자산 포트폴리오를 주식과 채권으로만 구성한다고 할 경우 생애주기에 따른 주식과 채권에 대한 투자비중이 적절하게 연결된 것은?

	주식형자산	채권형자산
①	40%	60%
②	50%	50%
③	55%	45%
④	60%	40%

정답 | ④
해설 | • 주식형자산에 대한 투자비중 = 100 − 투자자 현재 연령
• 채권형자산에 대한 투자비중 = 100 − 주식형자산에 대한 투자비중

★★★
27 은퇴자산배분 과정에 50대의 고려사항에 대한 적절한 설명으로 모두 묶인 것은?

가. 공격적인 위험성향을 띠는 경우가 많아 주식 등 위험자산의 비중이 상대적으로 많은 자산배분을 할 수 있는 연령대이다.
나. 은퇴준비에 대해 현실적으로 필요성을 인식하기 시작하는 50대의 은퇴저축은 중립적인 위험성향을 갖고 있는 경우가 많아 주식형과 채권형 자산의 투자비중이 균형을 이룰 수 있도록 자산배분을 한다.
다. 은퇴까지 기간이 많이 남아 있지 않은 50대의 은퇴저축은 보수적이고 안정성을 요구하는 경향이 많으므로, 현재까지 축적된 은퇴자산에 대한 손실 없이 은퇴까지 안정적으로 운용될 수 있어야 한다.
라. 이 연령대는 주식형자산의 투자비중을 축소하고 채권형자산과 원금보장형 금융상품의 투자비중을 늘리는 자산배분이 필요하다.

① 가, 나　　② 가, 라
③ 나, 다　　④ 다, 라

정답 | ④
해설 | 가. 20~30대의 경우 공격적인 위험성향을 띠는 경우가 많다. 주식 등 위험자산의 비중이 40~50대의 연령보다 상대적으로 많은 자산배분을 할 수 있는 연령대이다.
나. 40대에 대한 설명이다.

★★★
28 은퇴설계와 자산배분에 대한 적절한 설명으로 모두 묶인 것은?

가. 자산배분은 수익구조와 위험수준이 동일한 다양한 자산군에 대한 투자비중을 결정하고, 포트폴리오를 구성하는 일련의 과정을 말한다.
나. 전략적 자산배분은 자산군별 기대수익률과 기대위험을 근거로 하여 중 · 장기적 자산군별 투자비중을 결정하는 것을 말하며, 전술적 자산배분의 자산군별 투자비중의 변동허용폭을 정하기도 한다.
다. 전술적 자산배분은 경제상황 변화 및 시장상황을 예측하여 투자위험을 관리하거나 최적의 수익률을 얻을 수 있도록 자산군별 투자비중을 조정해 나가는 전략이다.
라. 전술적 자산배분은 본질적으로 저평가된 자산을 매도하고, 고평가된 자산을 매수함으로써 투자수익률을 높이는 역투자전략이다.

① 가, 나　　② 나, 다
③ 나, 라　　④ 다, 라

정답 | ②
해설 | 가. 자산배분은 수익구조와 위험수준이 다른 다양한 자산군에 대한 투자비중을 결정하고, 포트폴리오를 구성하는 일련의 과정을 말한다.
라. 전술적 자산배분은 본질적으로 저평가된 자산을 매수하고, 고평가된 자산을 매도함으로써 투자수익률을 높이는 역투자전략이다.

★★★
29 은퇴자산 포트폴리오 구성 방법 중 투자자가 스스로 구성하는 방법에 대한 적절한 설명으로 모두 묶인 것은?

가. 고객의 은퇴자산 포트폴리오를 구성하는 방법은 재무설계사에 따라 다양한 방식으로 실행할 수 있으나 일반적으로 '목표수익률과 위험허용수준 설정, 자산군별 투자비중 결정, 자산군별 포트폴리오에 편입한 종목선택'의 순서로 진행한다.
나. 목표수익률은 은퇴저축의 특성상 보수적 입장에서 실현 가능한 수준으로 결정하되 최소한 정기예금이율 등 무위험이자율 이상의 수준으로 결정한다.
다. 은퇴자산 포트폴리오의 수익률이 위험허용수준을 벗어나게 되면 자산재배분과 자산군별 포트폴리오를 조정하는 방식으로 위험관리를 한다.
라. 은퇴시점에 초점을 맞추어 자산배분을 하는 방법으로 자산배분을 하였다면 은퇴자산 포트폴리오의 목표수익률을 달성하기 위해서는 일정한 기간 단위별로 리밸런싱을 추가로 실행하여야 한다.
마. 고객이 직접 포트폴리오를 구성한다면 주식이나 채권 개별 종목을 선택하는 것을 지양하고 가능한 국내 및 해외 펀드와 ETF 등 간접투자상품을 대상으로 한다.

① 라, 마　　② 가, 나, 다
③ 다, 라, 마　　④ 가, 나, 다, 마

정답 | ④
해설 | 라. 투자시점에 초점을 맞추어 자산배분을 하는 방법에 대한 설명이다. 은퇴시점에 초점을 맞추어 자산배분을 하는 방법은 투자기간 중 포트폴리오 내의 자산군별 상대적 가치변화를 고려하여 자산군별 투자비중을 결정한다. 이 방법은 계산과정이 복잡하지만 투자시점에서 한 번의 자산배분으로 투자기간 중 포트폴리오의 목표수익률을 충족하는 포트폴리오를 구성하는 장점이 있다.

★★★
30 타겟데이트 펀드(TDF)에 대한 적절한 설명으로 모두 묶인 것은?

가. 자산배분과 포트폴리오 구성을 위한 종목선택, 투자기간 경과에 따른 자산배분 조정, 투자위험관리 등이 투자운용전문가들에 의해 체계적으로 실행된다.
나. 고객은 예상하고 있는 은퇴시기에 초점을 맞춘 TDF를 선택함으로써 별도의 자산배분이나 포트폴리오 구성에 신경 쓰지 않고 손쉽게 투자할 수 있다.
다. 투자기간 경과에 따른 위험성향 변화에 대응하는 자산재배분은 직접 실행해야 한다.
라. 국내 펀드뿐만 아니라 해외의 다양한 글로벌펀드 등에 재투자하는 방식으로 포트폴리오를 구성하므로 분산투자 효과를 높일 수 있다.
마. 투자기간 중 발생할 수 있는 시장변동성에도 은퇴저축을 지속할 수 있게 한다.

① 가, 나　　② 라, 마
③ 다, 라, 마　　④ 가, 나, 라, 마

정답 | ④

해설 | 다. 투자기간 경과에 따른 위험성향 변화에 대응하는 자산재배분이 자동으로 실행된다. 만일 은퇴자산 포트폴리오를 고객이 직접 구성하여 투자한다면 자산재배분을 직접 실행해야 할 것이다.

★★★
31 타겟인컴펀드(TIF)에 대한 설명으로 적절하지 않은 것은?

① 은퇴자산 축적을 목적으로 생애주기에 적합한 자산배분이 자동으로 조정되는 펀드이다.

② 은퇴까지 기간이 많이 남은 기간에는 인컴자산의 투자비중이 낮고, 은퇴시기가 가까워질수록 인컴자산의 투자비중이 높다.

③ TIF의 장점은 TDF에 비해 자본수익형 자산 등의 투자비중은 낮추고, 인컴자산 투자비중은 상대적으로 높게 포트폴리오를 구성하여 좀 더 안정적으로 운용한다는 점이다.

④ 은퇴를 앞두고 있거나 은퇴를 한 사람이 지금까지 확보된 은퇴자산에서 은퇴기간 중 안정적인 은퇴소득을 인출하면서 포트폴리오 가치를 유지하고자 할 경우 유용하게 활용할 수 있다.

정답 | ①

해설 | ① TDF가 은퇴자산 축적을 목적으로 생애주기에 적합한 자산배분이 자동으로 조정되는 펀드인 반면, 타겟인컴펀드(TIF)는 은퇴소득을 정기적으로 인출할 수 있도록 정기예금, 우량배당주펀드, 채권형펀드, 리츠 등 인컴자산을 중심으로 포트폴리오를 구성하여 운용한다.

★★★
32 은퇴자산 포트폴리오 구성 시 고려사항에 대한 적절한 설명으로 모두 묶인 것은?

가. 포트폴리오는 중단기적 관점에서 구성한다.
나. 목표수익률을 명확하게 정하고 고수익을 추구한다.
다. 포트폴리오, 자산군별, 개별종목 등의 위험수준을 명확히 설정한다.
라. 포트폴리오에 대한 성과평가와 조정 기준을 수립한다.
마. 투자에 자신이 없다면 금융회사가 제공하는 모델포트폴리오 중에서 선택한다.

① 가, 나, 다
② 가, 나, 마
③ 가, 라, 마
④ 다, 라, 마

정답 | ④

해설 | 가. 포트폴리오는 중장기적 관점에서 구성한다.
나. 목표수익률을 명확하게 정하되 과도하게 설정하지 않는다.

★★★
33 은퇴자산 축적을 위한 투자계획 수립 절차가 순서대로 나열된 것은?

> 가. 목표수익률과 위험허용수준 결정
> 나. 포트폴리오 구성(자산군별 종목선택)
> 다. 자산배분(자산군별 투자비중 결정)
> 라. 저축기간, 저축방법 및 저축금액 결정

① 가－다－나－라　　② 가－다－라－나
③ 다－가－나－라　　④ 다－가－라－나

정답 | ①
해설 | 은퇴자산 축적을 위한 투자계획 수립 절차는 보기와 같다.

★★★
34 은퇴자산 축적을 위한 투자계획 수립 시 고려사항에 대한 설명으로 모두 묶인 것은?

> 가. 고객의 다른 재무목표는 가급적 배제하고 은퇴목표 달성을 위한 투자계획을 수립한다.
> 나. 고객의 저축여력 범위를 넘어서더라도 은퇴목표 달성을 최우선으로 하여야 한다.
> 다. 시장의 변동성에도 흔들림 없이 은퇴저축을 지속하기 위해서는 안정적인 목표수익률을 정하고 장기간에 걸친 복리효과를 얻는 것을 목표로 하여야 한다.
> 라. 고객이 투자경험이나 전문지식이 많아 투자에 대한 자신감이 있는 고객이라도 분산투자를 위한 자산배분 및 포트폴리오를 신중하게 구성할 필요가 있다.
> 마. 투자환경의 변화에 대응을 전혀 하지 않거나 소극적 대처를 하는 경우 포트폴리오 가치가 급격하게 하락할 수 있으므로, 장기투자 시 포트폴리오 성과에 대한 정기적인 모니터링을 통해 자산배분 및 포트폴리오 조정이 필요하다.

① 가, 나, 다　　② 가, 나, 마
③ 가, 라, 마　　④ 다, 라, 마

정답 | ④
해설 | 가. 은퇴설계는 고객의 인생목표 달성을 위한 종합재무설계 성격을 갖는다. 따라서 적정 수준의 비상예비자금 확보와 각종 위험에 대한 보장장치가 선행되어야 하며, 다른 재무목표와 조화를 이룰 수 있어야 한다. 고객이 은퇴자산 마련 목표 이외에 자녀에 대한 지원, 부모 부양, 주택구입 또는 확장 자금 마련 등의 재무목표가 있다면 재무목표 간 우선순위와 저축여력에 대한 점검을 바탕으로 은퇴저축계획을 수립한다.
나. 고객의 장래의 저축여력 범위 내에서 추가저축이 어느 정도 가능한지를 검토해야 한다. 만일 추가저축여력이 부족한 경우에는 저축기간을 연장하거나 추가적인 저축여력을 확보하는 방안을 마련한다.

★★★

35 **재무설계사가 고객 김미순(42세)씨에게 은퇴자산 축적을 위한 저축 및 투자에 대해 설명한 내용 중 가장 적절한 것은?**

① 자산배분은 수익구조와 위험수준이 유사한 다양한 자산군에 대한 투자비중을 결정하고, 포트폴리오를 구성하는 일련의 과정을 말합니다.

② 전략적 자산배분은 전술적 자산배분의 자산군별 투자비중의 변동허용폭을 정하기도 합니다.

③ 고객님의 연령대가 다른 연령대보다 상대적으로 주식 등 위험자산 비중이 많은 자산배분을 할 수 있는 연령대입니다.

④ 은퇴저축은 고객님의 저축여력 범위를 다소 넘어서더라도 재무목표 달성을 위한 저축수준이 결정되어야 하며, 분산투자를 위해서는 고객님의 위험성향과 투자기간에 따른 전략적 자산배분과 자산군별 포트폴리오 구성과정이 적절하게 이루어져야 합니다.

정답 | ②

해설 | ① 자산배분은 수익구조와 위험수준이 다른 다양한 자산군에 대한 투자비중을 결정하고, 포트폴리오를 구성하는 일련의 과정을 말한다.

③ 20~30대의 경우에 대한 설명이다.

④ 고객의 장래의 저축여력 범위 내에서 추가저축이 어느 정도 가능한지를 검토해야 한다. 만일 추가저축여력이 부족한 경우에는 저축기간을 연장하거나 추가적인 저축여력을 확보하는 방안을 마련한다.

CHAPTER

04 공적연금

출제비중 : 27~37% / 8~11문항

학습가이드 ■ ■

학습 목표	학습 중요도
Tip 제도 내용, 요건 및 구체적인 수치에 대한 깊이 있는 학습 필요 Tip 문제해결형 문제가 빈번히 출제되므로 깊이 있는 학습 필요	
1. 노후소득보장체계와 공적연금의 중요성을 설명할 수 있다.	★
2. 기초연금의 수급대상과 지급기준에 대해 설명할 수 있다.	★★
3. 국민연금의 특징에 대해 설명할 수 있다.	★★
4. 국민연금 가입자를 구분하고 설명할 수 있다.	★★★
5. 국민연금 가입자별 연금보험료와 가입기간에 대해 설명할 수 있다.	★★★
6. 국민연금 급여의 종류와 산정방법에 대해 설명할 수 있다.	★★★
7. 공적연금 연계제도의 내용에 대해 설명할 수 있다.	★★
8. 직역연금제도별 적용대상, 보험료, 급여에 대해 설명할 수 있다.	★★★

••• TOPIC 1 은퇴설계와 공적연금

★☆☆

01 공적연금에 대한 설명으로 가장 적절한 것은?

① 우리나라 사회보장제도는 사회보험, 공공부조 및 사회서비스로 규정하고 있으며, 각 제도는 재원 마련을 위한 비용부담자가 누구인가에 따라 개인과 사업주, 국가가 공동으로 분담하는 사회보험과 국가가 모든 비용을 부담하는 공공부조로 구분된다.

② 공적연금은 공공부조방식의 국민연금과 직역연금이 있으며, 사회보험방식의 기초연금제도가 있다.

③ 2009년 '국민연금과 직역연금의 연계에 관한 법률'이 제정 · 시행되면서 각각의 연금제도의 가입기간을 연계하여 일정 기간 이상 충족하는 경우 재정이전을 통해 연금을 합산해서 수령할 수 있도록 하였다.

④ 2008년 1월 사회보험방식으로 운영되는 기초연금제도가 도입되었으며, 이후 2014년 7월 기초노령연금제도로 개정되어 운영되고 있다.

정답 | ①

해설 | ② 공적연금은 사회보험방식의 국민연금과 직역연금(공무원연금, 군인연금, 사립학교교직원연금, 별정우체국 직원연금)이 있으며, 공공부조방식의 기초연금제도가 있다.

③ 직역연금은 가입기간이 상호 연계되어 있지만 국민연금과는 연계되어 있지 않다가 2009년 '국민연금과 직역연금의 연계에 관한 법률'이 제정 · 시행되면서 각각의 연금제도의 가입기간을 연계하여 일정 기간 이상 충족하는 경우 각각의 제도에서 연금을 수령할 수 있도록 하였다.

④ 2008년 1월 공공부조방식으로 운영되는 기초노령연금제도가 도입되었으며, 이후 2014년 7월 기초연금제도로 개정되어 운영되고 있다.

★☆☆

02 장수리스크의 유형 및 관리에 대한 설명이 적절하게 연결된 것은?

가. 평균수명이 길어지면서 다발성 노인성 질환 발생이 많아지고 노후의 의료비 지출은 자칫 생활비 전부를 소진시킬 위험이 있으므로, 실손의료보험 등 보험상품을 적극 활용할 필요가 있다.

나. 은퇴 후에는 안정적 수입 확보의 어려움이 예상되므로 현금흐름의 조절이 매우 중요한데, 퇴직연금, 개인연금 등의 활용도 긴요하지만 무엇보다도 공적연금을 통한 최소한의 삶을 보장하는 것이 중요하다.

다. 노동은 단순히 수입을 올리는 것을 넘어 삶의 활력소이자 삶의 동기를 부여하므로 장기간 일할 수 있는 것이 유리하다고 볼 수 있다.

	가	나	다
①	유병장수 리스크	무전장수 리스크	무업장수 리스크
②	유병장수 리스크	무업장수 리스크	무전장수 리스크
③	무전장수 리스크	유병장수 리스크	무업장수 리스크
④	무전장수 리스크	무업장수 리스크	유병장수 리스크

정답 | ①

해설 | 가. 유병장수 리스크
나. 무전장수 리스크
다. 무업장수 리스크

▪▪▪ TOPIC 2 기초연금

★★☆

03 기초연금 수급대상에 대한 설명으로 적절하지 않은 것은?

① 기초연금을 받을 수 있는 사람은 만 65세 이상이고 대한민국 국적을 가지고 있으며 국내에 거주하는 노인 중 가구의 소득인정액이 선정기준액 이하인 사람이다.
② 공무원연금, 사립학교교직원연금, 군인연금, 별정우체국직원연금 등 직역연금 수급권자 및 그 배우자는 원칙적으로 기초연금 수급대상에서 제외된다.
③ 소득인정액이란 월 소득평가액과 재산의 월 소득환산액을 합산한 금액을 말한다.
④ 선정기준액은 매년 정부가 고시하는 금액인데 2024년에 적용되는 선정기준액은 단독가구는 213만원, 부부가구는 340.8만원으로, 선정기준액이 인상되면 그만큼 수급자는 줄어든다.

정답 | ④
해설 | ④ 기초연금 선정기준액이 인상되면 그만큼 수급자도 늘어난다.

★★☆

04 다음 자료를 토대로 계산한 기초연금의 월 소득평가액이 적절하게 연결된 것은?

가. 단독가구에 월 200만원의 근로소득이 있고, 매달 국민연금 30만원을 수급하는 경우 나. 부부가구에 본인 200만원 및 국민연금 30만원, 배우자 150만원의 근로소득이 있는 경우

	가	나
①	28만원	93만원
②	28만원	121만원
③	93만원	121만원
④	93만원	160만원

정답 | ③
해설 | 가. 단독가구에 월 200만원의 근로소득이 있고, 매달 국민연금 30만원을 수급하는 경우 : 월 소득평가액 = 0.7×(200만원 − 110만원) + 30만원 = 93만원
나. 부부가구에 본인 200만원 및 국민연금 30만원, 배우자 150만원의 근로소득이 있는 경우 : 월 소득평가액 = 본인소득분[0.7×(200만원 − 110만원) + 30만원] + 배우자소득분[0.7×(150만원 − 110만원)] = 121만원

★★☆

05 서울시에 거주하는 만 68세의 은퇴생활자가 기초연금 수급대상자가 될 수 있는지를 판단할 때 다음과 같은 재산 및 소득, 직계가족의 상황을 반영하여 산출되는 소득인정액으로 가장 적절한 것은?

- 국민연금 수령액 : 320천원
- 거주 주택(시가표준액 : 400,000천원)
- 금융자산 : 30,000천원
- 부채(주택 담보) : 50,000천원
- 아들 보유 자산 : 500,000천원

※ 지역별 기본재산액 : 대도시 135,000천원(서울특별시 기준)

① 1,070천원
② 1,136천원
③ 1,236천원
④ 1,770천원

정답 | ①

해설 | • 재산의 월 소득환산액 : [{(일반재산 − 기본재산액) + (금융재산 − 20,000천원) − 부채} × 0.04 ÷ 12개월] + 고급 자동차 및 회원권의 가액 = [{(400,000 − 135,000) + (30,000 − 20,000) − 50,000} × 4%] ÷ 12 = [{265,000 + 10,000 − 50,000} × 4%] ÷ 12 = [225,000 × 4%] ÷ 12 = 9,000 ÷ 12 = 750천원

• 소득인정액 = 월 소득평가액 + 재산의 월 소득환산액 = 320 + 750 = 1,070천원

★★☆

06 다음 기초연금지급 대상자별 기초연금지급금액으로 적절하지 않은 것은(단, 기초연금 기준연금액은 30만원으로 가정한다.)?

	국민연금 월 급여액	기초연금 월 산정금액	기초연금 월 지급금액
①	30만원	25만원	30만원
②	40만원	25만원	30만원
③	50만원	25만원	30만원
④	60만원	25만원	25만원

정답 | ③

해설 | 〈기준연금액을 전액 받는 자〉

- 국민연금을 받고 있지 않는 사람(무연금자)
- 국민연금 월급여액(부양가족연금액 제외)이 기준연금액의 150% 이하인 사람
- 국민연금의 유족연금이나 장애연금을 받고 있는 사람
- 국민기초생활보장 수급권자, 장애인연금을 받고 있는 사람 등

• 기초연금 기준연금액을 30만원으로 가정할 경우 국민연금 월급여액이 기준연금액인 30만원의 150%, 즉 45만원 이하인 경우 기초연금액은 기준연금액인 30만원으로 산정된다.

★★☆

07 기초연금액 산정에 대한 설명으로 적절하지 않은 것은?

① 국민연금을 받고 있지 않는 사람, 국민연금 월급여액이 기준연금액 이하인 사람, 국민연금의 유족연금이나 장애연금을 받고 있는 사람, 국민기초생활보장 수급권자, 장애인연금을 받고 있는 사람 등은 기준연금액을 전액 받는다.

② 국민연금 급여액에 따라 감액되더라도 최소한 기준연금액의 50% 수준인 부가연금액은 지급된다.

③ 부부가 모두 기초연금 수급자인 경우 각각에 대하여 산정된 기초연금액의 20%를 감액하여 지급한다.

④ 최저연금액 보장제도를 두고 있는데 단독가구, 부부 1인 수급 가구는 기준연금액의 10%, 부부 2인 수급 가구는 기준연금액의 20%를 최저연금액으로 지급한다.

정답 | ①

해설 | 〈기준연금액을 전액 받는 자〉

- 국민연금을 받고 있지 않는 사람(무연금자)
- 국민연금 월급여액(부양가족연금액 제외)이 기준연금액의 150% 이하인 사람
- 국민연금의 유족연금이나 장애연금을 받고 있는 사람
- 국민기초생활보장 수급권자, 장애인연금을 받고 있는 사람 등

※ 국민연금 급여액 등(국민연금 수급권자 및 연계노령연금 수급권자가 매월 지급받을 수 있는 급여액 중 부양가족연금액을 제외한 금액)이 기준연금액의 150%를 초과하는 경우 기준연금액이 감액되어 지급된다.

★★☆

08 기초연금에 대한 설명으로 적절하지 않은 것은?

① 기초연금을 받을 수 있는 사람은 만 65세 이상이고 대한민국 국적을 가지고 있으며 국내에 거주하는 노인 중 가구의 소득인정액이 선정기준액 이하인 사람이다.

② 공적연금의 유족연금이나 장애연금을 받고 있는 자는 원칙적으로 기초연금 수급대상에서 제외된다.

③ 기초연금의 기준연금액은 전년도 기준연금액에 전국소비자물가변동률을 반영하여 보건복지부장관이 매년 고시한다.

④ 지급기간은 신청일이 속하는 달부터 수급권 상실한 날이 속하는 달까지 기초연금을 지급한다.

정답 | ②

해설 | ② 공무원연금, 사립학교교직원연금, 군인연금, 별정우체국직원연금 등 직역연금 수급권자 및 그 배우자는 원칙적으로 기초연금 수급대상에서 제외된다.

▪▪▪ TOPIC 3 국민연금의 특징

★★☆

09 국민연금에 대한 적절한 설명으로 모두 묶인 것은?

가. 국민연금은 '나' 혼자서 대비하기 어려운 생활의 위험을 모든 국민이 연대하여 공동으로 대처하는 '우리'를 위한 제도로 모든 국민이 가입대상이며, 국민연금뿐만 아니라 건강보험 등 다른 사회보험제도도 강제가입을 채택하고 있다.
나. 고소득 계층에서 저소득 계층으로 소득이 재분배되는 '세대 간 소득재분배' 기능이 포함되어 있다.
다. 국민연금은 국가가 최종적으로 지급을 보장하기 때문에 국가가 존속하는 한 반드시 지급된다.
라. 국민연금에는 노령연금뿐만 아니라 퇴직연금, 장애연금, 유족연금이 포함되는 종합소득보장제도이다.
마. 처음 연금을 지급할 때는 매년 1월부터 전년도 전국소비자물가변동률에 따라 연금액을 조정하여 지급한다.

① 가, 다　　② 가, 나, 다
③ 다, 라, 마　　④ 가, 나, 라, 마

정답 | ①

해설 | 나. 국민연금은 동일한 세대 내의 고소득계층에서 저소득계층으로 소득이 재분배되는 '세대 내 소득재분배' 기능과 미래세대가 현재의 노인세대를 지원하는 '세대 간 소득재분배' 기능을 동시에 포함하고 있다.
라. 국민연금에는 노령연금뿐만 아니라 장애연금, 유족연금이 포함되는 종합소득보장제도이다.
마. 처음 연금을 지급할 때는 과거 보험료 납부소득에 연도별 재평가율을 적용하여 현재가치로 환산하여 계산한다. 또한 연금을 받기 시작한 이후 매년 1월부터 전년도 전국소비자물가변동률에 따라 연금액을 조정하여 지급한다.

★★☆

10 국민연금의 특징에 대한 설명으로 적절하지 않은 것은?

① 국민연금은 '나' 혼자서 대비하기 어려운 생활의 위험을 모든 국민이 연대하여 공동으로 대처하는 '우리'를 위한 제도로 모든 국민이 가입대상이며, 국민연금뿐만 아니라 건강보험 등 다른 사회보험제도도 강제가입을 채택하고 있다.

② 국민연금은 동일한 세대 내의 고소득계층에서 저소득계층으로 소득이 재분배되는 '세대 간 소득재분배' 기능과 미래세대가 현재의 노인세대를 지원하는 '세대 내 소득재분배' 기능을 동시에 포함하고 있다.

③ 설령 적립된 기금이 모두 소진된다 하더라도 그 해 연금지급에 필요한 재원을 그 해에 걷어 지급하는 이른바 부과방식으로 전환해서라도 연금을 지급한다.

④ 국민연금에는 노령연금뿐만 아니라 장애연금, 유족연금이 포함된다.

정답 | ②

해설 | ② 국민연금은 동일한 세대 내의 고소득계층에서 저소득계층으로 소득이 재분배되는 '세대 내 소득재분배' 기능과 미래세대가 현재의 노인세대를 지원하는 '세대 간 소득재분배' 기능을 동시에 포함하고 있다.

★★☆

11 국민연금에 대해 불만을 토로하는 고객에게 국민연금의 특징을 설명하는 재무설계사의 답변 중 적절하지 않은 것은?

① 고객 : 당장의 생활도 어려운데 강제로 연금에 가입시키는 것은 너무 가혹한 처사 아닌가요?
재무설계사 : 국민연금은 '나' 혼자서 대비하기 어려운 생활의 위험을 모든 국민이 연대하여 공동으로 대처하는 '우리'를 위한 제도로 모든 국민이 가입대상이며, 국민연금뿐만 아니라 건강보험 등 다른 사회보험제도도 강제가입을 채택하고 있습니다. 만약 가입의 강제성이 없다면 제도 운영이 쉽지 않을 겁니다.

② 고객 : 나처럼 소득이 적은 사람은 국민연금에 가입해봐야 손해 아닌가요?
재무설계사 : 국민연금은 고소득 계층에서 저소득 계층으로 소득이 재분배되는 "세대 간 소득재분배" 기능이 포함되어 있습니다.

③ 고객 : 오래 살지 못하고 일찍 사망할 경우 연금을 제대로 못 받을 수도 있는 것 아닙니까?
재무설계사 : 국민연금에는 노령연금뿐만 아니라 장애연금, 유족연금이 포함됩니다.

④ 고객 : 나중에 연금을 받아봐야 물가상승을 감안하면 몇 푼 안 되는 것 아닌가요?
재무설계사 : 국민연금은 물가가 오르더라도 연금의 실질가치가 항상 보장됩니다.

정답 | ②

해설 | ② 국민연금은 동일한 세대 내의 고소득계층에서 저소득계층으로 소득이 재분배되는 "세대 내 소득재분" 기능과 미래세대가 현재의 노인세대를 지원하는 "세대 간 소득재분배" 기능을 동시에 포함하고 있다.

▪▪▪ TOPIC 4 국민연금 가입자

★★★
12 국민연금 가입자에 대한 설명으로 적절하지 않은 것은?

① 국내에 거주하는 국민으로서 18세 이상 60세 미만인 자는 국민연금 가입대상이다.
② 국민이라 함은 국적법에 의하여 대한민국 국적을 취득한 자를 말하며, 재외국민, 북한이탈주민을 포함한다.
③ 공무원, 군인 및 사립학교 교직원, 별정우체국직원도 18세 이상 60세 미만이라면 국민연금 임의가입 신청이 가능하다.
④ 사업장가입자와 지역가입자는 가입이 강제되는 의무가입자이고, 임의가입자와 임의계속가입자는 본인의 선택에 의해 가입과 탈퇴가 가능하다.

정답 | ③
해설 | ③ 국민연금 가입대상에서 제외되는 자는 공무원연금법, 군인연금법, 사립학교교직원연금법, 별정우체국법의 적용을 받는 공무원, 군인, 사립학교교직원, 별정우체국 직원, 노령연금 수급권을 취득한 자 중 60세 미만의 특수직종근로자, 조기노령연금 수급권을 취득한 자이다.

★★★
13 국민연금 사업장가입자에 대한 설명으로 가장 적절한 것은?

① 공무원 등 직역연금 가입자도 국민연금 당연적용사업장의 사업장가입자가 될 수 있다.
② 1인 이상의 근로자를 사용하는 모든 사업장은 국민연금 의무가입 대상이 되는데, 국민연금에 가입된 사업장의 18세 이상 60세 미만의 근로자로서 국민연금에 가입된 자를 사업장가입자라고 한다.
③ 지역가입자가 사업장에 취업하면 자동적으로 사업장가입자가 되고, 지역가입자 자격은 상실하게 된다.
④ 국민기초생활보장법에 의한 생계급여 수급자, 의료급여 수급자, 보장시설 수급자가 사업장가입자 적용제외 신청서를 제출한 때에는 그 날에 바로 자격을 상실한다.

정답 | ③
해설 | ① 국민연금 가입대상에서 제외되는 자는 공무원연금법, 군인연금법, 사립학교교직원연금법, 별정우체국법의 적용을 받는 공무원, 군인, 사립학교교직원, 별정우체국 직원, 노령연금 수급권을 취득한 자 중 60세 미만의 특수직종근로자, 조기노령연금 수급권을 취득한 자이다.
② 국민연금에 가입된 사업장의 18세 이상 60세 미만의 사용자 및 근로자로서 국민연금에 가입된 자를 사업장가입자라고 한다.
④ 국민기초생활보장법에 의한 생계급여 수급자, 의료급여 수급자, 보장시설 수급자가 사업장가입자 적용제외 신청서를 제출한 때에는 그 다음날에 자격을 상실한다.

★★★
14 국민연금 임의가입자와 임의계속가입자에 대한 적절한 설명으로 모두 묶인 것은?

가. 임의가입자와 임의계속가입자는 본인의 선택에 의해 가입과 탈퇴가 가능하다.
나. 국내에 거주하는 국민으로서 18세 이상 60세 미만인 자 중 사업장가입자와 지역가입자가 될 수 없는 사람도 60세 이전에 본인의 희망에 의해 가입신청을 하면 임의가입자가 될 수 있다.
다. '타공적연금가입자, 사업장가입자, 지역가입자 및 임의계속가입자, 노령연금 및 퇴직연금 등 수급권자'의 배우자로서 별도의 소득이 없는 자도 임의가입 신청대상이 될 수 있다.
라. 납부한 국민연금 보험료가 있는 가입자 또는 가입자였던 자로서 60세에 달한 자가 가입기간을 연장하여 더 많은 연금을 받기를 원할 경우는 65세에 달할 때까지 신청에 의하여 임의계속가입자가 될 수 있다.

① 가, 나
② 나, 다
③ 다, 라
④ 가, 나, 다, 라

정답 | ④
해설 | 모두 적절한 설명이다.

★★★
15 국민연금 가입자 종류에 대한 설명이 적절하게 연결된 것은?

A. 남편이 공무원이고 본인은 학습지 교사로 활동하는 45세의 A
B. 친족이 아닌 직원 1명을 두고 식료품점을 운영하는 40세의 B
C. 20년 전부터 중소기업 전문경영인으로 근무하는 62세의 C
D. 국민연금보험료를 납부한 적이 없고 현재 소득이 없는 32세의 전업주부 D

	사업장가입자	지역가입자	임의가입자	임의계속가입자
①	B	A	C	D
②	B	A	D	C
③	C	B	A	D
④	C	B	D	A

정답 | ②
해설 | A. 지역가입자
B. 사업장가입자
C. 임의계속가입자
D. 임의가입자

★★★
16 국민연금 가입자에 대한 설명으로 적절하지 않은 것은?

① 국민연금 당연적용사업장에 종사하는 17세의 근로자는 사업장가입자가 되는 것으로 보지만, 본인이 원하지 아니하면 사업장가입자가 되지 아니할 수 있다.
② 사립초등학교에 근무하는 30세의 행정직원은 본인의 지역에서 지역가입자가 될 수 있다.
③ 임의가입 신청에 의해 국민연금에 가입한 42세의 주부는 본인의 선택에 의해 가입과 탈퇴가 가능하다.
④ 국민연금 가입 이력이 있는 60세가 된 자는 65세가 될 때까지 국민연금공단에 가입을 신청하면 임의계속가입자가 될 수 있다.

정답 | ②
해설 | ② 국내에 거주하는 국민으로서 18세 이상 60세 미만인 자 중 사업장가입자가 아닌 사람은 당연히 지역가입자가 된다. 다만, 아래와 같은 경우에는 가입대상에서 제외된다.

- 국민기초생활보장법에 의한 수급자 중 생계급여, 의료급여 또는 보장시설 수급자
- 18세 이상 27세 미만인 자로서 학생이거나 군복무 등으로 소득이 없는 자(다만, 연금보험료를 납부한 사실이 있는 자는 가입대상임)
- 사업장가입자, 지역가입자, 임의계속가입자, 노령연금 수급권자, 퇴직연금 등 수급권자의 배우자로서 별도의 소득이 없는 자
- 1년 이상 행방불명된 자(거주불명등록자)

★★★
17 국민연금의 의무가입대상에 해당하지 않는 것은?

① 중소기업 과장으로 근무하는 37세 A씨
② 남편이 군인이고 본인은 보험설계사로 근무하는 35세의 B씨
③ 종업원 5명을 두고 유통업을 운영하는 63세 C씨
④ 직장생활을 하다가 퇴직하고 공무원시험을 준비하는 29세 D씨

정답 | ③
해설 | ① 사업장가입자이므로 의무가입대상에 해당함
② 지역가입자이므로 의무가입대상에 해당함
③ 임의계속가입자에 해당함
④ 의무가입대상인 사업장가입자가 소득이 있는 업무에 종사하지 않는 경우 보험료 납부예외에 해당함

••• TOPIC 5 연금보험료 및 가입기간

★★★

18 **전업주부 A씨는 뉴스를 통해 국민연금 임의가입자가 증가하고 있다는 내용을 듣게 되었다. A씨가 뉴스에서 들은 내용으로 적절하지 않은 것은?**

① 우체국 별정직으로 근무하고 있는 아들 B씨는 국민연금 임의가입 대상에 해당한다.
② 임의가입자와 임의계속가입자는 본인의 선택에 의해 가입과 탈퇴가 가능하다.
③ 60세가 되기 전에 신청할 수 있으며, 60세에 도달하면 가입대상에서 제외된다.
④ 연금보험료는 본인이 전액 부담하되 그 금액은 기준소득월액의 9%에 해당하는 금액이다.

정답 | ①
해설 | ① 별정우체국직원은 가입대상에서 제외된다.

★★★

19 **국민연금 사업장가입자인 A씨의 기준소득월액이 2,000천원인 경우, A씨가 부담하는 국민연금 월보험료로 가장 적절한 것은?**

① 45천원
② 90천원
③ 180천원
④ 200천원

정답 | ②
해설 | 사업장가입자의 경우 보험료를 본인과 사용자가 각각 반반씩 부담하며 그 금액은 각각 기준소득월액의 4.5%에 해당하는 금액이다.

★★★

20 **국민연금보험료에 대한 다음 설명 중 가장 적절한 것은?**

① 기준소득월액은 국민연금 보험료 부과의 기준 및 급여산정을 위하여 가입자가 신고한 소득월액에서 천원 미만을 절사한 금액을 말하며 신고한 소득월액이 하한액보다 적으면 그 신고한 소득월액을 기준소득월액으로 한다.
② 사업장가입자의 경우 보험료를 본인과 사용자가 각각 반반씩 부담하며 그 금액은 각각 기준소득월액의 4.5%에 해당하는 금액인데, 지역가입자, 임의가입자 및 임의계속가입자의 연금보험료는 본인이 전액 부담하며 그 금액은 기준소득월액의 9%에 해당하는 금액이다.
③ 연금보험료의 납부기한은 해당 월의 다음달 10일이고 선납이 가능한데, 선납기간은 연령과 상관없이 1년 이내로 한다.
④ 납부기한은 법정기한이므로 기한 내 연금보험료를 납부하지 아니한 때에는 연체금이 가산되는데, 납부기한 경과에 따른 일할계산 및 최고 9% 상한 부과를 하고 있다.

정답 | ②

해설 | ① 상한액과 하한액의 범위 내에서 결정하므로 신고한 소득월액이 하한액보다 적으면 그 하한액을, 상한액보다 많으면 그 상한액을 기준소득월액으로 한다.
③ 선납기간은 1년 이내로 하되 선납신청 당시 50세 이상인 사람에 대해서는 5년 이내까지 가능하다.
④ 납부기한 경과에 따른 일할계산 및 최고 5% 상한 부과를 하고 있다.

★★★
21 국민연금 보험료에 대한 설명으로 적절하지 않은 것은?

① 기준소득월액이 200만원인 회사원 A씨는 매월 급여에서 공제되는 국민연금보험료가 9만원이다.
② 기준소득월액이 300만원인 자영업자 B씨가 매월 납부하는 국민연금보험료는 27만원이다.
③ 선납기간은 1년 이내로 하되 선납신청 당시 50세 이상인 사람에 대해서는 10년 이내까지 가능하다.
④ 납부예외기간은 가입기간에 포함되지 아니하고, 연금급여의 산정 시 그만큼 연금액이 줄어들게 된다.

정답 | ③

해설 | ③ 선납기간은 1년 이내로 하되 선납신청 당시 50세 이상인 사람에 대해서는 5년 이내까지 가능하다.

★★★
22 국민연금 보험료에 대한 다음 설명 중 (가)~(다)에 들어갈 내용이 적절하게 연결된 것은?

- 연금보험료의 납부기한은 해당 월의 다음달 (가)이고, 선납이 가능하다.
- 농어업인 연금보험료 지원의 경우 1인당 월별 지원금액은 본인 보험료의 (나)에 해당하는 금액(46,350원 한도)을 지원받는다.
- 사업장가입자 연금보험료 지원의 경우 지원대상자의 연금보험료 중 근로자기여금 및 사용자부담금에 대하여 각각 (다)를 지원한다.

	가	나	다
①	10일	25%	50%
②	25일	25%	80%
③	10일	50%	80%
④	25일	50%	50%

정답 | ③

해설 | • 연금보험료의 납부기한은 해당 월의 다음달 10일이고, 선납이 가능하다.
• 2023년 기준 지원대상자 1인당 월별 지원금액은 기준소득월액 1,030,000원(보험료 92,700원) 이하의 경우 본인 보험료의 50%에 해당하는 금액을 지원받고, 기준소득월액 1,030,000원 초과의 경우 1,030,000원 보험료의 50%에 해당하는 금액(46,350원)을 정액 지원받는다.
• 지원대상자의 연금보험료 중 근로자기여금 및 사용자부담금에 대하여 각각 80%를 지원한다.

★★★
23 지역가입자인 홍은균(54세)씨의 국민연금보험료에 대한 설명으로 가장 적절한 것은?

① 기준소득월액에 연금보험료율의 50%를 곱하여 연금보험료를 납부해야 한다.
② 선납기간은 최대 1년 이내까지 가능하다.
③ 홍은균씨가 사업중단, 재해 사고로 소득이 감소되는 등 법에서 정한 납부예외사유에 해당하는 경우 납부예외기간 중에는 연금보험료 납부를 하지 않을 수 있다.
④ 홍은균씨가 지역가입자 연금보험료 지원을 신청할 경우 1인당 생애 최대 12개월까지 1회에 한해 지원하며 실업크레딧, 농어업인 연금보험료 보조와 중복지원도 가능하다.

정답 | ③
해설 | ① 지역가입자, 임의가입자 및 임의계속가입자의 연금보험료는 본인이 전액 부담하며 그 금액은 기준소득월액의 9%에 해당하는 금액이다.
② 선납기간은 1년 이내로 하되 선납신청 당시 50세 이상인 사람에 대해서는 5년 이내까지 가능하다.
④ 1인당 생애 최대 12개월까지 지원(지원 횟수 제한 없음)하며 실업크레딧, 농어업인 연금보험료 보조와 중복지원은 불가하다.

★★★
24 국민연금 연금보험료 지원제도에 대한 설명으로 가장 적절한 것은?

① 사업장가입자 연금보험료 지원은 신규가입자에게만 지원하며 기존가입자에 대한 지원은 2020년 말로 종료되었다.
② 출산크레딧의 인정되는 추가가입기간 중 가입자의 기준소득월액은 A값의 1/2를 적용하며, 노령연금 급여산정 시 2008년 이후 출산 또는 입양한 자녀수에 따른 추가가입기간을 가산한다.
③ 군복무크레딧의 인정되는 추가가입기간은 노령연금 산정 시 적용되며, 해당 기간 중 가입자의 기준소득월액은 A값을 적용한다.
④ 실업크레딧은 구직급여 수급기간 중 1인당 생애 최대 6개월을 한도로 적용된다.

정답 | ①
해설 | ② 인정되는 추가가입기간 중 가입자의 기준소득월액은 A값을 적용하며, 노령연금 급여산정 시 2008년 이후 출산 또는 입양한 자녀수에 따른 추가가입기간을 가산한다.
③ 군복무크레딧의 인정되는 추가가입기간은 노령연금 산정 시 적용되며, 해당 기간 중 가입자의 기준소득월액은 A값의 1/2을 적용한다.
④ 실업크레딧은 구직급여 수급기간 중 1인당 생애 최대 12개월을 한도로 적용된다.

★★★

25 국민연금 보험료 지원제도에 대한 다음 설명 중 (가)~(다)에 들어갈 내용이 적절하게 연결된 것은?

- 출산크레딧의 경우 3자녀를 두고 있는 사람에게 인정되는 추가 가입기간은 (가)이다.
- 병역의무를 이행한 자에게 부여하는 추가 가입기간은 (나)이다.
- 실업크레딧의 가산기간 중 연금보험료는 실직 전 3개월 평균의 1/2(70만원 한도)로 하며, 연금보험료의 (다)는 신청인이 부담하고 나머지는 고용보험기금 등에서 지원한다.

	가	나	다		가	나	다
①	20개월	6개월	25%	②	20개월	1년	50%
③	30개월	6개월	25%	④	30개월	1년	50%

정답 | ③

해설 | 〈자녀수에 따른 추가 가입기간 인정〉

자녀수	2자녀	3자녀	4자녀	5자녀 이상
추가 가입기간	12개월	30개월	48개월	50개월

- 병역의무를 이행한 자(병역법에 따른 현역병, 사회복무요원, 전환복무자, 상근예비역, 국제협력봉사요원, 공익근무요원)에게 부여하는 추가 가입기간은 6개월이다.
- 가산기간 중 연금보험료는 실직 전 3개월 평균의 1/2(70만원 한도)로 하며, 연금보험료의 25%는 신청인이 부담하고 나머지는 고용보험기금 등에서 지원한다.

★★★

26 국민연금 가입기간을 늘리기 위한 제도에 대한 적절한 설명으로 모두 묶인 것은?

가. 반환일시금 반납제도는 납부예외자도 신청 가능하고 60세 이후에도 가입 중이면 신청 가능하다.

나. 반환일시금 반납제도에서 일시납부 및 분할납부 금액을 계산하는데 적용하는 이자율은 해당 기간 중에 적용되었던 3년 만기 정기예금이자율이다.

다. 가입기간 중 실직 등으로 보험료를 납부할 수 없었던 기간에 대하여 추후 납부능력이 있을 때 10년 미만의 범위 내에서 연금보험료 추후납부를 신청하여 납부함으로써 추납보험료에 해당하는 기간만큼 가입기간을 늘려 연금급여 혜택을 받을 수 있다.

라. 연금보험료 추후납부의 분할납부 횟수는 추납대상기간에 따라 월 단위로 최대 24회까지 분할 가능하다.

① 가, 나　　② 가, 다

③ 나, 라　　④ 다, 라

정답 | ②

해설 | 나. 일시납부 및 분할납부 금액을 계산하는데 적용하는 이자율은 해당 기간 중에 적용되었던 1년 만기 정기예금이자율이다.

라. 분할납부 횟수는 추납대상기간에 따라 월 단위로 최대 60회까지 분할 가능하다.

··· TOPIC 6 연금급여

★★★
27 국민연금 급여 중 부양가족연금액을 지급하지 아니하는 경우에 해당하지 않는 것은?

① 소득활동에 따른 노령연금
② 조기노령연금
③ 분할연금
④ 장애일시보상금

정답 | ②
해설 | 소득활동에 따른 노령연금, 분할연금, 장애일시보상금에는 부양가족연금액을 지급하지 아니한다.

★★★
28 국민연금 기본연금액에 대한 설명으로 가장 적절한 것은?

① A값은 가입자 개인의 가입기간 중 매년의 기준소득월액을 연도별 재평가율에 의해 연금 수급 전년도의 현재가치로 환산한 후 이를 합산한 금액을 총가입기간으로 나눈 금액이다.
② B값은 가입자 전체의 연금수급개시 직전 3년간 평균소득월액의 평균액을 말한다.
③ 가입자 개인의 평균소득이 가입자 전체 평균소득과 동일하고 가입기간이 40년인 자의 연금급여수준을 소득대체율이라 하고, 이는 기본연금액 산정식의 비례상수에 따라 결정된다.
④ 소득대체율은 1988년부터 1998년까지는 가입자 평균소득월액의 35% 수준으로 적용된 후 1999년부터는 30% 수준이 되도록 개정되었고, 2008년에는 25%, 2009년부터 매년 0.25%p씩 급여수준을 낮추어 2028년 이후 소득대체율이 20%가 되도록 개정되었다.

정답 | ③
해설 | ① B값에 대한 설명이다.
② A값에 대한 설명이다.
④ 소득대체율은 1988년부터 1998년까지는 가입자 평균소득월액의 70% 수준으로 적용된 후 1999년부터는 60% 수준이 되도록 개정되었고, 2008년에는 50%, 2009년부터 매년 0.5%p씩 급여수준을 낮추어 2028년 이후 소득대체율이 40%가 되도록 개정되었다.

★★★
29 국민연금에 대한 설명으로 가장 적절한 것은?

① 출산 및 군복무크레딧은 노령연금과 유족연금을 산정할 때 적용한다.
② 실업크레딧의 가산기간 중 연금보험료는 실직 전 3개월 평균의 1/2로 하며, 연금보험료의 50%는 신청인이 부담하고 나머지는 고용보험기금 등에서 지원한다.
③ 소득활동에 따른 노령연금, 분할연금, 장애일시보상금에는 부양가족연금액을 지급하지 아니한다.
④ 기본연금액은 모든 연금액 산정의 기초가 되며, 가입자 본인의 소득(소득비례부분, A값)과 가입자 전체의 소득(균등부분, B값) 및 가입기간에 의해 결정된다.

정답 | ③
해설 | ① 출산 및 군복무크레딧은 노령연금을 산정할 때에 한해 적용한다.
② 가산기간 중 연금보험료는 실직 전 3개월 평균의 1/2(70만원 한도)로 하며, 연금보험료의 25%는 신청인이 부담하고 나머지는 고용보험기금 등에서 지원한다.
④ 기본연금액은 모든 연금액 산정의 기초가 되며, 가입자 전체의 소득(균등부분, A값)과 가입자 본인의 소득(소득비례부분, B값) 및 가입기간에 의해 결정된다.

★★★
30 국민연금 노령연금에 대한 설명으로 적절하지 않은 것은?

① 가입기간이 20년 이상이고 수급개시연령이 된 때부터 기본연금액과 부양가족연금액을 합산하여 평생 동안 지급받을 수 있는 연금이다.
② 수급개시연령에 도달하여 노령연금을 받고 있는 사람이 일정 수준을 초과하는 소득이 있는 업무에 종사하는 경우 수급개시연령부터 5년 동안은 소득 수준에 따라 감액된 금액으로 지급되며, 이때 부양가족연금액은 지급되지 않는다.
③ 노령연금 수급권자로서 연금지급의 연기를 희망하는 경우 노령연금수급연령부터 5년의 기간 이내에 그 연금의 전부 또는 일부의 지급을 연기할 수 있는데, 이를 노령연금 연기제도라고 한다.
④ 노령연금 연기제도의 연기비율은 50%, 60%, 70%, 80%, 90%, 100% 중에서 수급권자가 선택할 수 있고 해당 기간 중 신청횟수의 제한은 없다.

정답 | ①
해설 | ① 가입기간이 10년 이상이고 수급개시연령이 된 때부터 기본연금액과 부양가족연금액을 합산하여 평생 동안 지급받을 수 있는 연금이다.

★★★
31 노령연금 수급권자가 소득이 있는 업무에 종사하는 경우에 노령연금 연기제도 활용방안에 대한 설명으로 적절하지 않은 것은?

① 수급개시연령에 도달하여 노령연금을 받고 있는 사람이 일정 수준을 초과하는 소득이 있는 업무에 종사하는 경우 수급개시연령부터 5년 동안은 소득 수준에 따라 감액된 금액으로 지급되며, 이때 부양가족연금액은 지급되지 않는다.
② 노령연금 수급권자로서 연금지급의 연기를 희망하는 경우 노령연금수급연령부터 5년의 기간 이내에 그 연금의 지급을 연기할 수 있다.
③ 연금지급의 연기를 희망하는 경우 그 연금의 전부의 지급을 연기하는 것은 불가하며, 일부의 지급을 연기하는 것만 가능하다.
④ 노령연금 연기제도 신청 후 연금을 다시 받게 될 때에는 연기를 신청하기 전 원래의 기본연금액에 대해 연기된 매 1년당 7.2%의 연금액을 더 올려서 지급한다.

정답 | ③

해설 | ③ 노령연금 수급권자로서 연금지급의 연기를 희망하는 경우 노령연금수급연령부터 5년의 기간 이내에 그 연금의 전부 또는 일부의 지급을 연기할 수 있다. 이를 노령연금 연기제도라고 한다. 연기비율은 50%, 60%, 70%, 80%, 90%, 100% 중에서 수급권자가 선택할 수 있고 해당 기간 중 신청횟수의 제한은 없다.

★★★
32 노령연금 지급연기를 신청한 노령연금 수급권자인 A가 연금의 지급을 희망하는 경우의 기본연금액으로 가장 적절한 것은?

〈연금지급의 연기신청〉
• 연금수급개시연령 : 65세
• 기본연금액 : 100만원

〈연기신청 후 연금지급개시〉
• 연금수급개시연령 : 70세
※연금지급의 연기에 따른 연금액 조정 시 물가 미반영

① 130만원 ② 136만원
③ 143만원 ④ 150만원

정답 | ②

해설 | • 연금을 다시 받게 될 때에는 연기를 신청하기 전 원래의 노령연금액(부양가족연금액 제외, 부분연기의 경우 연기비율 적용)에 대해 연기된 매 1년당 7.2%(월 0.6%)의 연금액을 더 올려서 지급한다.
• 70세 시점 기본연금액 = 100만원 × {1 + (0.6% × 60개월)} = 136만원

★★★
33 조기노령연금에 대한 설명으로 적절하지 않은 것은?

① 가입기간이 10년 이상이고 수급개시연령에서 5년을 뺀 연령 이상인 사람이 소득이 있는 업무에 종사하지 않는 경우에 본인이 신청하면 수급개시연령 전이라도 지급받을 수 있는 연금이다.
② 처음 연금을 받는 연령에 따라 일정률의 기본연금액에 부양가족연금액을 합산하여 평생 동안 지급받게 된다.
③ 연금수급개시연령 4년 전에 조기노령연금을 청구하게 되면 기본연금액의 50%가 사망 시까지 지급된다.
④ 조기노령연금 수급자가 수급개시연령 전에 소득 있는 업무에 종사할 경우는 그 소득이 있는 기간 동안 연금지급이 정지된다.

정답 | ③
해설 | ③ 조기노령연금 지급률은 연금수급개시연령 5년 전 청구 시 기본연금의 70%가 적용되며, 5년 미달 매 1월당 0.5%(연 6%)씩 상향된 연금액이 지급된다. 예를 들어 연금수급개시연령 4년 전에 조기노령연금을 청구하게 되면 기본연금액의 76%(70%+0.5%×12)가 사망 시까지 지급된다.

★★★
34 분할연금에 대한 설명으로 가장 적절한 것은?

① 배우자의 가입기간 중 혼인 기간이 10년 이상인 자가 배우자와 이혼하였을 것, 배우자였던 사람이 노령연금 수급권자일 것, 분할연금 수급권자 본인 지급개시연령이 될 것이라는 요건을 모두 갖추면 분할연금을 지급받을 수 있다.
② 분할연금 수급권자 본인이 1969년생 이후라면 분할연금 수급개시연령은 65세이다.
③ 급여 수준은 배우자였던 자의 노령연금액의 1/2을 지급한다.
④ 배우자였던 자가 소득 있는 업무에 종사하여 감액된 연금액을 지급받는 경우 분할연금액도 감액된 연금액을 지급받는다.

정답 | ②
해설 | ① 배우자의 가입기간(연금보험료 납부기간) 중 혼인 기간이 5년 이상인 자가 배우자와 이혼하였을 것, 배우자였던 사람이 노령연금 수급권자일 것, 분할연금 수급권자 본인 수급개시연령이 될 것이라는 요건을 모두 갖추면 분할연금을 지급받을 수 있다.
③ 급여 수준은 배우자였던 자의 노령연금액(부양가족연금액 제외) 중 혼인기간에 해당하는 연금액의 1/2을 지급한다. 다만, 분할비율을 당사자 간 협의 또는 법원의 재판으로 달리 결정할 수 있다.
④ 배우자였던 자가 소득 있는 업무에 종사하여 감액된 연금액을 지급받더라도 감액 전의 노령연금액을 기준으로 혼인기간에 해당하는 연금액을 나눈 금액을 분할연금액으로 지급한다.

★★★
35 국민연금 장애연금 급여수준이 적절하지 않게 연결된 것은?

	장애등급	급여수준
①	1급	기본연금액 100%+부양가족연금액
②	2급	기본연금액 80%+부양가족연금액
③	3급	기본연금액 60%+부양가족연금액
④	4급	기본연금액 40%+부양가족연금액

정답 | ④

해설 | 〈장애연금 급여수준〉

장애등급	급여수준
1급	기본연금액 100%+부양가족연금액
2급	기본연금액 80%+부양가족연금액
3급	기본연금액 60%+부양가족연금액
4급	기본연금액 225%(일시보상금)

★★★
36 국민연금의 장애연금과 유족연금에 대한 설명으로 적절하지 않은 것은?

① 장애연금은 가입자나 가입자였던 자가 질병이나 부상으로 신체적 또는 정신적 장애가 남았을 때 이에 따른 소득 감소부분을 보전함으로써 본인과 가족의 안정된 생활을 보장하기 위한 급여로서 장애정도에 따라 일정한 급여를 지급한다.

② 장애등급 1~3급의 경우 기본연금액에 장애등급별 지급률을 곱한 연금액과 부양가족연금액을 지급한다.

③ 노령연금 수급권자가 사망한 경우 유족연금액은 사망한 자가 지급받던 노령연금액을 초과할 수 없으며, 가입기간이 20년 이상인 경우 연금액은 기본연금액 60%+부양가족연금액이다.

④ 유족연금의 1순위 수급권자는 사망자에 의하여 생계를 유지하고 있던 배우자와 자녀이다.

정답 | ④

해설 | ④ 유족연금의 1순위 수급권자는 사망자에 의하여 생계를 유지하고 있던 배우자(사실혼배우자 포함)이다. 자녀(25세 미만 또는 장애등급 2급 이상)는 2순위이다.

★★★

37 국민연금 유족연금 수급권의 소멸 사유로 적절하지 않은 것은?

① 수급권자가 사망한 때
② 배우자인 수급권자가 재혼한 때
③ 자녀인 수급권자가 파양된 때
④ 자녀인 수급권자(장애등급 1등급)가 25세가 된 때

정답 | ④
해설 | ④ 장애등급 2급 이상에 해당하지 아니한 자녀인 수급권자가 25세가 된 때 또는 장애등급 2급 이상에 해당하지 아니한 손자녀인 수급권자가 18세가 된 때

★★★

38 국민연금 유족연금에 대한 적절한 설명으로 모두 묶인 것은?

가. 유족연금은 노령연금 수급권자, 장애등급 2급 이상의 장애연금 수급권자, 가입기간 10년 이상인 가입자 등의 자가 사망한 때 그에 의하여 생계를 유지하던 유족에게 가입기간에 따라 일정률의 기본연금액에 부양가족연금액을 합한 금액을 지급한다.
나. 가입기간이 20년 미만인 경우 기본연금액에 대해서만 지급한다.
다. 노령연금 수급권자가 사망한 경우 유족연금액은 사망한 자가 지급받던 노령연금액을 초과할 수 없으며, 노령연금의 지급연기로 인한 가산금액도 유족연금에 반영된다.
라. 가입자 또는 가입자였던 자의 태아가 출생한 경우 가입자 또는 가입자였던 자에 의하여 생계를 유지하고 있던 자녀로 인정하므로, 자녀보다 후순위로 유족연금을 받던 자의 수급권은 소멸된다.

① 가, 나
② 가, 라
③ 나, 다
④ 다, 라

정답 | ②
해설 | 나. 유족연금 급여수준

가입기간	연금액
10년 미만	기본연금액 40%+부양가족연금액
10년 이상 20년 미만	기본연금액 50%+부양가족연금액
20년 이상	기본연금액 60%+부양가족연금액

다. 노령연금 수급권자가 사망한 경우 유족연금액은 사망한 자가 지급받던 노령연금액을 초과할 수 없으며, 노령연금의 지급연기로 인한 가산금액은 유족연금에 반영되지 않는다.

★★★
39 국민연금 반환일시금 지급사유에 해당하지 않는 것은?

① 가입기간이 10년 미만인 자가 60세가 된 경우
② 가입자 또는 가입자였던 자가 사망하였으나 유족연금에 해당되지 않는 경우
③ 취업, 학업 등 기타 사유로 외국에 체류하는 경우
④ 국적을 상실하거나 국외로 이주한 경우

정답 | ③
해설 | 반환일시금은 가입기간이 10년 미만인 자가 60세가 된 경우(단, 특례노령연금 수급권자는 해당되지 않음), 가입자 또는 가입자였던 자가 사망하였으나 유족연금에 해당되지 않는 경우, 국적을 상실하거나 국외로 이주한 경우에 지급된다.

★★★
40 국민연금 반환일시금에 대한 설명으로 적절하지 않은 것은?

① 반환일시금을 수령한 후에 다시 가입자의 자격을 취득한 경우 그 지급받았던 금액에 반납금 납부신청 시까지의 1년 만기 정기예금이자율을 적용한 이자를 가산하여 다시 납부함으로써 가입기간을 늘려 더 많은 연금급여 혜택을 받을 수 있다.
② 반환일시금을 납부하면 그에 상응하는 반환일시금 반납기간은 가입기간으로 산입 · 복원되고, 분할납부 시 납부한 회차에 속한 반환일시금 반납기간은 가입기간으로 산입 · 복원된다.
③ 반환일시금은 가입기간 중 본인이 납부한 연금보험료에 3년 만기 정기예금이자율을 적용한 이자를 더하여 받게 된다.
④ 반환일시금은 수급권이 발생한 날로부터 5년 안에 청구하지 않으면 소멸시효가 완성되어 지급받을 수 없다.

정답 | ④
해설 | ④ 반환일시금은 수급권이 발생한 날로부터 10년 안에 청구하지 않으면 소멸시효가 완성되어 지급받을 수 없다. 10년이 지나면 일시금으로 지급받을 수 있는 권리는 소멸되지만 향후 연금 지급사유가 발생할 때에는 소멸분도 포함하여 연금으로 지급하게 된다.

★★★

41 다음 정보를 토대로 올해 4월 사망한 김상연(50세)씨가 가입하고 있던 국민연금에 대한 설명으로 가장 적절한 것은?

> 〈김상연씨 관련 정보〉
> • 사망일 : 20××년 8월 25일
> • 국민연금 가입기간 : 25년
> • 부양가족 : 배우자(45세), 자녀(18세), 부친(76세), 모친(72세)
> ※ 김상연씨의 배우자, 자녀, 부친, 모친은 모두 소득이 없으며, 김상연씨에 의해 생계를 유지하고 있음

① 김상연씨의 사망으로 인한 유족연금 급여수준은 기본연금액 50%+부양가족연금액이다.
② 김상연씨의 사망으로 인한 유족연금은 김상연씨의 배우자와 자녀에게 민법상 상속지분대로 나누어서 지급된다.
③ 유족연금 수급권자가 배우자인 경우 수급권이 발생한 때부터 3년 동안 유족연금 지급 후 60세가 될 때까지 그 지급을 정지한다.
④ 김상연씨의 사망으로 인해 매월 정기적으로 지급되는 유족연금은 9월 25일부터 수급권이 소멸하는 날이 속하는 달까지 지급한다.

정답 | ④
해설 | ① 유족연금 급여수준 : 20년 이상 기본연금액 60%+부양가족연금액
② 국민연금법상 유족이란 사망자에 의하여 생계를 유지하고 있던 가족으로 일정 요건을 충족하는 배우자(사실혼배우자 포함), 자녀, 부모, 손자녀, 조부모 순위 중 최우선 순위자에게 유족연금을 지급한다.
③ 유족연금 수급권자가 배우자인 경우 수급권이 발생한 때부터 3년 동안 유족연금 지급 후 55세가 될 때까지 그 지급을 정지한다. 배우자의 유족연금 지급정지가 해제되는 연령도 상향조정된다. 다만, 그 수급권자가 다음 사유 중 하나에 속하는 경우 지급을 정지하지 않는다.

> • 장애등급이 2급 이상인 경우
> • 사망자의 25세 미만 자녀 또는 장애등급 2급 이상 자녀의 생계를 유지한 경우
> • 대통령령으로 정하는 소득이 있는 업무에 종사하지 않는 경우

★★★

42 국민연금의 유족연금에 대한 설명으로 적절하지 않은 것은?

① 유족연금은 노령연금 수급권자, 가입기간이 10년 이상인 가입자(였던 자) 등이 사망한 때 그에 의하여 생계를 유지하던 유족에게 가입기간에 따라 일정률의 기본연금액에 부양가족연금액을 합한 금액을 지급한다.
② 장애등급 2급 이상인 장애연금 수급권자가 사망한 때에도 그 유족에게 유족연금을 지급한다.
③ 국민연금법상 유족이란 사망자에 의하여 생계를 유지하고 있던 가족으로 일정 요건을 충족하는 배우자, 자녀, 부모, 손자녀, 조부모 순위 중 최우선 순위자에게 유족연금을 지급한다.
④ 노령연금 수급권자가 유족연금 수급권이 발생한 경우 노령연금을 선택하면 유족연금의 50%를 가산하여 지급한다.

정답 | ④

해설 | ④ 중복급여의 조정은 동일인에게 두 개 이상 급여의 수급권이 발생하는 경우 각각의 급여를 모두 지급하는 것이 아니라 수급권자의 선택에 의하여 한 개의 급여만 지급되고, 나머지 급여는 지급 정지되는 등 제한을 받는 것을 말한다. 예를 들어 노령연금 수급권자가 유족연금 수급권이 발생한 경우 노령연금을 선택하면 유족연금의 30%를 가산하여 지급하지만, 유족연금을 선택하면 노령연금을 지급하지 않는다.

★★★

43 국민연금의 장애연금에 대한 설명으로 적절하지 않은 것은?

① 장애연금은 가입자나 가입자였던 자가 질병이나 부상으로 신체적 또는 정신적 장애가 남았을 때 이에 따른 소득 감소부분을 보전함으로써 본인과 가족의 안정된 생활을 보장하기 위한 급여로서 장애정도에 따라 일정한 급여를 지급한다.

② 초진일로부터 1년 6개월경과 후에도 완치되지 아니한 경우에는 초진일로부터 1년 6개월이 경과한 날을 기준으로 장애정도를 결정한다.

③ 장애등급 3급인 경우 기본연금액 60%+부양가족연금액이 지급된다.

④ 장애연금 수급권자가 해당 연금의 지급사유와 같은 사유로 근로기준법, 산업재해보상보험법 등에 의해 장애보상을 받을 수 있는 경우에 그 장애연금액의 30%에 해당하는 금액을 지급받게 된다.

정답 | ④

해설 | ④ 장애연금 또는 유족연금 수급권자가 해당 연금의 지급사유와 같은 사유로 근로기준법, 산업재해보상보험법, 선원법, 어선원 및 어선재해보상보험법에 의해 장애보상 또는 유족보상을 받을 수 있는 경우에 그 장애 또는 유족연금액의 1/2에 해당하는 금액을 지급받게 된다.

★★★

44 국민연금에 대한 설명으로 가장 적절한 것은?

① 군복무크레딧의 인정되는 추가가입기간은 노령연금 산정 시 적용되며, 해당 기간 중 가입자의 기준소득월액은 A값을 적용하는데, 병역의무를 이행한 자에게 부여하는 추가가입기간은 1년이다.

② 부양가족연금액은 수급권자의 배우자, 자녀 또는 부모로서 수급권자에 의해 생계를 유지하고 있는 자에 대해 지급하는 일종의 가족수당 성격의 부가급여로 사실혼배우자는 제외된다.

③ 연금급여 지급사유 발생일은 노령연금은 연금지급개시연령 도달일, 장애연금은 완치일 또는 초진일로부터 1년 경과일, 유족연금은 사망일이다.

④ 노령연금 수급권자가 유족연금 수급권이 발생한 경우 노령연금을 선택하면 유족연금의 30%를 가산하여 지급하지만, 유족연금을 선택하면 노령연금을 지급하지 않는다.

정답 | ④

해설 | ① 인정되는 추가가입기간은 노령연금 산정 시 적용되며, 해당 기간 중 가입자의 기준소득월액은 A값의 1/2을 적용한다. 병역의무를 이행한 자(병역법에 따른 현역병, 사회복무요원, 전환복무자, 상근예비역, 국제협력봉사요원, 공익근무요원)에게 부여하는 추가가입기간은 6개월이다.

② 사실혼배우자를 포함한다.

③ 연금급여 지급사유 발생일은 노령연금은 연금지급개시연령 도달일(조기노령연금의 경우 청구일), 장애연금은 완치일 또는 초진일로부터 1년 6개월 경과일, 유족연금은 사망일이며, 매월 정기적으로 지급되는 연금은 노령, 분할, 장애, 유족연금이며 연금지급일은 매월 25일이다.

··· TOPIC 7 공적연금 연계

★★☆

45 공적연금 연계에 대한 설명으로 적절하지 않은 것은?

① 국민연금 가입기간과 직역연금 재직기간 부족으로 연금수급권을 취득하지 못하는 경우 각각의 제도에서 연금을 받을 수 없는 공적연금의 사각지대를 해소하고 안정된 노후생활을 보장하기 위하여 공적연금 연계제도가 도입되었다.

② 연계연금 수급요건을 충족하면 연계된 각각의 연금제도에서 연금을 지급받는다.

③ 직역연금의 퇴직일시금 수급권을 취득한 경우 일시금을 수령하지 않았다면 퇴직일로부터 5년 이내에 연계신청이 가능하고, 퇴직일시금을 수령하였다면 그 일시금의 전부 또는 일부를 지급받은 연금기관에 반납하고 연계신청을 하여야 한다.

④ 연계대상기간은 사업장가입기간, 지역가입기간, 출산 · 군복무 크레딧기간이며, 임의가입기간, 임의계속가입기간은 연계대상기간에서 제외한다.

정답 | ④

해설 | ④ 연계대상기간은 사업장가입기간, 지역가입기간, 임의가입기간이며, 임의계속가입기간, 출산 · 군복무 크레딧은 연계대상기간에서 제외한다. 반환일시금 반납금 또는 추납보험료를 납부하여 가입기간이 늘어나는 경우 해당 기간은 연계대상기간에 포함된다.

★★☆

46 공적연금 연계에 대한 설명으로 가장 적절한 것은?

① 각각의 기간을 연계하여 20년 이상이 되면 연계된 각각의 연계연금이 합산 지급된다.

② 출산 · 군복무 크레딧, 반환일시금 반납금 또는 추납보험료를 납부하여 가입기간이 늘어나는 경우 해당 기간은 연계대상기간에 포함된다.

③ 직역연금에서 국민연금으로 이동하여 국민연금 가입자가 된 때에는 퇴직일시금을 수령한 경우라면 퇴직일시금을 받은 연금관리기관에 반납 후 연계신청이 가능하고, 퇴직일시금을 수령하지 않은 경우는 퇴직일로부터 3년 이내에 연계신청이 가능하다.

④ 연계신청은 가입이력이 있는 연금관리기관 중 한 곳에 신청한다.

정답 | ④

해설 | ① 각각의 기간을 연계하여 10년(군인연금과 연계는 20년) 이상이 되면 연계연금이 지급된다. 연계연금 수급 요건을 충족하면 연계된 각각의 연금제도에서 연금을 지급받는다.

② 연계대상기간은 사업장가입기간, 지역가입기간, 임의가입기간이며, 임의계속가입기간, 출산 · 군복무 크레딧은 연계대상기간에서 제외한다. 반환일시금 반납금 또는 추납보험료를 납부하여 가입기간이 늘어나는 경우 해당 기간은 연계대상기간에 포함된다.

③ 직역연금에서 국민연금으로 이동하여 국민연금 가입자가 된 때에는 퇴직일시금을 수령한 경우라면 퇴직일시금을 받은 연금관리기관에 반납 후 연계신청이 가능하고, 퇴직일시금을 수령하지 않은 경우는 퇴직일로부터 5년 이내에 연계신청이 가능하다.

★★☆

47 공적연금 연계에 대한 다음 설명 중 (가)~(나)에 들어갈 내용이 적절하게 연결된 것은?

- 직역연금에서 국민연금으로 이동하여 국민연금 가입자가 된 때에는 퇴직일시금을 수령한 경우라면 퇴직일시금을 받은 연금관리기관에 반납 후 연계신청이 가능하고, 퇴직일시금을 수령하지 않은 경우는 퇴직일로부터 (가) 이내에 연계신청이 가능하다.
- 연계기간이 10년 이상인 자 중 국민연금 또는 직역연금의 가입(재직)기간이 (나) 미만인 경우에는 연금이 아닌 일시금으로 지급한다.

	가	나
①	3년	1년
②	3년	3년
③	5년	1년
④	5년	3년

정답 | ③

해설 | • 직역연금에서 국민연금으로 이동하여 국민연금 가입자가 된 때에는 퇴직일시금을 수령한 경우라면 퇴직일시금을 받은 연금관리기관에 반납 후 연계신청이 가능하고, 퇴직일시금을 수령하지 않은 경우는 퇴직일로부터 5년 이내에 연계신청이 가능하다.

• 연계기간이 10년 이상인 자 중 국민연금 또는 직역연금의 가입(재직)기간이 1년 미만인 경우에는 연금이 아닌 일시금으로 지급한다.

★★☆

48 공적연금 연계에 대한 적절한 설명으로 모두 묶인 것은?

가. 퇴직연금 수급권을 취득한 경우 연계 신청이 불가하다.
나. 국민연금에서 직역연금으로 이동하여 직역연금 가입자가 된 때에는 국민연금 수급권이 소멸되기 전까지 연계 신청을 할 수 있다.
다. 연계급여의 종류에는 연계노령연금, 연계퇴직연금, 연계노령유족연금, 연계퇴직유족연금 등 4종이 있으며, 국민연금제도의 장애연금과 다른 공적연금제도의 장해연금 간에는 연계급여가 없다.
라. 연계기간이 10년 이상인 자가 연계급여수급연령이 된 날은 연계급여 지급사유발생일이 된다.
마. 임의계속가입기간 동안 납부한 보험료의 경우 연계대상기간에는 포함하지 않으므로 연계노령연금액 산정 시에도 연금액으로 산정하지 않는다.

① 가, 나　　② 가, 다, 마
③ 나, 다, 라　　④ 나, 다, 라, 마

정답 | ③

해설 | 가. 퇴직연금 수급권을 취득한 경우 퇴직연금 수급 전이면 연계 가능하고, 연계신청일이 퇴직연금 최초 지급일에 앞서는 경우 연계 신청을 인정한다.
마. 임의계속가입기간 동안 납부한 보험료의 경우 연계대상기간에는 포함하지 않으나 연계노령(유족)연금액 산정 시에는 연금액으로 산정한다.

★★☆

49 김세진(39세)씨는 일반기업에서 근무하다가 퇴사한 후 공무원시험에 합격하여 올해 공무원연금 가입자가 되었다. 김세진씨의 공적연금 연계에 대한 설명으로 가장 적절한 것은?

① 김세진씨가 공적연금 연계 신청을 하지 않는다면 공무원연금 가입자가 되는 즉시 국민연금 반환일시금을 지급받을 수 있다.
② 김세진씨가 공적연금 연계 신청을 하는 경우 출산크레딧도 연계대상기간에 포함된다.
③ 김세진씨는 국민연금 수급권이 소멸되기 전까지 연계 신청을 할 수 있다.
④ 김세진씨가 공적연금 연계 신청을 하여 연계급여수급연령이 이후 연계기간이 20년이 된 날은 연계급여 지급사유발생일이 된다.

정답 | ③

해설 | ① 반환일시금은 가입기간이 10년 미만인 자가 60세가 된 경우(단, 특례노령연금 수급권자는 해당되지 않음), 가입자 또는 가입자였던 자가 사망하였으나 유족연금에 해당되지 않는 경우, 국적을 상실하거나 국외로 이주한 경우에 지급된다.
② 연계대상기간은 사업장가입기간, 지역가입기간, 임의가입기간이며, 임의계속가입기간, 출산 · 군복무 크레딧은 연계대상기간에서 제외한다. 반환일시금 반납금 또는 추납보험료를 납부하여 가입기간이 늘어나는 경우 해당 기간은 연계대상기간에 포함된다.
④ 각각의 기간을 연계하여 10년(군인연금과 연계는 20년) 이상이 되면 연계연금이 지급된다.

··· TOPIC 8 직역연금

★★★
50 공무원연금에 대한 설명으로 가장 적절한 것은?

① 강제적 사회보장제도로서 가입자들의 노후생활보장뿐만 아니라 재해보상과 근로보상적 성격이 포함되어 있다.
② 공무원연금법상의 각종 급여에 소요되는 재원은 공무원 본인이 매월 기준소득월액의 일정 비율을 불입하는 기여금과 국가 또는 지방자치단체에서 보수예산의 일정 비율을 부담하는 연금부담금으로 구성된다.
③ 기여금과 부담금 각각의 부담률은 7%가 적용되고 있다.
④ 기여금 납부기간이 33년을 초과한 자는 기여금 납부가 종료되며, 급여산정 시의 재직기간도 33년까지만 인정한다.

정답 | ①
해설 | ② 공무원연금법상의 각종 급여에 소요되는 재원은 공무원 본인이 매월 기준소득월액의 일정 비율을 불입하는 기여금과 국가 또는 지방자치단체에서 보수예산의 일정 비율을 부담하는 연금부담금 및 정부가 고용주로서 일부 급여 지급에 소요된 비용을 부담하는 제 부담금(퇴직수당부담금, 재해보상부담금) 등으로 구성된다.
③ 기여금과 부담금 각각의 부담률은 2020년부터 9%가 적용되고 있다.
④ 기여금 납부기간이 36년을 초과한 자는 기여금 납부가 종료되며, 급여산정 시의 재직기간도 36년까지만 인정한다.

★★★
51 공무원연금 퇴직급여에 대한 설명이 적절하게 연결된 것은?

가. 10년 이상 재직하고 연금지급 조건이 되어 퇴직한 때 또는 퇴직 후 연금지급 조건에 도달한 때부터 사망 시까지 매월 지급하는 연금이다.
나. 10년 이상 재직하고 퇴직한 경우로서 퇴직연금에 갈음하여 일시금으로 수령하는 급여이다.
다. 10년 초과 재직기간에 해당하는 퇴직급여에 대해 전부 또는 일부 기간에 대해 일시금으로 지급받을 수 있다.
라. 10년 미만 재직하고 퇴직하여 일시금으로 수령하는 급여이다.

	퇴직연금	퇴직연금일시금	퇴직연금공제일시금	퇴직일시금
①	가	나	다	라
②	가	다	나	라
③	라	나	다	가
④	라	다	나	가

정답 | ①

해설 | 가. 퇴직연금에 대한 설명이다.
나. 퇴직연금일시금에 대한 설명이다.
다. 퇴직연금공제일시금에 대한 설명이다.
라. 퇴직일시금에 대한 설명이다.

★★★
52 공무원연금의 퇴직급여에 대한 설명으로 가장 적절한 것은?

① 퇴직수당 : 2033년 이후부터는 만 65세 도달 시 지급된다.
② 분할연금 : 공무원 재직기간 내 혼인기간이 5년 이상인 사람이 일정 요건을 모두 갖추면 받을 수 있다.
③ 퇴직연금일시금 : 10년 미만 재직하고 퇴직하여 일시금으로 수령하는 급여이다.
④ 퇴직일시금 : 공무원이 1년 이상 재직하고 퇴직 또는 사망한 때에는 재직연수에 따라 기준소득월액의 6.5~39%에 상당하는 금액을 퇴직급여 또는 유족급여와는 별도로 지급한다.

정답 | ②

해설 | ① 퇴직연금에 대한 설명이다.
③ 퇴직일시금에 대한 설명이다.
④ 퇴직수당에 대한 설명이다.

★★★
53 공무원연금 분할연금에 대한 적절한 설명으로 모두 묶인 것은?

가. 분할연금은 지급사유가 발생한 날이 속하는 달의 다음 달부터 사망일이 속하는 달까지 지급하고 분할연금 수급자가 퇴직연금 수급자보다 먼저 사망할 경우 분할됐던 연금은 다시 퇴직연금 수급자에게로 이전된다.
나. 분할연금 수급 중 퇴직연금 수급자가 사망해도 분할연금은 계속 지급하나 분할연금 개시 전 퇴직연금 수급자가 사망하면 분할연금은 지급하지 않는다.
다. 지급액은 배우자의 연금액을 균등 분할하여 지급한다.
라. 공무원이었던 사람이 퇴직일시금, 퇴직연금일시금, 퇴직연금공제일시금 청구 시는 분할일시금이 지급된다.
마. 분할연금 수급자가 연금지급개시 연령 등 분할연금을 받을 요건을 모두 충족한 날로부터 5년 이내에 청구하지 아니하면 분할연금 수급권은 소멸한다.

① 가, 나
② 가, 나, 라
③ 다, 라, 마
④ 가, 나, 다, 라

정답 | ②

해설 | 다. 지급액은 배우자의 혼인기간에 해당하는 연금액을 균등(1/2) 분할하여 지급하며, 분할비율은 당사자 간의 합의나 민법의 재산분할청구권 또는 재판상 이혼의 준용규정에 따라 분할비율이 별도로 결정된 경우에는 그 비율을 우선적으로 적용한다.

마. 분할연금 수급자가 연금지급개시 연령 등 분할연금을 받을 요건을 모두 충족한 날로부터 3년 이내에 청구하지 아니하면 분할연금 수급권은 소멸한다. 분할연금 수급권 보호를 위하여 현재는 이혼 후 바로 선신청이 가능하다.

★★★

54 공무원연금의 퇴직유족급여에 대한 설명으로 가장 적절한 것은?

① 20년 이상 재직한 공무원이 재직 중에 사망하거나 퇴직 · 조기퇴직연금 또는 장해연금 수급자가 사망한 때 매월 지급하는 급여이다.

② 퇴직연금, 조기퇴직연금 또는 장해연금액의 50%를 유족연금액으로 지급하는데, 부부가 둘 다 직역연금의 퇴직연금 수급자인 경우는 유족연금액의 1/2을 감액하여 지급한다.

③ 유족급여를 받을 수 있는 유족의 범위와 요건은 모두 상속순위와 동일하다.

④ 퇴직연금 또는 조기퇴직연금 수급자가 최초 연금수급월로부터 3년 이내에 사망한 경우 퇴직유족연금특별부가금을 지급받을 수 있다.

정답 | ④

해설 | ① 10년 이상 재직한 공무원이 재직 중에 사망하거나 퇴직 · 조기퇴직연금 또는 장해연금 수급자가 사망한 때 매월 지급하는 급여이다.

② 퇴직연금, 조기퇴직연금 또는 장해연금액의 60%를 유족연금액으로 지급하는데, 부부가 둘 다 직역연금의 퇴직연금 수급자인 경우는 유족연금액의 1/2을 감액하여 지급한다.

③ 유족급여를 받을 수 있는 유족의 범위와 요건은 아래와 같다.

배우자	재직 당시 혼인관계(사실상 혼인관계 포함)에 있던 자
자녀	19세 미만 또는 19세 이상으로 장애등급 제1~제7급인 자
손자녀	부(손자녀의 부)가 없거나 또는 그의 부가 장애등급 제1~제7급인 손자녀로서 19세 미만인 자 또는 19세 이상으로 장애등급 제1~제7급인 자
(조)부모	퇴직일 이후에 입양된 경우의 (조)부모는 제외

★★★

55 공무원연금에 대한 설명으로 가장 적절한 것은?

① 퇴직급여의 청구권 소멸시효는 10년이다.

② 재직기간이 20년 미만인 경우 퇴직연금을 수급할 수 없다.

③ 혼인기간이 5년 이상인 사람이 적격 요건을 모두 갖추면 그때부터 그가 생존하는 동안 배우자였던 사람의 퇴직연금 또는 조기퇴직연금을 분할한 분할연금을 받을 수 있다.

④ 유족급여를 받을 수 있는 유족의 범위에 사실상 혼인관계는 포함되지 않는다.

정답 | ③

해설 | ① 퇴직급여의 청구권 소멸시효는 5년이다.

② 공무원이 10년 이상 재직하고 퇴직한 경우 본인의 희망에 따라 퇴직연금, 퇴직연금공제일시금, 퇴직연금일시금을 선택할 수 있다.

④ 배우자 요건 : 재직 당시 혼인관계(사실상 혼인관계 포함)에 있던 자

★★★

56 공무원연금에 대한 설명으로 가장 적절한 것은?

① 국가공무원법 및 지방공무원법에 의한 공무원은 물론 선거에 의하여 취임하는 공무원, 그 밖의 법률에 의한 공무원 및 국가 또는 지방자치단체에 근무하는 기타의 직원도 적용대상에 해당한다.

② 연금월액의 조정은 매년 통계청장이 고시하는 전전년도와 대비한 전년도 전국소비자물가 변동률을 적용하여 매 연도마다 증액 또는 감액한다.

③ 공무원이 10년 이상 재직하고 퇴직한 경우 본인의 희망에 따라 퇴직수당, 퇴직연금공제일시금, 퇴직연금일시금을 선택할 수 있다.

④ 유족급여를 받을 유족의 범위에 사실상 혼인관계가 포함되며, 자녀의 경우 25세 이상이 되면 수급권을 상실하게 된다.

정답 | ②

해설 | ① 국가공무원법 및 지방공무원법에 의한 공무원은 물론 그 밖의 법률에 의한 공무원(공중보건의, 보건진료원, 공익법무관, 사법연수원생, 징병전담의 등) 및 국가 또는 지방자치단체에 근무하는 기타의 직원(청원경찰, 청원산림보호직원, 위원회 등의 상임위원과 전임직원 등)도 적용대상에 해당한다. 그러나 선출직인 선거에 의하여 취임하는 공무원인 국회의원, 지방자치단체장 및 기초의회 의원 등은 적용대상에서 제외된다. 군인의 경우는 군인연금법의 적용을 받으므로 공무원연금 적용대상이 아니다.

③ 공무원이 10년 이상 재직하고 퇴직한 경우 본인의 희망에 따라 퇴직연금, 퇴직연금공제일시금, 퇴직연금일시금을 선택할 수 있다.

④ 유족급여를 받을 수 있는 유족의 범위와 요건은 아래와 같다.

배우자	재직 당시 혼인관계(사실상 혼인관계 포함)에 있던 자
자녀	19세 미만 또는 19세 이상으로 장애등급 제1~제7급인 자
손자녀	부(손자녀의 부)가 없거나 또는 그의 부가 장애등급 제1~제7급인 손자녀로서 19세 미만인 자 또는 19세 이상으로 장애등급 제1~제7급인 자
(조)부모	퇴직일 이후에 입양된 경우의 (조)부모는 제외

★★★

57 군인연금에 대한 설명으로 가장 적절한 것은?

① 적용대상은 원칙적으로 모든 현역 군인에게 적용한다.

② 퇴역연금 수급 최소 복무기간은 10년이고, 복무기간은 36년을 초과하지 못한다.

③ 퇴직수당 및 퇴직유족급여에 드는 비용은 군인과 국가가 각각 부담한다.

④ 군인은 매월 기여금을 내야하며 기여금은 기준소득월액의 7%로 한다.

정답 | ④

해설 | ① 원칙적으로 기여금을 납부하는 군인(장교, 준 · 부사관)에게 적용한다. 다만, 지원에 의하지 아니하고 임용된 부사관은 제외한다. 한편, 사망보상금과 장애보상금은 예외적으로 기여금을 납부하지 않는 병사에게도 적용한다.

② 퇴역연금 수급 최소 복무기간은 20년이고, 복무기간은 33년을 초과하지 못한다.

③ 퇴직급여 및 퇴직유족급여에 드는 비용은 군인과 국가가 각각 부담한다. 그러나 퇴직수당 지급에 드는 비용은 국가가 전액 부담한다.

★★★
58 군인연금과 공무원연금 비교 내용이 적절하게 연결된 것은?

	구분	공무원연금	군인연금
①	기여금	7%	9%
②	수급권	20년 이상 재직	10년 이상 복무
③	재직(복무)기간 상한	33년	36년
④	지급개시	65세	전액 즉시

정답 | ④

해설 | 〈군인연금과 공무원연금 비교〉

구분	기여금	수급권	연금 가산율	유족연금 지급률	재직(복무) 기간 상한	지급개시
군인연금	7%	20년 이상 복무	1.9%	60%	33년	전액 즉시
공무원연금	9%	10년 이상 재직	1.7%	60%	36년	65세

★★★
59 사학연금에 대한 설명으로 가장 적절한 것은?

① 적용대상에 임시로 임명된 사람, 조건부로 임명된 사람 및 보수를 받지 않는 사람도 포함된다.

② 사학연금제도의 비용 부담 방식은 매월 기준소득월액에 보험료율을 곱한 금액을 가입자 50%, 국가가 50%씩 공동으로 부담하고 있다.

③ 가입자 개인은 매월 기준소득월액에 보험료율 7%를 곱한 금액을 보험료로 납부하며 부담금 납부기간은 33년을 상한으로 한다.

④ 급여 종류, 급여종류별 지급내용, 급여 산정 및 지급 방법은 공무원연금과 동일하다.

정답 | ④

해설 | ① 임시로 임명된 사람, 조건부로 임명된 사람 및 보수를 받지 않는 사람은 제외한다.

② 사학연금제도의 비용 부담 방식은 매월 기준소득월액에 보험료율(18%)을 곱한 금액을 가입자 50%, 학교법인 및 국가가 50%씩 공동으로 부담하고 있다.

③ 가입자 개인은 매월 기준소득월액에 보험료율 9%를 곱한 금액을 보험료로 납부하며 부담금 납부기간은 36년을 상한으로 한다.

CHAPTER

05 퇴직연금

출제비중 : 17~27% / 5~8문항

학습가이드 ■ ■

학습 목표	학습 중요도
Tip 제도별 특징과 상호비교 중심으로 학습 필요 Tip 고객 사례와 연계된 활용방안에 대한 학습 필요	
1. 퇴직급여제도에 대해 설명할 수 있다.	★★★
2. 퇴직연금제도의 종류를 비교하고 설명할 수 있다.	★★★
3. 퇴직연금 포트폴리오의 점검과 연금지급방식에 대해 설명할 수 있다.	★★

▪▪▪ TOPIC 1 퇴직급여제도 개요

★★★

01 퇴직급여제도에 대한 적절한 설명으로 모두 묶인 것은?

가. 우리나라 퇴직급여제도는 퇴직금제도, 퇴직연금제도 및 중소기업퇴직연금제도가 시행되고 있다.

나. 근로자퇴직급여보장법에 사용자는 1년 이상 계속 근로한 근로자가 퇴직하는 경우 퇴직급여를 지급하도록 규정하고 있다.

다. 퇴직금제도는 1953년 시행된 근로기준법에 근거하며 근속연수와 퇴직 전 평균임금 수준에 따라 퇴직급여 수준이 결정되며, 퇴직급여는 일시금으로 지급하는 제도이다.

라. 퇴직연금제도는 2005년 12월부터 시행되고 있는 근로자퇴직급여보장법에 따라 근로자들이 퇴직급여를 연금 또는 일시금으로 수령할 수 있는 제도이며, 중소기업퇴직연금기금제도는 2022년 4월부터 시행되고 있다.

① 가, 나　　② 다, 라
③ 나, 다, 라　　④ 가, 나, 다, 라

정답 | ④
해설 | 모두 적절한 설명이다.

★★★
02 퇴직금제도에 대한 적절하지 않은 설명으로 모두 묶인 것은?

가. 퇴직금제도는 근로자가 퇴직 시 근속기간과 통상임금을 기준으로 퇴직급여를 산정하여 일시금으로 지급하는 제도이다.
나. 사용자는 퇴직한 근로자에게 계속근로기간 1년에 대하여 30일분 이상의 통상임금을 퇴직금으로 지급하여야 한다.
다. 퇴직금산정의 기초가 되는 통상임금이란 근로자의 퇴직사유가 발생한 날 이전 3개월 동안에 근로자에게 지급된 임금총액을 그 기간의 총일수로 나눈 금액이다.
라. 통상임금의 최저한도는 평균임금으로 하도록 하고 있어 산출된 통상임금이 그 근로자의 평균임금보다 낮은 경우에는 그 평균임금을 통상임금으로 한다.

① 가, 나 ② 다, 라
③ 가, 나, 다 ④ 가, 나, 다, 라

정답 | ④
해설 | 가. 퇴직금제도는 근로자가 퇴직 시 근속기간과 평균임금을 기준으로 퇴직급여를 산정하여 일시금으로 지급하는 제도이다.
나. 사용자는 퇴직한 근로자에게 계속근로기간 1년에 대하여 30일분 이상의 평균임금을 퇴직금으로 지급하여야 한다.
다. 평균임금에 대한 설명이다.
라. 평균임금의 최저한도는 통상임금으로 하도록 하고 있어 산출된 평균임금이 그 근로자의 통상임금보다 낮은 경우에는 그 통상임금을 평균임금으로 한다.

★★★
03 퇴직연금제도의 장점으로 적절하지 않은 것은?

① 근로자의 퇴직급여 수급권을 보완하는 최우선변제제도와 임금채권보장제도가 있어 퇴직급여 수급권 보장이 강화되어 있다.
② 퇴직연금은 은퇴기간 중 연금을 지급받을 수 있는 매우 안정적인 은퇴소득원 확보수단이다.
③ DC형 퇴직연금 또는 IRP에 가입한 근로자는 적립금을 본인의 위험성향에 맞는 포트폴리오를 구성하여 운용할 수 있다.
④ 퇴직소득세를 절세할 수 있다.

정답 | ①
해설 | ① 퇴직금제도의 문제점으로 근로자의 퇴직급여 수급권을 보완하는 최우선변제제도와 임금채권보장제도가 있으나, 최우선변제는 최종 3년분의 퇴직금과 최종 3개월 임금에 한정되며 도산기업의 청산가치가 없으면 사실상 퇴직급여 수급이 불가능하다. 퇴직연금제도의 장점으로 현행 우리나라 근퇴법에서는 근로자들이 퇴직급여에 대한 수급권 보장을 위해 사외(퇴직연금사업자)적립하도록 강제하고 있다.

★★★
04 퇴직연금제도의 장점으로 적절하지 않은 것은?

① 근로자퇴직급여보장법에서는 근로자들의 퇴직급여를 사외에 적립하도록 강제하고 있어 퇴직급여에 대한 수급권 보장이 강화되어 있다.
② 퇴직연금 가입자는 연금지급개시 전까지는 원칙적으로 퇴직급여에서 중도인출을 제한하고 있어 안정적인 연금소득을 확보할 수 있다.
③ 잦은 이직에 따른 퇴직급여를 ISA를 통해 운용할 수 있어 효율적으로 은퇴소득원을 확보할 수 있다.
④ 퇴직급여가 이전된 IRP에서 연금수령요건을 충족하는 경우 퇴직소득세의 30% 또는 40% 경감된 연금소득세가 과세되어 퇴직소득세를 절세할 수 있다.

정답 | ③
해설 | ③ 효율적인 자산운용을 할 수 있다. DC형 퇴직연금 또는 IRP에 가입한 근로자는 적립금을 본인의 위험성향에 맞는 포트폴리오를 구성하여 운용할 수 있다.

★★★
05 확정급여형 퇴직연금에 대한 설명으로 적절하지 않은 것은?

① 사용자는 적립금 운용결과가 예상보다 저조할 경우 추가적으로 부담금을 납부해야 하며, 반대의 경우에는 차기 부담금 수준이 낮아진다.
② 근로자 입장에서 보면 DB형 퇴직연금은 퇴직 시 퇴직급여 수준이 사전에 결정되어 있기 때문에 일반적으로 DC형 퇴직연금보다 안정적이다.
③ 주로 임금상승률이 높고 안정적인 고용상태가 유지되는 대기업의 근로자들에게 선호되는 제도이다.
④ 근로자는 사용자부담금과 별도로 추가로 납부할 수 있다.

정답 | ④
해설 | ④ 확정기여형 퇴직연금에 대한 설명이다.

★★★
06 확정기여형 퇴직연금에 대한 설명으로 적절하지 않은 것은?

① 이 제도는 사용자부담금 수준이 사전에 결정되는 제도이다.
② 사용자는 퇴직연금사업자가 제공한 적립금 운용방법 중에서 선택하여 적립금을 운용하고 그 적립금 운용결과에 책임을 지게 된다.
③ 적립금은 퇴직연금사업자가 제공하는 운용방법 중에서 가입자가 스스로 선택하여 포트폴리오를 구성하여 운용할 수 있으나, 가입자가 적립금 운용관리에 자신이 없거나 시간이 부족하다면 TDF 등 '사전지정운용방법'으로 운용할 수 있다.
④ 사용자는 매년 1회 이상 근로자별로 연봉의 1/12로 산정한 부담금을 근로자 명의의 DC형 퇴직연금계좌에 납입하여야 한다.

정답 | ②

해설 | ② 확정급여형 퇴직연금에 대한 설명이다. 확정기여형 퇴직연금의 적립금 운용방법은 근로자 본인이 선택하여야 하며 퇴직급여 수준은 적립금 운용결과에 따라 변동이 된다.

★★☆

07 퇴직연금제도에 대한 설명이 적절하게 연결된 것은?

가. 사용자는 근로자들의 퇴직급여를 지급하기 위해 매년 연간 퇴직급여 상당액의 부담금을 납부하고 적립금 운용의 책임을 지게 된다.
나. 사용자의 부담금은 적립금 운용결과에 따라 변동될 수 있다.
다. 적립금 운용방법은 근로자 본인이 선택하여야 하며 퇴직급여 수준은 적립금 운용결과에 따라 변동이 된다.
라. 사용자는 매년 1회 이상 근로자별로 기준소득의 일정 비율로 산정한 부담금을 근로자 명의의 DC형 퇴직연금계좌에 납입하여야 한다.

	확정급여형(DB형) 퇴직연금	확정기여형(DC형) 퇴직연금
①	가, 나	다, 라
②	나, 다	가, 라
③	나, 라	가, 다
④	다, 라	가, 나

정답 | ①

해설 | 가. 확정급여형 퇴직연금에 대한 설명이다.
나. 확정급여형 퇴직연금에 대한 설명이다.
다. 확정기여형 퇴직연금에 대한 설명이다.
라. 확정기여형 퇴직연금에 대한 설명이다.

★★★

08 개인형 퇴직연금에 대한 적절한 설명으로 모두 묶인 것은?

가. 개인형 퇴직연금은 퇴직 시 퇴직급여를 이전하거나, 퇴직일시금을 받는 근로자가 퇴직일시금의 전부 또는 일부를 납입하여 운용할 수 있다.
나. 퇴직연금을 가입한 근로자, 직역연금 가입자 및 자영업자 등 소득이 있는 사람이 은퇴소득을 추가적으로 확보하기 위해 설정할 수 있다.
다. 적립금 운용 및 연금수령조건 등은 기본적으로 DB형 퇴직연금과 동일하다.

① 가, 나　② 가, 다
③ 나, 다　④ 가, 나, 다

정답 | ①

해설 | 다. 적립금 운용 및 연금수령조건 등은 기본적으로 DC형 퇴직연금과 동일하다.

★★★
09 퇴직급여제도 설정에 대한 설명으로 가장 적절한 것은?

① 상시근로자 1인 이상의 모든 사업장은 퇴직하는 근로자에게 퇴직급여를 지급하기 위해 시행되고 있는 퇴직급여제도 중 하나의 제도를 설정하여야 한다.

② 기존의 퇴직금제도를 퇴직연금제도로 변경하기 위해서는 퇴직연금의 주요 내용을 규정한 퇴직연금규약을 작성하고 근로자대표의 의견을 들어야 한다.

③ 새로 성립된 사업의 경우 사용자는 근로자대표의 동의를 받아 사업의 성립 시점에 DB형 퇴직연금 또는 DC형 퇴직연금제도를 설정해야 한다.

④ 퇴직연금규약에 DB형 및 DC형 퇴직연금제도를 함께 설정하기로 하고, 두 제도의 설정 비율을 DB형 50%, DC형 50%로 정하였다면, 사용자는 각 제도별로 산출된 비율에 따라 사용자부담금을 납부해야 한다.

정답 | ④

해설 | ① 상시근로자 1인 이상의 모든 사업장은 퇴직하는 근로자에게 퇴직급여를 지급하기 위해 시행되고 있는 퇴직급여제도 중 하나 이상의 제도를 설정하여야 한다.
② 기존의 퇴직금제도를 퇴직연금제도로 변경하기 위해서는 퇴직연금의 주요 내용을 규정한 퇴직연금규약을 작성하고 근로자대표(노동조합 또는 전체 근로자의 과반수)의 동의를 받아야 한다.
③ 새로 성립된 사업의 경우 사용자는 근로자대표의 의견을 들어 사업의 성립 후 1년 이내에 DB형 퇴직연금 또는 DC형 퇴직연금제도를 설정해야 한다. 상시 근로자가 30인 이하인 경우에는 퇴직급여제도 중 중소기업퇴직연금기금제도를 선택하여 설정할 수 있다. 상시근로자가 10인 미만인 경우 근로자 전원이 IRP에 가입하면 퇴직급여제도를 설정한 것으로 본다.

★★★
10 퇴직급여 지급방법에 대한 다음 설명 중 (가)~(나)에 들어갈 내용이 적절하게 연결된 것은?

> 퇴직급여는 근로자의 퇴직일로부터 (가) 이내에 지급하도록 근퇴법에 규정하고 있다. 퇴직급여를 지연하여 지급하는 경우 지연일수에 해당하는 연 (나)의 지연이자를 더하여 지급한다.

	가	나
①	14일	10%
②	14일	20%
③	30일	10%
④	30일	20%

정답 | ②

해설 | 퇴직급여는 근로자의 퇴직일로부터 14일 이내에 지급하도록 근퇴법에 규정하고 있다. 퇴직급여를 지연하여 지급하는 경우 지연일수에 해당하는 연 20%의 지연이자를 더하여 지급한다.

★★★
11 퇴직급여 지급방법에 대한 설명으로 가장 적절한 것은?

① 퇴직급여는 근로자의 퇴직일로부터 1개월 이내에 지급하도록 근퇴법에 규정하고 있다.
② 퇴직급여는 본인에게 금전으로 직접 지급하며, 근로자의 대출채권과 상계하여 지급하는 것은 금지하고 있다.
③ 퇴직연금 가입자의 퇴직급여는 근로자 명의의 개인형 퇴직연금(IRP)계좌로 지급되나, 55세 이상 나이에 퇴직하거나 지급되는 퇴직급여가 500만원 이하인 경우 등 관련법에 정한 사유에 해당하는 경우에는 가입자에게 직접 지급할 수 있다.
④ 퇴직연금을 가입하지 않은 근로자의 퇴직급여는 근로자가 지정한 근로자 명의의 IRP계좌 또는 일반예금계좌 중 본인이 희망하는 계좌로 지급한다.

정답 | ②
해설 | ① 퇴직급여는 근로자의 퇴직일로부터 14일 이내에 지급하도록 근퇴법에 규정하고 있다.
③ 퇴직연금 가입자의 퇴직급여는 근로자 명의의 개인형 퇴직연금(IRP)계좌로 지급된다. 다만, 55세 이상 나이에 퇴직하거나 지급되는 퇴직급여가 300만원 이하인 경우 등 관련법에 정한 사유에 해당하는 경우에는 가입자에게 직접 지급할 수 있다.
④ 퇴직연금을 가입하지 않은 근로자의 퇴직급여는 근로자가 지정한 근로자 명의의 IRP계좌, 연금저축계좌 또는 일반예금계좌 중 본인이 희망하는 계좌로 지급한다.

••• TOPIC 2 퇴직연금제도

★★★
12 퇴직연금 적립금 운용에 대한 설명으로 가장 적절한 것은?

① 전체 적립금의 대부분이 실적배당형으로 운용되고 있다.
② 퇴직연금 적립금 운용은 가입자가 퇴직연금을 가입한 금융회사에 운용지시를 하는 형태로 진행되는데, DB형은 사용자가 적립금 운용책임을 지며, DC형과 IRP는 가입한 근로자가 운용지시를 한다.
③ 적립금은 원리금보장상품, 실적배당형 상품 등 운용방법 중 하나를 선택하여 운용할 수 있으며, 둘 이상의 운용방법을 혼합하여 운용하는 것은 금지된다.
④ 실적배당상품은 높은 수익을 기대할 수 있으나 높은 변동성으로 인해 단기투자에 활용한다.

정답 | ②

해설 | ① 전체 적립금 중 원리금보장형은 85.4%를 차지하고 있으며, 실적배당형은 11.3%를 보이고 있다.

③ 적립금은 원리금보장상품, 실적배당형 상품 등 운용방법 중 하나를 선택하거나 둘 이상의 운용방법을 혼합하여 운용할 수 있으며, 가입자가 운용지시를 하지 않는 경우 사전지정운용방법으로 운용된다.

④ 〈퇴직연금 적립금 운용방법별 장단점 비교〉

구분	원리금보장상품	실적배당상품
장점	원금보장, 낮은 변동성	장기적으로 높은 수익 기대
단점	인플레이션에 취약	높은 변동성
활용	단기투자	장기투자

★★★

13 퇴직연금 수령에 대한 적절한 설명으로 모두 묶인 것은?

가. 퇴직급여가 이전된 IRP계좌에서 가입자는 적립금을 연금의 형태로만 인출할 수 있다.
나. 근퇴법상 DB형, DC형 및 기업형IRP의 연금수령조건은 가입기간이 5년 이상이어야 하며, 55세 이후 10년 이상의 연금수령기간을 정하여야 한다.
다. 퇴직연금을 가입한 근로자가 퇴직급여를 IRP로 이전한 경우는 가입기간과 관계없이 55세 이후부터 연금수령을 할 수 있다.

① 다　② 가, 나
③ 나, 다　④ 가, 나, 다

정답 | ①

해설 | 가. 퇴직급여가 이전된 IRP계좌에서 가입자는 적립금을 연금 또는 일시금을 선택하여 인출할 수 있다.

나. 근퇴법상 퇴직연금(DB형, DC형 및 기업형IRP)의 연금수령조건은 가입기간이 10년 이상이어야 하며, 55세 이후 5년 이상의 연금수령기간을 정하여야 한다.

★★★

14 퇴직연금 적립금에 대한 담보제공 사유에 가장 적절한 것은?

① 무주택자인 가입자가 배우자 명의로 주택을 구입하는 경우
② 무주택자인 가입자가 회사 입사 후 처음으로 주거 목적의 전세금 또는 보증금을 부담하는 경우
③ 가입자 본인이 질병으로 3개월 이상 요양을 하는 경우
④ 담보제공일부터 역산하여 10년 이내에 가입자가 파산선고를 받은 경우

정답 | ②

해설 | ① 무주택자인 가입자가 본인의 명의로 주택을 구입하는 경우
③ 가입자, 가입자의 배우자 및 부양가족이 질병 또는 부상으로 6개월 이상 요양하는 경우(요양비가 급여총액의 12.5% 이상인 경우에 한함)
④ 담보제공일 또는 인출을 신청한 날부터 역산하여 5년 이내에 가입자가 파산선고 또는 개인회생절차개시 결정을 받은 경우

★★★
15 퇴직연금 적립금에 대한 인출이 허용되는 사유에 해당하지 않는 것은?

① 무주택자인 가입자가 본인의 명의로 주택을 구입하는 경우
② 가입자, 가입자의 배우자 및 부양가족이 질병 또는 부상으로 6개월 이상 요양을 하는 경우로서 요양비가 급여총액의 12.5% 이상인 경우
③ 인출을 신청한 날부터 역산하여 5년 이내에 가입자가 개인회생절차개시 결정을 받은 경우
④ 가입자가 본인, 배우자 및 부양가족의 대학등록금, 혼례비 및 장례비를 부담하는 경우

정답 | ④

해설 | ④ 가입자가 본인, 배우자 및 부양가족의 대학등록금, 혼례비 및 장례비를 부담하는 경우(담보제공에 한함)

★★★
16 확정급여형 퇴직연금의 부담금 납부에 대한 설명으로 적절하지 않은 것은?

① DB형 퇴직연금을 가입한 근로자는 퇴직 시 평균임금과 근속년수에 따라 정해진 퇴직급여를 지급받으며, 퇴직급여는 기본적으로 퇴직금제도에서의 퇴직금과 동일하다.
② 사용자는 매년 1회 이상 퇴직급여 지급을 위한 부담금을 납부해야 하며, 사용자부담금은 적립금 운용결과에 따라 변동될 수 있다.
③ 퇴직연금 적립금이 기준책임준비금의 100%를 초과하는 경우 그 초과 적립금은 사용자의 신청에 의해 반환받을 수 있다.
④ DB형 퇴직연금을 가입한 근로자는 사용자부담금에 추가하여 기여할 수 없다.

정답 | ③

해설 | ③ 퇴직연금 적립금이 기준책임준비금의 150%를 초과하는 경우 그 초과 적립금은 사용자의 신청에 의해 반환받을 수 있다.

★★★
17 확정급여형 퇴직연금에 대한 설명으로 가장 적절한 것은?

① DB형 퇴직연금을 가입한 근로자는 퇴직 시 평균임금과 근속년수에 따라 정해진 퇴직급여를 지급받으며, DB형 퇴직연금을 도입한 사업장은 사용자부담금을 사외 금융회사에 의무적립하도록 함으로써 근로자들의 퇴직급여 수급권 보장을 강화하고 있다.
② DB형 퇴직연금을 가입한 근로자는 사용자부담금에 추가하여 기여할 수 있다.
③ 적립금 총액의 50%를 한도로 주식형펀드 등 위험자산에 투자할 수 있으며, 원리금보장상품이나 채권형펀드 등 위험이 낮은 자산에는 70% 투자를 할 수 있다.
④ 사용자는 DB형 퇴직연금의 적립금 운용현황에 대해서 반기 1회 이상 가입자인 근로자에게 통지해야 한다.

정답 | ①
해설 | ② DB형 퇴직연금을 가입한 근로자는 사용자부담금에 추가하여 기여할 수 없다.
③ 적립금 총액의 70%를 한도로 주식형펀드 등 위험자산에 투자할 수 있다. 원리금보장상품이나 채권형펀드 등 위험이 낮은 자산에는 100% 투자를 할 수 있다.
④ 사용자는 DB형 퇴직연금의 적립금 운용현황에 대해서 매년 1회 이상 가입자인 근로자에게 통지해야 한다.

★★★
18 확정기여형 퇴직연금에 대한 설명으로 가장 적절한 것은?

① 퇴직연금 적립금이 기준책임준비금의 150%를 초과하는 경우 그 초과 적립금은 사용자의 신청에 의해 반환받을 수 있다.
② DC형 퇴직연금의 적립금 운용책임은 사용자에게 있다.
③ DC형 퇴직연금에 가입한 근로자는 본인의 책임 아래 퇴직급여 적립금을 운용하며, 그 운용결과에 따라 퇴직급여 수준이 달라진다.
④ DC형 퇴직연금 적립금 운용수익률보다 임금인상률이 높을 경우 DB형 퇴직연금의 퇴직급여 수준보다 높아진다.

정답 | ③
해설 | ① DB형 퇴직연금에 대한 설명이다.
② DB형 퇴직연금에 대한 설명이다.
④ DC형 퇴직연금 적립금 운용수익률이 임금인상률보다 높을 경우 DB형 퇴직연금의 퇴직급여 수준보다 높아진다.

★★★

19 확정기여형 퇴직연금에 대한 설명으로 가장 적절한 것은?

① 일정한 사유에 해당하는 경우에는 퇴직연금 적립금에 대한 담보제공이 허용되지만, 인출은 허용되지 않는다.

② 사용자는 DC형 퇴직연금을 가입한 근로자에게 매년 1회 이상 연간 법정퇴직금 이상을 근로자 명의의 퇴직연금계좌에 납입해야 한다.

③ DC형 퇴직연금을 가입한 근로자는 사용자부담금에 추가하여 기여할 수 없다.

④ 퇴직연금사업자는 분기 1회 이상 원리금보장상품을 포함한 3개 이상의 적립금 운용방법을 제공한다.

정답 | ②

해설 | ① 근퇴법에서는 근로자들의 노후소득보장을 위해 퇴직연금 적립금을 55세 이전에는 원칙적으로 담보로 제공하거나 인출할 수 없도록 제한하고 있으나, 일정한 사유에 해당하는 경우에는 퇴직연금 적립금을 인출(DB형은 중도인출 금지)하거나 담보제공을 할 수 있다.

③ DB형 퇴직연금에 대한 설명이다. 근로자는 DC형 퇴직연금에 추가로 납입할 수 있으며, 추가로 납입하는 금액에 대해서는 연간 900만원을 한도로 연금계좌세액공제 대상이 된다.

④ 퇴직연금사업자는 반기 1회 이상 원리금보장상품을 포함한 3개 이상의 적립금 운용방법을 제공한다.

★★★

20 확정기여형 퇴직연금에 대한 적절한 설명으로 모두 묶인 것은?

가. DC형 퇴직연금을 가입한 근로자는 퇴직 시 평균임금과 근속년수에 따라 정해진 퇴직급여를 지급받으며, 퇴직급여는 기본적으로 퇴직금제도에서의 퇴직금과 동일하다.
나. 사용자는 DC형 퇴직연금을 가입한 근로자에게 매년 1회 이상 연간 법정퇴직금 이상을 근로자 명의의 퇴직연금계좌에 납입해야 한다.
다. 근로자는 DC형 퇴직연금에 추가로 납입할 수 있으며, 추가로 납입하는 금액에 대해서는 연간 900만원을 한도로 연금계좌세액공제 대상이 된다.
라. 퇴직연금사업자는 분기 1회 이상 원리금보장상품을 포함한 3개 이상의 적립금 운용방법을 제공한다.

① 가, 나　　② 가, 라
③ 나, 다　　④ 가, 나, 라

정답 | ③

해설 | 가. DB형 퇴직연금에 대한 설명이다.
라. 퇴직연금사업자는 반기 1회 이상 원리금보장상품을 포함한 3개 이상의 적립금 운용방법을 제공한다.

★★★
21 확정기여형 퇴직연금의 적립금 운용에 대한 설명으로 적절하지 않은 것은?

① DC형 퇴직연금에서는 적립금 운용책임이 근로자에게 있다.
② 근로자는 퇴직연금사업자가 제공하는 적립금 운용방법 중에서 본인의 위험성향에 맞는 포트폴리오를 구성하여 운용할 수 있다.
③ 퇴직연금 적립금은 비위험자산에 100%까지 투자 가능하고, 위험자산에 대한 투자한도는 70%까지 허용되며 주식에 직접투자가 가능하다.
④ 근로자가 운용지시 능력이 부족하거나 시간적 제약이 있는 경우 퇴직연금사업자가 제공하는 모델포트폴리오를 선택하거나 사전지정운용방법을 선택하여 운용할 수 있으며, 약정기한 내에 운용지시를 하지 않는 경우도 가입자의 적립금을 사전에 지정된 상품으로 자동 운용된다.

정답 | ③
해설 | ③ 퇴직연금 적립금은 원리금보장상품, 적격TDF, 채권(혼합)형펀드, 채권ETF 등 비위험자산에 100%까지 투자 가능하다. 또한 주식(혼합)형펀드, ETF(인버스 · 레버리지 · 파생상품 ETF 등은 제외), 상장 Reits, 상장 인프라펀드 등 위험자산에 대한 투자한도는 70%까지 허용된다. DC형 퇴직연금의 위험자산 투자는 펀드나 ETF 등 집합투자의 방법으로만 허용되며, 상장 · 비상장 주식에 직접투자를 할 수 없다.

★★★
22 확정기여형 퇴직연금에 대한 설명으로 적절하지 않은 것은?

① DC형 퇴직연금 적립금 운용수익률이 임금인상률보다 높을 경우 DB형 퇴직연금의 퇴직급여 수준보다 높아진다.
② 근로자는 DC형 퇴직연금에 추가로 납입할 수 있으며, 추가로 납입하는 금액에 대해서는 연간 900만원을 한도로 연금계좌세액공제 대상이 된다.
③ 위험자산을 편입한 펀드의 경우 수수료는 매년 적립금에 대해 일정률을 적용하여 운용기간 중 매일 적립금에서 차감한다.
④ DC형 퇴직연금의 수수료는 사용자가 부담하는 부담금 및 근로자가 스스로 부담하는 추가부담금 모두 기본적으로 사용자가 부담해야 한다.

정답 | ④
해설 | ④ DC형 퇴직연금의 수수료는 기본적으로 사용자가 부담해야 하지만, 근로자가 납입하는 추가부담금에 대한 수수료는 노사합의가 없는 한 근로자가 부담한다.

★★★
23 확정기여형 퇴직연금에 대한 설명으로 적절하지 않은 것은?

① DC형 퇴직연금에 가입한 근로자는 본인의 책임 아래 퇴직급여 적립금을 운용하며, 그 운용 결과에 따라 퇴직급여 수준이 달라진다.
② 사용자는 DC형 퇴직연금을 가입한 근로자에게 매년 1회 이상 연간 법정퇴직금 이상을 근로자의 명의의 퇴직연금계좌에 납입해야 한다.
③ 근로자는 본인의 위험성향에 맞는 퇴직연금사업자를 지정하여 적립금을 운용할 수 있다.
④ 퇴직연금사업자는 반기 1회 이상 원리금보장상품을 포함한 3개 이상의 적립금 운용방법을 제공한다.

정답 | ③
해설 | ③ 근로자는 퇴직연금사업자가 제공하는 적립금 운용방법(상품) 중에서 본인의 위험성향에 맞는 포트폴리오를 구성하여 운용할 수 있다.

★★★
24 사전지정운용제도의 적격펀드 유형이 적절하게 연결된 것은?

가. 투자목표시점이 사전에 결정되고, 운용기간이 경과함에 따라 투자위험이 낮은 자산의 비중을 증가시키는 방향으로 자산배분을 변경하는 운용방법
나. 채권, 주식 등의 자산에 분산투자하되 금융시장상황, 시장전망 및 펀드 내 자산군별 자산가치 변동 등을 고려하여 주기적으로 자산배분을 지정하는 운용방법
다. 1년 미만 단기금융상품 등에 투자하여 손실 가능성을 최소화하고 단기 안정적인 수익을 추구하는 운용방법
라. 국가 및 지방자치단체가 추진하는 공공투자계획 및 사업 등에 따른 사회기반시설 사업 등에 투자하는 운용방법

	가	나	다	라
①	TDF	BF	SVF	SOC펀드
②	TDF	BF	SOC펀드	SVF
③	BF	TDF	SVF	SOC펀드
④	BF	TDF	SOC펀드	SVF

정답 | ①
해설 | 가. 타겟데이트펀드(Target Date Fund, TDF)
나. 자산배분형펀드(Balance Fund, BF)
다. 단기금융펀드(Stable Value Fund, SVF)
라. 사회간접자본펀드(Social Overhead Fund, SOC펀드)

★★★
25 퇴직연금사업자의 사전지정운용제도 운영에 대한 설명으로 가장 적절한 것은?

① 퇴직연금 가입자는 퇴직연금사업자가 제공한 사전지정운용방법 중 하나를 선택하여 지정해야 한다.
② 퇴직연금사업자는 가입자가 적립금 운용방법의 기간 만료일부터 2주가 경과할 때까지 가입자가 운용방법을 지시하지 아니할 경우 사전지정운용방법에 따라 적립금이 운용됨을 통지한다.
③ 가입자가 해당 통지를 받은 이후 1주 이내에 운용지시를 하지 않으면 해당 가입자의 적립금을 사전지정운용방법으로 운용한다.
④ 신규가입자의 경우는 최초납입일로부터 1주 이내에 운용지시를 하지 않으면 사전지정운용방법으로 운용된다.

정답 | ①
해설 | 〈사전지정운용방법 적용〉

구분		기존가입자	신규가입자
요건	운용지시 안한 기간	만기일로부터 4주 내	최초납입일로부터 2주 내
	대기기간	통지일로부터 2주간	없음
Opt－In		사전지정운용방법으로 적립금을 운용하고 있지 않은 근로자가 본인의 적립금을 사전지정운용방법으로 운용하길 원할 경우 바로 운용 가능	
Opt－Out		근로자 의사에 따라 언제든지 다른 상품으로 운용지시 가능	

★★★
26 IRP를 설정할 수 있는 사람으로 모두 묶인 것은?

가. 퇴직금제도에서 퇴직일시금을 지급받은 사람
나. 근로소득이 있는 사람
다. 공무원연금 등 직역연금 가입자
라. 10인 미만 고용 사업장의 근로자

① 가, 다
② 가, 나, 다
③ 나, 다, 라
④ 가, 나, 다, 라

정답 | ④
해설 | 퇴직연금 가입 여부와 관계없이 소득이 있는 근로자 및 자영업자 등 추가적으로 은퇴소득을 확보하기 위해 IRP를 설정할 수 있다. IRP를 설정할 수 있는 사람은 다음과 같다.

① 퇴직급여를 지급받은 사람
② 퇴직금제도에서 퇴직일시금을 지급받은 사람
③ 근로소득이 있는 사람
④ 공무원연금 등 직역연금 가입자
⑤ 자영업자 등 안정적인 노후소득 확보가 필요한 사람
⑥ 10인 미만 고용 사업장의 근로자

★★★
27 IRP를 설정할 수 있는 사람으로 적절하지 않은 것은?

① 퇴직급여를 지급받은 사람
② 근로소득이 있는 사람
③ 자영업자 등 안정적인 노후소득 확보가 필요한 사람
④ 30인 미만 고용 사업장의 근로자

정답 | ④
해설 | ④ 10인 미만 고용 사업장의 근로자

★★★
28 퇴직IRP와 적립IRP에 대한 적절한 설명으로 모두 묶인 것은?

가. 사용자는 근로자 퇴직 시 퇴직급여를 근로자 명의의 IRP계좌로 이전하는 방식으로 지급한다.
나. 퇴직일시금을 지급받은 사람이 IRP를 활용하여 퇴직급여를 운용하기 위해서는 퇴직일시금을 지급받은 날로부터 60일 이내에 퇴직급여 전부를 IRP로 이전하여야 한다.
다. DB형 또는 DC형 퇴직연금 가입자만이 추가적으로 가입하는 IRP를 설정하고 납입할 수 있다.
라. 종합소득이 있는 가입자가 IRP에 납입한 금액은 일정 한도까지 연말정산 또는 종합소득신고 시 연금계좌세액공제를 받을 수 있다.

① 가, 나
② 가, 라
③ 나, 다
④ 다, 라

정답 | ②
해설 | 나. 퇴직 시 퇴직일시금을 지급받은 사람도 퇴직일시금을 지급받은 날로부터 60일 이내에 퇴직급여 전부 또는 일부를 IRP로 이전할 수 있다.
다. 근로자, 직역연금 가입자 및 자영업자 등 소득이 있는 사람 등이 추가적으로 가입하는 IRP를 설정하고 납입할 수 있다.

★★★
29 개인형 퇴직연금에 대한 설명으로 가장 적절한 것은?

① IRP의 계약내용이나 운용방법은 DB형 퇴직연금과 동일하다.
② 실무적으로 퇴직급여를 이전하는 퇴직IRP와 가입자가 추가로 납입하는 적립IRP로 구분하는 것은 실무적으로 납입금액의 소득원천을 구별하기 위한 것이고, 실제로는 하나의 IRP계좌를 개설하여 퇴직급여 이전과 추가납입을 함께 할 수 있도록 허용하고 있다.
③ IRP계좌에서 연금수령은 55세 이후부터 가능하며, 자금이 필요한 경우 IRP의 전부 또는 일부 해지가 가능하다.
④ 15인 미만 사업장에서 사용자가 근로자 전원의 동의를 얻어 근로자 전원이 IRP를 설정하거나 개별 근로자가 사용자 동의를 얻어 IRP를 설정하고 사용자가 사용자부담금을 납부하면 퇴직급여제도를 설정한 것으로 본다.

정답 | ②

해설 | ① IRP의 계약내용이나 운용방법은 DC형 퇴직연금과 동일하다.
③ IRP계좌에서 연금수령은 55세 이후부터 가능하며, IRP는 일부 해지는 불가능하여 자금이 필요한 경우 IRP를 전부 해지해야 한다.
④ 10인 미만 사업장에서 사용자가 근로자 전원의 동의를 얻어 근로자 전원이 IRP를 설정하거나 개별 근로자가 사용자 동의를 얻어 IRP를 설정하고 사용자가 사용자부담금을 납부하면 퇴직급여제도를 설정한 것으로 본다.

★★★
30 개인형 퇴직연금에 대한 설명으로 적절하지 않은 것은?

① 근로자는 매년 1회 이상 적립금 운용방법에 대한 포트폴리오를 변경할 수 있다.
② IRP의 계약내용이나 운용방법은 DC형 퇴직연금과 동일하다.
③ 가입자 자신이 운용방법을 선택하여 운용하며 그 결과에 대한 책임도 가입자가 지게 된다.
④ 10인 미만 사업장에서 사용자가 근로자 전원의 동의를 얻어 근로자 전원이 IRP를 설정하거나 개별 근로자가 사용자 동의를 얻어 IRP를 설정하고 사용자가 사용자부담금을 납부하면 퇴직급여제도를 설정한 것으로 본다.

정답 | ①

해설 | ① 근로자는 반기 1회 이상 적립금 운용방법에 대한 포트폴리오를 변경할 수 있다.

★★★
31 퇴직급여 납입액으로 구성된 퇴직연금을 일시금의 형태로 수령할 경우 부과되는 퇴직소득세가 16,000천원일 경우, 소득세법상 요건을 충족하여 연금의 형태로 10년간 분할해서 수령한다면 부과되는 납부세액의 총액으로 가장 적절한 것은?

① 9,600천원　　② 10,400천원
③ 11,200천원　　④ 12,800천원

정답 | ③

해설 | • 회사적립금의 퇴직연금을 연금의 형태로 10년간 분할해서 인출 시 → 일시금의 형태로 인출 시 산출된 퇴직소득세×70%를 부과한다.
• 납부세액 = 퇴직소득세 16,000천원×70% = 11,200천원

★★★
32 IRP적립금은 소득세법상 요건을 충족하면 연금으로 수령할 수 있다. 연금실제수령연차 11년차인 사람이 IRP계좌에서 연금수령으로 인출 시 그 소득원천이 퇴직급여 납입액일 경우 과세되는 세목과 납부세액이 적절하게 연결된 것은?

	과세세목	납부세액
①	연금소득세	60%
②	연금소득세	70%
③	퇴직소득세	60%
④	퇴직소득세	70%

정답 | ①

해설 | 〈IRP계좌 인출 시 소득원천별 과세내용〉

인출 형태	소득원천	과세세목	비고
연금수령	퇴직급여 납입액	연금소득세	이연퇴직소득세×70% or 60%[주2)]
	가입자 납입액[주1)]		연금소득세(5%, 4%, 3%)[주3)]
	IRP 운용수익		
일시금수령	퇴직급여 납입액	퇴직소득세	퇴직 시 산출된 퇴직소득세 100%
	가입자 납입액[주1)]	기타소득세	적용세율 : 15%
	IRP 운용수익	기타소득세	

주1) 연금계좌세액공제를 받지 않은 납입액은 과세대상이 아님

주2) 연금실제수령연차 10년차까지는 70%, 11년차 이후에는 60% 적용

주3) 연금수령 나이에 따라 차등과세(지방소득세 제외)

★★★
33 IRP 인출 시 과세에 대한 설명으로 적절하지 않은 것은?

① IRP 적립금은 중도해지하여 일시금으로 인출하거나 소득세법상 요건을 충족하면 연금으로 수령할 수 있다.

② IRP계좌에서 인출 시 인출형태가 연금수령이고 그 소득원천이 퇴직급여 납입액이라면 5~3%의 연금소득세가 과세된다.

③ IRP계좌에서 인출 시 인출형태가 일시금수령이고 그 소득원천이 퇴직급여 납입액이라면 퇴직 시 산출된 퇴직소득세 100%가 퇴직소득세로 과세된다.

④ IRP계좌에서 인출 시 인출형태가 일시금수령이고 그 소득원천이 연금계좌세액공제를 받은 가입자 납입액과 IRP 운용수익이라면 15%의 기타소득세가 과세된다.

정답 | ②

해설 | 〈IRP계좌 인출 시 소득원천별 과세내용〉

인출 형태	소득원천	과세세목	비고
연금수령	퇴직급여 납입액	연금소득세	이연퇴직소득세×70% or 60%주2)
	가입자 납입액주1)		연금소득세(5%, 4%, 3%)주3)
	IRP 운용수익		
일시금수령	퇴직급여 납입액	퇴직소득세	퇴직 시 산출된 퇴직소득세 100%
	가입자 납입액주1)	기타소득세	적용세율 : 15%
	IRP 운용수익	기타소득세	

주1) 연금계좌세액공제를 받지 않은 납입액은 과세대상이 아님

주2) 연금실제수령연차 10년차까지는 70%, 11년차 이후에는 60% 적용

주3) 연금수령 나이에 따라 차등과세(지방소득세 제외)

★★★

34 IRP계좌에서 세제혜택을 받기 위한 연금수령조건으로 적절하지 않은 것은?

① 만 55세 이상

② 가입 후 5년 경과

③ 이연퇴직소득이 있는 계좌는 10년 경과

④ 연금수령한도 내 연금수령

정답 | ③

해설 | ③ 이연퇴직소득이 있는 계좌는 가입기간에 대한 제한이 없다.

★★★

35 IRP핵심설명서 주요 검토사항에 대한 적절한 설명으로 모두 묶인 것은?

가. 가입자가 부담하는 수수료를 서비스별 수수료와 소득원천별로 구분하여 검토한다.
나. 중도해지 등 연금수령조건을 충족하지 못하는 경우 세액공제액보다 많은 세금이 부과될 수 있다.
다. 모든 금융회사의 연금계좌에 자기부담금은 연간 900만원까지 납입이 가능하므로 계좌당 적정 한도를 설정하는 것이 바람직하다.
라. 가입자가 운용지시를 하지 않으면 4주간은 저금리 대기성 자금으로 운용되고 이후 사전지정운용방법으로 운용된다.
마. 연금수령 시 분리과세 또는 종합과세 선택이 가능하다.

① 가, 나　　② 가, 나, 마

③ 다, 라, 마　　④ 가, 나, 다, 라

정답 | ②

해설 | 다. 모든 금융회사의 연금계좌(DC형 퇴직연금, IRP 및 연금저축)에 자기부담금은 연간 1,800만원까지 납입이 가능하므로 계좌당 적정한도를 설정하는 것이 바람직하다.

라. 가입자가 운용지시를 하지 않으면 6주간은 저금리 대기성 자금으로 운용되고 이후 사전지정운용방법으로 운용된다.

★★★

36 중소기업퇴직연금기금에 대한 설명으로 적절하지 않은 것은?

① 상시근로자 30인 이하 사업장 사용자는 중소기업퇴직연금기금을 반드시 도입해야 한다.

② 사용자는 매년 1회 이상 정기적으로 가입자의 연간 임금총액의 1/12 이상에 해당하는 사용자부담금을 사용자부담금 계정에 납입하여야 하며, 최초 가입일로부터 3년간 일정한 한도 내에서 사용자가 납입한 해당 연도 정기부담금의 10%를 지원받을 수 있다.

③ 가입자는 가입자 명의의 부담금 계정을 설정하고 정해진 납입주기 또는 수시로 가입자 추가부담금 납입할 수 있다.

④ 기금운용은 전담운용기관체제를 통한 근로복지공단 자체운용을 기본으로 하고 있다.

정답 | ①

해설 | ① 상시근로자 30인 이하 사업장 사용자는 중소기업퇴직연금기금 근로자대표의 동의를 얻어 근로복지공단과 계약을 체결하는 방식으로 중소기업퇴직연금기금을 설정한다. 중소기업퇴직연금기금을 반드시 도입해야 하는 것은 아니며 확정기여형, 확정급여형, 중소기업퇴직연금 중에서 선택하여 퇴직급여제도를 설정하면 된다.

★★★

37 중소기업퇴직연금기금에 대한 설명으로 가장 적절한 것은?

① 가입자의 퇴직급여는 연금 또는 일시금으로 지급한다.

② 퇴직급여를 연금으로 수령하기 위해서는 55세 이상인 가입자로서 가입기간이 5년 이상이어야 하며, 가입자가 연금수급요건을 갖추지 못하면 퇴직급여를 일시금으로 지급한다.

③ 퇴직급여를 일시금으로 수령하기를 원하는 경우에는 일시금으로 퇴직급여를 수령할 수 있으며, 일시금은 가입자 명의의 가입자부담금 계정으로만 지급한다.

④ 중소기업퇴직연금기금제도의 적립금 중도인출은 DB형 퇴직연금의 사항과 동일하다.

정답 | ①

해설 | ② 퇴직급여를 연금으로 수령하기 위해서는 55세 이상인 가입자로서 가입기간이 10년 이상이어야 한다.

③ 일시금은 가입자 명의의 가입자부담금 계정이나 개인형 퇴직연금 계정으로 지급한다.

④ 중소기업퇴직연금기금제도의 적립금 중도인출은 DC형 퇴직연금의 사항과 동일하다.

··· TOPIC 3 퇴직연금과 은퇴설계

★★☆

38 **IRP계좌 설정 시 점검사항에 대한 설명으로 가장 적절한 것은?**

① IRP는 다수의 계좌를 개설할 수 있지만 1개의 금융회사만을 선택할 수 있으므로, 가입자가 원하는 상품이 제공되고 있는 금융회사인지 확인한 후에 IRP계좌를 개설한다.

② 가입자는 선택하려고 하는 금융회사의 운용방법 수익률뿐만 아니라 유사 운용방법별 수익률을 비교하여 선택하되, 단기수익률에 초점을 맞춘 비교검토가 필요하다.

③ IRP의 수수료는 장기간에 걸쳐 발생하고 적립금 운용수익률에 영향을 크게 미치게 되므로, 금융회사별로 IRP 운용수수료 및 자산관리수수료를 비교하여 수수료가 상대적으로 낮은 금융회사에 IRP계좌를 가입한다.

④ 퇴직IRP와 적립IRP로 구분하는 것은 실무적으로 납입금액의 소득원천을 구별하기 위한 것이고, 실제로는 하나의 IRP계좌를 개설하여 퇴직급여 이전과 추가납입을 함께 할 수 있도록 허용하고 있으므로 별도의 구분관리는 불필요하다.

정답 | ③

해설 | ① IRP는 다수의 계좌를 개설할 수 있지만 1개의 금융회사에 1개의 IRP계좌만을 개설할 수 있다.
② 단기수익률에만 초점을 맞춘 비교는 바람직하지 않다. 설정 이후 현재까지의 수익률과 최소 3년 이상의 중장기 수익률에 대한 비교검토가 필요하다.
④ 퇴직 시 퇴직급여도 별도의 퇴직IRP를 설정하여 이전받아 운용하고, 적립IRP를 설정하여 추가로 납부하는 것이 바람직하다. 이렇게 소득원천에 따라 구분하여 관리하게 되면 긴급한 자금이 필요한 경우 하나의 계좌만 선택적으로 해지가 가능하므로 세제상 불이익을 최소화하고 미해지 계좌는 은퇴소득을 위해 활용할 수 있다.

★★☆

39 소득원천별 IRP계좌 구분관리에 대한 적절한 설명으로 모두 묶인 것은?

가. 과세이연 효과를 얻으면서 추가적으로 은퇴저축을 할 수 있는 방법은 DC형 퇴직연금계좌에 추가납입을 하거나 IRP 또는 연금저축계좌를 설정하고 납입하는 방법이 있다.
나. DC형 퇴직연금계좌를 활용하는 경우 사용자가 납입하는 부담금과 근로자가 납입하는 기여금이 혼용되어 운용되므로, 운용기간 중 퇴직급여와 가입자 기여금 및 기여금 운용수익을 정확히 구별하기 어렵다.
다. 퇴직 시 퇴직급여가 IRP로 이전되는데 불가피하게 자금이 필요한 경우 IRP를 전부 또는 일부 해지하여 사용할 수 있다.
라. IRP 전체를 해지하게 되면 퇴직급여에 대해서는 퇴직소득세를 100% 부담하여야 하고, 근로자기여금 및 기여금운용수익 부분에 대해서는 15%의 기타소득세가 과세되는 등 세제혜택이 상쇄된다.
마. 퇴직 시 퇴직급여도 별도의 퇴직IRP를 설정하여 이전받아 운용하고, 적립IRP를 설정하여 추가로 납부하는 것이 바람직하다.

① 가, 나, 라　　② 가, 다, 마
③ 나, 라, 마　　④ 가, 나, 라, 마

정답 | ④
해설 | 다. 퇴직 시 퇴직급여가 IRP로 이전되는데 불가피하게 자금이 필요한 경우 IRP를 전부 해지하여 사용하여야 한다.

★★☆

40 퇴직연금 적립금 운용에 대한 설명으로 가장 적절한 것은?

① 장기적으로 꾸준히 수익률을 내기 위해서는 투자포트폴리오의 변동성을 줄여야 하는데, 분산투자는 포트폴리오의 투자위험은 낮추고 기대수익률은 유지하기 때문에 장기간에 걸쳐 안정적인 수익률을 얻을 수 있다.
② 퇴직연금 적립금을 선택한 디폴트옵션에 따라 운용하고 있는 중에는 시장상황이나 투자기간 경과에 따라 선택한 펀드를 변경할 수 없으므로, 금융회사에서 제공하는 적격 디폴트옵션 중 가입자의 위험성향에 맞는 펀드를 선택한다.
③ 신규 DC형 가입자는 2주, 현재 운용하고 있는 적립금 운용방법이 만기가 도래한 경우는 4주가 경과하면 디폴트옵션으로 자동 운용되는 점을 인식하고 있어야 한다.
④ TDF는 목표시점에 맞추어 주식형자산 등 위험자산의 비중을 자동으로 조정하여 운용하는 것을 특징으로 하기 때문에, TDF의 자산배분 유형과 위험정도에 대한 검토는 불필요하다.

정답 | ①

해설 | ② 퇴직연금 적립금을 선택한 디폴트옵션에 따라 운용하고 있는 중이라도 이후 시장상황이나 투자기간 경과에 따라 선택한 펀드를 변경할 수 있다.

③ 신규 DC형 가입자는 2주, 현재 운용하고 있는 적립금 운용방법이 만기가 도래한 경우는 6주(대기기간 포함)가 경과하면 디폴트옵션으로 자동 운용되는 점을 인식하고 있어야 한다.

④ TDF는 목표시점에 맞추어 주식형자산 등 위험자산의 비중을 자동으로 조정하여 운용하는 것을 특징으로 하지만 펀드의 위험정도에 따라 분류하면 중위험 또는 고위험 유형의 펀드이기도 하다. 따라서 TDF를 선택하여 퇴직연금 적립금을 운용할 계획이라도 TDF의 자산배분 유형과 위험정도를 검토하고 본인 위험성향에 적합한 펀드를 선택한다.

★★☆

41 자산배분 재조정에 대한 설명이 적절하게 연결된 것은?

> 가. 포트폴리오 편입비중을 계획적으로 조정하여 사전에 설정했던 자산비중을 유지시켜 전체 포트폴리오의 안정성을 높이는 방법이다.
> 나. 전술적 자산배분으로 단기간 동안 위험을 축소하거나 기대수익률을 높이는 전략이다.

	가	나
①	포트폴리오 성과점검	자산배분 재조정
②	포트폴리오 성과점검	수정전략
③	자산배분 재조정	포트폴리오 성과점검
④	자산배분 재조정	수정전략

정답 | ④

해설 | 자산배분 재조정(rebalancing)은 포트폴리오 편입비중을 계획적으로 조정하여 사전에 설정했던 자산비중을 유지시켜 전체 포트폴리오의 안정성을 높이는 방법이다. 시장상황의 변화에 대응하는 수정전략은 전술적 자산배분으로 단기간 동안 위험을 축소하거나 기대수익률을 높이는 전략이다.

★★☆

42 자산배분 재조정에 대한 설명으로 적절하지 않은 것은?

① 은퇴저축기간 중 위험관리 차원에서 전술적 자산배분에 의해 빈번하게 포트폴리오를 변경하는 것은 펀드운용수익률에 긍정적 영향을 준다.
② 대부분의 개인투자자는 시장환경 변화가 진행된 후에 포트폴리오를 변경하게 되므로, 시장변화에 대응하는 포트폴리오는 시장에 후행하는 결과로 귀결되는 사례가 많기 때문에 전술적 자산배분의 효과를 얻기 어렵다.
③ TDF를 선택하여 DC형 또는 IRP의 적립금 운용을 하고 있는 경우는 추가적으로 자산배분 재조정 요구가 많지 않지만, 예정하고 있던 은퇴시기를 단축하거나 연장하는 경우 목표시기를 앞당기거나 늘리는 방향으로 TDF를 변경할 필요가 있다.
④ 은퇴시기가 가까워져 오는 50대에는 주식형자산 등 위험자산의 비중을 낮추고 채권형자산이나 인컴자산의 비중을 높이는 자산배분 재조정을 고려한다.

정답 | ①
해설 | ① 은퇴저축기간 중 시장환경이 크게 악화되고 있다면 위험관리 차원에서 단기적으로 주식형자산 등 위험자산의 투자비중을 축소하는 등 포트폴리오를 변경할 수 있다. 다만, 전술적 자산배분에 의해 빈번하게 포트폴리오를 변경하는 것은 펀드운용수익률에 부정적 영향을 준다는 점에 유의해야 한다.

★★☆

43 퇴직연금의 연금지급방식에 대한 적절한 설명으로 모두 묶인 것은?

가. 연금지급개시 이후에는 연금수령방식 변경이 불가능하므로, 연금지급을 받기 위해 연금지급개시 이전에 반드시 지정을 하여야 한다.
나. 확정기간형 방식은 일정한 기간 동안 연금소득을 확보하고자 할 경우 활용하는 방식이지만, 적립금의 운용수익률에 따라 연금액이 변동된다는 단점이 있다.
다. 구간형 형태의 연금지급방식은 조기은퇴하는 은퇴자들의 은퇴소득 크레바스 기간 동안 일정 수준의 은퇴소득을 확보하는 방안으로 활용할 수 있다.
라. 확정금액형 방식은 가입자가 사전에 수령하는 연금액을 알 수 있으며, 적립금 운용수익률이 낮아지게 되더라도 연금수령기간이 단축되지 않는다는 장점이 있다.

① 가, 라
② 나, 다
③ 가, 나, 라
④ 나, 다, 라

정답 | ②
해설 | 가. 연금수령방식은 연금지급을 받기 위해 연금지급개시 이전에 지정을 하여야 하나 연금지급개시 이후에도 변경이 가능하다.
라. 확정금액형 방식은 가입자가 사전에 수령하는 연금액을 알 수 있다는 장점이 있지만, 적립금 운용수익률이 낮아지게 되면 연금수령기간이 단축될 수 있다는 단점이 있다.

CHAPTER

06 개인연금

출제비중 : 13~23% / 4~7문항

학습가이드 ■ ■

학습 목표	학습 중요도
Tip 개인연금 종류별 특징과 상호비교 중심으로 학습 필요	
1. 우리나라 개인연금제도와 변천과정을 설명할 수 있다.	★
2. 세제적격연금(연금저축계좌)의 종류와 특징을 설명할 수 있다.	★★★
3. 세제비적격연금의 종류와 특징을 설명할 수 있다.	★★★
4. 은퇴저축을 위한 개인연금 활용방법을 설명할 수 있다.	★★

··· TOPIC 1 개인연금 개요

★☆☆

01 연금저축계좌에 대한 설명으로 가장 적절한 것은?

① 가입대상 : 20세 이상

② 연간 납입한도 : 분기 300만원

③ 연금수령요건 : 5년 이상 가입 55세 이후 연금수령한도 내 연금수령

④ 납입단계 세제 : 소득공제(연간 한도 내에서 13.2% 또는 16.5%)

정답 | ③

해설 | 〈개인연금저축제도 변천과정〉

구분		개인연금저축	연금저축	연금저축계좌
시행기간		94년 6월~00년 12월	01년 1월~13년 2월	13년 3월~현재
가입대상		20세 이상	18세 이상	제한 없음
납입한도		분기 300만원	분기 400만원	연 1,800만원
연금수령 요건	납입기간	10년 이상		5년 이상
	연금개시	55세 이후		
	연금수령	5년 이상 분할수령	5년 이상 연금수령	연금수령한도 내 수령

④ 세액공제(연간 한도 내에서 13.2% 또는 16.5%)

★☆☆

02 개인연금의 종류에 대한 설명으로 적절하지 않은 것은?

① 세제적격연금은 도입기간에 따라 개인연금저축, 연금저축, 연금저축계좌로 구분하며, 세제비적격연금은 보험회사의 일반 연금보험 상품을 말한다.

② 현재 개인연금저축과 (구)연금저축은 신규판매가 중지되어 있으며 신규로 가입할 수 있는 세제적격연금은 연금저축계좌만 있는데, 연금저축계좌는 연금저축보험, 연금저축펀드, 연금저축신탁으로 구분된다.

③ 연금보험은 분류목적에 따라 다양하게 구분되며, 가입목적과 가입자의 재무상황에 적합한 유형의 연금보험을 선택하는 것이 필요하다.

④ 보험료 납입방법에 따라 거치식 연금보험과 즉시연금보험, 적립금 운용방법에 따라 일반연금보험과 변액연금보험으로 구분된다.

정답 | ④

해설 | 〈연금보험의 종류〉

구분 유형	상품명	비고
보험료 납입방법	적립식 연금보험	일정기간 동안 정기적으로 연금보험료 납입
	일시납 연금보험	가입시점에서 연금보험료를 일시에 납입
적립금 운용방법	일반연금보험	공시이율을 적용해 적립금 산정
	변액연금보험	투자실적에 따라 적립금 변동
연금 지급시기	거치식 연금보험	보험료납입 완료 후 일정기간 경과 시 연금 지급
	즉시연금보험	보험료납입 완료 후 거치기간 없이 연금 지급

★☆☆

03 세제적격연금(연금저축계좌)의 연금지급방법에 대한 내용이 적절하게 연결된 것은?

가. 생명보험회사의 연금저축보험에만 허용
나. 연금적립금 운용성과에 따라 매 회차 지급되는 연금액 변동
다. 연금적립금 운용성과에 따라 연금지급기간 변동
라. 지급되는 연금액이 연금수령한도 초과 시 세제혜택 없음

	가	나	다	라
①	종신연금	확정기간연금	확정금액연금	비정기연금
②	종신연금	확정금액연금	확정기간연금	비정기연금
③	비정기연금	확정기간연금	확정금액연금	종신연금
④	비정기연금	확정금액연금	확정기간연금	종신연금

정답 | ①

해설 | 〈세제적격연금(연금저축계좌)의 연금지급방법〉

연금지급방법	연금지급 내용
종신연금	• 생명보험회사의 연금저축보험에만 허용 • 피보험자 사망 시까지 연금지급 • 피보험자 사망 시 연금지급 종료(잔여 연금적립금 미지급) –보증기간부 종신연금은 잔여보증기간 연금 지급
확정기간연금	• 확정기간 동안 연금 지급 • 연금적립금 운용성과에 따라 매 회차 지급되는 연금액 변동
확정금액연금	• 매 회차 동일한 연금액 지급 • 연금적립금 운용성과에 따라 연금지급기간 변동
비정기연금	• 적립금 또는 적립금의 일정한도 이내 금액을 자유롭게 인출 • 지급되는 연금액이 연금수령한도 초과 시 세제혜택 없음

★☆☆

04 연금보험의 연금지급방법에 대한 적절한 설명으로 모두 묶인 것은?

가. 종신연금은 피보험자 사망 시까지 연금을 지급하며 피보험자 사망 시 연금지급을 종료하고 잔여 연금적립금을 지급한다.

나. 확정기간연금은 확정기간 동안 연금을 지급하며, 매 회차 지급되는 연금액이 종신형 연금보다 상대적으로 적다.

다. 상속연금은 피보험자 생존 시 연금을 지급하고, 사망 시 그 유족에게 잔여 연금적립금을 지급한다.

라. 조기집중연금은 조기집중기간 동안 높은 수준의 연금을 지급하고, 이후 확정기간연금을 지급한다.

마. 체증형연금은 5%, 10% 등 일정한 증액률을 적용하여 매년 연금액을 증액하여 지급한다.

① 가, 나　　② 다, 마

③ 가, 나, 다　　④ 다, 라, 마

정답 | ②

해설 | 〈세제비적격연금(연금보험)의 연금지급방법〉

연금지급방법	연금지급 내용
종신연금	• 피보험자 사망 시까지 연금을 지급하며 피보험자 사망 시 연금지급 종료(잔여 연금적립금 미지급) • 보증기간부 종신연금은 보증기간이 끝나기 전에 사망 시 잔여보증지급기간의 연금적립금을 지급
확정기간연금	• 확정기간 동안 연금을 지급하며, 매 회차 지급되는 연금액이 종신형 연금보다 상대적으로 많음
상속연금	• 피보험자 생존 시 연금을 지급하고, 사망 시 그 유족에게 잔여 연금적립금을 지급
조기집중연금	• 조기집중기간 동안 높은 수준의 연금을 지급하고, 이후 종신연금을 지급
체증형연금	• 일정한 증가율(5%, 10%)을 적용하여 매년 연금액을 증액하여 지급

▪▪▪ TOPIC 2 세제적격연금

★★★
05 연금저축계좌 종류에 대한 적절한 설명으로 모두 묶인 것은?

가. 연금저축펀드는 가입자가 원리금보장형 상품, 국내 및 해외의 다양한 펀드와 ETF 등으로 본인의 위험성향에 적합한 포트폴리오를 구성하여 투자할 수 있으며, 자유롭게 해지하는 것은 가능하나 중도인출이 허용되지 않는다.
나. 연금저축펀드는 원금보장이 되지 않으며, 예금자보호대상이 아니다.
다. 연금저축보험은 공시이율을 반영하여 적립금을 운용하는 금리연동형 보험으로, 최저보증이율이 없어 원리금이 보장되지 않는다는 단점이 있다.
라. 연금저축보험은 예금자보호가 되며, 연금수령 시 원금보장이 된다.
마. 연금저축신탁은 신탁회사에서 취급하는 연금저축상품으로 채권형과 안정형의 두 유형이 있다.

① 가, 나　② 나, 라, 마
③ 다, 라, 마　④ 가, 나, 다, 라

정답 | ②
해설 | 가. 가입자가 원리금보장형 상품, 국내 및 해외의 다양한 펀드와 ETF 등으로 본인의 위험성향에 적합한 포트폴리오를 구성하여 투자할 수 있으며, 자유롭게 해지하거나 중도(일부)인출이 허용된다.
다. 최저보증이율이 있어 원리금이 보장되지만 연금저축펀드와 비교하여 상대적으로 기대수익률이 낮다.

★★★
06 연금저축계좌 종류에 대한 설명으로 적절하지 않은 것은?

① 연금저축펀드는 연금저축보험과 비교하여 상대적으로 기대수익률이 높지만 시장상황에 따라 원금손실 가능성도 존재한다.
② 연금저축보험은 보험상품의 특성상 가입 초기에 사업비를 공제하기 때문에 연금저축펀드보다 연금적립금 적립속도가 낮다.
③ 연금저축보험의 경우 중도인출은 허용하고 있지 않아 자금이 필요한 경우 전부 해지를 하거나 적립금을 담보로 하는 보험계약자대출을 활용해야 한다.
④ 연금저축신탁의 안정형은 주로 국공채에 투자하여 운용하기 때문에 연금저축펀드와 비교하여 안전성을 중시하는 운용을 하므로 기대수익률이 상대적으로 낮다.

정답 | ④
해설 | ④ 채권형에 대한 설명이다. 안정형은 국공채와 적립금의 10%까지 주식형자산에 투자할 수 있다.

★★★
07 다음 가입자 유형에 따른 연금저축계좌 선택이 적절하게 연결된 것은?

가입자 유형	가	나	다
납입한 원금보장과 실세금리 수준의 수익을 원한다.	-	-	○
납입한 원금보장과 실세금리 이상의 수익을 원한다.	-	○	-
납입한 원금손실이 발생하더라도 높은 수익을 원한다.	○	-	-
금융투자상품 투자에 자신감이 있다.	○	-	-
예금자보호가 되는 연금을 원한다.	-	○	○

	가	나	다
①	연금저축펀드	연금저축신탁	연금저축보험
②	연금저축펀드	연금저축보험	연금저축신탁
③	연금저축신탁	연금저축펀드	연금저축보험
④	연금저축신탁	연금저축보험	연금저축펀드

정답 | ①

해설 | 가. 연금저축펀드
나. 연금저축신탁
다. 연금저축보험

★★★
08 재무설계사 입장에서 고객유형별 추천할 수 있는 연금저축계좌가 적절하게 연결된 것은?

- A고객 : 급여일에 맞춰 매월 일정 금액을 납입하면서 납입금액에 대한 세액공제 혜택을 원하며, 연금은 60세부터 사망 시까지 수령하기를 원함
- B고객 : 여유자금이 생길 때마다 자유롭게 납입하면서 납입금액에 대한 세액공제 혜택을 원하며, 기대수익률이 다소 낮더라도 안정적인 운용을 원함
- C고객 : 해외자산에도 투자하여 기대수익률을 높이길 원함

	A고객	B고객	C고객
①	연금저축신탁	연금저축펀드	연금저축보험
②	연금저축신탁	연금저축보험	연금저축펀드
③	연금저축펀드	연금저축신탁	연금저축보험
④	연금저축보험	연금저축신탁	연금저축펀드

정답 | ④

해설 | 〈금융권별 연금저축상품의 특성〉

구분	연금저축펀드	연금저축보험	연금저축신탁
판매회사	은행, 보험, 증권사		은행
납입방식	자유적립	정액/정기납입	자유적립
적용금리	실적배당	공시이율	실적배당
적립금 운용	수익성	안전성	안전성, 수익성
중도(일부)인출	가능	불가능주)	가능
연금수령방식	확정금액형 확정기간형	확정기간형 종신연금형(생보)	확정기간형
원금보장	비보장	보장	보장
예금자보호	비보호	보호	보호

주) 의료비 계좌로 지정하면 연금개시 후 소득세법에서 정한 의료비 지출에 따른 인출은 허용됨

★★★

09 다음 검토사항에 따른 연금저축계좌 종류 선택이 적절하게 연결된 것은?

검토사항	가	나	다
납입원금을 보존하기를 원한다.	○	○	–
납입원금을 보존하면서 공시이율 이상의 수익을 원한다.	○	–	–
납입원금의 손실 가능성이 있더라도 높은 수익을 원한다.	–	–	○
정기적인 소득이 지속적으로 발생하지 않는다.	○	–	○
사망할 때까지 연금을 지급받기 원한다.	–	○	–
일정한 확정기간 동안 연금 수령을 원한다.	○	○	○

	가	나	다
①	연금저축신탁	연금저축펀드	연금저축보험
②	연금저축신탁	연금저축보험	연금저축펀드
③	연금저축펀드	연금저축신탁	연금저축보험
④	연금저축보험	연금저축신탁	연금저축펀드

정답 | ②

해설 | 가. 연금저축신탁
나. 연금저축보험
다. 연금저축펀드

★★★
10 연금저축계좌 가입에 대한 설명으로 적절하지 않은 것은?

① 거주자는 나이 제한이나 소득 유무와 관계없이 연금저축계좌를 설정할 수 있다.
② 다수 금융회사별로 연금저축을 가입할 수도 있으나, 동일 금융회사에 2개 이상의 연금저축을 가입할 수는 없다.
③ 연간 연금저축 납입액은 연금계좌 연간 납입한도인 1,800만원 내에서 가능하다.
④ 2023년 7월부터 부부 중 1인 60세 이상인 1주택 고령가구가 기존 주택을 매도 후 가격이 더 낮은 주택으로 이사한 경우 그 차액 중 1억원까지 연금저축에 납입을 할 수 있다.

정답 | ②
해설 | ② 동일 금융회사에 2개 이상의 연금저축을 가입할 수 있으며, 다수 금융회사별로 연금저축을 가입할 수도 있다.

★★★
11 연금저축계좌 가입 시 유의사항에 대한 설명으로 적절하지 않은 것은?

① 연금저축사업자는 보험약관 및 연금저축계좌 핵심설명서를 고객에게 설명하고 교부하고 있으므로 가입 시 동 서류를 자세히 확인할 필요가 있다.
② DC형, IRP, 연금저축 등 다른 금융회사에 개설한 연금계좌와 합산하여 연간 납입잔여한도가 얼마인지를 확인한다.
③ 연금저축계좌의 세제적격요건은 5년 이상 가입하고 55세 이후에 연금수령한도 내에서 연금수령을 하여야 하므로, 적립기간 및 연금지급개시 예정일을 지정할 때 연금지급개시 예정일이 세제적격요건을 충족하는지 확인한다.
④ 중도인출 또는 연금지급 등이 발생할 때 인출금액을 수령할 수 있는 연금수령계좌 지정은 IRP계좌를 지정하여야 한다.

정답 | ④
해설 | ④ 중도인출 또는 연금지급 등이 발생할 때 인출금액을 수령할 수 있는 일반계좌를 지정하여야 한다.

★★★
12 연금저축계좌 중도해지에 대한 설명으로 적절하지 않은 것은?

① 연금저축계좌 중 연금저축펀드는 IRP와 달리 연금개시 전에 전부 해지하거나 일부를 해지하여 인출할 수 있다.
② 연금저축보험의 경우 연금개시 전 전부 해지는 가능하지만 일부 해지는 불가능하다.
③ 연금저축계좌에서 중도해지하는 경우 세액공제 받은 납입액 및 운용수익, 이연퇴직소득, 과세제외금액의 순서로 인출되는 것으로 보아 소득원천에 따라 과세한다.
④ 중도해지하여 인출할 때 기타소득세가 부과되는 불이익이 있으므로 가능한 세액공제 받지 않은 납입액 범위 내에서 인출하는 등 신중하게 판단한다.

정답 | ③
해설 | ③ 연금저축계좌에서 중도해지(일부 인출)하는 경우 과세제외금액, 이연퇴직소득, 세액공제 받은 납입액 및 운용수익의 순서로 인출되는 것으로 보아 소득원천에 따라 과세한다.

★★★
13 연금저축계좌 인출에 대한 설명으로 적절하지 않은 것은?

① 연금저축가입자는 가입일로부터 10년이 경과하고 만 55세 이후에 연금수령한도 내에서 연금수령을 할 수 있다.
② 연금저축에서 연금을 수령하기 위해서는 가입한 금융회사에 연금수령개시일, 연금수령방법, 연금수령기간 및 주기, 연금수령액 등을 지정하여 신청한다.
③ 연금저축펀드의 경우 연금수령 신청 시 환매할 펀드의 종류, 환매금액, 환매순서 등을 지정하여 신청한다.
④ 연금수령한도는 [연금계좌평가액/(11 − 연금수령연차)] × 120%이다.

정답 | ①
해설 | ① 연금저축계좌의 가입자는 가입일로부터 5년이 경과하고 만 55세 이후에 연금수령한도 내에서 연금수령을 할 수 있다(단, 이연퇴직소득이 있는 경우 '가입일로부터 5년'의 요건을 적용하지 않음).

★★★
14 연금저축펀드계좌 운용에 대한 설명으로 적절하지 않은 것은?

① 연금저축펀드는 금융회사가 제공하는 위험수준이 다양한 펀드 및 상장지수펀드(ETF) 등으로 포트폴리오를 구성하여 투자를 할 수 있다.
② 연금저축펀드를 선택하여 투자를 하는 경우 은퇴저축의 특성상 은퇴 시까지 장기간 동안 다양한 투자위험에 노출될 가능성이 많기 때문에 분산투자는 필수적이다.
③ 연금저축펀드는 위험자산의 투자비중을 70%로 제한하고 있다.
④ 위험성향이 공격적이고 수익추구형이라면 기대수익률을 높이는 포트폴리오를 구성하여 투자할 수 있다.

정답 | ③
해설 | ③ IRP는 위험자산의 투자비중을 70%로 제한하고 있는데 비해 연금저축펀드는 위험자산에 대한 투자비중을 제한하지 않는다. 원리금보장형 상품에 100% 투자할 수도 있고, 주식형펀드 등 위험자산에 100% 투자할 수도 있다.

★★★
15 연금저축계좌 이체에 대한 설명으로 가장 적절한 것은?

① 연금저축계좌에 있는 금액을 연금수령이 개시되기 전 다른 연금저축계좌로 이체할 수 있으나, 연금저축계좌와 개인형 퇴직연금(IRP) 상호 간 이체는 불가하다.
② 연금저축보험은 가입 후 통상 7년 이내 이체 시 해지공제액이 발생하여 원금보다 적은 금액이 이체될 수 있다.
③ 연금계좌에서 일부 금액이 이체되는 경우에는 '이연퇴직소득 > 과세제외금액 > 세액공제 받은 납입액 및 연금계좌 운용수익'의 순으로 이체되는 것으로 본다.
④ 2013년 3월 1일 전에 가입한 연금계좌에 있는 금액을 2013년 3월 1일 이후에 가입한 연금계좌로 이체하는 경우 인출로 보아 소득원천에 따라 소득세가 과세될 수 있다.

정답 | ②

해설 | ① 연금저축계좌에 있는 금액을 연금수령이 개시되기 전 다른 연금저축계좌로 이체할 수 있으며, 연금저축계좌와 개인형 퇴직연금(IRP) 상호 간 이체도 가능하다.
③ 연금계좌에서 일부 금액이 이체되는 경우에는 '과세제외금액 > 이연퇴직소득 > 세액공제 받은 납입액 및 연금계좌 운용수익'의 순으로 이체되는 것으로 본다.
④ 2013년 3월 1일 이후에 가입한 연금계좌에 있는 금액을 2013년 3월 1일 전에 가입한 연금계좌로 이체하는 경우 인출로 보아 소득원천에 따라 소득세가 과세될 수 있다.

★★★
16 연금저축계좌 이체에 대한 설명으로 가장 적절한 것은?

① 2013년 3월 1일 이후에 가입한 연금계좌에 있는 금액을 2013년 3월 1일 전에 가입한 연금계좌로 이체하는 경우 인출로 보지 않으므로 과세이연이 되어 세제상 불이익은 없다.
② 연금수령 전 계좌의 금액은 연금수령 중인 연금계좌로 이체할 수 없다.
③ 종신연금을 수령 중인 연금저축보험도 계좌이체가 가능하다.
④ 압류, 가압류, 질권 등이 설정된 계좌도 이체가 가능하다.

정답 | ②

해설 | ① 2013년 3월 1일 이후에 가입한 연금계좌에 있는 금액을 2013년 3월 1일 전에 가입한 연금계좌로 이체하는 경우 인출로 보아 소득원천에 따라 소득세가 과세될 수 있다.
③ 종신연금을 수령 중인 연금저축보험은 계좌이체가 불가능하다.
④ 압류, 가압류, 질권 등이 설정된 계좌는 이체가 불가능하다.

★★★

17 연금저축계좌 이체와 관련된 고객 손정윤씨(55세)의 질문에 대한 재무설계사의 답변 내용으로 가장 적절한 것은?

① 고객 : 연금저축펀드에 가입한 후 납입기간이 완료되어 현재 납입을 하지 않고 있는데 연금저축신탁으로 이체가 가능한가요?

재무설계사 : 납입 중인 계약만 이전이 가능하므로 연금저축신탁으로 이체할 수 없습니다.

② 고객 : 세액공제 혜택을 감안하여 IRP에 추가로 납입 중인데 수익률이 낮은 것 같아 연금저축펀드로 일부 금액을 이체하고 싶습니다. 이체에 따른 불이익은 없을까요?

재무설계사 : 가입일로부터 5년 이상 경과된 IRP의 적립금 전액을 연금저축계좌로 이체하는 경우 인출로 보지 않으므로 과세이연이 되어 세제상 불이익은 없지만, 퇴직연금계좌에 있는 일부 금액이 이체되는 경우 인출로 보아 소득원천에 따라 소득세가 과세될 수 있습니다.

③ 고객 : 2013년 3월 1일 전에 가입한 연금저축을 아직 납입하고 있는데 연금계좌로 이체가 가능한가요?

재무설계사 : 2013년 3월 1일 전에 가입한 연금계좌에 있는 금액을 2013년 3월 1일 이후에 가입한 연금계좌로 이체하는 경우 인출로 보아 소득원천에 따라 소득세가 과세될 수 있습니다.

④ 고객 : 생명보험사에 가입한 연금저축보험에서 연금을 수령하고 있는데 연금저축신탁으로 이체하는 것은 어떨까요?

재무설계사 : 생명보험사의 연금저축보험의 경우 연금지급 중인 계약은 이체가 불가능하므로 연금저축신탁으로 이체하실 수 없습니다.

정답 | ②

해설 | ① 연금저축계좌에 있는 금액을 연금수령이 개시되기 전 다른 연금저축계좌로 이체할 수 있으며, 연금저축계좌와 개인형 퇴직연금(IRP) 상호 간 이체도 가능하다.

③ 2013년 3월 1일 이후에 가입한 연금계좌에 있는 금액을 2013년 3월 1일 전에 가입한 연금계좌로 이체하는 경우 인출로 보아 소득원천에 따라 소득세가 과세될 수 있다.

④ 연금수령 전 계좌의 금액은 연금수령 중인 연금계좌로 이체할 수 없다. 종신연금을 수령 중인 연금저축보험은 계좌이체가 불가능하다.

★★★
18 연금저축계좌 세금에 대한 설명으로 적절한 설명으로 모두 묶인 것은?

가. 연금저축계좌 세금은 납입단계에서 세액공제 혜택이 부여되며, 운용수익에 대한 과세는 인출 시까지 과세이연이 된다.
나. 연금저축계좌에서 인출 시 소득세법에 정한 소득원천별 인출순서에 따라 인출되는 것으로 보아 과세하고 있는데, 소득세법에서는 세액공제 받은 납입액 및 운용수익, 이연퇴직소득, 세액공제 받지 않은 납입액의 순으로 인출되는 것으로 본다.
다. 연금저축계좌 납입액 중 세액공제를 받지 않은 금액은 중도해지 및 연금수령 시 과세대상에서 제외된다.
라. 소득세법에 정한 연금수령요건을 충족하면 과세대상 연금액에 대해 연금소득세가 과세되며 연금수령요건을 충족하지 못하면 이자소득세가 과세된다.

① 가, 다 ② 가, 라
③ 나, 다 ④ 다, 라

정답 | ①
해설 | 나. 소득세법에서는 세액공제 받지 않은 납입액, 이연퇴직소득, 세액공제받은 납입액 및 운용수익의 순으로 인출되는 것으로 본다.
라. 소득세법에 정한 연금수령요건을 충족하면 과세대상 연금액에 대해 연금소득세가 과세되며 연금수령요건을 충족하지 못하면 기타소득세가 과세된다.

★★★
19 연금저축계좌 납입단계의 세제에 대한 설명으로 적절하지 않은 것은?

① 연금저축계좌 납입액이 세액공제 대상이다.
② 세액공제 적용 납입액 한도는 연간 600만원이다.
③ 세액공제율은 가입자의 소득수준에 따라 12% 또는 15%(지방소득세 별도)를 적용한다.
④ 근로소득만 있는 경우 총급여액이 4,500만원 이하인 경우 15%의 세액공제율이 적용된다.

정답 | ④
해설 | 〈연금저축 납입단계 세액공제〉

소득기준	세액공제 적용 납입액 한도	세액공제율 (지방소득세 별도)
종합소득금액 4,500만원 이하 (근로소득만 있는 경우 총급여액 5,500만원 이하)	연간 600만원	15%
종합소득금액 4,500만원 초과 (근로소득만 있는 경우 총급여액 5,500만원 초과)		12%

★★★
20 근로소득자 홍성완씨(총급여액 5,500만원)가 다음과 같이 세제적격연금보험에 가입한 경우 올해 납입분에 대한 세법상 세액공제 적용대상이 되는 납입금액으로 적절한 것은?

〈올해 연금보험료 납입내역〉
- 1999년 1월 3일에 가입한 개인연금저축보험 : 100만원
- 2005년 1월 3일에 가입한 연금저축보험 : 400만원
- 2016년 1월 3일에 가입한 연금저축보험 : 400만원

① 600만원 ② 672만원
③ 800만원 ④ 900만원

정답 | ①

해설 | 개인연금저축은 40% 소득공제(연간 한도 72만원) 대상이므로 제외
2005년에 가입한 연금저축보험과 2016년에 가입한 연금저축보험을 합산하여 연간 한도 600만원을 초과하였으므로 세액공제 적용대상은 600만원이다.

★★★
21 근로소득만 있는 가입자 A, B, C가 아래와 같이 연금계좌에 납입한 금액에 대해 산출한 연금계좌세액공제 대상 금액이 적절하게 연결된 것은?

구분	연금계좌 납입액	
	연금저축펀드	IRP
A	600만원	300만원
B	900만원	–
C	–	1,000만원

	A	B	C
①	600만원	600만원	900만원
②	600만원	900만원	1,000만원
③	900만원	600만원	900만원
④	900만원	900만원	1,000만원

정답 | ③

해설 |

구분	연금계좌 납입액		세액공제대상 보험료		세액공제신청 가능금액
	연금저축펀드	IRP	연금저축펀드	IRP	
A	600만원	300만원	600만원	300만원	900만원
B	900만원	–	600만원	–	600만원
C	–	1,000만원	–	900만원	900만원

★★★

22 연금저축계좌에서 소득세법상 요건을 충족하는 종신연금형 연금(한도 내 금액)을 수령하는 경우 65세와 75세의 연금소득세 원천징수세율이 적절하게 연결된 것은?

〈보험내용〉
- 4년 전 연금저축 가입, 현재까지 4년간 매년 4,000천원을 납입
- 매년 4,000천원씩 세액공제를 받음(총 16,000천원)
- 현재 적립금은 17,000천원(납입금액 16,000천원, 운용수익 1,000천원)

	65세	75세
①	3%	4%
②	4%	3%
③	4%	4%
④	5%	4%

정답 | ③

해설 | 〈연금수령 시 세금(지방소득세 포함)〉

<table>
<tr><th rowspan="2">연금수령 연령</th><th colspan="2">확정연금형</th><th colspan="2">종신연금형</th></tr>
<tr><th>한도 내 금액
(연금소득세)</th><th>한도초과금액
(기타소득세)</th><th>한도 내 금액
(연금소득세)</th><th>한도초과금액
(기타소득세)</th></tr>
<tr><td>55~69세</td><td>5%</td><td rowspan="3">15%</td><td rowspan="2">4%</td><td rowspan="3">15%</td></tr>
<tr><td>70~79세</td><td>4%</td></tr>
<tr><td>80세 이상</td><td>3%</td><td>3%</td></tr>
</table>

★★★

23 연금저축계좌 세금에 대한 설명으로 적절하지 않은 것은?

① 연금저축계좌를 중도해지하여 적립금을 인출하는 경우 기타소득세가 과세되나, 소득세법에서 정한 부득이한 사유에 해당하면 연금수령으로 보아 연금소득세가 과세된다.
② 연금저축계좌에서 소득세법상 요건을 충족하는 연금을 수령하는 경우 연금수령 연령에 따라 연금소득세가 과세되며, 소득세법상 한도를 초과한 금액은 연금외수령으로 보아 기타소득세가 부과된다.
③ 연금수령 연령 65세인 사람이 종신연금형 연금수령 시 한도 내 금액은 5%의 연금소득세가 과세되나, 한도초과금액은 15%의 기타소득세가 부과된다.
④ 연금수령 연령 80세인 사람이 확정연금형 연금수령 시 한도 내 금액은 3%의 연금소득세가 과세되나, 한도초과금액은 15%의 기타소득세가 부과된다.

정답 | ③

해설 | ③ 연금수령 연령 65세인 사람이 종신연금형 연금수령 시 한도 내 금액은 4%의 연금소득세가 과세되나, 한도초과금액은 15%의 기타소득세가 부과된다.

★★★
24 연금계좌 승계제도에 대한 설명으로 가장 적절한 것은?

① 연금계좌 가입자가 사망한 경우 배우자와 19세 미만의 자녀에 한해서 연금계좌를 승계할 수 있어 유족배우자의 생활보장을 위한 연금으로 활용될 수 있다.
② 연금계좌를 승계하고자 하는 배우자는 가입자의 사망한 날로부터 6개월 이내에 승계신청을 하여야 한다.
③ 배우자가 연금계좌를 승계한 경우 승계한 날에 배우자가 새로이 가입한 것으로 간주한다.
④ 원천세율은 상속인을 기준으로 하며 피상속인이 이미 연금수령을 개시한 경우에는 추가납입을 할 수 없다.

정답 | ③
해설 | ① 연금계좌 가입자가 사망한 경우 배우자에 한해서 연금계좌를 승계할 수 있어 유족배우자의 생활보장을 위한 연금으로 활용될 수 있다.
② 연금계좌를 승계하고자 하는 배우자는 가입자의 사망한 날이 속하는 달의 말일부터 6개월 이내에 승계신청을 하여야 한다.
④ 원천세율은 배우자를 기준으로 하며 피상속인이 이미 연금수령을 개시한 경우에도 배우자가 연금수령 전까지 추가납입을 할 수 있다.

★★★
25 연금계좌 승계제도에 대한 설명으로 적절하지 않은 것은?

① 연금계좌를 승계하고자 하는 배우자는 가입자가 사망한 날이 속하는 달의 말일부터 6개월 이내에 승계신청을 하여야 하며, 이 경우 배우자는 가입자가 사망한 날부터 연금계좌를 승계한 것으로 본다.
② 배우자가 연금계좌를 승계한 경우 승계한 날에 배우자가 새로이 가입한 것으로 간주하기 때문에 배우자 나이가 55세에 달하지 않았다면 55세부터 연금개시를 하여야 한다.
③ 원천세율은 배우자를 기준으로 하며 피상속인이 이미 연금수령을 개시한 경우에도 배우자가 연금수령 전까지 추가납입을 할 수 있다.
④ 연금수령을 개시할 때 최소납입요건 판정을 위한 가입일과 연금수령연차 산정을 위한 기산연도는 상속인 기준을 적용한다.

정답 | ④
해설 | ④ 연금수령을 개시할 때 최소납입요건 판정을 위한 가입일과 연금수령연차 산정을 위한 기산연도는 피상속인 기준을 적용한다.

★★★

26 **김세진씨(58세)는 연금저축보험에서 연금수령 한도금액인 매년 600만원의 종신연금을 수령하던 중 올해 사망하였다. 김세진씨의 배우자 이숙씨(53세)는 재무설계사를 찾아와 남편의 연금계좌 승계에 대해 상담을 하고 있다. 재무설계사의 적절한 설명으로 모두 묶인 것은?**

가. 이숙 : 아들이 연금계좌 승계를 할 수 있나요?
재무설계사 : 연금계좌 승계는 배우자에 한해 승계를 할 수 있습니다.
나. 이숙 : 연금계좌 승계신청 기간의 제한이 있나요?
재무설계사 : 네, 남편 사망일로부터 6개월 이내에 가입한 금융회사에 승계신청을 하여야 합니다.
다. 이숙 : 연금계좌를 승계하면 즉시 연금을 수령할 수 있나요?
재무설계사 : 연금계좌를 승계하게 되면 승계한 배우자가 연금계좌를 가입한 것으로 보기 때문에 이숙씨 나이 55세 이후에 연금지급 신청을 할 수 있습니다.
라. 이숙 : 연금계좌를 가입하면 5년 이상 경과하여야 연금을 수령할 수 있다던데 55세부터 연금을 수령할 수 있는 건가요?
재무설계사 : 연금계좌에서 연금을 수령하기 위해서는 가입일로부터 5년 이상 경과하여야 하지만 연금계좌를 승계하는 경우에는 남편의 가입일로부터 가입기간을 적용하기 때문에 55세부터 연금을 수령할 수 있습니다.
마. 이숙 : 연금계좌를 승계하고 연금지급개시 전에 추가로 납입을 할 수 있나요?
재무설계사 : 아니오. 연금계좌를 승계한 경우에는 추가납입을 할 수 없습니다.

① 가, 나, 라　　② 가, 다, 라
③ 가, 다, 마　　④ 나, 라, 마

정답 | ②
해설 | 나. 연금계좌를 승계하고자 하는 배우자는 가입자가 사망한 날이 속하는 달의 말일부터 6개월 이내에 승계신청을 하여야 한다.
마. 피상속인이 이미 연금수령을 개시한 경우에도 배우자가 연금수령 전까지 추가납입을 할 수 있다.

▪▪▪ TOPIC 3 세제비적격연금

★★★
27 세제비적격연금에 대한 적절한 설명으로 모두 묶인 것은?

가. 세제비적격연금은 장기저축성보험 성격으로 금리연동형 연금보험과 변액연금보험이 있다.
나. 연금보험은 연간 납입한도가 없으므로 세제적격연금저축의 납입한도를 초과하는 추가적인 연금소득 확보 수단으로 활용할 수 있다.
다. 대부분의 연금보험은 적립금에 대한 중도인출을 허용하지 않고 있다.
라. 납입금액에 대한 세제혜택은 없으며, 인출 시 보험차익에 대해 이자소득세를 과세한다.

① 가, 나　② 가, 라
③ 나, 다　④ 다, 라

정답 | ①
해설 | 다. 대부분의 연금보험은 적립금 중 일정한 비율까지 중도인출을 허용하고 있어 긴급한 생활자금 등이 필요할 때 계약을 해지하지 않고 인출할 수 있다.
라. 연금보험은 보험료 납입액에 대한 소득공제나 세액공제 등 세제혜택은 없지만 소득세법상 요건을 충족하면 보험차익에 대해 이자소득세를 과세하지 않는다.

★★★
28 금리연동형 연금보험에 대한 설명으로 적절하지 않은 것은?

① 금리연동형 연금보험은 매월 공시이율로 적립금이 부리되는 연금보험이며, 공시이율의 변동에 따라 적립금의 수익률이 달라진다.
② 공시이율은 시장금리와 보험회사의 자산운용수익률 등을 반영하여 산정하며 최저이율이 보장되는데, 대부분의 보험회사는 최저보증이율을 가입기간 내내 일률적으로 적용하고 있다.
③ 최저이율을 보장해 주기 때문에 금리가 지속적으로 하락하는 경우에도 원리금이 보장되어 안정적으로 연금적립금을 쌓아갈 수 있는 장점이 있다.
④ 장기간 인플레이션이 진행될 때 구매력 하락위험에 노출될 수 있는 단점이 있다.

정답 | ②
해설 | ② 대부분의 보험회사는 최저보증이율을 경과기간별로 차등하여 적용하고 있다.

★★★
29 금리연동형 연금보험의 연금수령 방법에 대한 설명으로 적절하지 않은 것은?

① 적립식 연금보험은 10년 이상 보험료를 납입하고 피보험자 나이 만 55세 이상부터 연금을 수령할 수 있으며, 일시납 연금보험은 피보험자 나이 만 55세 이상부터 연금을 수령할 수 있다.

② 종신연금은 평생 연금소득이 중요한 사람에게 적합한 연금지급 방법으로, 특히 부부형 종신연금의 경우 부부 모두 사망하는 때까지 연금을 지급한다.

③ 확정기간연금은 정해진 기간 동안 안정적으로 연금을 수령하기를 원하는 가입자에게 적합하며, 조기집중연금지급 방식은 은퇴초기에 상대적으로 많은 은퇴소득이 필요한 가입자에게 적합한 방식이다.

④ 자녀들에게 상속니즈가 있는 경우 상속연금을 유용하게 활용할 수 있으며, 체증형연금은 은퇴 단계별로 필요한 은퇴소득이 많아질 것으로 예상하는 가입자에게 적합한 방식이다.

정답 | ①

해설 | ① 적립식 연금보험은 5년 이상 보험료를 납입하고 피보험자 나이 만 45세 이상부터 연금을 수령할 수 있으며, 일시납 연금보험은 피보험자 나이 만 45세 이상부터 연금을 수령할 수 있다.

★★★
30 금리연동형 연금보험의 특징에 대한 적절한 설명으로 모두 묶인 것은?

가. 금리연동형 연금보험은 투자에 따른 위험부담을 회피하고 장기저축을 통해 연금소득을 확보하고자 하는 사람에게 적합한 상품이다.
나. 적립금 운용에 대한 투자위험은 보험회사가 부담하고 적립금은 공시이율로 부리되므로 적립금을 안정적으로 운용할 수 있으며, 가입자는 연금수준을 어느 정도 예측할 수 있다.
다. 연금지급개시 이후 피보험자가 중대질병 또는 중대수술, 장기요양 상태 등 약관에 정한 사유가 발생하는 경우 생존연금액에 중대질병 연금 또는 장기요양연금을 추가하여 지급하는 특약을 부가할 수 있다.
라. 대부분의 보험회사에서는 보험료납입 일시중지제도, 납입종료제도, 보험계약대출납입제도 등 보험료납입 편의제도를 제공하고 있어 이를 활용하여 보험료 납입이 어려울 때 보험료 납입을 유연하게 할 수 있다.
마. 일부 연금보험 상품에는 보험료납입면제특약을 부가할 수 있어 90% 이상 장해 시 차회 이후의 보험료 납입이 면제된다.

① 가, 나
② 가, 다, 마
③ 다, 라, 마
④ 가, 나, 다, 라

정답 | ④

해설 | 마. 일부 연금보험 상품에는 보험료납입면제특약을 부가할 수 있어 50% 이상 장해 시 차회 이후의 보험료 납입이 면제된다.

★★★
31 변액연금보험 보험료 납입에 대한 적절한 설명으로 모두 묶인 것은?

가. 월 적립식은 계약 시 정한 기본보험료와 기본보험료의 1배수 범위의 추가납입보험료를 납입할 수 있다.
나. 매월 납입하는 보험료에서 사업비 등을 공제한 금액이 특별계정에서 운용되며, 추가납입보험료는 기본보험료에서 공제하는 사업비보다 낮은 수준의 사업비를 공제한다.
다. 매월 납부할 금액의 50%를 기본보험료로 납부하고 나머지는 추가보험료로 납부하는 방법을 활용하면 변액연금의 적립금 운용수익률을 높일 수 있다.
라. 일시납보험료를 정한 기간 단위별로 정한 금액을 특별계정으로 이체하는 정액분할투자옵션을 선택하면 변동성 위험을 분산시켜 매입단가 하락의 효과를 얻을 수 있다.

① 가, 나
② 나, 다
③ 다, 라
④ 가, 나, 다, 라

정답 | ④
해설 | 모두 적절한 설명이다.

★★★
32 변액연금보험의 운용 옵션에 대한 설명이 적절하게 연결된 것은?

가. 가입자가 가입 시 정한 펀드별 투자비중에 따라 특별계정에 납입되는 보험료를 자동배분하여 적립금을 운용
나. 투자성과에 따라 변동된 적립금을 일정 기간 단위별로 가입자가 정한 특별계정별 비율로 재조정하여 적립금을 운용

	가	나
①	자동자산배분	정액분할투자
②	자동자산배분	펀드자동재배분
③	펀드자동재배분	정액분할투자
④	펀드자동재배분	자동자산배분

정답 | ②
해설 | 가. 자동자산배분
나. 펀드자동재배분

★★★
33 변액연금보험에 대한 설명으로 적절하지 않은 것은?

① 변액연금보험은 적립금의 운용결과에 따라 연금액 수준이 결정되며 일반계정과 분리된 특별계정에서 운용된다.

② 가입자는 보험회사가 제공하는 다양한 유형의 펀드를 선택하여 적립금을 운용한다.

③ 변액연금 가입 시 자동자산배분 및 펀드자동재배분옵션을 선택하여 특별계정 이체보험료 및 적립금을 운용할 수 있다.

④ 가입자가 적립금을 운용 중에는 펀드변경이 허용되지 않는다.

정답 | ④

해설 | ④ 가입자는 적립금을 운용 중에 펀드변경이 필요한 경우 연간 펀드변경 허용횟수 이내에서 자유롭게 펀드변경을 할 수 있다. 펀드변경은 보험회사별로 연 4회, 12회 등 변경횟수를 정하고 있으며, 가입자의 신청에 의해 펀드변경이 이루어진다.

★★★
34 변액연금보험에 대한 설명으로 가장 적절한 것은?

① 변액연금보험은 적립금 운용결과에 대해 보험회사가 책임지게 된다.

② 모든 변액연금보험이 적립금에 대한 최저보증이 없어 적립금 운용성과가 저조할 경우 손실을 볼 수도 있다.

③ 변액연금보험은 가입자의 위험성향에 적합한 펀드 하나를 선택할 수도 있고, 적립금을 여러 펀드에 분산투자하는 투자포트폴리오를 구성하여 운용할 수 있다.

④ 연금개시 이후의 연금지급방법은 일반계정에서 공시이율에 따라 부리되지 않고, 특별계정을 통해 연금지급 준비금을 계속 실적 배당으로 운영하여 발생한 수익에 기초한 연금을 지급한다.

정답 | ③

해설 | ① 변액연금보험은 원금손실이 발생할 수도 있으며, 적립금 운용결과에 대해 가입자가 책임지게 된다.

② 최근 일부 변액연금보험에서는 최저보증수익률을 정하고 적립금 운용성과가 저조하더라도 최저보증수익률로 적립금을 부리하고 있다.

④ 연금개시일 이후 연금적립금은 가입자의 선택에 의해 공시이율형으로 전환하거나 특별계정에서 계속 운용할 수 있다. 금적립금을 공시이율형으로 운용하는 경우 안정적으로 연금을 수령할 수 있는 장점이 있으며, 특별계정에서 운용하는 경우는 특별계정의 운용성과에 따라 연금적립금이 변동될 수 있다. 보험회사에서는 이러한 연금적립금 변동위험에 대해 다양한 인출보증옵션을 제공하여 안정적인 연금을 지급할 수 있도록 하고 있다.

TOPIC 4 개인연금과 은퇴설계

★★☆
35 개인연금 가입 시 위험성향에 따른 상품선택이 적절하게 연결된 것은?

	세제적격연금저축		세제비적격연금보험	
	위험회피형	위험선호형	위험회피형	위험선호형
①	연금저축보험	연금저축펀드	일반연금보험	변액연금보험
②	연금저축보험	연금저축펀드	변액연금보험	일반연금보험
③	연금저축펀드	연금저축보험	일반연금보험	변액연금보험
④	연금저축펀드	연금저축보험	변액연금보험	일반연금보험

정답 | ①

해설 | 세제혜택이 있는 연금저축을 선택한 경우 원금보장을 우선하는 위험회피형이라면 연금저축보험을 선택하고, 원금손실이 발생하더라도 수익성을 우선하는 위험선호형이라면 연금저축펀드를 선택한다. 세제비적격연금보험을 선택한 경우 위험회피형이라면 일반연금보험을 선택하고, 위험선호형이라면 변액연금보험을 선택한다.

★★☆
36 개인연금 가입 시 고려사항에 대한 적절한 설명으로 모두 묶인 것은?

가. 저축의 목적이 장기 일시금자금을 마련할 목적이라면 개인연금을 선택하는 것이 적합하다.
나. 세제혜택을 받으면서 은퇴저축을 하고 싶다면 연금저축을 선택하되, 연금저축을 가입하고 중도에 해지하는 경우 과세대상 금액에 대해 기타소득세가 과세되는 등 세제상 불이익이 있다는 점도 잊지 말아야 한다.
다. 연금보험은 납입 시 세액공제 혜택은 없지만, 중도해지나 은퇴기에 불가피하게 인출해야 할 상황이 발생하더라도 세제상 불이익 없이 인출할 수 있다.
라. 개인연금 상품별 수익률, 수수료율 등을 비교하여 유리한 상품을 선택할 수 있도록 하고, 금융회사의 재무건전성과 평판 등을 고려하여 믿을 만한 금융회사를 선택한다.
마. 동일한 금융회사 상품이라도 온라인으로 가입할 경우 수수료가 상대적으로 저렴하다.

① 가, 나
② 가, 다, 마
③ 다, 라, 마
④ 나, 다, 라, 마

정답 | ④

해설 | 가. 저축의 목적이 은퇴소득 확보라면 개인연금을 선택하고, 단기 또는 장기 일시금자금을 마련할 목적이라면 예 · 적금, 저축성보험, 일반펀드 등을 선택하는 것이 적합하다.

★★☆
37 고객 유형에 따른 연금저축과 IRP의 선택이 적절하게 연결된 것은?

가. 안정성을 추구하는 근로소득자
나. 소득이 불규칙하지만 공격적인 위험성향을 갖고 있는 20대 자영업자
다. 소득이 없는 전업주부
라. 일찍부터 은퇴저축을 원하는 학생

	IRP	연금저축
①	가	나, 다, 라
②	가, 다	나, 라
③	다, 라	가, 나
④	나, 다, 라	가

정답 | ①

해설 | IRP는 근로소득자 및 자영업자 등 소득이 있어야 가입이 가능하지만, 연금저축은 소득 유무와 관계없이 가입이 가능하다. 소득이 없는 전업주부뿐만 아니라 일찍부터 은퇴저축을 원하는 학생 등이 제약 없이 가입할 수 있다. IRP계좌의 적립금은 주식형자산 등 위험자산에 70%를 한도로 운용할 수 있지만, 연금저축은 위험자산에 100%까지 운용할 수 있다. 따라서 은퇴시점까지 투자기간이 충분히 남은 20~30대의 공격적인 위험성향을 갖고 있는 가입자라면 연금저축의 납입비중을 높여 투자하는 것이 적합하다.

★★☆
38 연금저축과 IRP의 비교 내용이 적절하게 연결된 것은?

	구분	IRP	연금저축
①	가입자격	소득과 관계없음	소득이 있어야 함
②	운용규제	위험자산 투자비중 제한이 없어 주식형펀드 및 ETF 등에 100% 투자 가능	위험자산 투자비중 70% 제한되며 원리금보장상품을 30% 이상 포함하여 운용
③	중도해지	전액 해지만 가능하며 일부 인출은 근퇴법에 정한 요건을 충족해야 가능	전액 해지 및 일부 해지를 자유롭게 할 수 있음
④	세액공제 적용 납입액 한도	연간 600만원	연간 900만원

정답 | ③

해설 | 〈연금저축과 IRP의 비교〉

구분	IRP	연금저축
가입자격	소득이 있어야 함	소득과 관계없음
운용규제	위험자산 투자비중 70% 제한되며 원리금보장상품을 30% 이상 포함해 운용	위험자산 투자비중 제한이 없어 주식형펀드 및 ETF 등에 100% 투자 가능
중도해지	전액 해지만 가능하며 일부 인출은 근퇴법에 정한 요건을 충족해야 가능	전액 해지 및 일부 해지를 자유롭게 할 수 있음
계약이전	• 동일 유형 연금계좌 간 이전 : 금액제한 없이 허용 • IRP와 연금저축 상호 간 이전 : 전액이전만 허용 −가입자 나이 55세 이후, 가입기간 5년 이상 경과해야 함 −단, 이연퇴직소득이 있는 경우에는 5년 미경과 시에도 가능함	
세액공제 적용 납입액 한도	연금저축계좌와 합산하여 연간 900만원	연간 600만원

★★☆

39 연금저축계좌 이전에 대한 적절한 설명으로 모두 묶인 것은?

가. 연금저축 상호 간 또는 IRP 상호 간 이전은 특별한 제한 없이 동일한 상품 내에서 금융회사를 변경할 수 있다.
나. 소득세법에서 세제상 불이익 없이 연금저축과 IRP 상호 간 계좌이전을 허용하는 요건은 계좌이전 신청일 현재 가입자 나이가 55세 이상이고 가입기간이 5년 이상인 경우 해당 계좌 전액 또는 일부 이전이 가능하다.
다. IRP와 연금저축 상호 간 이전 시 이연퇴직소득이 있는 경우에는 5년 미경과 시에도 가능하다.
라. IRP계좌는 일부 해지가 불가능하므로, 불가피하게 일부를 인출할 상황이 발생하여도 전부 해지를 할 수 밖에 없어 은퇴소득으로 활용하려고 계획하고 있는 일부 금액까지 세제상 불이익을 받으면서 해지하는 방법 외에는 다른 방법이 없다.

① 가, 다
② 나, 라
③ 가, 나, 다
④ 나, 다, 라

정답 | ①

해설 | 나. 연금저축과 IRP 상호 간 이전은 소득세법상 이전 요건을 충족하는지 여부를 확인하여야 한다. 소득세법에서 세제상 불이익 없이 계좌 이전을 허용하는 요건은 계좌 이전 신청일 현재 가입자 나이가 55세 이상이고 가입기간이 5년 이상인 경우, 계좌전액(일부이전 불가)을 이전하는 경우이다.
라. 이 경우 소득세법상 요건(55세, 5년)을 갖추었다면 IRP 전액을 연금저축계좌로 이전하고 그중 필요한 일부 금액만을 인출하여 사용하고 나머지 적립금은 은퇴소득으로 활용할 수 있다.

★★☆

40 연금저축 및 IRP계좌 중도인출에 대한 적절한 설명으로 모두 묶인 것은?

> 가. 연금저축 및 IRP 가입 중 세액공제 받은 납입금을 일부 또는 전부 인출할 경우 원칙적으로 세액공제 받은 납입액과 운용수익 전체에 대해 퇴직소득세를 과세하는 등 세제상 불이익을 받게 된다.
> 나. 소득세법상 '부득이한 인출사유'에 해당하는 경우 '연금수령'한 것과 동일하게 연금소득세를 과세한다.
> 다. 저축기간 또는 소득인출기간에 부득이하게 인출하는 경우 소득세법에서 정한 중도인출 사유를 충족하는지 확인할 필요가 있다.

① 가, 나　　② 가, 다
③ 나, 다　　④ 가, 나, 다

정답 | ③

해설 | 가. 연금저축 및 IRP 가입 중 세액공제 받은 납입금을 일부 인출(중도인출) 또는 전부 인출(해지)할 경우 원칙적으로 세액공제 받은 납입액과 운용수익 전체에 대해 기타소득세(15%)를 과세하는 등 세제상 불이익을 받게 된다.

★★☆

41 연금저축 세제혜택 활용에 대한 설명으로 적절하지 않은 것은?

① 연금저축의 세제상 최대 장점은 납입단계에서 납입금액에 대한 세액공제를 받을 수 있다는 것과 운용단계에서 발생하는 소득에 대해 과세하지 않고 인출 시까지 이연함으로써 투자수익을 증대시킬 수 있다는 점이다.
② 세제혜택을 효과적으로 활용하기 위한 방법 중 하나는 납입액에 대해 세액공제를 받아 환급되는 세액을 은퇴저축으로 재투자하여 연금저축의 실질수익률을 높이는 것이다.
③ IRP가 전부 해지만 허용하고 있는 것과 달리 연금저축은 일부 해지가 가능하므로, 연금저축에서 불가피하게 인출해야 하는 경우 필요한 자금만큼 일부 해지를 하고 나머지 적립금은 은퇴소득으로 활용한다.
④ 일부 해지를 하는 경우 세제상 불이익을 감수해야 한다.

정답 | ④

해설 | ④ 일부 해지를 하는 경우 가능한 세액공제를 받지 않은 금액을 한도로 인출하면 세제상 불이익 없이 인출할 수 있다.

★★☆
42 개인연금 투자원칙에 대한 설명으로 적절하지 않은 것은?

① 은퇴소득원 마련은 가능한 일찍 시작하고 장기저축을 하는 것이 필수적이다.
② 종신연금은 가입자가 사망할 때까지 연금을 지급하기 때문에 오래 생존할수록 유리한 연금 형태이다.
③ 위험성향과 저축기간을 고려하여 연금상품을 선택한다.
④ 기대수명이 지속적으로 증가하고 있는 추세를 고려하면 연금개시시점은 가능한 늦추는 것이 바람직하다.

정답 | ④
해설 | ④ 연금개시시점은 재무적 여건을 고려하여 선택한다. '언제 은퇴할 것인가?', '공적연금은 언제부터 지급받을 수 있는가?', '개인연금 외의 다른 소득은 언제부터 얼마가 있는가?' 등을 종합적으로 검토하여 연금개시시점을 선택한다.

★★☆
43 개인연금 활용 시 투자원칙에 대한 설명으로 적절하지 않은 것은?

① 보수적인 위험성향이라면 연금저축보험 또는 금리연동형 연금보험이 적합하다.
② 적극적인 위험성향을 갖고 있다면 연금저축신탁 또는 변액연금 등을 선택한다.
③ 개인연금은 은퇴기 연금을 지급받기 위한 상품인데, 우리나라 사적연금의 문제 중 하나가 은퇴기간 중 연금소득으로 활용하는 비율이 낮다는 점이다.
④ 개인연금은 본래의 목적이 은퇴기간 중 연금소득을 확보하기 위한 것이므로, 단순히 세제혜택을 받고 저축을 하는 재테크 수단으로 인식하는 것은 바람직하지 않다.

정답 | ②
해설 | ② 적극적인 위험성향을 갖고 있다면 연금저축펀드 또는 변액연금 등을 선택한다.

CHAPTER

07 은퇴 후 자산관리와 인출전략

출제비중 : 3~10% / 1~3문항

학습가이드 ■ ■

학습 목표	학습 중요도
Tip 개념 이해를 중심으로 학습 필요	
1. 은퇴 후 자산관리의 필요성과 인출전략을 설명할 수 있다.	★★

··· TOPIC 1 은퇴 후 자산관리와 인출전략

★★☆

01 은퇴 후 자산관리의 필요성에 대한 설명으로 적절하지 않은 것은?

① 은퇴 이전에 은퇴 이후 노후생활을 위해 필요한 자금을 예상하여 저축계획을 세우고 실행하는 축적단계와 모아놓은 자산을 잘 운용하고 사용하여 사망하기 전에 은퇴자금을 소진하는 일이 없도록 하는 인출단계는 은퇴설계의 목표 방향이 달라진다.

② 축적단계에서 이루어지는 은퇴 전 자산관리는 은퇴 후 인출단계에서보다 더 정교하고 체계적인 전략이 요구된다.

③ 은퇴자금이 객관적으로 충분하지 않으면서 주관적으로 충분하다고 생각하는 그룹은 현재와 같은 생활수준을 유지할 가능성이 크기 때문에 은퇴자금이 일찍 소진될 가능성 또한 크다.

④ 객관적으로는 충분하면서 주관적으로는 부족하다고 생각하는 그룹은 사망 이후 은퇴자금이 남게 되어 상속이 발생할 것이지만 은퇴자 본인 입장에서는 자신의 풍요로운 은퇴생활을 포기한 결과가 되므로 은퇴자 본인의 재무 복지를 충분히 실현하지 못했을 가능성이 높게 된다.

정답 | ②

해설 | ② 인출단계에서 이루어지는 은퇴 후 자산관리는 은퇴 전 축적단계에서보다 더 정교하고 체계적인 전략이 요구된다. 은퇴 후에는 연금소득을 제외하면 근로소득이나 사업소득 등과 같은 지속적인 현금의 유입이 급격하게 감소하게 되고, 그러한 상황에서 사망 시까지 현금유출은 지속되기 때문에 자칫 계획적인 인출을 하지 않으면 생각보다 은퇴자금이 빠르게 소진될 수 있다. 또한 소진된 은퇴자금은 회복시키는 일도 쉽지 않다. 따라서 은퇴 이후에는 은퇴자산을 최대한 효율적으로 관리하고 사용하는 데 초점을 맞춘 자산관리가 이루어져야 한다.

★★☆
02 은퇴 후 자산관리의 기본원칙으로 적절하지 않은 것은?

① 종신지급
② 구매력 유지
③ 수익률 변동성 고려
④ 일상적인 생활비와 특수목적 비용의 통합

정답 | ④
해설 | ④ 일상적인 생활비와 특수목적 비용의 분리

★★☆
03 은퇴 후 자산관리의 기본원칙에 대한 적절한 설명으로 모두 묶인 것은?

가. 은퇴자산의 종신지급은 사망시점에 부족하지 않아야 한다는 조건만을 의미한다.
나. 은퇴기간 중 특별한 목적으로 구매력을 감소시키거나 증가시키려는 계획이 없는 이상 어느 정도 일정한 구매력을 유지할 수 있도록 물가상승률을 반영한 자산관리 전략을 세워야 한다.
다. 은퇴자금을 인출하는 기간 동안의 수익률의 변화는 포트폴리오 재배분을 통해 극복 가능하므로 상대적으로 수익률 변동에 덜 예민할 수 있다.
라. 은퇴기간 동안 비교적 정기적이고 일정한 금액을 필요로 하는 일상적인 생활비 인출은 은퇴소득 인출전략에 포함하여 계획하고, 의료비나 여행경비 등 특정한 목적이나 상황에 따라 필요한 자금은 별도로 분리하여 관리하는 것이 필요하다.

① 가, 다
② 나, 라
③ 가, 나, 다
④ 나, 다, 라

정답 | ②
해설 | 가. 은퇴자산의 종신지급은 사망시점에 부족하지 않아야 한다는 조건만을 의미하는 것은 아니다. 은퇴자금이 충분함에도 불구하고 사망 전 자금의 고갈을 우려하여 지나치게 절제된 생활을 하면 사망 전에 자금이 고갈될 가능성은 낮아지고 상속할 자산이 남게 되지만, 은퇴생활에 대한 최대 만족을 이끌지 못할 것이기 때문에 은퇴자산을 적절하게 사용했다고 보기도 어렵다. 따라서 은퇴 후 자산관리의 기본원칙인 종신지급은 은퇴자의 한정된 자원(은퇴자산)을 이용하여 최대의 만족을 이끌 수 있는 균형을 찾는 계획을 의미한다. 즉, 은퇴자산이 사망시점에 부족하지 않고 너무 많이 남지도 않는 최적의 균형을 찾을 수 있는 계획을 위한 기본 조건이라고 볼 수 있다.
다. 은퇴자금을 축적하는 기간 동안의 수익률의 변화는 포트폴리오 재배분을 통해 극복 가능하고 투자에 대한 시간적 여유가 있기 때문에 상대적으로 수익률 변동에 덜 예민할 수 있다. 그러나 이미 확정되어 있는 은퇴자금에서 생활비를 인출하고 남은 자산을 운용하는 기간 동안 수익률 변화가 발생하면 회복이 쉽지 않다.

★★☆
04 은퇴 후 효율적 자산관리를 위한 자산유형 구분에 대한 설명으로 적절하지 않은 것은?

① 연금자산은 은퇴자가 별도의 연금설계를 하지 않아도 종신까지 지급되는 공적연금과 은퇴자 선택에 의해 연금기간 및 금액을 결정하는 퇴직연금, 개인연금, 주택연금 등이 포함된다.
② 만약 연금을 일시금으로 받을 경우는 비연금 금융자산으로 구분하는 것이 좋다.
③ 거주주택 실물자산은 주택연금으로 활용할 거주 목적 부동산을 말한다.
④ 거주주택 이외의 부동산 중 농지의 경우는 농지연금으로 활용할 수 있고 임대소득이 발생하는 부동산은 임대소득 자체를 은퇴생활비로 사용할 수 있으나, 그 이외의 부동산은 처분하여 금융자산 형태로 전환하고 이를 현금화하거나 인출을 위한 기본 자금으로 관리해야 한다.

정답 | ③
해설 | ③ 일반적으로 가계가 보유한 자산은 금융자산과 실물자산으로 구분할 수 있는데, 은퇴 후 축적된 자산을 어디에 활용할 것인지에 따라 연금자산(공적연금, 퇴직연금, 개인연금, 주택연금, 농지연금 등), 비연금 금융자산(예 · 적금, 펀드, 기타 금융자산), 거주주택 실물자산(주택연금 연계 실물자산 제외), 거주주택 이외의 실물자산(농지연금 연계 실물자산 제외)으로 재구분할 수 있다.

★★☆
05 은퇴소득 인출전략의 개념에 대한 설명으로 적절하지 않은 것은?

① 인출전략에서의 적절한 소비수준이란 은퇴자가 희망하는 소비수준을 의미한다.
② 적절한 소비수준이 은퇴자가 희망하는 수준보다 크다면 보다 여유로운 은퇴생활을 하거나 상속자산을 모으기 위해 저축할 수 있다.
③ 적절한 소비수준이 은퇴자가 희망하는 수준보다 적다면 은퇴자금으로 사용한 자산을 늘리거나 지출을 줄여야만 한다.
④ 은퇴소득 인출전략은 은퇴자금의 사망 전 고갈을 막으면서 은퇴기간 동안의 생활을 유지하기 위해 은퇴자금으로 활용한 자산의 범위를 결정하고, 은퇴기간 동안의 소비수준을 결정하며, 은퇴자금 포트폴리오 구성과 관리 방법을 결정하고 실행하는 과정이라고 할 수 있다.

정답 | ①
해설 | ① 인출전략에서의 적절한 소비수준이란 은퇴자가 희망하는 소비수준을 의미하지 않으며 은퇴자금으로부터 정기적으로 생활비를 인출하더라도 은퇴기간이 종료되는 시점까지 은퇴자금이 고갈되지 않을 수 있는 수준을 의미한다. 그렇기 때문에 인출전략에서는 적절한 소비수준을 결정하는 것이 매우 중요하다.

★★☆

06 은퇴소득 인출전략에서 인출할 은퇴소득과 인출기초자산에 대한 적절한 설명으로 모두 묶인 것은?

> 가. 인출할 은퇴소득은 일반적인 생활비를 비롯하여 보험료나 건강검진 비용과 같이 매년 정기적으로 발생하는 금액을 포함한다.
> 나. 간병비나 여행경비 등 지출 시기가 불규칙적이거나 특정 시기에 집중적으로 지출하는 비용들도 인출할 은퇴소득에 포함하는 것이 바람직하다.
> 다. 인출기초자산은 그 규모에 따라 은퇴기간 중 지출할 수 있는 적절한 소비수준에 영향을 미치기 때문에 은퇴자금으로 추가할 수 있는 자산을 파악하여 포함시킴으로써 사망 시까지 은퇴자금이 고갈되지 않을 수 있다.
> 라. 인출전략에 포함하는 은퇴자금은 특별한 다른 재무목표가 있는 자산을 포함하여, 인출전략에 의해 산출된 적절한 소비수준이 은퇴자가 수용 가능한 소비수준인지에 따라 은퇴자금으로 추가할 자산의 유형 범위를 조정하는 과정을 거치면서 결정되어야 한다.
> 마. 연금자산만으로 충분하다면 인출전략이 필요하지 않을 수 있지만, 더 높은 소비수준을 희망하거나 부족한 경우라면 비연금 금융자산이나 실물자산까지 은퇴소득 인출전략의 기초자산으로 활용할 것을 고려해야 한다.

① 가, 나　　② 가, 다, 마
③ 나, 다, 라　　④ 다, 라, 마

정답 | ②

해설 | 나. 간병비나 여행경비 등 지출 시기가 불규칙적이거나 특정 시기에 집중적으로 지출하는 비용들은 인출할 은퇴소득에 포함하지 않으며, 목돈이 들어갈 별도의 재무목표이기 때문에 자금을 구분하여 관리하는 것이 필요하다.
라. 인출전략에 포함하는 은퇴자금은 특별한 다른 재무목표가 있는 자산은 제외하고, 인출전략에 의해 산출된 적절한 소비수준이 은퇴자가 수용 가능한 소비수준인지에 따라 은퇴자금으로 추가할 자산의 유형 범위를 조정하는 과정을 거치면서 결정되어야 한다.

★★☆

07 은퇴소득 인출전략에서 인출률과 인출규칙에 대한 설명으로 가장 적절한 것은?

① 인출하는 금액이 인출의 기초자산으로 활용되는 은퇴자금에서 차지하는 비중을 '인출률'이라고 하며, 인출금액을 매년 어떻게 조정할 것인지에 대한 결정을 '인출규칙'이라고 한다.
② 은퇴 첫해에 인출되는 금액이 은퇴자금에서 차지하는 비중에 물가상승률이 더해진 비율을 '초기인출률'이라고 한다.
③ 은퇴자산이 조기에 고갈되지 않을 수 있는 인출금액은 인출 매커니즘을 통해 결정하게 되는데, 이 금액이 인출기초자산에서 차지하는 비율을 '최대안전인출률'이라고 한다.
④ 인출규칙은 은퇴자 개인 상황에 따라 물가상승률을 초과한 비율을 적용하거나 낮은 비율을 적용할 수 있으나, 최소한의 구매력 유지를 위해 물가상승률보다 낮은 비율을 적용하는 것이 좋다.

정답 | ①

해설 | ② 기본적인 은퇴소득 인출전략은 은퇴 첫해에 필요한 인출금액을 결정하고, 다음 해부터는 구매력 유지를 위해 물가상승률만큼 증액된 금액을 인출하는 것을 기본규칙으로 한다. 따라서 은퇴 첫해에 인출되는 금액이 은퇴자금에서 차지하는 비중을 '초기인출률'이라고 하며, 이 초기인출률에 물가상승률이 더해진 비율을 인출규칙으로 적용한다.
③ 은퇴 첫해에 인출하는 금액은 은퇴자가 희망하는 소비수준이 될 수도 있고 특정 산출식에 의해 결정될 수도 있다. 그러나 은퇴자산이 조기에 고갈되지 않을 수 있는 인출금액은 인출 매커니즘을 통해 결정하게 되는데, 이 금액이 인출기초자산(은퇴자금)에서 차지하는 비율을 '지속가능한 인출률'이라고 한다. 즉, 지속가능한 인출률은 예상하는 은퇴기간 동안 은퇴자금이 소진되지 않고 유지될 수 있는 인출률이다.
④ 인출규칙은 은퇴자 개인 상황에 따라 물가상승률을 초과한 비율을 적용하거나 낮은 비율을 적용할 수 있으나, 최소한의 구매력 유지를 위해 물가상승률보다 낮은 비율을 적용하는 것은 지양하는 것이 좋다.

★★☆

08 은퇴소득 인출전략에서 포트폴리오 구성과 성공가능성에 대한 설명으로 적절하지 않은 것은?

① 자산의 잔존가치를 높이는 방법은 포트폴리오에 상대적으로 수익률이 높은 위험자산을 포함함으로써 가능한데, 위험자산의 비중이 높을수록 수익률이 증가하므로 인출할 수 있는 금액이 많아지거나 은퇴자금의 고갈 시점을 늦출 수 있다.
② 포트폴리오에 위험자산 비중이 높아질수록 은퇴소득 인출전략이 성공할 가능성도 계속해서 증가한다.
③ 포트폴리오 성공가능성은 인출전략 매커니즘에 포함된 은퇴기간, 인출률, 포트폴리오 구성 등을 반영하였을 때 해당 은퇴기간을 지속할 수 있는 가능성을 나타내기 때문에 은퇴소득 인출전략을 평가하는 수단으로 활용된다.
④ 높지 않은 성공가능성을 수용할 수 있는 은퇴자는 어느 정도의 위험자산을 포함함으로써 더 높은 수익률을 추구하고 더 많은 금액을 인출할 수 있지만, 높은 성공가능성을 원한다면 포트폴리오에 포함할 위험자산의 비중을 줄여야 하고 인출할 수 있는 금액도 감소한다는 사실을 받아들여야 한다.

정답 | ②

해설 | ② 포트폴리오에 위험자산 비중이 높아질수록 수익률에 대한 불확실성도 함께 커지기 때문에 은퇴소득 인출전략이 성공할 가능성도 계속해서 증가하지는 않는다. 수익률의 불확실성을 반영하여 시뮬레이션 분석으로 인출전략을 도출한 연구들에 의하면 위험자산의 비중을 높일수록 포트폴리오 성공가능성이 높아지지만 일정한 수준의 위험자산이 포함되었을 때 최대 성공가능성을 보이고, 그 수준을 초과해 위험자산이 포함될 경우에는 오히려 성공가능성이 낮아진다는 결과를 제시하고 있다.

★★☆

09 은퇴소득 인출전략 수립에 필요한 요인에 대한 설명으로 가장 적절한 것은?

① 일반적으로 은퇴기간은 생명표에 따른 기대수명을 적용하기도 하지만 계속해서 기대수명이 증가하고 있는 점과 개인 건강상태 등을 고려하여 너무 짧지 않게 설정하는 것이 좋다.

② 물가상승률의 경우는 낮게 가정할수록 인출할 수 있는 금액이 증가하게 되고 은퇴자금의 고갈 시점을 늦추는데 큰 영향을 준다.

③ 금리의 경우는 높게 책정하는 것이 은퇴자금의 가치를 높이기 때문에 인출 가능 금액이 높게 산출되어 은퇴자금의 고갈을 늦출 수 있다.

④ 물가상승률이나 금리는 금융시장과 경제환경 변화를 고려하여 재무설계사가 직접 결정하는 것이 필요하며, 정기적인 모니터링을 통해 점검하여야 한다.

정답 | ①

해설 | ② 물가상승률의 경우는 은퇴기간 동안의 구매력을 유지하기 위해 반드시 반영되어야 하는 요소로, 낮게 가정할수록 인출할 수 있는 금액은 증가하게 되지만 예상치 못하게 물가가 상승할 경우 초과 인출을 해야 하는 상황이 발생하여 은퇴자금의 고갈 시점을 앞당기는 데 큰 영향을 준다.

③ 금리의 경우는 높게 책정하는 것이 은퇴자금의 가치를 높이기 때문에 인출 가능 금액이 높게 산출되겠지만 예상한 수익률을 달성하지 못하는 경우 은퇴자금의 고갈이 빨라지게 된다.

④ 물가상승률이나 금리는 금융시장과 경제환경 변화를 고려하여 재무설계사가 고객과 협의하여 결정하는 것이 필요하며, 정기적인 모니터링을 통해 점검하여야 한다.

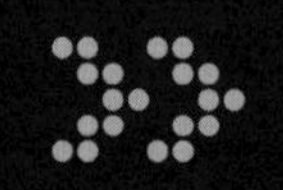

PART 04

부동산설계

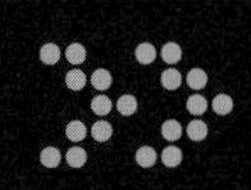

CONTENTS

CHAPTER

01 부동산설계의 이해

출제비중 : 8~16% / 2~4문항

학습가이드 ■ ■

학습 목표	학습 중요도
Tip 부동산의 분류, 용어, 부동산공부의 구체적인 내용에 대한 암기 필요 Tip 해당 내용을 응용한 문제해결형 문제가 나올 수 있으므로 이에 대한 학습 필요	
1. 부동산설계에서 재무설계사의 역할을 이해할 수 있다.	★
2. 부동산의 분류와 특성을 설명할 수 있다.	★★★

TOPIC 1 부동산설계와 부동산업

★☆☆

01 부동산설계에서 재무설계사의 역할에 대한 적절한 설명으로 모두 묶인 것은?

가. 부동산시장과 지역경제에 대한 이해능력이 필요하다.
나. 적절한 부동산상품에 대한 선정 및 관리능력이 필요하다.
다. 투자대상 부동산에 대한 가치평가 능력이 필요하다.
라. 다른 전문가와 원만한 유대관계 유지 능력이 필요하다.

① 가, 라　　② 나, 다
③ 가, 나, 다　　④ 나, 다, 라

정답 | ①

해설 | 나. 부동산상품에 대한 이해능력이 필요하다. 예를 들어 안정적인 현금흐름을 원하는 고객은 수익형 부동산을 가지고 부동산설계를 해주어야 하는데 매각차익이나 개발이익을 기대하는 토지로 부동산설계를 해주어서는 안 되기 때문이다.

다. 투자대상 부동산에 대한 분석 및 문제점을 파악하는 능력이 필요하다. 예를 들어 감정평가사가 부동산의 가치를 평가하지만 매번 감정평가사에게 맡길 수는 없다. 그러므로 부동산가치평가에 대한 기본적 지식을 가지고 해당 부동산 가치를 큰 범위에서 평가할 수 있어야 한다.

★☆☆

02 부동산업의 분류상 부동산 관련 서비스업에 해당하는 것은?

① 주거용 건물 임대업 ② 비주거용 건물 개발업
③ 기타 부동산 공급업 ④ 부동산 감정평가업

정답 | ④

해설 | 〈한국표준산업분류상 부동산업 분류〉

소분류	세분류	세세분류
부동산임대 및 공급업	부동산 임대업	주거용 건물 임대업
		비주거용 건물 임대업
		기타 부동산 임대업
	부동산 개발 및 공급업	주거용 건물 개발 및 공급업
		비주거용 건물 개발 및 공급업
		기타 부동산 개발 및 공급업
부동산 관련 서비스업	부동산 관리업	주거용 부동산 관리업
		비주거용 부동산 관리업
	부동산 중개, 자문 및 감정평가업	부동산 중개 및 대리업
		부동산투자 자문업
		부동산 감정평가업

··· TOPIC 2 부동산의 이해

★★★

03 부동산의 개념에 대한 설명이 적절하게 연결된 것은?

A. 토지의 지질, 지형, 고저 등의 자연적인 측면과 건축물의 인공적인 측면에서 바라보는 것으로 부동산을 측량, 설계, 시공, 공간 등의 대상으로 바라보고 정의하는 것이다.
B. 주로 부동산의 가격 또는 가치에 관심을 갖고 부동산 경기나 수익성, 수요와 공급 등에 대한 논의를 할 때 규정되는 개념으로 사용된다.
C. 부동산은 재산적 가치가 있는 거래의 대상이며, 국가의 경제기반이 되는 공공재의 역할도 하므로 규제의 대상이 된다.

	물리적 측면의 개념	경제적 측면의 개념	법률적 측면의 개념
①	A	B	C
②	B	A	C
③	B	C	A
④	C	B	A

정답 | ①

해설 | A. 물리적 측면의 개념
B. 경제적 측면의 개념
C. 법률적 측면의 개념

★★★

04 법률적인 개념의 부동산에 대한 적절한 설명으로 모두 묶인 것은?

가. 협의의 부동산은 토지 및 그 정착물을 말하는데, 여기서 토지는 물리적인 개념이 아닌 법률적인 개념으로 공법의 토지소유권을 의미한다고 볼 수 있다.
나. 부동산 이외의 물건은 동산이다.
다. 토지의 소유권은 정당한 이익이 있는 범위 내에서 토지의 상하에 미친다.
라. 준부동산은 '의제부동산'이라고도 하며 부동산과 같은 등기, 등록 등 공시제도를 갖춘 경우를 말한다.
마. 준부동산에는 자동차, 항공기, 선박(20톤 이상), 건설기계, 공장재단, 광업재단, 광업권, 영업권, 입목 등이 해당된다.

① 가, 나
② 나, 다, 라
③ 다, 라, 마
④ 나, 다, 라, 마

정답 | ②

해설 | 가. 여기서 토지는 물리적인 개념이 아닌 법률적인 개념으로 민법의 토지소유권을 의미한다고 볼 수 있다.
마. 준부동산에는 자동차, 항공기, 선박(20톤 이상), 건설기계, 공장재단, 광업재단, 광업권, 입목 등이 해당된다.

★★★

05 용도지역 중 도시지역에 속하는 지역으로 모두 묶인 것은?

가. 녹지지역
나. 관리지역
다. 생산관리지역
라. 계획관리지역
마. 농림지역
바. 경관지역

① 가
② 가, 마, 바
③ 나, 다, 라
④ 가, 나, 다, 라, 마

정답 | ①

해설 | 국토계획법 제6조에 따르면 국토는 토지의 이용실태 및 특성, 장래의 토지 이용 방향, 지역 간 균형발전 등을 고려하여 도시지역, 관리지역, 농림지역, 자연환경보전지역으로 구분하고 있다. 이 중 도시지역은 주거지역, 상업지역, 공업지역, 녹지지역으로 구분되며, 관리지역은 보전관리지역, 생산관리지역, 계획관리지역으로 구분된다.

★★★
06 용도별 주택의 분류가 적절하게 연결된 것은?

가. 연면적 750m^2, 5층(지하 주차장이 있는 주거용 건축물)
나. 연면적 600m^2, 4층(주거용 건축물로 공동주택에 해당)
다. 연면적 400m^2, 2층(15세대가 거주할 수 있는 주거용 건축물 단독주택)

	가	나	다
①	아파트	연립주택	다가구주택
②	아파트	다세대주택	다중주택
③	아파트	다세대주택	다가구주택
④	연립주택	아파트	다가구주택

정답 | ③

해설 | 〈용도별 주택의 종류〉

공동주택	아파트	주택으로 쓰는 층수가 5개 층 이상인 주택
	연립주택	주택으로 쓰는 1개 동의 바닥면적 합계가 660m^2를 초과하고, 층수가 4개 층 이하인 주택
	다세대주택	주택으로 쓰는 1개 동의 바닥면적 합계가 660m^2 이하이고, 층수가 4개 층 이하인 주택
	기숙사	학교 또는 공장 등의 학생 또는 종업원 등을 위하여 쓰는 것으로서 1개 동의 공동취사시설 이용 세대수가 전체의 50% 이상인 것
단독주택	다가구주택	주택으로 쓰는 층수가 3개 층 이하이고, 1개 동의 주택으로 쓰이는 바닥면적의 합계가 660m^2 이하이며, 19세대 이하가 거주할 수 있을 것
	다중주택	학생 또는 직장인 등 여러 사람이 장기간 거주할 수 있는 구조로 되어 있고, 독립된 주거의 형태를 갖추지 않으며, 1개 동의 주택으로 쓰이는 바닥면적의 합계가 660m^2 이하이고 주택으로 쓰는 층수가 3개 층 이하일 것
	단독주택	
	공관	

★★★

07 토지의 자연적 특성에 대한 설명이 적절하게 연결된 것은?

> 가. 부동산과 동산을 구별하는 근거가 되며, 부동산 활동 및 시장을 국지화시킨다.
> 나. 부동산활동에서 현장답사활동이 필요하며, 부동산활동에서 제일 중요한 것은 입지설정이다.
> 다. 감가상각 적용이 배제되지만, 장기적인 관점에서 토지를 관리하여야 한다.

	가	나	다
①	부동성	영속성	부증성
②	부동성	부동성	영속성
③	부증성	부동성	개별성
④	영속성	부증성	개별성

정답 | ②

해설 | 가. 부동성에 대한 설명이다.
나. 부동성에 대한 설명이다.
다. 영속성에 대한 설명이다.

★★★

08 토지의 자연적 특성에 대한 설명이 적절하게 연결된 것은?

> A. 감가상각 적용이 배제되지만, 장기적인 관점에서 토지를 관리하여야 한다.
> B. 물리적으로 완전히 동일한 토지는 존재할 수 없으나, 사회적 측면에서 또는 경제적 측면에서 유용성이 유사한 토지는 존재할 수 있다.
> C. 토지의 희소성을 지속시키게 되며, 이로 인해 토지이용을 집약화시킨다.
> D. 부동산활동에서 제일 중요한 것은 입지설정이다.

	부동성	영속성	부증성	개별성
①	A	B	C	D
②	B	A	C	D
③	C	D	A	B
④	D	A	C	B

정답 | ④

해설 | A. 영속성에 대한 설명이다.
B. 개별성에 대한 설명이다.
C. 부증성에 대한 설명이다.
D. 부동성에 대한 설명이다.

★★★
09 토지의 인문적 특성에 대한 설명으로 적절하지 않은 것은?

① 인간이 토지를 한번 잘못 이용하면 다시 개선하기가 어려우므로, 토지를 활용할 때는 최유효이용의 원칙을 전제로 활용해야 한다.

② 토지는 이용 주체의 편의에 따라 하나의 대지가 되기도 하고, 때로는 분할되어 각각 다른 용도로 쓰이기도 한다.

③ 사회적 위치의 가변성으로 인해 토지 이용을 집약화시킨다.

④ 다양한 개발계획의 발표 또는 각종 조세정책 등 토지의 이용 및 거래에 대한 정책적인 시행은 토지의 사회적 및 경제적 위치에 영향을 미친다.

정답 | ③

해설 | ③ 토지의 자연적 특성인 부증성에 대한 설명이다. 토지의 자연적인 위치는 변하지 않지만, 사회적이고 경제적인 위치는 인간의 활동에 따라 변할 수 있다. 예를 들어 생산성이 낮은 농경지를 공장용지로 사용한다면 높은 수익성과 생산성을 갖게 된다.

CHAPTER

02 부동산 경제 및 시장

출제비중 : 8~16% / 2~4문항

학습가이드

학습 목표	학습 중요도
Tip 수요공급에 대한 개념뿐만 아니라 경제환경을 분석하는 해석형 및 문제해결형 문제에 대한 학습 필요 Tip 부동산 시장의 특성 및 지역 범위의 경우 개념 이해 중심으로 학습 필요	
1. 부동산의 수요와 공급을 이해하고 영향을 미치는 요인을 파악할 수 있다.	★★★
2. 부동산 가격규제의 효과 및 부작용에 대해서 설명할 수 있다.	★★
3. 정부의 시장개입이 부동산시장에 미치는 효과를 이해하고 설명할 수 있다.	★★
4. 부동산 경기변동의 의의와 순환국면별 특징을 설명할 수 있다.	★

TOPIC 1 부동산 수요와 공급

★★★

01 수요와 공급에 대한 설명으로 적절하지 않은 것은?

① 가격만의 요인 변화로 수요량이 수요곡선상에서 점의 이동으로 변화하는 것을 수요량의 변화라고 한다.

② 가격 이외의 다른 요인이 변화함에 따른 수요곡선 자체의 이동으로 말미암아 전과 동일한 가격 수준에서 수요량이 변화하는 경우에 이를 수요의 변화라고 한다.

③ 단기적으로 부동산의 물리적인 공급 측면에서 보면, 토지의 부증성이라는 자연적 특성으로 인해 가격이 아무리 상승해도 물리적인 양은 변함이 없으므로 공급곡선이 수직으로 비탄력적인 성격을 띠게 된다.

④ 경제적 공급을 통해 중장기적으로 공급이 확대되면서 공급곡선이 일반 경제재의 공급곡선처럼 생산비가 반영되어 완만하게 우하향으로 기울어지게 된다.

정답 | ④

해설 | ④ 경제적 공급을 통해 중장기적으로 공급이 확대되면서 공급곡선이 일반 경제재의 공급곡선처럼 생산비가 반영되어 완만하게 우상향으로 기울어지게 되며 이러한 가격과 공급량의 비례관계를 공급의 법칙이라고 한다.

★★★
02 정상재의 경우 부동산 수요가 증가하는 요인으로 모두 묶인 것은?

> 가. 인구 및 가구 수의 감소
> 나. 소득수준 증가
> 다. 부동산 대체시장인 주식시장의 호황
> 라. 금리의 인상 및 신용유동성의 축소
> 마. 양도소득세와 재산세의 인상

① 나 ② 가, 나
③ 다, 라, 마 ④ 가, 다, 라, 마

정답 | ①

해설 | 부동산 수요가 증가하는 주요 요인으로는 인구 및 가구 수의 증가, 소득수준 증가(정상재의 경우) 및 금리의 인하, 대체재의 가격 상승 및 수익률 악화, 부동산 조세의 세율 완화, 공 · 사법상 규제 완화, 특정 지역 및 부동산 유형에 대한 선호도 증가 등을 들 수 있다.

★★★
03 정상재인 경우 수요곡선 자체의 이동으로 말미암아 변화하는 수요의 변화에 대한 설명으로 가장 적절한 것은?

① 부동산가격이 오르면 수요곡선이 우측으로 이동한다.
② 소득수준이 향상되면 수요곡선이 우측으로 이동한다.
③ 금리가 인상되면 수요곡선이 우측으로 이동한다.
④ 양도소득세가 인상되면 수요곡선이 우측으로 이동한다.

정답 | ②

해설 | 가격 이외의 다른 요인이 변화함에 따른 수요곡선 자체의 이동으로 말미암아 전과 동일한 가격 수준에서 수요량이 변화하는 경우에 이를 수요의 변화라고 한다. 예컨대 소비자의 소득이 늘면 각각의 가격 수준에서 종전보다 재화의 구입량이 증가하기 때문에 수요곡선이 오른쪽으로 이동한다. 부동산 수요가 증가하는 주요 요인으로는 인구 및 가구 수의 증가, 소득수준 증가(정상재의 경우) 및 금리의 인하, 대체재의 가격 상승 및 수익률 악화, 부동산 조세의 세율 완화, 공 · 사법상 규제 완화, 특정 지역 및 부동산 유형에 대한 선호도 증가 등을 들 수 있다.

★★★
04 부동산 수요의 특징에 대한 설명으로 적절하지 않은 것은?

① 부동산은 다른 재화에 비해서 고가성이 있어 자금을 마련하는 데 장기간의 시간이 소요된다.
② 개별 수요자의 거래 빈도가 낮다.
③ 수요자가 검토해야 할 사항과 구매 절차가 전문적이고 복잡하다.
④ 수요는 부증성으로 인해 시장이 국지화되어 수요의 이동이 자유롭지 못하고 영속성으로 인해 차별화된 수요 유형을 가진다.

정답 | ④
해설 | ④ 수요는 부동성으로 인해 시장이 국지화되어 수요의 이동이 자유롭지 못하고 개별성으로 인해 차별화된 수요 유형을 가진다.

★★★
05 부동산 공급의 특징에 대한 적절한 설명으로 모두 묶인 것은?

가. 토지는 비생산성으로 인해 물리적으로 한정되어 있고, 고정성으로 인해 이동 불가능한 특징이 있다.
나. 건물은 토지량의 한도 내에서 공급할 수 있으나 지표상에 이용 가능한 토지가 제한되어 있고, 그 위에 건물이 공급되면 일정 기간 동안은 그 지역에 재공급이 불가능하며, 신규로 공급 시에도 신축 및 준공하는 데 수개월에서 수년의 시간이 필요하다.
다. 물리적으로 한정된 토지의 공급부족 문제를 극복하기 위하여 토지의 이용을 효율화하고 경제적 활용도를 증대시키는 경제적 공급을 통해 공급량을 증대시킬 수 있다.
라. 토지의 경제적 공급은 황무지나 미개간지를 농지, 임지, 택지조성 등을 통해 토지의 이용도를 증대시키거나 경지정리사업, 도시 · 군계획사업과 같이 토지의 대체 개발을 통해 대단위의 토지를 개발하고 건물의 고층화, 입체화를 통해 토지 이용을 집약화시킨다.

① 가, 나
② 다, 라
③ 가, 나, 다
④ 가, 나, 다, 라

정답 | ④
해설 | 모두 적절한 설명이다.

★★★
06 균형가격은 하락하고 균형거래량은 증가하는 주요 요인으로 가장 적절한 것은?

① 인구 및 가구 수의 증가
② 소득수준 감소
③ 공 · 사법상 규제 강화
④ 건축 자재비 등 생산요소 가격의 하락

정답 | ④
해설 | 기술의 진보나 생산요소가격이 변화할 경우 수요곡선이 일정한 가운데 공급곡선이 이동할 수 있다. 예를 들어 신기술의 개발로 낮은 비용으로 공급이 가능해지면 공급곡선이 우측으로 이동하게 되며 균형가격은 하락하고 균형거래량은 증가한다. 부동산 공급을 증가시키는 주요 요인으로는 기술 수준의 향상, 건축 자재비 등 생산요소 가격의 하락, 금리인하 등 금융비용의 감소, 규제 완화를 통한 나지 및 공지의 이용 가능성 증대, 이용 가능한 건축물의 저량 감소 등이 있다.

★★★
07 균형상태의 시장에서 균형가격은 하락하고 균형거래량은 증가하는 경우로 모두 묶인 것은?

가. 인구 및 가구 수의 증가
나. 소득수준 증가
다. 공급자의 수 증가
라. 건축기술의 발달로 인한 원가절감과 공사기간의 축소
마. 용도지역 및 건축법규나 공 · 사법상의 행위 규제의 강화

① 가, 나
② 다, 라
③ 가, 나, 라
④ 다, 라, 마

정답 | ②
해설 | 기술의 진보나 생산요소가격이 변화할 경우 수요곡선이 일정한 가운데 공급곡선이 이동할 수 있다. 예를 들어 신기술의 개발로 낮은 비용으로 공급이 가능해지면 공급곡선이 우측으로 이동하게 되며 균형가격은 하락하고 균형거래량은 증가한다. 건물 공급에 있어 토지 가격과 자재 및 인건비 등 건축 비용의 변동(인상)은 공급 비용에 영향을 미쳐 공급원가를 높이므로 건물의 공급이 원활하게 이루어지지 않게 할 수 있다. 반면 시장에 존재하는 공급자의 수가 많거나 건축기술의 발달로 인한 원가절감과 공사기간의 축소는 공급 시차를 단축시켜 공급을 증대시킨다. 예컨대 용도지역 및 건축법규나 공 · 사법상 행위 규제의 완화는 토지 및 건물의 공급을 증대시키지만, 규제 강화 시에는 공급이 축소되거나 이루어지지 않을 수 있는 등 부동산 공급에 영향을 미치게 된다.

★★★
08 부동산 수요와 공급의 균형에 대한 적절한 설명으로 모두 묶인 것은?

가. 대체재의 가격 상승 및 수익률 악화, 부동산 조세의 세율 완하 등은 부동산 수요가 증가하는 주요 요인이다.
나. 건축 자재비 등 생산요소 가격의 하락, 금리인하 등 금융비용의 감소 등은 부동산 공급을 증가시키는 주요 요인이다.
다. 수요량과 공급량이 균등해지는 일정한 점에서 만나 결정하게 되는 시장가격을 균형가격이라고 한다.
라. 공급곡선이 일정한 가운데 가구 수의 증가나 소득의 증가로 부동산의 수요곡선이 우측으로 이동할 경우 균형가격이 상승하고 거래량이 증가한다.

① 가, 나
② 다, 라
③ 가, 나, 다
④ 가, 나, 다, 라

정답 | ④
해설 | 모두 적절한 설명이다.

TOPIC 2 부동산 가격규제

★★☆
09 가격규제의 영향과 효과에 대한 적절한 설명으로 모두 묶인 것은?

가. 정부에서 정하는 가격규제의 한도가 시장에서 성립되는 균형가격보다 높은 경우에는 시장에서 형성되는 가격과 공급량에 전혀 영향을 미치지 않는다.
나. 정부에서 임대료를 제한하여 임대료 상한이 균형가격보다 낮아지게 되면 공급이 감소하고 수요는 증가하여 초과수요가 발생하게 된다.
다. 정부가 임대료 상한을 정해 규제하면 임대인의 임대료 수입이 추가로 발생하므로 더 많은 주택이 공급된다.

① 가, 나
② 가, 다
③ 나, 다
④ 가, 나, 다

정답 | ①
해설 | 다. 정부의 규제가 없으면 초과수요로 인해서 임대료는 다시 상승하지만, 정부의 규제로 임대료 인상이 불가능해지면 초과수요상태가 지속되어 더 높은 가격을 지불할 능력이 있는 임차인들로 인해 암시장이 형성되는 등 부작용이 발생하게 된다. 또한 주택소유자는 추가적인 비용을 들여 주택을 수선하여도 임대료를 높일 수 없으므로 장기적으로 임대주택의 질이 하락하게 되고 이미 특정 지역의 임대주택에 거주하고 있는 임차인은 다른 곳에서 임대주택을 구하기가 어려우므로 이동에 제약을 받게 된다. 기존 임차인들의 이동이 저하되면 새로운 임차인들은 임대주택을 더욱 구하기 어려워지는 악순환이 발생하게 된다. 즉 임대료가 높아져도 임대료 규제가 있게 되면 장기적으로 임대주택의 공급량을 감소시킨다.

TOPIC 3 주택시장의 정부 개입

★★☆

10 주택정책의 수단에 대한 설명으로 적절하지 않은 것은?

① 세금과 관련된 개입은 주택관련 재산세 및 종합부동산세와 같은 보유세나 취득세 또는 양도소득세를 조절하고 시장 참여자에게 혜택 혹은 패널티를 부여함으로써 시장에 영향을 주는 것을 말한다.

② 보조금은 주로 민간임대주택의 일정한 요건을 갖춘 가구에 대하여 정부가 대신 임대료를 보전해주거나 직접 지불하는 것을 의미한다.

③ 대출규제는 시장이 과열되거나 가계부채의 증가속도가 빠를 때 LTV와 DSR 요건을 강화함으로써 주택의 수요를 줄이는 방식이다.

④ 거래규제의 대표적인 사례가 분양가상한제인데 신규 아파트의 가격에 대한 상한을 두고 차익을 많이 남기지 못하도록 함으로써 집값을 자극하는 요인을 사전에 제거하는 방식이다.

정답 | ④

해설 | 가격규제에 대한 설명이다. 거래규제는 아파트 분양권 등의 전매를 제한하는 등 거래 자체를 막아버리는 방법이다.

★★☆

11 주택 보유세의 경제적 효과에 대한 설명으로 가장 적절한 것은?

① 주택 보유세를 부과하면 주택 소유의 사용자 비용이 증가하여 주택에 대한 수요가 감소하기 때문에 새로운 균형이 이루어지고 주택가격은 하락하며 균형거래량도 감소하게 된다.

② 주택 보유세가 부과되면 임대주택의 공급이 증가하게 된다.

③ 주택 보유세가 부과되면 주택의 공급곡선 자체가 오른쪽으로 이동하게 되므로, 균형임대료는 감소하고 균형거래량은 증가하게 된다.

④ 결과적으로 주택 보유세가 강화되면 주택가격과 임대료가 모두 하락하게 된다.

정답 | ①

해설 | ② 주택 보유세가 부과되면 임대주택 소유자의 세후 임대소득이 감소하기 때문에 임대주택수익률 감소로 임대주택의 공급이 감소하게 된다.
③ 주택의 공급곡선 자체가 왼쪽으로 이동하게 되므로, 균형임대료는 증가하고 균형거래량은 감소하게 된다.
④ 결과적으로 주택 보유세가 강화되면 주택가격은 하락하고 임대료가 상승하게 된다.

★★☆

12 분양가 상한제의 경제적 효과에 대한 적절한 설명으로 모두 묶인 것은?

가. 분양가상한제를 도입하면 정부가 분양가격을 시장균형가격보다 낮은 가격으로 규제하게 되므로, 신규주택 공급량은 감소하고 수요량은 증가하게 되며 분양시장에 초과수요가 발생한다.
나. 초과수요는 할당의 문제가 나타나게 되므로, 정부는 청약가점제 및 청약추첨 등의 방식으로 해결하고자 한다.
다. 가격적인 측면에서 분양 프리미엄이 발생하는데 정부는 이런 시장을 규제하기 위하여 상황에 따라 전매기간을 제한함으로써 프리미엄 거래를 제한하기도 한다.
라. 분양가상한제는 장기적으로 주택가격을 하락시키는 요인으로 작용할 수 있다.
마. 공사비 절감으로 신규주택의 질적 저하가 나타날 수 있으며 우연히 당첨된 소수의 수분양자만이 커다란 시세차익을 누리게 된다.

① 가, 나, 라
② 다, 라, 마
③ 가, 나, 다, 마
④ 나, 다, 라, 마

정답 | ③

해설 | 라. 분양가상한제는 건설사들의 분양수익을 감소시켜 신규주택 공급을 감소시키는 결과를 초래할 수 있으므로 장기적으로 주택가격을 상승시키는 요인으로 작용할 수 있다.

★★☆

13 주거복지정책에 대한 설명으로 적절하지 않은 것은?

① 공동임대주택은 정부가 임대주택을 직접 건설하여 일정한 요건을 갖춘 저소득층 가구에게 공급하는 주택이다.
② 임대료 보조정책은 일정한 요건을 갖춘 가구에게 민간임대주택 임차료의 일정 부분을 정부가 대신 지불하는 정책이다.
③ 두 정책 모두 시장의 가격보다 저렴한 가격으로 주거서비스를 제공받는다는 공통점이 있다.
④ 공공임대주택은 입주자에게 고정된 입지와 주거서비스가 제공되기 때문에 임대료 보조정책에 비해 효용의 증가 폭이 크다고 볼 수 있다.

정답 | ④

해설 | ④ 임대료 보조정책은 수혜자가 낮은 임차료를 지불하며 그 가격에 효용을 극대화할 수 있는 입지를 선택할 수 있지만, 공공임대주택은 입주자에게 고정된 입지와 주거서비스가 제공되기 때문에 임대료 보조정책에 비해 효용의 증가 폭은 적다고 볼 수 있다.

··· TOPIC 4 부동산 경기변동

★☆☆

14 부동산 경기변동의 4개 국면에 대한 설명이 적절하게 연결된 것은?

> 가. 부동산 거래가 조금씩 활기를 띠기 시작하며, 낮아지는 금리를 적용하여 부동산투자자들이 투자를 시작한다.
> 나. 공급이 수요를 초과하게 되어 부동산가격은 약보합세를 형성하게 되고, 과거의 사례가격은 새로운 거래의 기준가격이 되거나 상한선이 되며, 매수인 우위시장이 형성된다.

	가	나		가	나
①	호황기	경기후퇴기	②	호황기	불황기
③	경기회복기	경기후퇴기	④	경기회복기	불황기

정답 | ③

해설 | 가. 경기회복기에 대한 설명이다.
나. 경기후퇴기에 대한 설명이다.

★☆☆

15 부동산 경기변동에 대한 설명으로 가장 적절한 것은?

① 부동산시장은 일반 재화시장보다 더 불완전하다고 할 수 있으므로 부동산 경기는 일반 경기에 비해 순환주기가 짧고 불규칙적으로 나타나며, 변동 폭이 작다.
② 경기변동은 보통 4개의 국면인 호황기 → 경기회복기 → 불황기 → 경기후퇴기로 구분할 수 있어서 부동산 경기도 4개 국면이 반복되어 순환하는 것이 일반적이지만, 부동산상품의 특징에 따라 또는 지역적인 특징에 따라 부동산가격이 안정적으로 유지되는 경우를 4개의 국면과 구별하기 위해 '안정기'라고 부른다.
③ 부동산 경기는 일반 경기변동보다 후 순환하는 것으로 알려져 있으나, 상업용 부동산이나 공업용 부동산은 일반 경기보다 선 순환한다.
④ 경기후퇴기는 거래가 조금씩 감소하며 금리가 상승하게 되어 대출을 받아 투자하려는 사람들의 심리를 억제하게 되는데, 과거의 사례가격은 새로운 거래의 기준가격이 되거나 상한선이 되며 매수인 우위시장이 형성된다.

정답 | ④

해설 | ① 부동산시장은 일반 재화시장보다 더 불완전하다고 할 수 있으므로 부동산 경기는 일반 경기에 비해 순환주기가 길고 불규칙적으로 나타나며, 변동 폭이 크다.
② 경기변동은 보통 4개의 국면인 호황기, 경기후퇴기, 불황기, 경기회복기로 구분할 수 있어서 부동산 경기도 4개 국면이 반복되어 순환하는 것이 일반적이다.
③ 부동산 경기는 일반 경기변동보다 후 순환하는 것으로 알려져 있으나, 부동산 상품별, 지역별로 시차가 존재하기도 한다. 또한 상업용 부동산이나 공업용 부동산은 일반 경기와 매우 밀접한 관계가 있으므로 같이 움직인다.

CHAPTER

03 부동산 권리분석

출제비중 : 28~40% / 7~10문항

학습가이드 ■ ■

학습 목표	학습 중요도
Tip 부동산 물권의 경우 부동산 등기 및 등기사항전부증명서와 연계하여 학습 필요 Tip 부동산 경매의 경우 부동산 물권 및 등기에 대한 내용과 연계하여 학습 필요	
1. 부동산 물권의 종류를 알고 물권의 효력과 변동에 대해 설명할 수 있다.	★★★
2. 부동산 공부의 종류와 구성요소들을 파악할 수 있다.	★★★
3. 부동산 경매와 공매의 개념을 설명하고 경매절차에 대해 설명할 수 있다.	★★★

▪▪▪ TOPIC 1 부동산 권리

★★★

01 부동산권리분석에 대한 설명으로 가장 적절한 것은?

① 법률행위로 인한 부동산물권의 권리변동은 법률행위를 하는 것으로 족하는 것이 아니라 등기라는 요건을 갖추어야 한다.

② 민법은 부동산 거래에 관하여 등기에 공신력을 인정하고 있으나 부동산물권 중 점유권, 유치권 등의 경우 등기 없이 효력을 가진다.

③ 부동산 권리의 변동에 관하여는 대장의 기재사항을, 부동산 물적사항에 관하여는 등기부의 기재사항을 기초로 확인한다.

④ 지적도 및 임야도를 통해 토지의 경계를 확인할 수 있으며, 실제 토지의 경계와 공부상 경계가 다를 경우 소유권의 범위는 현실의 경계에 의하여 확정된다.

정답 | ①

해설 | ② 민법은 부동산 거래에 관하여 등기에 공신력을 인정하지 않고, 부동산물권 중 점유권, 유치권 등의 경우 등기 없이 효력을 가진다.

③ 부동산 권리의 변동에 관하여는 등기부의 기재사항을, 부동산 물적사항에 관하여는 대장의 기재사항을 기초로 확인한다.

④ 지적도 및 임야도를 통해 토지의 경계를 확인할 수 있으며, 실제 토지의 경계와 공부상 경계가 다를 경우 공간정보관리법 제64조 및 대법원 판례에 따라 소유권의 범위는 현실의 경계와 관계없이 공부상의 경계에 의하여 확정된다. 따라서 물적 불일치가 있는지 정확하게 현장에서 확인하는 것이 필요하다.

★★★
02 부동산권리분석에 대한 적절한 설명으로 모두 묶인 것은?

가. 우리 민법과 판례는 부동산에 대하여 선의취득을 인정하지 않고, 타인의 불법점유나 파악하지 못한 유치권 등이 존재할 경우 부동산설계는 실패할 수 있으므로 부동산권리분석은 부동산설계에서 매우 중요하다고 볼 수 있다.
나. 상속, 공용징수, 판결, 경매 등 법률행위에 의하지 않는 부동산 물권변동은 등기 없이도 일어나므로 해당 부동산을 먼저 등기하지 않아도 처분이 가능하다.
다. 민법은 등기에 의해 공시된 내용을 신뢰하고 거래한 자에 대하여 그가 신뢰한 대로 효력을 발생시키는 선의취득을 인정하고 있다.
라. 임차인 현황을 누락한 경우나 실제와 공부상 면적이 다른 경우 수익성의 결과는 기존과 매우 다를 것이므로, 넓은 의미에서 부동산의 수익성분석이 권리분석에 포함된다.

① 가, 라　　② 나, 다
③ 가, 나, 다　　④ 나, 다, 라

정답 | ①
해설 | 나. 상속, 공용징수, 판결, 경매 등 법률행위에 의하지 않는 부동산 물권변동은 등기 없이도 일어나나, 해당 부동산을 먼저 등기하지 않는다면 처분할 수 없다.
다. 등기에 의해 공시된 내용을 신뢰하고 거래한 자에 대하여 그가 신뢰한 대로 효력을 발생시키는 선의취득을 인정하지 않는다.

★★★
03 물권에 대한 적절한 설명으로 모두 묶인 것은?

가. 대체로 임의규정　　나. 현존 · 특정 · 독립의 물건
다. 양도성이 제한됨　　라. 채권에 대한 우선성
마. 물권 간 평등주의

① 가, 라　　② 나, 라
③ 나, 마　　④ 다, 마

정답 | ②
해설 | 〈물권과 채권의 비교〉

구분	물권	채권
법적 성격	• 대체로 강행규정 • 물건에 대한 지배권	• 대체로 임의규정 • 특정인에 대한 요구권 • 계약자유의 원칙이 지배함
객체	• 현존 · 특정 · 독립의 물건	• 채무자의 급부행위
특징	• 절대권(모든 사람에게 주장) • 배타성 존재(독점성)	• 상대권(특정 상대방에게 주장) • 배타성이 없음(평등성)
효력	• 채권에 대한 우선성 • 물권 간 시간적으로 우선권	• 채권 간 평등주의

★★★
04 채권에 대한 적절한 설명으로 모두 묶인 것은?

가. 대체로 임의규정	나. 계약자유의 원칙이 지배함
다. 시간적 선후에 따라 효력이 발생함	라. 관습의 영향을 많이 받음

① 가, 나　　② 가, 다
③ 나, 다　　④ 나, 다, 라

정답 | ①
해설 | 〈물권과 채권의 비교〉

구분	물권	채권
법적 성격	• 대체로 강행규정 • 물건에 대한 지배권	• 대체로 임의규정 • 특정인에 대한 요구권 • 계약자유의 원칙이 지배함
객체	• 현존 · 특정 · 독립의 물건	• 채무자의 급부행위
특징	• 절대권(모든 사람에게 주장) • 배타성 존재(독점성)	• 상대권(특정 상대방에게 주장) • 배타성이 없음(평등성)
효력	• 채권에 대한 우선성 • 물권 간 시간적으로 우선권	• 채권 간 평등주의

★★★
05 다음 부동산 물권 중 용익물권으로만 모두 묶인 것은?

가. 지상권	나. 저당권
다. 전세권	라. 지역권

① 가, 라　　② 나, 다
③ 가, 다, 라　　④ 가, 나, 다, 라

정답 | ③
해설 | 지상권, 지역권, 전세권은 용익물권이며, 저당권은 담보물권에 해당한다.

★★★
06 공동소유의 유형 중 공유에 대한 적절한 설명으로 모두 묶인 것은?

가. 의의 : 수인이 조합체로서 물건 소유	나. 성격 : 개인주의적 성격이 강한 공동소유
다. 지분의 처분 : 전원의 동의	라. 목적물의 변경 · 처분 : 전원의 동의

① 가, 나　　② 가, 다
③ 나, 라　　④ 다, 라

정답 | ③

해설 | 〈공동소유의 유형〉

구분	공유	합유	총유
의의	하나의 소유권이 수인에게 양적으로 분할	수인이 조합체로서 물건 소유	법인이 아닌 사단 사원들의 집합체로서 소유
성격	개인주의적 성격이 강한 공동소유	공유 · 총유의 중간적 형태의 공동소유	단체주의적 성격이 강한 공동소유
지분	공유지분	합유지분	없음
지분의 처분	자유	전원의 동의	지분이 없음
목적물의 변경 · 처분	전원의 동의	전원의 동의	사원총회의 결의
목적물의 사용 · 수익	지분 비율에 따라 공유물 전부 사용 · 수익	합유물 전부에 미침	정관, 기타 규약에 따라

★★★

07 민법상 물권의 종류에 대한 다음 설명 중 (가)~(라)에 들어갈 내용으로 적절하게 연결된 것은?

- 본권은 소유권과 (가)으로 분류할 수 있다.
- 소유권은 객체인 물건을 법률의 범위 내에서 사용 · 수익 · (나)할 수 있는 권리를 말한다.
- 소유권자가 (다)를 타인에게 설정하는 것이 용익물권이다.
- 담보물권에는 저당권, (라), 질권이 있다.

	가	나	다	라
①	제한물권	처분	사용가치	유치권
②	제한물권	임대	교환가치	임차권
③	용익물권	임대	교환가치	유치권
④	담보물권	처분	사용가치	임차권

정답 | ①

해설 |
- 본권은 소유권과 제한물권으로 분류할 수 있다.
- 소유권은 객체인 물건을 법률의 범위 내에서 사용 · 수익 · 처분할 수 있는 권리를 말한다.
- 소유권자가 사용가치를 타인에게 설정하는 것이 용익물권이다.
- 담보물권에는 저당권, 유치권, 질권이 있다.

★★★
08 민법상 물권에 대한 설명으로 가장 적절한 것은?

① 점유권은 물건을 사실상 지배하고 있는 경우에 그 지배를 정당화시켜 주는 법률상의 근거 여부를 묻지 않고 인정해 주는 권리이므로 민법상 물권에 해당하지 않는다.
② 전세권이란 전세권자가 전세금을 지급하고 타인의 부동산을 점유하여 그 부동산의 용도에 좇아 사용 · 수익하며, 설정행위로 이를 금지한 경우를 제외하고 전세권자는 전세권을 타인에게 양도 또는 담보로 제공할 수 있으며, 전전세도 가능하다.
③ 유치권이란 타인의 물건이나 유가증권을 점유한 자가 그 물건이나 유가증권에 관하여 생기는 채권이 변제기에 있는 경우에 변제를 받을 때까지 그 물건 또는 유가증권을 유치할 수 있는 물권으로 등기를 요한다.
④ 질권은 약정담보물권으로 부동산에는 질권 설정이 가능하다.

정답 | ②
해설 | ① 민법상 물권의 종류에 해당한다.
③ 유치권의 목적물은 물건이나 유가증권이므로 동산과 부동산을 모두 목적물로 할 수 있으며 법률상 당연히 성립하기 때문에 법정담보물권으로 등기를 요하지 않는다.
④ 질권이란 채권자가 일정한 채권의 담보를 위하여 채무자나 보증인이 제공한 동산 또는 재산권을 점유하고, 후에 채무의 변제가 없는 경우에 그 목적물로부터 우선적으로 변제받을 수 있도록 약정하는 약정담보물권이다. 부동산에는 질권을 설정할 수 없다.

★★★
09 부동산물권에 대한 설명으로 적절하지 않은 것은?

① 전세권이란 전세권자가 전세금을 지급하고 타인의 부동산을 점유하여 그 부동산의 용도에 좇아 사용 · 수익하는 용익물권이다.
② 질권은 유치권과 함께 법정담보물권이며, 부동산에는 질권을 설정할 수 없다.
③ 근저당권이란 그 담보할 채무의 최고액만을 정하고 채무의 확정을 장래에 보류하여 이를 설정하는 것으로, 채무가 확정될 때까지 채무의 소멸 또는 이전은 근저당권에 영향을 미치지 않으므로 채무액이 전부 변제되더라도 근저당권은 소멸되지 않는다.
④ 분묘기지권은 분묘의 관리를 계속하는 한 권리가 계속되며 최근 대법원 판례에 따라 분묘기지권을 시효로 취득한 경우에도 분묘기지권자는 토지소유자가 지료를 청구하면 그 청구한 날로부터의 지료를 지급해야 한다.

정답 | ②
해설 | ② 질권이란 채권자가 일정한 채권의 담보를 위하여 채무자나 보증인이 제공한 동산 또는 재산권을 점유하고, 후에 채무의 변제가 없는 경우에 그 목적물로부터 우선적으로 변제받을 수 있도록 약정하는 약정담보물권이다. 부동산에는 질권을 설정할 수 없다.

★★★

10 **다음 집합건물의 등기사항전부증명서상 정보를 고려할 때, 아파트 A 관련 분석 내용으로 적절하지 않은 것은?**

〈아파트 A 관련 정보〉
• 갑구 내용
 − 순위번호 1 : 소유권보존(소유자 박미진)
 − 순위번호 2 : 소유권이전(소유자 구성현)
• 을구 내용
 − 순위번호 1 : 근저당권(근저당권자 ××은행, 채권최고액 480,000천원)
 − 순위번호 2 : 전세권(전세권자 이연수, 전세금 450,000천원)

① 소유권과 제한물권이 동시에 존재하게 된다면 소유권은 제한물권에 의하여 당연히 제한받게 되며, 소유권자가 아닌 제한물권자인 전세권자가 아파트 A를 사용 · 수익하기 때문에 제한물권이 소유권보다 우선한다.
② 아파트 A의 소유자 구성현씨가 대출을 갚지 못해 근저당권자 ××은행의 저당권이 실행된다면 이연수씨는 ××은행에 대항할 수 없고 전세권은 소멸한다.
③ 경매로 인해 이연수씨의 전세권은 경락자에게 인수되지 않으며, 경락대금이 저당권 금액을 초과할 경우에만 그 차액을 전세권으로 보전받을 수 있다.
④ 만일 아파트 위에 전세권이 먼저 설정된 후 저당권이 설정된 경우라 하더라도 저당권이 실행된다면 저당권은 전세권에 우선하며 이연수씨는 경락자에게 전세금을 요구할 수 없다.

정답 | ④
해설 | 아파트 위에 전세권이 설정된 후 저당권이 설정된 경우 저당권이 실행된다면 전세권은 저당권에 우선하며 전세권자는 경락자에게 전세금을 요구할 수 있다.

★★★

11 **물권의 효력에 대한 설명으로 가장 적절한 것은?**

① 종류를 달리하는 물권은 동일물 위에 동시에 성립할 수 있다.
② 하나의 토지 위에 소유권과 지상권이 동시에 존재하게 된다면 소유권이 지상권보다 우선한다.
③ 동일물에 관하여 물권과 채권이 병존하는 경우에는 각 권리의 성립 시기에 따라 우선권이 있다.
④ 물권적 청구권은 물권적 반환청구권과 물권적 방해제거청구권은 인정되나 물권적 방해예방청구권은 인정되지 않는다.

정답 | ①

해설 | ② 소유권과 제한물권이 동시에 존재하게 된다면 소유권은 제한물권에 의하여 당연히 제한받게 되며, 소유권자가 아닌 제한물권자인 지상권자가 건물을 사용 · 수익하기 때문에 제한물권이 소유권보다 우선한다.
③ 동일물에 관하여 물권과 채권이 병존하는 경우에는 그 성립 시기의 선후에 관계없이 물권은 채권에 원칙적으로 우선한다.
④ 물권적 청구권은 그 방해의 모습에 따라 물권적 반환청구권, 물권적 방해제거청구권, 물권적 방해예방청구권으로 나뉜다.

★★★
12 법률규정에 의한 물권변동 중 민법이 규정하는 것은?

① 취득시효 ② 공용징수
③ 몰수 ④ 경매

정답 | ①

해설 | 민법이 규정하는 것으로 취득시효, 소멸시효, 혼동, 무주물 선점, 유실물 습득, 매장물 발견, 첨부(부합, 혼화, 가공), 상속 등이 있으며 민법 이외의 법률이 규정하는 것으로는 공용징수(토지보상법), 몰수(형법), 경매(민사소송법) 등이 있다.

★★★
13 등기대상 권리에 해당하지 않는 것은?

① 소유권 ② 지역권
③ 저당권 ④ 점유권

정답 | ④

해설 | 등기대상이 되는 권리는 소유권, 지상권, 지역권, 전세권, 저당권 등이며 점유권, 유치권, 특수지역권, 분묘기지권 등은 등기능력이 없다.

★★★
14 등기사항전부증명서상에서 확인할 수 있는 내용으로 모두 묶인 것은?

① 지상권, 전세권, 저당권
② 소유권, 유치권, 대지사용권
③ 점유권, 법정지상권, 환매등기
④ 지역권, 분묘기지권, 임차권

정답 | ①

해설 | 등기대상이 되는 권리는 소유권, 지상권, 지역권, 전세권, 저당권 등이며 점유권, 유치권, 특수지역권, 분묘기지권 등은 등기능력이 없다. 등기대상 권리(소유권, 지상권, 지역권, 전세권, 저당권)는 동 권리의 설정 · 보존 · 이전 · 변경 · 처분의 제한 또는 소멸이 모두 등기대상이 된다. 이러한 등기사항은 권리를 등기에서 확인할 수 있는지에 대한 기준이 되기도 한다. 따라서 대항력 있는 주택 및 상가의 임차권, 법정지상권, 유치권 등은 등기사항에 표시되지 않기 때문에 권리분석에서 주의를 요하는 사항이 된다.

★★★
15 등기한 권리의 순위에 대한 적절한 설명으로 모두 묶인 것은?

가. 동구에서의 순위는 순위번호에 의한다.
나. 별구의 권리순위는 등기사항전부증명서로 확인이 불가능하다.
다. 주등기의 순위는 부기등기의 순위에 의한다.
라. 부기등기 간 순위는 부기등기 전후에 따른다.
마. 등기의 순위에 있어 가등기를 한 후 가등기에 관한 본등기가 있는 경우에는 본등기의 순위가 인정된다.

① 가, 라
② 가, 나, 라
③ 가, 다, 마
④ 다, 라, 마

정답 | ①

해설 | 나. 별구(갑구와 을구)에서는 각 구별로 동일한 순위번호가 존재할 수 있으므로 우선접수일자에 의하며, 만약 접수일자가 같은 경우 접수번호에 의한다.
다. 부기등기의 순위는 주등기의 순위에 의한다.
마. 등기의 순위에 있어 가등기를 한 후 가등기에 관한 본등기가 있는 경우에는 본등기의 순위는 가등기의 순위에 따른다.

★★★
16 부동산 등기제도에 대한 설명으로 적절하지 않은 것은?

① 지상권, 지역권, 전세권은 모두 등기대상이 되는 권리이다.
② 담보물권 중 저당권, 유치권은 등기대상이 되는 권리이다.
③ 부기등기의 순위는 주등기의 순위에 의하며, 부기등기 간 순위는 부기등기 전후에 따른다.
④ 등기의 순위에 있어 가등기를 한 후 가등기에 관한 본등기가 있는 경우에는 본등기의 순위는 가등기의 순위에 따른다.

정답 | ②

해설 | ② 담보물권 중 등기대상이 되는 권리는 저당권이며, 유치권은 등기능력이 없다.

★★★
17 부동산물권의 변동에 대한 설명으로 적절하지 않은 것은?

① 모든 물권변동은 등기를 해야 효력이 발생한다.
② 등기대상이 되는 권리는 소유권, 지상권, 지역권, 전세권, 저당권 등이며 점유권, 유치권, 특수지역권, 분묘기지권 등은 등기능력이 없다.
③ 동일한 부동산에 관하여 등기한 권리의 순위는 등기한 순서에 의한다.
④ 가등기는 부동산물권 및 준하는 권리의 설정 · 이전 · 변경 · 소멸의 청구권을 보전하기 위해 미리 예비로 하는 등기로, 등기의 순위에 있어 가등기를 한 후 가등기에 관한 본등기가 있는 경우에는 본등기의 순위는 가등기의 순위에 따른다.

정답 | ①

해설 | ① 법률행위에 의한 물권변동은 당사자의 의사에 의한 법률행위와 등기로써 물권변동이 일어나지만, 법률규정에 의한 물권변동은 당사자의 의사와는 무관하게 주로 법률규정이나 판결에 의해 물권변동이 일어나는 경우이다. 민법이 규정하는 것으로 취득시효, 소멸시효, 혼동, 무주물 선점, 유실물 습득, 매장물 발견, 첨부(부합, 혼화, 가공), 상속 등이 있으며 민법 이외의 법률이 규정하는 것으로는 공용징수(토지보상법), 몰수(형법), 경매(민사소송법) 등이 있다.

★★★

18 등기 관련 주요 용어에 대한 설명으로 가장 적절한 것은?

① 가등기는 부동산물권 및 준하는 권리의 설정 · 이전 · 변경 · 소멸의 청구권을 보전하기 위해 미리 예비로 하는 등기로, 등기의 순위에 있어 가등기를 한 후 가등기에 관한 본등기가 있는 경우에는 본등기의 순위는 가등기의 순위에 따른다.

② 가압류는 확정 판결 또는 채무 명의에 의해 강제집행을 하기 위한 보전수단을 말한다.

③ 압류는 금전채권이나 금전채권으로 바꿀 수 있는 청구권을 위해 소송을 제기하고 강제집행을 실행하고자 할 때 소송기간 동안 재산을 도피 · 은닉하지 못하도록 묶어두는 보전수단을 말한다.

④ 다툼이 있는 부동산을 현재 상태로 보전하기 위해 법원에서 예고등기를 한다.

정답 | ①

해설 | ② 압류에 대한 설명이다.
③ 가압류에 대한 설명이다.
④ 다툼이 있는 부동산을 현재 상태로 보전하기 위해 법원에서 임시로 보관한 것을 가처분이라 하며, 청구권을 가지는 채권자가 장차 집행보전을 위해 현재의 상태대로 현상을 고정 · 유지할 필요가 있을 때 채무자의 재산은닉 · 양도 등의 처분을 금지시키고, 그 보관에 필요한 조치를 해두는 보전처분을 말한다.

★★★

19 부동산물권에 대한 설명으로 가장 적절한 것은?

① 저당권이란 채무자 또는 제3자가 점유를 이전하지 않고 채무의 담보로 제공한 부동산에 대하여 다른 채권자보다 자기채권의 우선변제를 받을 물권으로 법정 담보물권이다.

② 대지사용권이란 구분소유자가 공용부분의 소유를 위해 건물의 대지에 가지는 권리로 지상권 또는 임차권의 형태를 가질 수 있으나, 소유권의 형태는 불가능하다.

③ 가압류는 다툼이 있는 부동산을 현재 상태로 보전하기 위해 법원에 임시로 보관한 것이다.

④ 부동산의 환매기간은 최대 5년이며, 환매기간을 정한 때에는 이를 다시 연장하지 못한다.

정답 | ④

해설 | ① 저당권이란 채무자 또는 제3자가 점유를 이전하지 않고 채무의 담보로 제공한 부동산에 대하여 다른 채권자보다 자기채권의 우선변제를 받을 물권으로 약정 담보물권이며 등기함으로써 성립한다.
② 대지사용권이란 구분소유자가 전유부분의 소유를 위해 건물의 대지에 가지는 권리로 소유권, 지상권 또는 임차권의 형태를 가질 수 있다.
③ 가처분에 대한 설명이다. 가압류는 금전채권이나 금전채권으로 바꿀 수 있는 청구권을 위해 소송을 제기하고 강제집행을 실행하고자 할 때 소송기간 동안 재산을 도피 · 은닉하지 못하도록 묶어두는 보전수단(소송 후 경매로 실행)을 말한다.

★★★
20 부동산물권에 대한 적절한 설명으로 모두 묶인 것은?

> 가. 지역권 : 일정한 목적을 위하여 타인의 토지를 자기토지의 편익에 이용하는 물권
> 나. 대지사용권 : 구분소유자가 전유부분의 소유를 위해 건물의 대지에 가지는 권리
> 다. 공시의 원칙 : 공시방법을 신뢰하여 거래한 자를 보호해야 한다는 원칙
> 라. 압류 : 다툼이 있는 부동산을 현재 상태로 보전하기 위해 법원에 임시로 보관한 것

① 가, 나　　② 가, 라
③ 나, 다　　④ 다, 라

정답 | ①
해설 | 다. 공신의 원칙에 대한 설명이다. 법률행위로 인한 부동산물권의 변동은 공시, 즉 물권의 득실변경을 등기하여야 효력이 발생한다.
라. 가처분에 대한 설명이다. 압류는 확정 판결 또는 채무 명의에 의해 강제집행(경매)을 하기 위한 보전수단(경매로 실행)을 말한다.

••• TOPIC 2 부동산 공부

★★★
21 지목에 따른 분류에 해당하지 않는 것은?

① 목장용지　　② 도로
③ 유원지　　④ 획지

정답 | ④
해설 | ④ 필지와 획지는 지목에 따른 분류가 아니다.

★★★
22 지목에 따른 분류가 가장 적절한 것은?

① 물을 상시적으로 직접 이용하여 벼 · 연 · 미나리 · 왕골 등의 식물을 주로 재배하는 토지는 '답'으로 한다.
② 영구적 건축물 중 박물관 · 극장 · 미술관 등 문화시설과 이에 접속된 정원 및 부속시설물의 부지는 '유원지'로 한다.
③ 자동차 등의 판매목적으로 설치된 물류장 및 야외전시장은 '주차장'으로 한다.
④ 자연의 유수가 있거나 있을 것으로 예상되는 토지는 '유지'로 한다.

정답 | ①

해설 | ② 영구적 건축물 중 주거 · 사무실 · 점포와 박물관 · 극장 · 미술관 등 문화시설과 이에 접속된 정원 및 부속 시설물의 부지는 '대'로 한다.

③ '주차장'은 자동차 등의 주차에 필요한 독립적인 시설을 갖춘 부지와 주차전용 건축물 및 이에 접속된 부속시설물의 부지이다. 다만, 주차장법 제2조제1호가목 및 다목에 따른 노상주차장 및 부설주차장(주차장법 제19조제4항에 따라 시설물의 부지 인근에 설치된 부설주차장은 제외)과 자동차 등의 판매목적으로 설치된 물류장 및 야외전시장은 제외한다.

④ 자연의 유수가 있거나 있을 것으로 예상되는 토지는 '하천'으로 한다. '유지'는 물이 고이거나 상시적으로 물을 저장하고 있는 댐 · 저수지 · 소류지 · 호수 · 연못 등의 토지와 연 · 왕골 등이 자생하는 배수가 잘 되지 아니하는 토지이다.

★★★
23 토지의 분류 중 지목 구분기준에 대한 설명으로 적절하지 않은 것은?

① 개별 필지마다 하나의 지목이 설정되며, 토지가 일시적인 용도로 사용된다고 하더라도 지목을 변경하지는 않는다.

② '전'은 물을 상시적으로 직접 이용하여 벼 · 연 · 미나리 · 왕골 등의 식물을 주로 재배하는 토지이다.

③ 목장 내 주거용 건축물의 부지는 '대'로 한다.

④ 고속도로안의 휴게소 부지는 '도로'이다.

정답 | ②

해설 | ② '답'에 대한 설명이다. '전'은 물을 상시적으로 이용하지 않고 곡물 · 원예작물(과수류는 제외) · 약초 · 뽕나무 · 닥나무 · 묘목 · 관상수 등의 식물을 주로 재배하는 토지와 식용으로 죽순을 재배하는 토지이다.

★★★
24 필지와 획지에 대한 설명이 적절하게 연결된 것은?

가. 지번부여지역의 토지로서 소유자와 용도가 같고 지반이 연속된 토지이며, 소유가 중심이 되어 성립된 법률상의 단위이다.
나. 모든 토지는 그 토지에 관련된 지번 · 지목 · 경계 또는 좌표와 면적을 정하여 지적공부에 등록하도록 되어 있다.
다. 이용을 상정하여 구획되는 경제적 · 부동산학적인 단위 개념이다.
라. 인위적 · 자연적 · 행정적 조건에 의해 다른 토지와 구별되나 가격 수준이 비슷한 단위 토지이다.

	필지	획지
①	가, 나	다, 라
②	가, 다	나, 라
③	나, 다	가, 라
④	나, 라	가, 다

정답 | ①

해설 | • 필지란 지번부여지역의 토지로서 소유자와 용도가 같고 지반이 연속된 토지이다. 즉, 소유가 중심이 되어 성립된 법률상의 단위로, 하나의 필지에는 1개의 지번과 지목이 부여된다. 모든 토지는 하나의 필지를 중심으로 그 토지에 관련된 지번 · 지목 · 경계 또는 좌표와 면적을 정하여 지적공부에 등록하도록 되어 있다.
• 필지가 법률상의 단위 개념인 데 반하여 획지는 이용을 상정하여 구획되는 경제적 · 부동산학적인 단위 개념이며, 획지는 인위적 · 자연적 · 행정적 조건에 의해 다른 토지와 구별되나 가격 수준이 비슷한 단위 토지이다.

★★★

25 등기사항전부증명서에 대한 설명으로 적절하지 않은 것은?

① 등기기록의 부속서류를 제외하고는 현재 본인이 해당 부동산에 이해관계인이 아니더라도 누구든지 등기사항전부증명서를 열람하고 발급받을 수 있으며, 부동산 소유권 등의 권리관계가 발생하거나 변경됐을 경우 등기가 되어야 비로소 효력이 발생하기도 한다.
② 갑구에는 소유권에 대한 사항만 기재된다.
③ 을구에는 소유권 이외의 권리들이 표시된다.
④ 주등기에 따른 부기등기가 가능하며, 부기등기에 대한 부기등기도 각각 수 개씩 가능하다.

정답 | ②

해설 | ② 갑구에서는 소유권에 관한 사항을 기록하는데 순위번호란, 등기목적란, 접수란, 등기원인란, 권리자 및 기타 사항란으로 구성된다. 갑구에는 소유권보존등기, 소유권이전등기, 가등기, 가압류등기, 가처분등기, 압류등기, 환매등기, 경매기입등기 등이 있다. 또한 이런 권리관계의 변경 · 소멸에 대한 내용이 기재된다.

★★★

26 부동산 공부 중 건축물대장에 대한 설명으로 적절하지 않은 것은?

① 조세의 부과징수를 위해 건축물의 현황과 소유자에 관한 사항을 등록한 장부로서 지방세 부과관청인 시장 · 군수 · 구청장이 직권으로 조사하여 등록한다.
② 건축 중인 건물일 경우에는 건축도면이 이를 대신한다.
③ 등기사항전부증명서의 내용과 일치하는지, 무허가 · 미등기건물인지, 층별 허가를 받았는지, 용도가 일치하는지 여부 등을 확인해야 하며, 부동산의 현황 표시는 건축물대장이 우선시되고, 권리사항은 등기사항전부증명서가 우선시됨을 주의해야 한다.
④ 집합건축물대장이 건축물대장(일반)과 가장 큰 차이점은 건물의 면적이 전유부분과 공용부분으로 나뉘어 기재되는 것이다.

정답 | ②

해설 | ② 건축물대장은 사용승인 또는 준공 후 건물의 모든 내용을 말해 준다. 참고로 최근에 등재된 건물의 건축도면의 경우에는 건축물 소유자의 동의를 얻거나 국가 또는 지방자치단체인 경우 또는 그 밖의 이해관계자인 경우에 한하여 발급이 가능하다.

★★★
27 부동산 공부에 대한 설명으로 적절하지 않은 것은?

① 현재 본인이 해당 부동산에 이해관계인인 경우에 한해서 등기사항전부증명서를 열람하고 발급받을 수 있다.

② 아파트 및 오피스텔, 다세대주택, 연립주택, 구분상가, 사무실, 빌딩 등은 별도의 형식으로 등기사항전부증명서가 작성 · 관리되며, 이러한 형식의 권리관계를 집합건물에 관한 구분소유권이라 칭한다.

③ 임야도는 매입하려는 토지가 임야(산)일 때 지적도 대신 발급받는 서류로 지적도와 마찬가지로 땅의 소재지 · 지번 · 지목 · 경계 · 축척 등이 기재돼 있다.

④ 부동산의 현황 표시는 건축물대장이 우선시되고, 권리사항은 등기사항전부증명서가 우선시됨을 주의해야 한다.

정답 | ①

해설 | ① 등기기록의 부속서류를 제외하고는 현재 본인이 해당 부동산에 이해관계인이 아니더라도 누구든지 등기사항전부증명서를 열람하고 발급받을 수 있으며, 부동산 소유권 등의 권리관계가 발생하거나 변경됐을 경우 등기가 되어야 비로소 효력이 발생하기도 한다.

★★★
28 부동산 공부에 대한 설명으로 적절하지 않은 것은?

① 등기사항전부증명서 갑구에는 소유권보존등기, 소유권이전등기, 가등기, 가압류등기, 가처분등기, 압류등기, 환매등기, 경매기입등기 등 소유권에 관한 사항을 기록한다.

② 아파트의 경우 대지권은 소유권과 관련된 내용이므로 집합건물의 등기사항전부증명서 갑구에 기재된다.

③ 토지대장상의 지목이 '전', 면적이 100m^{2}이나 등기사항전부증명서 상의 지목이 '답', 면적이 110m^{2}로 다르게 기재되어 있다면 토지대장에 기재된 현황 표시가 맞는 것으로 본다.

④ 토지이용계획은 해당 토지의 용도지역 및 행위 제한에 관한 내용이 기재된 서류로 누구나 열람이 가능하며, 적용된 규제 여부를 확인한 뒤 토지를 자신이 원하는 용도로 활용이 가능한가를 알 수 있는 공부이다.

정답 | ②

해설 | ② 건물소재 토지의 지번, 지목, 면적 등기원인을 기재한 '대지권의 목적인 토지의 표시', 해당 소유주가 소유하고 있는 대지권비율을 기재한 '대지권의 표시' 등은 집합건물의 등기사항전부증명서 표제부에 기재된다.

★★★
29 부동산 공부에 대한 다음 설명 중 (가)~(다)에 들어갈 내용이 적절하게 연결된 것은?

- (가)을/를 확인할 때 대상부동산의 지번과 표제부의 지번이 일치하는지 살펴보고, 만일 계약을 한다면 소유자 이름과 주소를 확인한 후 되도록 소유자와 직접 계약하는 것이 좋다.
- (나)은/는 조세의 부과징수를 위해 건축물의 현황과 소유자에 관한 사항을 등록한 장부로서 지방세 부과관청인 시장 · 군수 · 구청장이 직권으로 조사하여 등록한다.
- (다)은/는 건물의 면적이 건물의 구분소유자가 사용 · 수익권을 독점하는 전유부분과 그 외 출입구, 계단, 기계실, 승강기, 지하주차장 등과 같은 공용부분으로 나뉘어 기재된다.

	가	나	다
①	등기사항전부증명서	건축물대장(일반)	등기사항전부증명서
②	등기사항전부증명서	등기사항전부증명서	집합건축물대장
③	등기사항전부증명서	건축물대장(일반)	집합건축물대장
④	집합건축물대장	건축물대장(일반)	등기사항전부증명서

정답 | ③

해설 | • 등기사항전부증명서를 확인할 때 대상부동산의 지번과 표제부의 지번이 일치하는지 살펴보고, 만일 계약을 한다면 소유자 이름과 주소를 확인한 후 되도록 소유자와 직접 계약하는 것이 좋다.
• 건축물대장은 조세의 부과징수를 위해 건축물의 현황과 소유자에 관한 사항을 등록한 장부로서 지방세 부과관청인 시장 · 군수 · 구청장이 직권으로 조사하여 등록한다.
• 집합건축물대장과 건축물대장(일반)의 가장 큰 차이점은 건물의 면적이 전유부분과 공용부분으로 나뉘어 기재되는 것이다. 전유부분이란 건물의 구분소유자가 사용 · 수익권을 독점하는 부분으로서 구분소유권의 목적인 건물 부분을 말하며, 공용부분은 집합건물법에 의한 전유부분 외의 건물 부분 또는 전유부분에 속하지 않는 건물의 부속물 및 규약에 의해 정해진 공용부분으로 된 부속의 건물을 말한다. 출입구, 계단, 기계실, 승강기, 지하주차장 등이 여기에 해당한다.

★★★
30 부동산 관련 자료에 대한 설명으로 적절하지 않은 것은?

① 공적장부는 물적사항 및 권리관계 확인을 목적으로 하는 자료이다.
② 등기기록의 부속서류를 제외하고는 현재 본인이 해당 부동산에 이해관계인이 아니더라도 누구든지 등기사항전부증명서를 열람하고 발급받을 수 있으며, 부동산 소유권 등의 권리관계가 발생하거나 변경됐을 경우 등기가 되어야 비로소 효력이 발생하기도 한다.
③ 등기사항전부증명서 갑구에는 근저당권, 전세권 등이 기재된다.
④ 지적도의 경우 해당 토지의 행정구역과 지번, 경계선, 지목 등이 수록되어 토지의 형상이나 위치, 접번노로 폭 등을 어렵지 않게 파악할 수 있다.

정답 | ③

해설 | ③ 을구에 기재되는 소유권 이외의 권리들이다. 갑구에서는 소유권에 관한 사항을 기록하는데 순위번호란, 등기목적란, 접수란, 등기원인란, 권리자 및 기타사항란으로 구성된다. 갑구에는 소유권보존등기, 소유권이전등기, 가등기, 가압류등기, 가처분등기, 압류등기, 환매등기, 경매기입등기 등이 있다. 또한 이런 권리관계의 변경 · 소멸에 대한 내용이 기재된다.

★★★
31 부동산 공부에 대한 설명으로 적절하지 않은 것은?

① 임야대장과 토지대장의 지번지역이 같을 수 있지만 임야대장의 지번은 지번 앞에 '산'을 표기해 토지대장의 지번과 혼동을 방지하고 있다.

② 지적도의 경우 해당 토지의 경계선과 지목, 면적 등이 수록되어 토지의 형상과 규모를 쉽게 파악할 수 있다.

③ 건축물대장은 조세의 부과징수를 위해 건축물의 현황과 소유자에 관한 사항을 등록한 장부로서 지방세 부과관청인 시장 · 군수 · 구청장이 직권으로 조사하여 등록한다.

④ 토지이용계획은 해당 토지의 용도지역 및 행위 제한에 관한 내용이 기재된 서류로 누구나 열람이 가능하며, 적용된 규제 여부를 확인한 뒤 토지를 자신이 원하는 용도로 활용이 가능한가를 알 수 있는 공부이다.

정답 | ②

해설 | ② 지적도의 경우 해당 토지의 행정구역과 지번, 경계선, 지목 등이 수록되어 토지의 형상이나 위치, 접면도로 폭 등을 어렵지 않게 파악할 수 있다.

▪▪▪ TOPIC 3 경매와 공매

★★★
32 경매에 대한 설명으로 적절하지 않은 것은?

① 예컨대 A는 친구 B에게 개인적으로 차용증을 쓰고 돈을 빌렸으나 이를 갚지 못하였는데, B는 A에게 소송을 제기하였고 법원에 승소 판결을 받은 B가 집행권원을 토대로 경매를 진행하는 것이 바로 강제경매이다.

② 임의경매란 저당권, 전세권, 담보가등기 등 담보물권을 가진 채권자의 담보권행사에 의해 경매가 진행되는 것을 말한다.

③ 낙찰은 입찰절차에 하자가 없고 경락불허사유가 없을 때 최고가 매수인을 경락자로 확정하는 것이다.

④ 유찰은 낙찰자의 대금 미납으로 인하여 종전 가격으로 다시 실시하는 경매를 말한다.

정답 | ④

해설 | ④ 재경매에 대한 설명이다. 유찰은 입찰기일에 매각신청이 없어 경매가 이루어지지 않는 것을 말하며, 유찰이 되면 법원이 직권으로 신경매를 명하게 된다. 보통 유찰이 발생한 경우 최저매각가격은 20~30% 정도 하락한다. 낙찰자의 대금 미납으로 다시 경매를 진행하는 재경매와 달리 유찰의 경우에는 아직 낙찰자가 없었기 때문에 신경매로 구분한다.

★★★
33 법원경매절차가 순서대로 나열된 것은?

가. 법원의 경매개시결정	나. 경매실시
다. 낙찰자의 대금납부	라. 채권자에 대한 배당

① 가－나－다－라　　② 가－나－라－다
③ 나－다－라－가　　④ 나－라－다－가

정답 | ①
해설 | 〈법원경매절차〉

경매신청 → 경매개시결정(임의/강제) → 경매준비 → 배당요구종기결정 → 경매실시(매각기일) → 매각결정기일 → 매각확정기일 → 대금납부기일결정 → 대금납부기한 → 배당표작성 → 매각대금의 지급, 배당 → 진행기록송부(보존계) → 경매절차종료

★★★
34 부동산 경매에서 배당요구종기까지 반드시 배당요구를 하여야 할 채권자로 적절하지 않은 것은?

① 적법한 경매신청 채권자
② 집행력이 있는 판결문 정본을 가진 채권자
③ 주택임대차법에 의한 소액임차인
④ 첫 경매개시결정기입등기 후에 가압류한 채권자

정답 | ①
해설 | 〈배당요구종기까지 반드시 배당요구를 하여야 할 채권자〉

- 집행력이 있는 판결문 정본을 가진 채권자
- 민법, 상법 기타 법률에 의하여 우선변제청구권이 있는 채권자 : 주택임대차법에 의한 소액임차인(주택임대차법에 의한 소액임차인이라도 경매법원에 배당요구종기까지 반드시 배당요구를 하여야만 배당을 받을 수 있음), 확정일자부임차인, 근로기준법에 의한 임금채권자, 상법에 의한 고용관계로 인한 채권이 있는 자, 교부청구권자 등
- 첫 경매개시결정기입등기 후에 가압류한 채권자
- 국세 등의 교부청구권자

★★★
35 고승완씨가 경매로 나온 A아파트에 입찰하려고 할 때 제출해야 하는 최소한의 입찰보증금으로 가장 적절한 것은?

- A아파트 시세 : 460,000천원
- 입찰가격 : 440,000천원
- 최저매각가격 : 400,000천원

① 40,000천원
② 44,000천원
③ 46,000천원
④ 60,000천원

정답 | ①

해설 | 입찰보증금은 입찰가격의 1/10이 아니라 최저매각가격의 1/10 이상을 제출한다.

★★★
36 부동산 경매에 대한 설명으로 적절하지 않은 것은?

① 경매개시결정이란 법원이 신청서와 첨부서류를 검토하여 강제집행의 요건, 집행개시의 요건 및 강제경매에 특히 필요한 요건 등에 관한 심사를 하여 신청이 적법하다고 인정되면 강제경매 개시결정을 한다.

② 주택임대차법에 의한 소액임차인은 경매법원에 배당요구종기까지 배당요구를 하지 않아도 배당을 받을 수 있다.

③ 매각허가결정에 대하여 항고를 하고자 하는 사람은 보증으로 매각대금의 1/10에 해당하는 현금 또는 유가증권을 공탁하여야 한다.

④ 대금의 납부로 매수인은 등기 여부에 관계없이 경매의 목적인 권리를 확정적으로 취득한다.

정답 | ②

해설 | ② 주택임대차법에 의한 소액임차인이라도 경매법원에 배당요구종기까지 반드시 배당요구를 하여야만 배당을 받을 수 있다.

★★★
37 부동산 경매에 대한 설명으로 적절하지 않은 것은?

① 법원경매절차는 경매신청 → 경매개시결정 → 경매준비 → 배당요구종기결정 → 경매실시 → 매각결정기일 → 매각확정기일 → 대금납부기일결정 → 대금납부기한 → 배당표작성 → 매각대금의 지급, 배당 → 진행기록송부 → 경매절차종료의 순서로 진행된다.

② 매각 방법에는 매각기일에 하는 호가 경매, 매각기일에 입찰 및 개찰하게 하는 기일입찰, 입찰기간 내에 입찰하게 하여 매각기일에 개찰하는 기간입찰로 구분되는데, 현재 법원에서 실시하고 있는 통상의 방법은 기일입찰이다.

③ 최고가매수인의 입찰가격에서 매수신청보증금액을 공제한 금액을 넘는 가격으로 입찰에 참가한 자는 최고가매수인이 대금지급의무를 이행하지 않는 경우 차순위매수인의 입찰에 대하여 매각을 허가하여 달라는 차순위매수신고를 할 수 있다.

④ 법원경매는 이해관계인이 매각허가 또는 매각불허가의 결정에 의하여 손해를 입은 경우라도 항고가 불가능하다.

정답 | ④

해설 | ④ 이해관계인이 매각허가 또는 매각불허가의 결정에 의하여 손해를 입은 경우에는 즉시 항고할 수 있고, 매각허가의 이유가 없거나 허가결정에 기재한 이외의 조건으로 허가할 것임을 주장하는 매수인 또는 매각허가를 주장하는 매수신고인도 즉시 항고할 수 있다. 즉시항고는 원결정을 고지한 날로부터 1주일 내에 제기하여야 하는 바, 1주일의 기간은 매각허가 여부의 결정을 선고한 날부터 일률적으로 진행된다. 매각허가결정에 대하여 항고를 하고자 하는 사람은 보증으로 매각대금의 1/10에 해당하는 현금 또는 유가증권을 공탁하여야 한다.

★★★
38 부동산 경매에 대한 설명으로 적절하지 않은 것은?

① 배당순위의 0순위는 집행비용이며, 1순위는 주택임대차법 또는 상가임대차법상 최우선변제권이다.

② 최고가매수인의 입찰가격에서 매수신청보증금액을 공제한 금액을 넘는 가격으로 입찰에 참가한 자는 최고가매수인이 대금지급의무를 이행하지 않는 경우 차순위매수인의 입찰에 대하여 매각을 허가하여 달라는 차순위매수신고를 할 수 있다.

③ 공유자가 경매절차에서 매각기일까지 집행법원이 정하는 금액과 방법에 따른 보증을 제공하고 최고매수신고가격과 같은 가격으로 채무자의 지분을 우선 매수하겠다는 신고를 하는 경우, 법원은 최고가매수신고인이 있더라도 그 공유자에게 매각을 허가해야 한다.

④ 공유자가 우선매수신고를 한 경우에는 최고가매수신고인을 차순위신고인으로 본다.

정답 | ①

해설 | 〈배당순위〉

0순위	집행비용
1순위	제3취득자가 경매목적 부동산에 투입한 필요비 또는 유익비
2순위	① 주택임대차법 또는 상가임대차법상 최우선변제권 ② 근로기준법상 최종 3개월분 임금, 재해보상금
3순위	당해세와 그 가산금
4순위	법정기일이 말소기준권리보다 앞서는 조세채권
5순위	담보물권, 등기된 임차권, 우선변제권이 있는 임대차보호법상 임차권
6순위	임금, 재해보상금, 그 밖에 근로관계로 인한 채권(근로기준법)
7순위	일반 조세채권
8순위	의료보험료, 국민연금 등 공과금
9순위	일반 채권

★★★

39 부동산 경매에 대한 설명으로 적절하지 않은 것은?

① 임의경매란 저당권, 전세권, 담보가등기 등 담보물권을 가진 채권자가 담보권행사에 의해 경매가 진행되는 것을 말한다.

② 낙찰은 입찰절차에 하자가 없고 경락불허사유가 없을 때 최고가 매수인을 경락자로 확정하는 것이다.

③ 공유자는 경매절차에서 매각기일까지 집행법원이 정하는 금액과 방법에 따른 보증을 제공하고 최고매수신고가격과 같은 가격으로 채무자의 지분을 우선 매수하겠다는 신고를 할 수 있다.

④ 매수인이 대금납부의무를 이행하지 아니한 경우 집행법원은 입찰보증금을 몰수하여 배당금에 편입시키고 즉시 재매각입찰을 실시하게 된다.

정답 | ④

해설 | ④ 대금납부의무를 이행하지 아니한 경우 집행법원은 입찰보증금을 몰수하여 배당금에 편입시키고 차순위매수신고인에 대한 매각허가 여부를 결정한다. 차순위매수신고인이 정해지지 않은 경우이거나 차순위매수신고인도 매각대금을 납부하지 않은 경우는 재매각입찰을 실시하게 된다.

★★★
40 공매부동산 중 유입자산과 수탁재산에 대한 설명으로 적절하지 않은 것은?

① 유입자산은 이미 법원의 경매과정에서 모든 권리가 말소되었기 때문에 권리의 하자가 없으며 일부 경우를 제외하고는 명도책임을 한국자산관리공사에서 부담한다.
② 유입자산은 매매금액에 따라 1개월에서 최장 5년 기간 내 6개월 균등분할로 구매가 가능하며, 계약 체결 후 매매대금의 1/3 이상을 납부하고 근저당권을 설정하는 조건으로 매매대금을 전액 납부하지 않아도 소유권 이전이 가능하다.
③ 수탁재산도 이미 법원의 경매과정에서 모든 권리가 말소되고 소유권이 이전되었기 때문에 권리의 하자가 없으며 일부 경우를 제외하고는 명도책임은 매도인이 부담한다.
④ 금융기관 또는 기업체가 매각 위임한 부동산의 경우 공매대행의뢰기관에 따라 1개월에서 5년까지 분할로 구매할 수 있다.

정답 | ②
해설 | ② 유입자산은 매매금액에 따라 1개월에서 최장 5년 기간 내 6개월 균등분할로 구매가 가능하며, 계약 체결 후 매매대금의 1/2 이상을 납부하고 근저당권을 설정하는 조건으로 매매대금을 전액 납부하지 않아도 소유권 이전이 가능하다.

★★★
41 공매부동산 중 압류재산과 국유재산에 대한 적절한 설명으로 모두 묶인 것은?

가. 압류재산의 소유자는 한국자산관리공사이며 명도책임은 매수인이 진다.
나. 국유 일반재산은 국유재산 중 행정재산을 제외한 모든 재산으로 대부만 가능하고 매각은 불가능한 재산이다.
다. 국유재산의 소유자는 기획재정부이며 매각대금이 1천만원을 초과할 경우 3년 이내 분할납부가 가능하다.
라. 국유재산의 명도책임은 압류재산과 동일하게 매수인이 진다.

① 가, 나　　② 다, 라
③ 가, 나, 다　　④ 나, 다, 라

정답 | ②
해설 | 가. 압류재산의 소유자는 체납자이며 명도책임은 매수인이 진다. 즉, 경매와 달리 공매에는 인도명령이라는 제도가 없기 때문에 점유자와 합의가 되지 않는다면 명도소송을 통해야 한다.
나. 국유재산이란 국가의 부담, 기부채납이나 법령 또는 조약에 따라 국가 소유로 된 재산을 말하며, 이 중 국유 일반재산은 국유재산 중 행정재산(공용재산, 공공용재산, 기업용재산, 보존용재산)을 제외한 모든 재산으로 대부 및 매각이 가능한 재산이다.

★★★
42 공매부동산에 대한 적절한 설명으로 모두 묶인 것은?

가. 유입자산의 소유자는 한국자산관리공사이다.
나. 유입자산은 계약 체결 후 매매대금의 1/2 이상을 납부하고 근저당권을 설정하는 조건으로 매매대금을 전액 납부하지 않아도 소유권 이전이 가능하다.
다. 유입자산과 압류재산은 모두 이미 법원의 경매과정에서 모든 권리가 말소되고 소유권이 이전되었기 때문에 권리의 하자가 없으며 일부 경우를 제외하고는 명도책임은 매도인이 부담한다.
라. 국유재산의 명도책임은 수탁재산과 동일하게 매수인이 진다.

① 가, 나　　② 다, 라
③ 가, 나, 다　　④ 나, 다, 라

정답 | ①
해설 | 다. 유입자산과 수탁재산에 대한 설명이다.
라. 국유재산의 명도책임은 압류재산과 동일하게 매수인이 진다.

★★★
43 부동산 공매와 경매와의 차이에 대한 설명으로 가장 적절한 것은?

① 경매의 경우 해당 물건의 담당 지방법원에 참석하여 기일입찰표를 작성하고 입찰하지만, 공매의 경우 한국자산관리공사에서 매각을 진행하며 온비드 사이트에서 온라인으로만 입찰이 가능하다.
② 공매에도 인도명령 제도가 있기 때문에 강제집행이 가능하므로 공매와 경매의 명도책임은 크게 차이가 없다.
③ 공매는 최저매각가격의 10%를 보증금액으로 납부하여야 하나 경매의 경우 본인의 입찰가격의 10%를 보증금액으로 납부해야 한다.
④ 공매는 매각기일에 입찰 및 개찰하는 기일입찰 방식을 주로 택하며, 경매는 입찰기간 내에 입찰하게 하여 매각기일에 개찰하는 기간입찰 방식을 택한다.

정답 | ①
해설 | ② 공매는 온라인으로 입찰을 한다는 점에서 경매에 비해 매우 편리하나, 국유재산과 압류재산의 경우 명도책임이 매수인에게 있다는 점이 경매와 다르다. 즉, 경매는 인도명령 제도가 있기 때문에 강제집행이 가능하나, 국유재산과 압류재산의 경우에는 명도 과정에서 점유자와 합의가 되지 않는 경우 명도소송을 통해 매수인이 명도책임을 부담해야 한다.
③ 경매는 최저매각가격의 10%를 보증금액으로 납부하여야 하나 공매의 경우 본인의 입찰가격의 10%를 보증금액으로 납부해야 한다.
④ 경매는 매각기일에 입찰 및 개찰하는 기일입찰 방식을 주로 택하며, 공매는 입찰기간 내에 입찰하게 하여 매각기일에 개찰하는 기간입찰 방식을 택한다.

CHAPTER

04 부동산 거래

출제비중 : 20~32% / 5~8문항

학습가이드

학습 목표	학습 중요도
Tip 법률 내용에 대한 깊이 있는 학습 필요 Tip 주택임대차보호법과 상가건물 임대차보호법의 경우 상호비교 중심으로 학습 필요 Tip 부동산 거래 시 제한규정의 경우 제한대상, 제한내용, 절차 등에 대한 학습 필요	
1. 부동산 계약 체결 시 주의 사항을 설명할 수 있다.	★★★
2. 부동산임대차의 개념과 이에 따른 권리와 의무에 대해 설명할 수 있다.	★★★
3. 주택임대차의 보호대상 및 주요 내용에 대해서 설명할 수 있다.	★★★
4. 상가건물 임대차의 보호대상 및 주요 내용에 대해서 설명할 수 있다.	★★★
5. 주택청약제도를 알고 청약방법을 설명할 수 있다.	★★
7. 부동산 중개 관련 내용들을 고객에게 설명할 수 있다.	★★

TOPIC 1 부동산 거래

★★★

01 계약의 성립에 대한 설명으로 적절하지 않은 것은?

① 계약은 청약과 승낙에 의해 성립된다.

② 청약이란 일정한 내용의 계약을 체결하려고 신청하는 의사표시를 말하며, 원칙적으로 상대방에게 도달할 때 효력이 발생한다.

③ 물품판매광고, 상품 목록의 배부, 호객행위 등과 같이 타인에게 여러 가지 사정을 알려주는 것은 청약의 한 형태이다.

④ 승낙의 방법은 원칙적으로 자유이고 특별한 제한이 없기 때문에 구두로 하여도 상관없으며, 묵시적인 것도 가능하지만 청약의 효력기간 내에 승낙해야 한다.

정답 | ③

해설 | ③ 상대방의 승낙과 결합하여 일정한 계약을 성립시킬 것을 목적으로 하는 의사표시로서 가격을 붙인 상품의 진열, 자동판매기의 설치 등이 이에 해당한다. 다만, 물품판매광고, 상품 목록의 배부, 호객행위 등과 같이 타인에게 여러 가지 사정을 알려주어서 자기에게 청약하도록 권유하는 행위는 청약이 아니라 청약의 유인이다.

★★★
02 해제에 대한 설명으로 적절하지 않은 것은?

① 해제권은 당사자의 약정이 있는 경우 약정해제권이 발생하며, 거래당사자 간의 이행지체나 불완전이행, 이행불능 등과 같은 사유로 법정해제권도 발생한다.
② 해제를 하게 되면 계약으로 생긴 법률 효과는 모두 소급적으로 소멸하지만, 계약 이후부터 해제 전까지 제3자가 권리를 취득했다면 그 권리는 인정된다.
③ 해제권자는 원상회복의무를 부담하지 않기 때문에, 중도금을 이미 받은 해제권자는 상대방에게 중도금을 반환할 필요가 없다.
④ 계약의 해제는 손해배상청구에 영향을 미치지 않는다.

정답 | ③
해설 | ③ 계약이 해제된 경우 중도금 지급 등 이미 이행한 급부가 있는 경우에는 해제의 상대방은 물론이고 해제권자도 원상회복의무를 부담한다.

★★★
03 다음 사례에서 계약의 해제에 대한 설명으로 가장 적절한 것은?

김세진씨는 부동산 A를 최민정씨에게 매도하는 계약을 체결하고, 계약금 및 중도금을 수령하였으나, 최민정씨는 잔금 지급일이 지나도록 잔금을 지급하지 않고 있는 상황이다.

① 해제권은 당사자의 약정이 있는 경우 약정해제권이 발생하나, 김세진씨와 최민정씨 간에 계약의 해제에 대한 약정이 없더라도 거래당사자 간의 이행지체나 불완전이행, 이행불능 등과 같은 사유로 법정해제권도 발생한다.
② 해제권은 소급효가 없으므로 김세진씨가 계약 해제 시 청산의무를 부담한다.
③ 최민정씨가 일방적으로 잔금을 주지 않은 것이므로, 김세진씨가 계약 해제 시 원칙적으로 이미 수령한 중도금을 최민정씨에게 반환할 의무가 없다.
④ 계약의 해제는 손해배상청구에 영향을 미치므로, 김세진씨는 계약의 해제와 손해배상청구 중 하나만을 선택해야 한다.

정답 | ①
해설 | ② 해제를 하게 되면 계약으로 생긴 법률 효과는 모두 소급적으로 소멸한다. 다만, 계약 이후부터 해제 전까지 제3자가 권리를 취득했다면 그 권리는 인정된다. 계약이 해제된 경우 중도금 지급 등 이미 이행한 급부가 있는 경우에는 해제의 상대방은 물론이고 해제권자도 원상회복의무를 부담한다.
③ 계약이 해제된 경우 중도금 지급 등 이미 이행한 급부가 있는 경우에는 해제의 상대방은 물론이고 해제권자도 원상회복의무를 부담한다.
④ 계약의 해제는 손해배상청구에 영향을 미치지 않는다.

★★★
04 다음 사례에서 계약의 해지에 대한 설명으로 적절하지 않은 것은?

> 김세진씨는 최민정씨에게 A 주택을 2년간 임대하는 계약을 체결하고, 해당 주택을 임대해 주었는데 최근 2달간 월차임 지급이 이루어지지 않고 있는 상황이다.

① 김세진씨와 최민정씨 간에 계약의 해지에 대한 특약이 없더라도, 월차임 지급이 이루어지지 않거나 목적물의 일부가 멸실되어 사용할 수 없게 된 경우 등 법률의 규정에 의한 법정해지권이 있다.
② 김세진씨가 해지권을 행사하면 계약의 효과는 장래에 향하여 소멸하므로, 해지 이전의 계약관계에는 영향을 미치지 않아 임대차에서 연체된 차임채무 등 해지 이전에 발생한 미이행채무는 해지 이후에는 소멸하게 된다.
③ 해지권은 소급효과가 없으므로 최민정씨는 청산의무가 있는데, 이는 임대차계약 종료 시 A 주택을 김세진씨에게 반환하는 의무를 말한다.
④ 계약해지로 인해 손해배상청구에 영향을 미치지 않으므로 김세진씨는 계약을 해지하고 손해배상청구도 함께 할 수 있다.

정답 | ②
해설 | ② 해지권을 행사하면 계약의 효과는 장래에 향하여 소멸하므로, 해지 이전의 계약관계에는 영향을 미치지 않는다. 그러나 임대차에서 연체된 차임채무 등 해지 이전에 발생한 미이행채무는 해지 이후에도 그대로 존속한다.

★★★
05 다음 계약에서 이숙씨의 대응행동 중 가장 적절한 것은?

> 이숙씨는 김세진씨에게 A 부동산을 계약금 1,000만원을 받고 매도하기로 약정하였으나, 더 좋은 조건의 매수인이 나타나 이숙씨는 해당 계약을 해제하고자 한다.

① 이숙씨는 계약해제가 불가능하다.
② 이숙씨는 김세진씨에게 계약금 1,000만원을 상환하고 매매계약을 해제할 수 있다.
③ 이숙씨는 김세진씨에게 계약금 1,000만원을 상환하는 것과 상관없이 언제든지 매매계약을 해제할 수 있다.
④ 이숙씨는 계약금의 배액인 2,000만원을 상환하여야 매매계약을 해제할 수 있다.

정답 | ④
해설 | 해약금은 계약의 해제권을 보류하는 작용을 갖는 계약금을 의미한다. 민법은 계약금에 관하여 당사자 사이의 다른 약정이 없는 한 해약금으로 추정하고 있다. 따라서 별도의 특약이 없는 경우에는 당사자 일방이 중도금지급 등 이행에 착수하기 전까지 매수인은 계약금을 포기하고 매도인은 배액을 상환하여 매매계약을 해제할 수 있다.

★★★
06 부동산 매매에 대한 다음 설명 중 적절하지 않은 것은?

① 계약금은 매매계약의 요소는 아니므로 계약금의 지급이 없어도 매매계약은 유효하게 성립할 수 있다.
② 별도의 특약이 없는 경우에는 당사자 일방이 중도금지급 등 이행에 착수하기 전까지 매수인은 계약금을 포기하고 매도인은 배액을 상환하여 매매계약을 해제할 수 있다.
③ 매매계약에 관한 비용은 당사자 사이에 특약이 없으면 일반적으로 양 당사자가 균분하여 부담하게 된다.
④ 매도인의 재산권이전의무는 매수인의 대금지급의무와 동시이행관계에 있으며, 매매계약이 있은 후에는 인도하지 않은 목적물로부터 생긴 과실은 매수인에게 속하게 된다.

정답 | ④
해설 | ④ 매매계약이 있은 후에는 인도하지 않은 목적물로부터 생긴 과실은 매도인에게 속하게 된다.

★★★
07 매매계약 시 유의사항으로 적절하지 않은 것은?

① 매도인과 매수인이 부동산을 매매할 때 일반적으로 매도인은 거래대상물건의 소유권을 갖고 있으나, 간혹 매도인이 소유권을 갖고 있지 않은 경우가 있으므로 매도인이 진정한 물건의 소유자인지 확인해야 한다.
② 부동산 소유권자가 법인인 경우 법인 대표자의 인감으로 부동산 거래를 한다.
③ 계약서 작성 이후 제3자에 의해 가등기가 되어 있고, 가등기가 본등기가 되면 매입한 부동산의 소유권을 상실하게 되는 경우가 있으며, 때로는 저당권 설정 등으로 경매가 진행될 수 있으므로 주의하여야 한다.
④ 구두로 매매계약을 체결할 수도 있으나 분쟁의 소지가 있을 수 있으므로 가능한 문서로 계약사항을 명확히 기재하는 것이 좋다.

정답 | ②
해설 | ② 법인이 개입되는 경우 소유권자와 계약당사자가 법인인지 법인 대표자인지를 명확히 구분하고 계약하여야 한다.

★★★
08 매매계약 시 유의사항으로 적절하지 않은 것은?

① 중개업자를 통한 거래는 매도인이 진정한 물건의 소유자인지 확인할 필요가 없다.
② 대리인이 매도인이나 매수인으로부터 대리권을 받지 아니하고 법률행위를 하는 경우 그 법률행위는 무권대리로서 원칙적으로 무효이다.
③ 구두로 매매계약을 체결할 수도 있으나 분쟁의 소지가 있을 수 있으므로 가능한 문서로 계약사항을 명확히 기재하는 것이 좋다.
④ 계약서를 작성할 때 등기사항전부증명서를 한번 발급받아서 매매당사자가 맞는지 다시 한 번 확인하며, 중도금을 지급할 때와 잔금을 치를 때도 다시 한 번 등기사항전부증명서를 발급받아 소유권 이전에 문제가 없는지 확인해야 한다.

정답 | ①
해설 | ① 매도인과 매수인이 부동산을 매매할 때 일반적으로 매도인은 거래대상물건의 소유권을 갖고 있으나, 간혹 매도인이 소유권을 갖고 있지 않은 경우가 있으므로 매도인이 진정한 물건의 소유자인지 확인해야 한다.

★★★
09 부동산 매매에 대한 다음 설명 중 적절하지 않은 것은?

① 계약금은 그 목적과 기능 등에 따라 증약금과 해약금, 위약금으로 구분할 수 있으며, 민법은 계약금에 관하여 당사자 사이의 다른 약정이 없는 한 위약금으로 추정하고 있다.
② 매매가 성립된 후 매도인은 매매 대상물인 재산권의 이전의무가 발생하며, 매도인의 재산권이전의무는 매수인의 대금지급의무와 동시이행관계에 있다.
③ 대리인이 매도인이나 매수인으로부터 대리권을 받지 아니하고 법률행위를 하는 경우 그 법률행위는 무권대리로서 원칙적으로 무효이다.
④ 구두로 매매계약을 체결할 수도 있으나 분쟁의 소지가 있을 수 있으므로 가능한 문서로 계약사항을 명확히 기재하는 것이 좋다.

정답 | ①
해설 | ① 민법은 계약금에 관하여 당사자 사이의 다른 약정이 없는 한 해약금으로 추정하고 있다. 계약금이 해약금으로 추정되므로 계약금이 위약금의 성질을 가지기 위해서는 당사자 사이에 특약이 있어야 한다.

★★★
10 대출제도의 활용에 대한 설명으로 가장 적절한 것은?

① DTI는 담보가치 대비 대출금액의 비율을 의미한다.

② 담보인정비율 기준은 금융당국 또는 은행 내규에서 담보물 종류별로 정하고 있으며 대출가능금액 산정 시 활용되고 있는데, 예를 들어 담보인정비율이 40%라면 담보가치가 10억원일 때 4억원의 대출이 가능하다는 뜻이다.

③ LTV는 연소득 대비 부채의 비율을 의미한다.

④ 총부채상환비율 기준은 금융당국에서 정하고 있으므로 대출 전에 미리 파악해 두어야 하는데, 여기서 '부채'는 주택담보대출과 기타부채 모두 연간 이자 상환액으로 계산된다.

정답 | ②

해설 | ① 담보인정비율(LTV)에 대한 설명이다.
③ 총부채상환비율(DTI)에 대한 설명이다.
④ 여기서 '부채'는 주택담보대출의 경우 연간 원리금상환액, 기타부채는 연간 이자 상환액으로 계산된다.

★★★
11 대출제도의 활용에 대한 설명으로 적절하지 않은 것은?

① 주택담보대출은 담보물을 대상으로 하는 대출인 만큼 개인의 신용도를 기반으로 대출한도 및 금리가 정해지는 신용대출에 비해 일반적으로 금리수준이 낮다는 특징이 있다.

② 주택담보대출은 LTV, DTI, DSR, 지역 관련 규정의 적용을 받아 대출대상 주택의 지역과 담보가치, 채무자의 연소득에 따라 달라지며 대출의 한도액과 대출기간에 영향을 준다.

③ 담보인정비율(LTV)은 연소득 대비 부채의 비율을 의미하는데, 여기서 '부채'는 주택담보대출의 경우 연간 원리금상환액, 기타부채는 연간 이자 상환액으로 계산된다.

④ 총부채원리금상환비율(DSR)은 연소득 대비 부채의 비율을 의미하는데, 여기서 부채는 모든 대출의 원리금상환액을 의미한다.

정답 | ③

해설 | ③ 총부채상환비율(DTI)에 대한 설명이다. 담보인정비율(LTV)은 담보가치 대비 대출금액의 비율을 의미한다.

★★★

12 **A주택을 매수하고자 하는 무주택자인 고승완씨의 다음 정보를 토대로 주택담보대출에 대한 설명으로 적절하지 않은 것은(단, 고승완씨는 현재 기존대출이 없다고 가정함)?**

> 〈A주택 및 대출 관련 정보〉
> • A주택 시세 : 10억원(현재 A주택에 담보된 채권 및 기임차보증금 등은 없음)
> • 고승완씨는 현재 A주택 구입자금으로 4억원을 마련하였으며, 나머지는 주택담보대출을 활용하고자 한다.
> • 대출은 LTV와 DTI로 계산된 각각의 최대 대출가능금액 중 작은 금액으로 가능하며, 매월 말 원리금균등분할상환 조건이다.
> • 주택담보대출 LTV 및 DTI 규제비율 : LTV 40%, DTI 40%

① LTV로 계산된 최대 대출가능금액은 4억원이다.
② 고승완씨의 소득이 높을수록 DTI에서 계산된 최대 대출가능금액이 높아진다.
③ DTI는 A주택 담보대출금 상환액 중 연간 원리금상환액을 고려하여 계산한다.
④ DTI로만 계산된 최대 대출가능금액이 6억원일 경우 고승완씨는 A주택 매수를 위해 더 이상의 추가자금이 필요 없다.

정답 | ④

해설 | ① LTV로 계산된 최대 대출가능 금액 : 10억원×LTV 40%＝4억원
④ 대출은 LTV와 DTI로 계산된 각각의 최대 대출가능금액 중 작은 금액으로 가능하다고 하였으므로, DTI로만 계산된 최대 대출가능 금액이 6억원이라도 LTV로 계산된 최대 대출가능금액이 4억원이어서 결국 대출은 4억원까지만 대출이 가능하므로 고승완씨는 A주택 매수를 위해 추가자금이 필요하다.

··· TOPIC 2 부동산 임대차

★★★

13 **부동산 임대차에 대한 설명으로 적절하지 않은 것은?**

① 임대물에 대한 공과금 부담의 증감이나 기타 경제사정의 변동으로 인하여 약정한 차임이 상당하지 아니하게 된 때에는 당사자는 장래에 대한 차임의 증감을 청구할 수 있다.
② 임대인은 기본적으로 임차인이 임대차계약에 의해 정해진 용도로 사용 및 수익할 수 있도록 임차물을 제공해야 할 의무가 있으며, 그 대가로 임차인으로부터 차임을 받을 수 있는 권리가 있다.
③ 임차인이 임차물의 보존에 관한 필요비를 지출한 때에는 임대인에 대하여 그 상환을 청구할 수 있다.
④ 건물, 기타 공작물의 임차인이 그 사용의 편익을 위하여 이에 부속한 물건이 있는 때에는 임대인의 동의를 얻지 않았더라도 임대차의 종료 시에 임대인에 대하여 그 부속물의 매수를 청구할 수 있다.

정답 | ④

해설 | ④ 건물, 기타 공작물의 임차인이 그 사용의 편익을 위하여 임대인의 동의를 얻어 이에 부속한 물건이 있는 때에는 임대차의 종료 시에 임대인에 대하여 그 부속물의 매수를 청구할 수 있다.

★★★
14 부동산 임대차에 대한 적절한 설명으로 모두 묶인 것은?

> 가. 임대차 기간이 만료한 후 임차인이 임차물의 사용 · 수익을 계속하는 경우에 임대인이 상당한 기간 내에 이의를 제기하지 아니한 때에는 전 임대차와 동일한 조건으로 다시 임대차한 것으로 본다.
> 나. 임대인이 임차인의 의사에 반하여 보존 행위를 하는 경우 임차인이 이로 인해 임차의 목적을 달성할 수 없는 때에는 계약을 해지할 수 있다.
> 다. 임차인이 임차물의 보존에 관해 지출한 필요비는 임대인에게 청구할 수 없다.
> 라. 임차인이 유익비를 지출한 경우에는 임대인은 임대차 종료 시에 임차인이 지출한 금액이나 그 증가액을 상환하여야 한다.
> 마. 건물, 기타 공작물의 임차인이 그 사용의 편익을 위하여 임대인의 동의를 얻어 이에 부속한 물건이 있는 때에는 임대차의 종료 시에 임대인에 대하여 그 부속물의 매수를 청구할 수 있다.

① 가, 나　　② 가, 나, 마
③ 다, 라, 마　　④ 가, 다, 라, 마

정답 | ②

해설 | 다. 임차인이 임차물의 보존에 관한 필요비를 지출한 때에는 임대인에 대하여 그 상환을 청구할 수 있다.
라. 임차인이 유익비를 지출한 경우에는 임대인은 임대차 종료 시에 그 가액의 증가가 현존한 때에 한하여 임차인이 지출한 금액이나 그 증가액을 상환하여야 한다.

★★★
15 다음 등기사항전부증명서상 정보를 고려할 때, 임차인이 주의해야 할 사항에 대한 설명으로 적절하지 않은 것은?

> 〈주택 A 관련 정보〉
> • 갑구 내용
> －순위번호 1 : 소유권보존(소유자 박소진)
> • 을구 내용
> －순위번호 1 : 근저당권(근저당권자 ××은행, 채권최고액 5억원)

① 일명 '깡통전세'를 조심해야 하는데, 깡통전세란 주택담보대출금액과 전세보증금을 합한 금액이 해당 부동산가격보다 높거나 비슷한 주택을 말한다.
② 이러한 주택은 만기 후에 새로운 임차인을 찾기가 어려워서 보증금을 반환받기가 어려운 경우가 많다.

③ 임대인이 이자를 못 내거나 대출금을 상환하지 못하는 경우에 경매로 넘어가게 되는 경우가 있는데, 이때 경매 낙찰가에서 채무액을 빼고 나면 임차인들이 돌려받을 수 있는 전세보증금이 얼마 되지 않는 경우가 많다.
④ 주변 부동산시세를 살펴보고, 가능한 주택담보대출금액과 전세보증금을 합한 금액이 최소한 주택가격의 100% 이내에 있는지 확인하고 계약하는 것이 좋다.

정답 | ④
해설 | ④ 주변 부동산시세를 살펴보고, 가능한 주택담보대출금액과 전세보증금을 합한 금액이 최소한 주택가격의 80% 이내에 있는지 확인하고 계약하는 것이 좋다. 만일 80%를 넘어간다면 월세로 계약하는 것이 안전하다.

▪▪▪ TOPIC 3 주택임대차보호법

★★★
16 주택임대차보호법에 대한 설명으로 가장 적절한 것은?

① 주택임대차법은 주거용 건물의 전부의 임대차에 관하여 적용하며 그 임차주택 일부가 주거 외의 목적으로 사용되는 경우에는 적용대상이 되지 아니한다.
② 일시 사용을 위한 임대차임이 명백한 경우에도 주택임대차법을 적용한다.
③ 임대차가 끝난 후 보증금이 반환되지 아니한 경우 임차인은 임차주택의 소재지를 관할하는 지방법원, 지방법원지원 또는 시 · 군법원에 임차권등기명령을 신청할 수 있다.
④ 임대차 기간이 끝난 경우 임차인이 보증금을 반환받지 못했을 때에도 임대차 관계가 종료되는 것으로 본다.

정답 | ③
해설 | ① 주택임대차법은 주거용 건물의 전부 또는 일부의 임대차에 관하여 적용하며 그 임차주택 일부가 주거 외의 목적으로 사용되는 경우에도 적용대상이 된다.
② 일시 사용을 위한 임대차임이 명백한 경우에는 적용하지 아니한다.
④ 임대차 기간이 끝난 경우에도 임차인이 보증금을 반환받을 때까지는 임대차 관계가 존속되는 것으로 본다.

★★★

17 주택임대차보호법에 대한 설명으로 적절하지 않은 것은?

① 임대차는 그 등기가 없는 경우에도 임차인이 주택의 인도와 주민등록을 마친 때에는 그 다음 날부터 제3자에 대하여 효력이 생기며, 이 경우 전입신고를 한 때에 주민등록이 된 것으로 본다.
② 기간을 정하지 아니하거나 1년 미만으로 정한 임대차는 그 기간을 1년으로 보지만, 임차인은 1년 미만으로 정한 기간이 유효함을 주장할 수 있다.
③ 임대인이 임대차 기간이 끝나기 6개월 전부터 2개월 전까지 기간에 임차인에게 갱신거절의 통지를 하지 아니하거나, 계약조건변경에 관한 통지를 하지 아니한 경우에는 그 기간이 끝난 때에 전 임대차와 동일한 조건으로 다시 임대차한 것으로 본다.
④ 계약만료 후에도 이의 없이 임대차를 계속하는 경우 임대차의 존속기간은 정함이 없는 것으로 보아 계약해지를 원하는 임차인은 언제든지 임대인에게 계약해지의 통고를 할 수 있다.

정답 | ②
해설 | ② 기간을 정하지 아니하거나 2년 미만으로 정한 임대차는 그 기간을 2년으로 본다. 다만, 임차인은 2년 미만으로 정한 기간이 유효함을 주장할 수 있다.

★★★

18 임대차가 끝난 후 보증금이 반환되지 아니한 경우 임차인이 우선적으로 행사해야 하는 것으로 가장 적절한 것은?

① 지상물매수청구권에 의한 지상물매수를 임대인에게 청구해야 한다.
② 차임증감청구권에 의한 차임의 증가를 임대인에게 청구해야 한다.
③ 임차주택의 소재지를 관할하는 법원에 임차권등기명령을 신청해야 한다.
④ 임차주택의 소재지를 관할하는 법원에 계약갱신요구권을 청구해야 한다.

정답 | ③
해설 | 임대차가 끝난 후 보증금이 반환되지 아니한 경우 임차인은 임차주택의 소재지를 관할하는 지방법원, 지방법원 지원 또는 시 · 군법원에 임차권등기명령을 신청할 수 있다. 임차권등기명령의 집행에 따른 임차권등기가 끝난 주택을 그 이후에 임차한 임차인은 우선변제를 받을 권리가 없다.

★★★

19 2021년 7월 1일 임차한 A주택에 입주하면서 부부 모두 당일 전입신고를 한 홍성완, 김미순씨 부부는 임대차가 종료된 후 보증금을 반환받지 못해 임차주택의 소재지를 관할하는 법원에 임차권등기명령을 신청하여 2023년 8월 2일 임차권등기가 경료되었고, 이후 이사 및 주민등록을 이전하였다. 이 경우 주택임대차보호법상 홍성완, 김미순씨 부부가 제3자에 대하여 대항력이 생기는 최초의 날짜로 가장 적절한 것은?

① 2021년 7월 1일 ② 2021년 7월 2일
③ 2023년 8월 2일 ④ 2023년 8월 3일

정답 | ②

해설 | 임대차는 그 등기가 없는 경우에도 임차인이 주택의 인도와 주민등록을 마친 때에는 그 다음 날부터 제3자에 대하여 효력이 생긴다. 이 경우 전입신고를 한 때에 주민등록이 된 것으로 본다. 임대차가 끝난 후 보증금이 반환되지 아니한 경우 임차인은 임차주택의 소재지를 관할하는 지방법원, 지방법원지원 또는 시 · 군법원에 임차권등기명령을 신청할 수 있다. 임차권등기명령의 집행에 따른 임차권등기가 끝난 주택을 그 이후에 임차한 임차인은 우선변제를 받을 권리가 없다.

★★★

20 주택임대차보호법에 대한 적절한 설명으로 모두 묶인 것은?

가. 일시 사용을 위한 임대차임이 명백한 경우에는 주택임대차법을 적용하지 아니한다.
나. 임대차가 끝난 후 보증금이 반환되지 아니한 경우 임차인은 임차주택의 소재지를 관할하는 지방법원, 지방법원지원 또는 시 · 군법원에 임차권등기명령을 신청할 수 있다.
다. 임차인의 계약갱신요구권은 최초의 임대차기간을 포함한 전체 임대차기간이 10년을 초과하지 않은 범위 내에서만 행사할 수 있다.
라. 대항력을 갖춘 임차인은 민사집행법에 따른 경매 또는 국세징수법에 따른 공매를 할 때에 임차주택의 환가대금에서 후순위권리자나 그 밖의 채권자보다 우선하여 보증금을 변제받을 권리가 있다.
마. 임차인의 보증금 중 일정액이 주택 가액의 1/3을 초과하는 경우에는 주택 가액의 1/3에 해당하는 금액까지만 최우선변제권이 있다.

① 가, 나
② 가, 나, 다
③ 다, 라, 마
④ 가, 나, 라, 마

정답 | ①

해설 | 다. 상가건물임대차보호법에 대한 설명이다. 임대인은 임차인이 임대차 기간이 끝나기 6개월 전부터 2개월 전까지의 기간 이내에 임차인이 계약갱신을 요구할 경우 정당한 사유 없이 거절하지 못한다. 임차인은 계약갱신요구권을 1회에 한하여 행사할 수 있다. 이 경우 갱신되는 임대차의 존속기간은 2년으로 본다. 갱신되는 임대차는 전 임대차와 동일한 조건으로 다시 계약된 것으로 본다. 다만, 차임과 보증금은 주택임대차법에서 정한 비율로 증감할 수 있다.

라. 대항력(주택의 인도와 주민등록)과 임대차계약증서상의 확정일자를 갖춘 임차인은 민사집행법에 따른 경매 또는 국세징수법에 따른 공매를 할 때에 임차주택(대지를 포함)의 환가대금에서 후순위권리자나 그 밖의 채권자보다 우선하여 보증금을 변제받을 권리가 있다.

마. 임차인의 보증금 중 일정액이 주택 가액의 1/2을 초과하는 경우에는 주택 가액의 1/2에 해당하는 금액까지만 최우선변제권이 있다.

★★★
21 다음 주택임대차법 적용사례에 대한 적절한 설명으로 모두 묶인 것은?

> 전세 8억원에 거주하고 있는 임차인 A씨는 계약기간 2년이 다가옴에 따라 주변 시세를 알아보니 전세보증금 시세가 9억원에 형성되어 있다. 자녀가 다른 학교로 전학을 원하지 않아 다시 2년간 재계약을 원하고 있는데, 임대인이 재계약 시 1억원을 올려주지 않으면 다른 임차인 B씨와 계약한다고 한다.

> 가. 임차인 A씨는 계약갱신요구권을 행사할 수 있으나, 이 경우 임대인의 요구대로 재계약 시 1억원을 올려주어야 한다.
> 나. 아직 임대차 기간이 만료되기 2개월 전이라면 임차인 A씨는 임대인에게 계약갱신요구권을 행사한다고 통지하고, 2년의 임대차 기간을 확보할 수 있다.
> 다. 임대인이 임차인 A씨에게 차임 등의 증감청구권을 이유로 전세보증금 증액을 요구한다면, 임차인 A씨는 전세보증금 최대 8억 8천만원에 재계약을 체결할 수 있다.
> 라. 임차인 A씨가 2기의 차임액에 해당하는 금액에 이르도록 차임을 연체한 사실이 있는 경우 임대인은 임차인 A씨의 계약갱신요구를 거절할 수 있다.

① 가, 다 ② 나, 라
③ 가, 나, 다 ④ 나, 다, 라

정답 | ②

해설 | 임차인 A씨는 아직 임대차 기간이 만료되기 2개월 전이므로 임대인에게 계약갱신요구권을 행사한다고 통지하고, 2년의 임대차 기간을 확보할 수 있다. 다만, 임대인이 임차인 A씨에게 주택임대차법 제7조(차임 등의 증감청구권)를 이유로 전세보증금 증액을 요구한다면, 증액청구는 약정 차임이나 보증금의 1/20의 금액을 초과하지 못하므로 임차인 A씨는 전세보증금 최대 8억 4천만원에 재계약을 체결할 수 있다.

··· TOPIC 4 상가건물 임대차보호법

★★★
22 상가건물 임대차보호법에 대한 설명으로 적절하지 않은 것은?

① 사업자등록 대상이 되는 상가건물의 임대차에 대하여 적용하지만, 일정 보증금액 이하인 임대차에만 적용된다.
② 대항력과 계약갱신요구권, 임차인의 권리금 보호규정에는 보증금의 규모와 상관없이 적용된다.
③ 기간을 정하지 아니하거나 기간을 2년 미만으로 정한 임대차는 그 기간을 2년으로 보지만, 임차인은 2년 미만으로 정한 기간이 유효함을 주장할 수 있다.
④ 임차인이 3기의 차임액에 해당하는 금액에 이르도록 차임을 연체한 사실이 있는 경우 임대인은 임차인의 계약갱신 요구를 거절할 수 있다.

정답 | ③

해설 | ③ 기간을 정하지 아니하거나 기간을 1년 미만으로 정한 임대차는 그 기간을 1년으로 본다. 다만, 임차인은 1년 미만으로 정한 기간이 유효함을 주장할 수 있다.

★★★

23 상가건물 임대차보호법에 대한 다음 설명 중 (가)~(다)에 들어갈 내용이 적절하게 연결된 것은?

- 기간을 정하지 아니하거나 기간을 (가) 미만으로 정한 임대차는 그 기간을 (가)으로 본다. 다만, 임차인은 (가) 미만으로 정한 기간이 유효함을 주장할 수 있다.
- 임차인의 차임연체액이 (나) 차임액에 달하는 때에는 임대인은 계약을 해지할 수 있다.
- 임차인의 계약갱신요구권은 최초의 임대차 기간을 포함한 전체 임대차 기간이 (다)을 초과하지 아니하는 범위에서만 행사할 수 있다.

	가	나	다		가	나	다
①	1년	2기	10년	②	1년	3기	10년
③	2년	2기	5년	④	2년	3기	5년

정답 | ②

해설 | • 기간을 정하지 아니하거나 기간을 1년 미만으로 정한 임대차는 그 기간을 1년으로 본다. 다만, 임차인은 1년 미만으로 정한 기간이 유효함을 주장할 수 있다.
• 임차인의 차임연체액이 3기 차임액에 달하는 때에는 임대인은 계약을 해지할 수 있다.
• 임차인의 계약갱신요구권은 최초의 임대차 기간을 포함한 전체 임대차 기간이 10년을 초과하지 아니하는 범위에서만 행사할 수 있다.

★★★

24 상가건물 임대차보호법에 대한 설명으로 적절하지 않은 것은?

① 임대차는 그 등기가 없는 경우에도 임차인이 건물의 인도와 사업자등록을 신청하면 그 다음 날부터 제3자에 대하여 효력이 생긴다.

② 차임 또는 보증금의 증액청구는 청구 당시의 차임 또는 보증금의 5/100의 금액을 초과하지 못한다.

③ 임차인은 보증금 중 일정액을 다른 담보물권자보다 우선하여 변제받을 권리가 있는데, 이 경우 임차인은 건물에 대한 경매신청의 등기 전에 건물의 인도와 사업자등록을 통해 대항력을 갖추어야 한다.

④ 주택임대차의 경우와 같이 최우선변제권이 보증금 전액에 대해 인정된다.

정답 | ④

해설 | ④ 임차인의 보증금 중 일정액이 상가건물의 가액의 1/2을 초과하는 경우에는 상가건물의 가액의 1/2에 해당하는 금액에 한하여 최우선변제권이 있다.

★★★

25 월차임 전환 시 산정률에 대한 다음 설명 중 (가)~(나)에 들어갈 내용이 적절하게 연결된 것은?

> • 주택임대차보호법 : 보증금의 전부 또는 일부를 월 단위의 차임으로 전환하는 경우에는 그 전환되는 금액에 연 10% 또는 한국은행에서 공시한 기준금리에 (가)를 더한 금리 중 낮은 비율을 곱한 월차임의 범위를 초과할 수 없다.
> • 상가건물 임대차보호법 : 보증금의 전부 또는 일부를 월 단위의 차임으로 전환하는 경우에는 그 전환되는 금액에 연 12%와 한국은행에서 공시한 기준금리에 (나)를 곱한 비율 중 낮은 비율을 초과하지 못하도록 규정하고 있다.

	가	나
①	연 2%	3.5배수
②	연 2%	4.5배수
③	연 3.5%	3.5배수
④	연 3.5%	4.5배수

정답 | ②

해설 | • 주택임대차보호법 : 보증금의 전부 또는 일부를 월 단위의 차임으로 전환하는 경우에는 그 전환되는 금액에 연 10% 또는 한국은행에서 공시한 기준금리에 연 2%를 더한 금리 중 낮은 비율을 곱한 월차임의 범위를 초과할 수 없다.
• 상가건물 임대차보호법 : 보증금의 전부 또는 일부를 월 단위의 차임으로 전환하는 경우에는 그 전환되는 금액에 연 12%와 한국은행에서 공시한 기준금리에 4.5배수를 곱한 비율 중 낮은 비율을 초과하지 못하도록 규정하고 있다.

★★★

26 종전의 보증금을 월차임으로 전환하는 경우 주택임대차보호법과 상가건물임대차보호법상 월세 환산비율의 최대치로 적절하게 연결된 것은(단, 한국은행 공시 기준금리는 2.0%로 가정함)?

	주택임대차보호법	상가건물임대차보호법
①	2.0%	4.5%
②	4.0%	9%
③	5.5%	10%
④	10%	12%

정답 | ②

해설 | • 주택임대차보호법 : min[연 10%, 한국은행 공시 기준금리 2% + 2.0%p] = 4.0%
• 상가임대차보호법 : min[연 12%, 한국은행 공시 기준금리 2% × 4.5배] = 9%

★★★
27 다음 상가임대차법 적용사례에 대한 설명으로 적절하지 않은 것은?

> 임차인 A씨는 음식점을 경영하고 있는 중인데 계약기간만료일이 다가오자 이 음식점을 운영하고 싶어 하는 새로운 임차인 B씨에게 권리금 1억원에 양도하기로 하는 권리금계약을 체결하였다. 그런데 임대인은 새로운 임차인 B씨에게 임차목적물을 재건축할 예정이므로 임대차기간을 2년으로 한정하고 재건축 진행 시 바로 목적물을 인도해야 하며 재건축 완료 후 우선 임차권을 보장해 줄 수 없다고 하였다. 이에 새로운 임차인 B씨는 임대차계약의 체결을 포기하였고 임차인 A씨는 권리금 1억원도 받을 수 없게 되었으며, 결국 새로운 임차인을 찾을 수 없어 임대차계약이 종료하게 되었다.

① 권리금을 받지 못한 임차인 A씨는 임대인을 상대로 권리금 회수 방해에 따른 손해를 배상하라는 취지의 손해배상청구 소송을 제기할 수 있다.
② 임대인이 임차인에게 구체적인 재건축계획을 고지하지 않았고, 다른 법령에 따라 철거 또는 재건축이 이루어지는 경우도 아니었다면, 임대인은 특별한 사정이 없는 한 재건축을 이유로 새로운 임차인과의 임대차계약의 체결을 거절할 수 없다.
③ 상가임대차법에 따라 임대인의 행위는 정당한 사유 없이 신규 임차인이 될 사람과의 임대차계약의 체결을 거절한 것으로 볼 수 있어서 임대인의 임차인에 대한 권리금 회수 방해로 인한 손해배상책임을 인정할 수 있다.
④ 임대인에게 손해배상을 청구할 권리는 임대차가 종료한 날부터 5년 이내에 행사하지 아니하면 시효의 완성으로 소멸한다.

정답 | ④
해설 | ④ 임대인에게 손해배상을 청구할 권리는 임대차가 종료한 날부터 3년 이내에 행사하지 아니하면 시효의 완성으로 소멸한다.

★★★
28 부동산임대차에 대한 설명으로 가장 적절한 것은?

① 임차인은 임대인의 동의 없이 그 권리를 양도하거나 전대하지 못하는데, 만일 임차인이 위반하면 임대인은 계약을 해지할 수 있다.
② 임대인은 기본적으로 임차인이 임대차계약에 의해 정해진 용도로 사용 · 수익 및 처분할 수 있도록 임차물을 제공해야 할 의무가 있으며, 그 대가로 임차인으로부터 차임을 받을 수 있는 권리가 있다.
③ 임차인이 임차물 보존에 관한 유익비를 지출한 때에는 임대인에 대하여 그 상환을 청구할 수 있다.
④ 임차인의 권리금 보호규정은 상가임대차법 적용대상 보증금 범위 내의 사업자등록의 대상이 되는 건물의 임대차에 적용된다.

정답 | ①

해설 | ② 임대인은 기본적으로 임차인이 임대차계약에 의해 정해진 용도로 사용 및 수익할 수 있도록 임차물을 제공해야 할 의무가 있으며, 그 대가로 임차인으로부터 차임을 받을 수 있는 권리가 있다.
③ 임차인이 임차물 보존에 관한 필요비를 지출한 때에는 임대인에 대하여 그 상환을 청구할 수 있다. 임차인이 유익비를 지출한 경우에는 임대인은 임대차 종료 시에 그 가액의 증가가 현존한 때에 한하여 임차인이 지출한 금액이나 그 증가액을 상환하여야 한다.
④ 대항력과 계약갱신요구의 권리, 임차인의 권리금 보호규정에는 보증금의 규모와 상관없이 적용된다.

▪▪▪ TOPIC 4 주택의 청약

★★☆

29 주택청약종합저축에 대한 다음 설명 중 가장 적절한 것은?

① 주택청약종합저축에 가입 시 $85m^2$ 이하 국민주택 및 $102m^2$ 이하 민영주택에 대해서만 청약이 가능하다.
② 미성년자는 주택청약종합저축에 가입할 수 없다.
③ 매월 2만원 이상 50만원 이내에서 자유롭게 납입이 가능하다.
④ 청약통장 예치금액이 600만원 이상인 경우, 지역별 · 면적별 민영주택 청약 예치기준금액을 모두 충족한다.

정답 | ③

해설 | ① 기존의 청약저축에 청약예금, 청약부금 기능을 한데 묶어 놓은 입주자저축(청약통장)으로 국민주택과 민영주택 모두에 청약할 수 있다.
② 가입대상은 국내 거주자인 개인으로 연령과 자격 제한에 관계없이 누구나 가입할 수 있다.
④ 민영주택 청약 예치기준금액(2019.11.01. 기준)

구분	청약예금			청약부금 ($85m^2$ 이하 주택에만 청약신청 가능)		
	서울/부산	기타 광역시	기타 시/군	서울/부산	기타 광역시	기타 시/군
$85m^2$ 이하	300만원	250만원	200만원	300만원	250만원	200만원
$102m^2$ 이하	600만원	400만원	300만원	청약부금으로 민영주택 2순위 청약 시에는 예치금에 관계없이 모든 주택 규모 청약 가능		
$135m^2$ 이하	1,000만원	700만원	400만원			
모든 면적	1,500만원	1,000만원	500만원			

※ '지역'은 청약통장 가입자 거주지 기준

★★☆
30 근로소득자 김세진(주택을 소유하지 않은 세대의 세대주)씨는 현재 전세 주택에 거주 중이며, 내집 마련을 계획 중이다. 주택청약종합저축에 대한 설명으로 가장 적절한 것은?

① 주택청약종합저축 가입 시 가입기간에 관계없이 국민주택 청약 1순위 자격을 획득한다.
② 주택청약종합저축 가입 시 $85m^2$ 이하의 국민주택 및 민영주택에 대해서만 청약이 가능하다.
③ 민영주택 청약의 1순위가 되기 위한 청약 예치기준금액은 지역별 · 면적별로 다르므로 김세진씨가 원하는 지역의 기준금액을 확인해야 한다.
④ 김세진씨는 주택청약종합저축 가입 시 납입액에 대한 세액공제를 적용받을 수 있다.

정답 | ③
해설 | ① 일정기간 이상 가입해야 청약 1순위 자격을 획득할 수 있다.
② 기존의 청약저축에 청약예금, 청약부금 기능을 한데 묶어 놓은 입주자저축(청약통장)으로 국민주택과 민영주택 모두에 청약할 수 있다.
④ 근로소득이 있는 거주자로서 과세연도 중 주택을 소유하지 않은 세대의 세대주가 가입한 주택청약종합저축 납입액에 대하여 40%를 일정 한도 내에서 소득공제한다.

★★☆
31 특별공급에 대한 설명으로 가장 적절한 것은?

① 신혼부부는 입주자모집공고일 현재 혼인기간이 7년 이내인 경우만 가능하고, 혼인신고일부터 입주자모집공고일 현재까지 계속해서 무주택자이어야 하며, 별도의 소득 기준은 없다.
② 다자녀가구는 입주자모집공고일 현재 미성년인 자녀 3명 이상을 둔 자가 대상이고, 이때 태아와 입양자녀도 포함된다.
③ 노부모부양 특별공급은 일반공급 1순위에 해당하는 자로서 만 65세 이상 직계존속을 5년 이상 계속하여 부양하고 있는 무주택세대주만 신청이 가능하다.
④ 모든 특별공급 청약신청자는 일반공급과 마찬가지로 청약할 주택에 해당하는 청약통장을 보유하고 있어야 한다.

정답 | ②
해설 | ① 해당 세대의 월평균 소득이 전년도 도시근로자 가구당 월평균 소득의 140%(신혼부부 모두 소득이 있는 경우에는 160%) 이하인 경우만 가능하다.
③ 노부모부양 특별공급은 일반공급 1순위에 해당하는 자로서 만 65세 이상 직계존속(배우자의 직계존속 포함)을 3년 이상 계속하여 부양(같은 세대별 주민등록표등본에 등재)하고 있는 무주택세대주만 신청이 가능하다.
④ 특별공급 청약신청자는 일반공급과 마찬가지로 청약할 주택에 해당하는 청약통장을 보유하고 있어야 한다. 다만, 장애인, 철거민, 국가유공자, 이전기관종사자, 외국인 등은 청약통장 없이 신청 가능하다.

★★☆

32 청약 절차와 방법에 대한 다음 설명 중 가장 적절한 것은?

① 주택청약종합저축은 성년자에 한해서 유주택자도 가입이 가능하다.
② 민영주택 청약 예치기준금액은 면적에 대해서는 동일하나 지역별로 차등적용된다.
③ 특별공급은 정책적 배려가 필요한 사회계층 중 무주택자의 주택마련을 지원하기 위하여 일반공급과 청약경쟁 없이 주택을 분양받을 수 있도록 하는 제도이므로, 당첨 횟수를 제한하지 않는다.
④ 청약 신청 시 특별공급일과 1순위 및 2순위의 날짜가 다르므로 주택모집공고문을 잘 보고 원하는 주택형과 분양가격, 분양조건 등을 잘 살핀 후 청약하도록 한다.

정답 | ④
해설 | ① 가입대상은 국내 거주자인 개인으로 연령과 자격 제한에 관계없이 누구나 가입할 수 있다.
② 지역별 · 면적별 민영주택 청약 예치기준금액이 다르다.
③ 특별공급은 당첨 횟수를 1세대당 평생 1회로 제한한다.

▪▪▪ TOPIC 5 부동산중개제도

★★☆

33 부동산중개제도에 대한 적절한 설명으로 모두 묶인 것은?

가. 부동산을 거래할 때 매도인과 매수인이 직접 만나서 거래하거나 임대인과 임차인이 직접 만나서 거래할 수도 있지만, 거래금액이 매우 크고 분쟁이 발생할 수도 있기 때문에 양 당사자 사이에서 조율을 해줄 수 있는 개업공인중개사의 중개가 절실히 필요하다.
나. 개업공인중개사는 중개를 의뢰받은 경우에 중개가 완성되기 전에 일정한 사항을 확인하여 이를 해당 중개대상물에 관한 권리를 취득하고자 하는 중개 의뢰인에게 성실 · 정확하게 설명하여야 한다.
다. 개업공인중개사가 설명해야 하는 부분을 미리 거래당사자가 파악한다면 부동산거래에 큰 도움이 되는데, 개업공인중개사는 토지대장 등본 또는 부동산종합증명서, 등기사항증명서 등 설명의 근거자료를 제시하여야 한다.
라. 개업공인중개사가 일정한 사항을 확인한다 하더라도 거래당사자는 개업공인중개사에게만 맡기지 말고 다시 한 번 직접 확인하는 것이 필요하다.

① 가, 나
② 다, 라
③ 가, 나, 다
④ 가, 나, 다, 라

정답 | ④
해설 | 모두 적절한 설명이다.

★★☆
34 중개계약의 종류에 대한 설명이 적절하게 연결된 것은?

> 가. 보통 의뢰인이 여러 개업공인중개사에게 의뢰하여 이루어지는 계약을 말하는데 이럴 경우 개업공인중개사의 경쟁을 유도하기 때문에 의뢰인에게 유리하다.
> 나. 다른 개업공인중개사의 경쟁이 없기 때문에 개업공인중개사는 계약 체결을 위해 최선을 다하게 되지만 중개계약을 체결한 개업공인중개사라 할지라도 부동산 거래를 성사시켜야 약정한 중개보수를 받을 수 있다.

	가	나
①	일반중개계약	전속중개계약
②	일반중개계약	독점중개계약
③	순가중개계약	전속중개계약
④	순가중개계약	독점중개계약

정답 | ①

해설 | 가. 일반중개계약에 대한 설명이다.
나. 전속중개계약에 대한 설명이다.

★★☆
35 중개계약의 종류에 대한 적절한 설명으로 모두 묶인 것은?

> 가. 일반중개계약은 개업공인중개사 입장에서는 먼저 계약을 체결하는 경우에만 보수청구권이 발생하기 때문에 적극적인 중개 활동을 하지 않는 경향이 있다.
> 나. 전속중개계약은 중개대상물에 대한 중개를 특정한 개업공인중개사에게만 전속시키는 중개계약이다.
> 다. 전속중개계약은 공인중개사법국토교통부령으로 정하는 계약서 서식에 의하여야 하며, 전속중개계약을 체결한 때에는 2년 동안 보존하여야 한다.
> 라. 개업공인중개사는 전속중개계약을 체결한 때에는 해당 중개대상물에 관한 정보를 공개해서는 안 된다.
> 마. 전속중개계약의 유효기간은 2개월로 한다.

① 가, 나
② 가, 나, 다
③ 다, 라, 마
④ 가, 나, 라, 마

정답 | ①

해설 | 다. 전속중개계약은 공인중개사법 국토교통부령으로 정하는 계약서 서식에 의하여야 하며, 전속중개계약을 체결한 때에는 3년 동안 보존하여야 한다.
라. 개업공인중개사는 전속중개계약을 체결한 때에는 부동산거래정보망 또는 일간신문에 해당 중개대상물에 관한 정보를 공개하여야 한다. 다만, 중개 의뢰인이 비공개를 요청한 경우에는 이를 공개해서는 안 된다.
마. 전속중개계약의 유효기간은 3개월로 한다. 다만, 당사자 간에 다른 약정이 있는 경우에는 그 약정에 따른다.

★★☆

36 중개보수에 대한 설명으로 가장 적절한 것은?

① 개업공인중개사의 과실로 인하여 중개 의뢰인 간의 거래행위가 해제된 경우에도 개업공인중개사는 원칙적으로 중개보수를 받을 수 있다.

② 중개에 대한 보수는 공인중개사법 시행규칙에서 정하고 있고, 중개 의뢰인 쌍방으로부터 각각 받되, 그 일방으로부터 받을 수 있는 한도를 규정하고 있다.

③ 중개보조원은 개업공인중개사에 소속된 공인중개사로서 중개 업무를 수행하거나 개업공인중개사의 중개 업무를 보조하는 자를 말한다.

④ 공인중개사에 의해 중개사고가 발생한다면 개인은 최고 1억원, 법인은 3억원까지 보장받을 수 있지만, 중개보조원에 의한 중개사고는 최고 5천만원까지 보장받을 수 있다.

정답 | ②

해설 | ① 개업공인중개사는 중개 업무에 관하여 중개 의뢰인으로부터 소정의 보수를 받는다. 다만, 개업공인중개사의 고의 또는 과실로 인하여 중개 의뢰인 간의 거래행위가 무효, 취소 또는 해제된 경우에는 그러하지 아니한다.

③ 소속공인중개사에 대한 설명이다. 중개보조원은 공인중개사가 아닌 자로서 개업공인중개사에 소속되어 중개대상물에 대한 현장 안내 및 일반서무 등 개업공인중개사의 중개 업무와 관련된 단순한 업무를 보조하는 자를 말하며, 일정 시간의 교육 이수 외에 특별한 자격요건이 없는 사람이다.

④ 공인중개사에 의해 중개사고가 발생한다면 개인은 최고 1억원, 법인은 2억원까지 보장받을 수 있지만, 중개보조원에 의한 중개사고는 최악의 경우 아무런 보상도 받을 수 없다. 그러므로 중개 의뢰 시 개업공인중개사인지 소속공인중개사인지 반드시 확인하여야 한다.

CHAPTER

05 부동산공법

출제비중 : 16~28% / 4~7문항

학습가이드

학습 목표	학습 중요도
Tip 용도지역, 용도지구, 용도구역의 구분 및 내용에 대한 구체적인 학습 필요 Tip 정비사업의 경우 정비사업 시행 단계 및 단계별 요건에 대한 학습 필요	
1. 국토계획의 체계 및 용도지역 · 용도지구 · 용도구역의 지정에 관한 내용을 설명할 수 있다.	★★★
2. 건폐율과 용적률의 의미를 설명하고 각 용도지역별 기준을 설명할 수 있다.	★★★
3. 건축물의 허가와 신고에 대한 내용을 설명할 수 있다.	★
4. 재개발 · 재건축사업의 개념과 절차에 대해 설명할 수 있다.	★★

TOPIC 1 국토의 관리체계

★★★

01 도시 · 군 관리계획으로 모두 묶인 것은?

가. 용도지역 · 용도지구의 지정 또는 변경에 관한 계획
나. 지구단위계획구역의 지정 또는 변경에 관한 계획과 지구단위계획
다. 도시개발사업 또는 정비사업에 관한 계획
라. 입지규제최소구역의 지정 또는 변경에 관한 계획과 입지규제최소구역계획

① 가, 나 ② 가, 나, 다
③ 다, 라, 마 ④ 가, 나, 다, 라

정답 | ④

해설 | 특별시 · 광역시 · 특별자치시 · 특별자치도 · 시 또는 군의 개발 · 정비 및 보전을 위하여 수립하는 토지 이용 · 교통 · 환경 · 경관 · 안전 · 산업 · 정보통신 · 보건 · 복지 · 안보 · 문화 등에 관한 다음의 계획을 말하다

- 용도지역 · 용도지구의 지정 또는 변경에 관한 계획
- 개발제한구역 · 시가화조정구역 · 수산자원보호구역 · 도시자연공원구역의 지정 또는 변경에 관한 계획
- 기반시설의 설치 · 정비 또는 개량에 관한 계획
- 지구단위계획구역의 지정 또는 변경에 관한 계획과 지구단위계획
- 도시개발사업 또는 정비사업에 관한 계획
- 입지규제최소구역의 지정 또는 변경에 관한 계획과 입지규제최소구역계획

★★★
02 용도지역 · 용도지구 · 용도구역에 대한 설명으로 적절하지 않은 것은?

① 용도지역은 토지의 이용 및 건축물의 용도 · 건폐율 · 용적률 · 높이 등을 제한함으로써 토지를 경제적 · 효율적으로 이용하고 공공복리의 증진을 도모하기 위하여 도시 · 군 관리계획으로 결정하는 지역을 말한다.

② 용도지역은 원칙적으로 하나의 토지에 중복지정이 가능하다.

③ 용도지구는 토지의 이용 및 건축물의 용도 · 건폐율 · 용적률 · 높이 등에 대한 용도지역의 제한을 강화하거나 완화하여 적용함으로써 용도지역의 기능을 증진시키고 미관 · 경관 · 안전 등을 도모하기 위하여 도시 · 군 관리계획으로 결정하는 지역을 말한다.

④ 용도구역은 토지의 이용 및 건축물의 용도 · 건폐율 · 용적률 · 높이 등에 대한 용도지역 및 용도지구의 제한을 강화하거나 완화하여 따로 정함으로써 시가지의 무질서한 확산방지, 계획적이고 단계적인 토지이용의 도모, 토지 이용의 종합적 조정 · 관리 등을 위하여 도시 · 군 관리계획으로 결정하는 지역을 말한다.

정답 | ②

해설 | ② 용도지역은 토지의 이용 및 건축물의 용도 · 건폐율 · 용적률 · 높이 등을 제한함으로써 토지를 경제적 · 효율적으로 이용하고 공공복리의 증진을 도모하기 위하여 서로 중복되지 아니하게 도시 · 군 관리계획으로 결정하는 지역을 말한다.

★★★
03 용도지역 중 도시지역에 해당하지 않는 것은?

① 제1종전용주거지역
② 준공업지역
③ 보전녹지지역
④ 생산관리지역

정답 | ④

해설 | 도시지역은 주거지역, 상업지역, 공업지역, 녹지지역으로 구분되며, 관리지역은 보전관리지역, 생산관리지역, 계획관리지역으로 구분된다.

★★★
04 도시지역에 대한 설명으로 가장 적절한 것은?

① 제1종전용주거지역 : 저층주택을 중심으로 편리한 주거환경을 조성하기 위하여 필요한 지역
② 제3종일반주거지역 : 중 · 고층 주택을 중심으로 편리한 주거환경을 조성하기 위하여 필요한 지역
③ 일반공업지역 : 경공업이나 그 밖의 공업을 수용하되, 주거 · 상업 및 업무 기능의 보완이 필요한 지역
④ 자연녹지지역 : 도시의 자연환경 · 경관 · 산림 및 녹지공간을 보전할 필요가 있는 지역

정답 | ②
해설 | ① 제1종일반주거지역에 대한 설명이다. 제1종전용주거지역은 단독주택 중심의 양호한 주거환경을 보호하기 위하여 필요한 지역이다.
③ 준공업지역에 대한 설명이다. 일반공업지역은 환경을 저해하지 않는 공업의 배치를 위하여 필요한 지역이다.
④ 보전녹지지역에 대한 설명이다. 자연녹지지역은 도시의 녹지공간의 확보, 도시 확산의 방지, 장래 도시용지의 공급 등을 위하여 보전할 필요가 있는 지역으로서 불가피한 경우에 한하여 제한적인 개발이 허용되는 지역이다.

★★★
05 다음 관리지역에 대한 설명이 적절하게 연결된 것은?

가. 도시지역으로 편입이 예상되는 지역이나 자연환경을 고려하여 제한적 이용 · 개발을 하려는 지역으로서 계획적 · 체계적인 관리가 필요한 지역
나. 농업 · 임업 · 어업생산 등을 위하여 관리가 필요하나 주변의 용도지역의 관계 등을 고려할 때 농림지역으로 지정하여 관리하기가 곤란한 지역
다. 자연환경보호, 산림보호, 수질오염방지, 녹지공간 확보 및 생태계 보전 등을 위하여 보전이 필요하나 주변 용도지역과의 관계 등을 고려할 때 자연환경보전지역으로 지정하여 관리하기가 곤란한 지역

	가	나	다
①	도시관리지역	생산관리지역	보전관리지역
②	도시관리지역	보전관리지역	생산관리지역
③	계획관리지역	생산관리지역	보전관리지역
④	계획관리지역	보전관리지역	생산관리지역

정답 | ③
해설 | 가. 계획관리지역에 대한 설명이다.
나. 생산관리지역에 대한 설명이다.
다. 보전관리지역에 대한 설명이다.

★★★
06 농림지역에 대한 다음 설명 중 (가)~(나)에 들어갈 내용이 적절하게 연결된 것은?

> 도시지역에 속하지 아니하는 농지법에 의한 (가) 또는 산지관리법에 의한 (나) 등으로서 농림업을 진흥시키고 산림의 보전을 위하여 필요한 지역을 말한다.

	가	나
①	농업보호구역	보전산지
②	농업보호구역	준보전산지
③	농업진흥지역	보전산지
④	농업진흥지역	준보전산지

정답 | ③

해설 | 도시지역에 속하지 아니하는 농지법에 의한 농업진흥지역 또는 산지관리법에 의한 보전산지 등으로서 농림업을 진흥시키고 산림의 보전을 위하여 필요한 지역을 말한다.

★★★
07 용도지역에 대한 설명으로 가장 적절한 것은?

① 용도지역은 도시지역, 준도시지역, 농림지역, 자연환경보전지역으로 구분한다.
② 주거지역은 전용주거지역, 일반주거지역, 준주거지역으로 구분한다.
③ 공업지역은 중심공업지역, 일반공업지역, 준공업지역으로 구분한다.
④ 농림지역은 계획농림지역, 생산농림지역, 보전농림지역으로 구분한다.

정답 | ②

해설 | ① 용도지역은 도시지역, 관리지역, 농림지역, 자연환경보전지역으로 구분한다.
③ 공업지역은 전용공업지역, 일반공업지역, 준공업지역으로 구분한다.
④ 관리지역은 계획관리지역, 생산관리지역, 보전관리지역으로 구분한다.

★★★
08 입지규제최소구역으로 지정할 수 있는 지역에 해당하지 않는 것은?

① 도심 · 부도심 또는 생활권의 중심지역
② 두 개 이상의 노선이 교차하는 대중교통 결절지로부터 1km 이내에 위치한 지역
③ 노후 · 불량건축물이 밀집한 주거지역 또는 공업지역으로 정비가 시급한 지역
④ 도시재생활성화지역 중 도시경제기반형 활성화 계획을 수립하는 지역

정답 | ②
해설 | 도시지역에서 복합적인 토지 이용을 증진시켜 도시 정비를 촉진하고 지역 거점을 육성할 필요가 있다고 인정되면 다음에 해당하는 지역과 그 주변 지역의 전부 또는 일부를 도시 · 군 관리계획으로 입지규제최소구역을 지정할 수 있다.

- 도심 · 부도심 또는 생활권의 중심지역
- 철도역사, 터미널, 항만, 공공청사, 문화시설 등의 기반시설 중 지역의 거점 역할을 수행하는 시설을 중심으로 주변 지역을 집중적으로 정비할 필요가 있는 지역
- 세 개 이상의 노선이 교차하는 대중교통 결절지로부터 1km 이내에 위치한 지역
- 노후 · 불량건축물이 밀집한 주거지역 또는 공업지역으로 정비가 시급한 지역
- 도시재생활성화지역 중 도시경제기반형 활성화 계획을 수립하는 지역

★★★
09 용도지구와 용도구역에 대한 설명이 적절하게 연결된 것은?

가. 화재의 위험을 예방하기 위하여 필요한 지구를 말한다.
나. 도시의 무질서한 확산을 방지하고 도시 주변의 자연환경을 보전하여 도시민의 건전한 생활환경을 확보하기 위하여 도시의 개발을 제한할 필요가 있거나 국방부 장관의 요청이 있는 경우 보안상 도시의 개발을 제한한다.

	가	나
①	방화지구	자연환경보전지역
②	방화지구	개발제한구역
③	방재지구	녹지지역
④	방재지구	개발제한구역

정답 | ②
해설 | 가. 방화지구에 대한 설명이다.
나. 개발제한구역에 대한 설명이다.

★★★
10 용도지역 · 용도지구 · 용도구역에 대한 설명으로 적절하지 않은 것은?

① 용도지역은 하나의 토지에 중복지정이 가능하다.

② 관리지역은 도시지역의 인구와 산업을 수용하기 위하여 도시지역에 준하여 체계적으로 관리하거나 농림업의 진흥, 자연환경 또는 산림의 보전을 위하여 농림지역 또는 자연환경보전지역에 준하여 관리가 필요한 지역을 말한다.

③ 용도지구는 토지의 이용 및 건축물의 용도 · 건폐율 · 용적률 · 높이 등에 대한 용도지역의 제한을 강화하거나 완화하여 적용함으로써 용도지역의 기능을 증진시키고 미관 · 경관 · 안전 등을 도모하기 위하여 도시 · 군 관리계획으로 결정하는 지역을 말한다.

④ 개발제한구역은 도시의 무질서한 확산을 방지하고 도시 주변의 자연환경을 보전하여 도시민의 건전한 생활환경을 확보하기 위하여 도시의 개발을 제한할 필요가 있거나 국방부장관의 요청이 있는 경우 보안상 도시의 개발을 제한한다.

정답 | ①

해설 | ① 용도지역은 토지의 이용 및 건축물의 용도 · 건폐율 · 용적률 · 높이 등을 제한함으로써 토지를 경제적 · 효율적으로 이용하고 공공복리의 증진을 도모하기 위하여 서로 중복되지 아니하게 도시 · 군 관리계획으로 결정하는 지역을 말한다.

★★★
11 용도지역과 용도구역에 대한 설명으로 적절하지 않은 것은?

① 용도지역은 토지의 이용 및 건축물의 용도 · 건폐율 · 용적률 · 높이 등을 제한함으로써 토지를 경제적 · 효율적으로 이용하고 공공복리의 증진을 도모하기 위하여 서로 중복되지 아니하게 도시 · 군 관리계획으로 결정하는 지역을 말한다.

② 준주거지역은 주거기능을 위주로 이를 지원하는 일부 상업기능 및 업무기능을 보완하기 위하여 필요한 지역이다.

③ 용도구역은 토지의 이용 및 건축물의 용도 · 건폐율 · 용적률 · 높이 등에 대한 용도지역 및 용도지구의 제한을 강화하거나 완화하여 따로 정함으로써 시가지의 무질서한 확산방지, 계획적이고 단계적인 토지이용의 도모, 토지 이용의 종합적 조정 · 관리 등을 위하여 도시 · 군 관리계획으로 결정하는 지역을 말한다.

④ 개발제한구역은 도시지역과 그 주변 지역의 무질서한 시가화를 방지하고 계획적 · 단계적인 개발을 도모하기 위하여 5년 이상 20년 이내의 기간 동안 시가화를 유보한다.

정답 | ④

해설 | ④ 시가화조정구역에 대한 설명이다. 개발제한구역은 도시의 무질서한 확산을 방지하고 도시 주변의 자연환경을 보전하여 도시민의 건전한 생활환경을 확보하기 위하여 도시의 개발을 제한할 필요가 있거나 국방부장관의 요청이 있는 경우 보안상 도시의 개발을 제한한다.

··· TOPIC 2 건폐율과 용적률

★★★

12 **신동엽씨는 토지A를 매수하여 상가를 신축하고자 한다. 다음 정보를 고려할 때, 토지 A에 지을 수 있는 상가의 최대 건축면적으로 가장 적절한 것은?**

> • 토지 A 면적 : 1,000m^2
> • 토지 A에 적용되는 건폐율 : 70%
> • 토지 A에 적용되는 용적률 : 500%

① 300m^2　　② 350m^2
③ 600m^2　　④ 700m^2

정답 | ④
해설 | • 건폐율은 대지면적에 대한 건축면적의 비율을 말한다.
• 건축면적 = 대지면적 × 건폐율 = 1,000 × 70% = 700m^2

★★★

13 **용도지역별 건폐율 기준이 큰 순서대로 나열된 것은?**

① 중심상업지역 > 제1종일반주거지역 > 준공업지역 > 보전녹지지역 > 계획관리지역
② 중심상업지역 > 준공업지역 > 제1종일반주거지역 > 계획관리지역 > 보전녹지지역
③ 중심상업지역 > 보전녹지지역 > 준공업지역 > 제1종일반주거지역 > 계획관리지역
④ 준공업지역 > 중심상업지역 > 제1종일반주거지역 > 계획관리지역 > 보전녹지지역

정답 | ②
해설 | 〈용도지역별 건폐율〉

<table>
<tr><th colspan="2">용도지역</th><th>건폐율 최대한도</th><th>지역의 세분</th><th>건폐율</th></tr>
<tr><td rowspan="10">도시지역</td><td rowspan="6">주거지역</td><td rowspan="6">70% 이하</td><td>제1종전용주거지역</td><td rowspan="2">50% 이하</td></tr>
<tr><td>제2종전용주거지역</td></tr>
<tr><td>제1종일반주거지역</td><td rowspan="2">60% 이하</td></tr>
<tr><td>제2종일반주거지역</td></tr>
<tr><td>제3종일반주거지역</td><td>50% 이하</td></tr>
<tr><td>준주거지역</td><td>70% 이하</td></tr>
<tr><td rowspan="4">상업지역</td><td rowspan="4">90% 이하</td><td>중심상업지역</td><td>90% 이하</td></tr>
<tr><td>일반상업지역</td><td rowspan="2">80% 이하</td></tr>
<tr><td>유통상업지역</td></tr>
<tr><td>근린상업지역</td><td>70% 이하</td></tr>
</table>

	공업지역	70% 이하	전용공업지역	70% 이하
			일반공업지역	
			준공업지역	
	녹지지역	20% 이하	보전녹지지역	20% 이하
			생산녹지지역	
			자연녹지지역	
관리지역		20% 이하	보전관리지역	20% 이하
		20% 이하	생산관리지역	20% 이하
		40% 이하	계획관리지역	40% 이하
농림지역		20% 이하	농림지역	20% 이하
자연환경보전지역		20% 이하	자연환경보전지역	20% 이하

★★★
14 다음 건축물의 건폐율과 용적률이 적절하게 연결된 것은?

- 대지면적 : $200m^2$
- 건축면적 : $110m^2$
- 지하 2층, 지상 6층

	건폐율	용적률
①	22%	330%
②	22%	440%
③	55%	330%
④	55%	440%

정답 | ③

해설 |
- 건폐율 : $\frac{\text{건축면적}}{\text{대지면적}} = \frac{110}{200} = 55\%$
- 용적률 : $\frac{\text{연면적}}{\text{대지면적}} = \frac{110 \times 6\text{층}}{200} = 330\%$

★★★
15 대지면적 $500m^2$에 건폐율 50%와 용적률 200%를 각각 최대한 적용하여 지하층 없이 신축할 경우 건물의 연면적과 층수로 가장 적절한 것은?

① 연면적 $600m^2$짜리 3층 건물
② 연면적 $1,000m^2$짜리 4층 건물
③ 연면적 $1,200m^2$짜리 3층 건물
④ 연면적 $2,000m^2$짜리 6층 건물

정답 | ②

해설 | • 건폐율은 대지면적에 대한 건축면적의 비율을 말한다.

• 건축면적 = 대지면적 × 건폐율 = $500m^2$ × 50% = $250m^2$

• 용적률은 대지면적에 대한 건축물의 연면적의 비율을 말한다.

• 연면적 = 대지면적 × 용적률 = $500m^2$ × 200% = $1,000m^2$

★★★

16 용도지역별 용적률 최대한도가 큰 순서대로 나열된 것은?

① 상업지역 > 주거지역 > 공업지역 > 녹지지역

② 상업지역 > 공업지역 > 주거지역 > 녹지지역

③ 상업지역 > 녹지지역 > 공업지역 > 주거지역

④ 공업지역 > 상업지역 > 주거지역 > 녹지지역

정답 | ①

해설 | 〈용도지역별 용적률〉

용도지역		용적률 최대한도
도시지역	주거지역	500% 이하
	상업지역	1,500% 이하
	공업지역	400% 이하
	녹지지역	100% 이하

★★★

17 용도지역의 건폐율 및 용적률에 대한 설명으로 적절하지 않은 것은?

① 건폐율은 대지면적에 대한 건축면적의 비율을 말한다.

② 건폐율을 규제하는 목적은 대지 안에 최소한의 공지를 확보하고 건축물의 과밀화를 방지하며 일조 · 채광 · 통풍 등 위생적인 환경을 조성, 화재나 기타의 재해 시에 연소의 차단이나 소화 · 피난 등에 필요한 공간을 확보하는 데 목적이 있다.

③ 용적률을 규제하는 목적은 건축물의 높이 및 층 규모를 규제함으로써 주거 · 상업 · 공업 · 녹지지역의 면적배분이나 도로 · 상하수도 · 광장 · 공원 · 주차장 등 공동시설의 설치 등 효율적인 도시 · 군계획이 되도록 하는 데 있다.

④ 준공업지역은 일반상업지역보다 건폐율 최대한도는 낮지만, 용적률 최대한도는 더 크다.

정답 | ④

해설 | ④ 준공업지역은 건폐율 최대한도와 용적률 최대한도 모두 일반상업지역보다는 더 낮다.

★★★
18 용도지역의 건폐율 및 용적률에 대한 설명으로 가장 적절한 것은?

① 건폐율을 규제하는 목적은 건축물의 높이 및 층 규모를 규제함으로써 주거 · 상업 · 공업 · 녹지지역의 면적배분이나 도로 · 상하수도 · 광장 · 공원 · 주차장 등 공동시설의 설치 등 효율적인 도시 · 군계획이 되도록 하는 데 있다.
② 용적률은 대지면적에 대한 건축물의 연면적의 비율을 말한다.
③ 건폐율과 용적률이 같은 2개의 건물은 연면적이 같다.
④ 용적률 기준이 가장 높은 용도지역은 유통상업지역이다.

정답 | ②

해설 | ① 용적률을 규제하는 목적에 대한 설명이다. 건폐율을 규제하는 목적은 대지 안에 최소한의 공지를 확보하고 건축물의 과밀화를 방지하며 일조 · 채광 · 통풍 등 위생적인 환경을 조성, 화재나 기타의 재해 시에 연소의 차단이나 소화 · 피난 등에 필요한 공간을 확보하는 데 목적이 있다.
③ 건폐율과 용적률이 같다고 하더라도 대지면적과 건축면적에 따라 연면적이 다를 수 있다.
④ 용적률 기준이 가장 높은 용도지역은 중심상업지역이다.

★★★
19 용도별 주택의 분류가 적절하게 연결된 것은?

가. 대지면적 $300m^2$, 건폐율 50%, 용적률 250%(지하 주차장이 있는 주거용 건축물)
나. 대지면적 $300m^2$, 건폐율 50%, 용적률 200%(주거용 건축물로 공동주택에 해당)
다. 대지면적 $400m^2$, 건폐율 50%, 용적률 100%(15세대가 거주할 수 있는 주거용 건축물 단독주택)

	가	나	다
①	아파트	연립주택	다가구주택
②	아파트	다세대주택	다중주택
③	아파트	다세대주택	다가구주택
④	연립주택	아파트	다가구주택

정답 | ③

해설 | 가. 주택으로 쓰는 층수가 5개 층 이상인 주택이므로 아파트에 해당한다.
- 건축면적 : 대지면적 $300m^2$ × 건폐율 50% = $150m^2$
- 연면적 : 대지면적 $300m^2$ × 용적률 250% = $750m^2$
- 층수 : 연면적 $750m^2$ ÷ 건축면적 $150m^2$ = 5층

나. 주택으로 쓰는 1개 동 바닥면적의 합계가 $660m^2$ 이하이고, 층수가 4개 층 이하인 공동주택이므로 다세대주택에 해당한다.
- 건축면적 : 대지면적 $300m^2$ × 건폐율 50% = $150m^2$
- 연면적 : 대지면적 $300m^2$ × 용적률 200% = $600m^2$
- 층수 : 연면적 $600m^2$ ÷ 건축면적 $150m^2$ = 4층

다. 주택으로 쓰는 층수가 3개 층 이하이고, 1개 동의 주택으로 쓰이는 바닥면적의 합계 660m^2 이하이며, 19세대 이하가 거주할 수 있으므로 다가구주택에 해당한다.

- 건축면적 : 대지면적 400m^2×건폐율 50%=200m^2
- 연면적 : 대지면적 400m^2×용적률 100%=400m^2
- 층수 : 연면적 400m^2÷건축면적 200m^2=2층

··· TOPIC 3 건축허가 및 제한

★☆☆

20 건축허가 및 제한에 대한 설명으로 적절하지 않은 것은?

① 건축물을 건축하거나 대수선하려는 자는 특별자치시장 · 특별자치도지사 · 시장 · 군수 또는 자치구청장의 허가를 받아야 한다.

② 허가권자는 허가를 받은 자가 허가를 받은 날로부터 2년 이내에 공사에 착수하지 않을 경우에는 그 허가를 취소하여야 한다.

③ 건축신고를 한 자가 신고일로부터 1년 이내에 공사에 착수하지 아니한 경우에는 그 신고의 효력은 없어진다.

④ 사용승인을 얻은 건축물의 용도를 변경하고자 하는 경우 별도의 허가 또는 신고가 필요하지 않다.

정답 | ④

해설 | ④ 사용승인을 얻은 건축물의 용도를 변경하고자 하는 자는 특별자치시장 · 특별자치도지사 또는 시장 · 군수 · 구청장의 허가를 받거나 신고를 하여야 한다.

★☆☆

21 건축허가 및 제한에 대한 다음 설명 중 적절하지 않은 것은?

① 서울특별시 강북구에서 30층의 건물을 건축하고자 하는 경우 강북구청장의 허가를 받아야 한다.

② 성남시장은 성남시에서 21층의 건물에 대한 건축물의 건축을 허가하려면 미리 건축계획서와 국토교통부령으로 정하는 건축물의 용도, 규모 및 형태가 표시된 기본설계도서를 첨부하여 경기도지사의 승인을 받아야 한다.

③ 허가권자는 허가를 받은 자가 허가를 받은 날로부터 2년 이내에 공사에 착수하지 않을 경우 그 허가를 취소하여야 한다.

④ 건축물의 용도변경 시 상위시설군에서 하위시설군으로의 용도변경은 신고하는 것으로 충분하나 그 반대로의 용도변경은 관할 관청의 허가를 받아야 가능하다.

정답 | ①

해설 | ① 층수가 21층 이상이거나 연면적 합계가 10만m^2 이상인 건축물을 건축, 연면적의 3/10 이상을 증축하여 층수가 21층 이상으로 되거나 연면적의 합계가 10만m^2 이상으로 되는 경우에는 특별시장 또는 광역시장의 건축허가를 받아야 한다.

··· TOPIC 4 도시 및 주거환경정비법

★★☆

22 주택재개발의 실무적인 절차가 순서대로 나열된 것은?

가. 정비기본계획수립 및 정비구역지정	나. 추진위원회 승인
다. 조합설립인가	라. 관리처분계획인가
마. 시공사 선정	바. 사업시행계획인가

① 가－나－다－마－바－라
② 가－다－나－마－바－라
③ 나－가－다－마－라－바
④ 나－다－가－바－마－라

정답 | ①

해설 | 정비기본계획수립(재건축사업의 경우 안전진단 시행) 및 정비구역지정 → 추진위원회 승인 → 조합설립인가 → 시공자 선정 → 사업시행계획인가 → 관리처분계획인가 → 이주 및 철거 → 조합원 동호수 추첨 → 착공 → 일반분양 → 준공인가 및 입주 → 이전고시 및 청산

★★☆

23 강북지역에 30년이 지난 아파트를 소유한 상담고객이 주택 재건축의 실무적인 절차를 궁금해 하고 있다. 관리처분계획인가 직전 사업절차로 가장 적절한 것은?

① 정비기본계획수립 및 정비구역지정
② 조합설립인가
③ 시공자 선정
④ 사업시행계획인가

정답 | ④

해설 | 정비기본계획수립(재건축사업의 경우 안전진단 시행) 및 정비구역지정 → 추진위원회 승인 → 조합설립인가 → 시공자 선정 → 사업시행계획인가 → 관리처분계획인가 → 이주 및 철거 → 조합원 동호수 추첨 → 착공 → 일반분양 → 준공인가 및 입주 → 이전고시 및 청산

★☆☆

24 재개발사업의 조합설립인가에 대한 다음 설명 중 (가)~(나)에 들어갈 내용으로 적절하게 연결된 것은?

재개발사업의 추진위원회가 조합을 설립하려면 토지 등 소유자의 (가) 이상 및 토지면적 (나) 이상의 토지소유자의 동의를 받아 정관 등의 사항을 첨부하여 시장 · 군수 등의 인가를 받아야 한다.

	가	나
①	3/4	3/4
②	3/4	1/2
③	1/2	3/4
④	1/2	1/2

정답 | ②

해설 | 재개발사업의 추진위원회가 조합을 설립하려면 토지 등 소유자의 3/4 이상 및 토지면적 1/2 이상의 토지소유자의 동의를 받아 정관 등의 사항을 첨부하여 시장 · 군수 등의 인가를 받아야 한다.

★★☆

25 재개발 · 재건축 추진절차에 대한 설명으로 가장 적절한 것은?

① 안전진단이란 노후 · 불량 정도에 따라 구조의 안전성 여부 및 보수비용 등을 고려하여 재개발사업의 가능 여부를 판단하는 행정 절차를 말한다.

② 조합을 설립하려는 경우에는 정비구역 지정 · 고시 후 일정한 사항에 대하여 토지 등 소유자 과반수의 동의를 받아 조합설립을 위한 추진위원회를 구성하여 국토교통부령으로 정하는 방법과 절차에 따라 시장 · 군수 등의 승인을 받아야 한다.

③ 재건축사업의 추진위원회가 조합을 설립하려면 토지 등 소유자의 3/4 이상 및 토지면적 1/2 이상의 토지소유자의 동의를 받아 정관 등의 사항을 첨부하여 시장 · 군수 등의 인가를 받아야 한다.

④ 재건축 사업의 조합원 자격은 토지소유자 또는 건축물소유자 또는 지상권자이다.

정답 | ②

해설 | ① 안전진단은 재건축사업만 해당된다.

③ 재개발사업의 조합설립인가에 대한 설명이다. 재건축사업의 추진위원회가 조합을 설립하려는 때에는 주택단지의 공동주택의 각 동별 구분소유자의 과반수 동의와 주택단지 전체 구분소유자의 3/4 이상 및 토지면적의 3/4 이상의 토지소유자의 동의를 받아 정관 등의 사항을 첨부하여 시장 · 군수 등의 인가를 받아야 한다.

④ 재개발에 대한 설명이다. 재건축 사업의 조합원 자격은 건물 및 부속토지를 모두 소유한 자이다.

★★☆

26 재개발 · 재건축 사업성분석을 위한 기본 용어에 대한 설명으로 가장 적절한 것은?

① 종후자산평가액 : 조합원들이 종전에 보유하고 있는 자산들을 말하며 현재 토지 및 건축물들의 현재가치를 감정하여 금액으로 평가한 것을 말한다.

② 비례율 : 비례율이 100%보다 크다면 사업성이 좋은 것으로 판단하는데 종후자산평가액에서 총사업비를 빼고 이것을 다시 종전자산평가액으로 나누어서 구한다.

③ 권리가액 : 보상의 기준과 조합원의 공식적 자산 금액으로 사용된다.

④ 조합원 분담금 : 권리가액에서 조합원 분양가를 뺀 금액으로 조합원들이 분양을 받기 위해 추가로 부담해야 하는 금액을 말한다.

정답 | ②

해설 | ① 종전자산평가액에 대한 설명이다. 종후자산평가액은 조합원 분양, 일반분양, 상가, 임대주택 등 모든 사업이 완료된 후 사업장이 가지게 된 전체 자산의 총액을 평가하는 것을 말한다.

③ 감정평가액에 대한 설명이다. 권리가액은 조합원들이 주장할 수 있는 권리의 가치로서 감정평가액에서 비례율을 곱한 금액이다.

④ 조합원 분담금은 조합원 분양가에서 권리가액을 뺀 금액으로 조합원들이 분양을 받기 위해 추가로 부담해야 하는 금액을 말한다.

★★☆

27 다음 자료를 참고하여 산정한 비례율로 가장 적절한 것은?

- 조합원 분양 수입 : 273억원
- 일반분양 수입 : 67억원
- 총사업비 : 127.5억원
- 종전자산평가액 : 167.5억원

① 77%　　② 123%

③ 127%　　④ 129%

정답 | ③

해설 | • 종후자산평가액 = 조합원 분양 수입 + 일반분양 수입 = 273억원 + 67억원 = 340억원

• 비례율 = $\frac{\text{종후자산평가액} - \text{총사업비}}{\text{종전자산평가액}} \times 100 = \frac{340\text{억원} - 127.5\text{억원}}{167.5\text{억원}} \times 100 = 126.87\%$

★★☆

28 다음 자료를 참고하여 산정한 조합원 분담금으로 가장 적절한 것은?

- 감정평가액
  - 대지 : 150,000천원
  - 건물 : 50,000천원
- 조합원 분양가 : 300,000천원
- 비례율 : 110%

① 80,000천원 ② 100,000천원
③ 110,000천원 ④ 150,000천원

정답 | ①

해설 | • 감정평가액 : 대지 + 건물 = 150,000천원 + 50,000천원 = 200,000천원
• 권리가액 : 감정평가액 × 비례율 = 200,000천원 × 110% = 220,000천원
• 조합원 분담금 = 조합원 분양가 − 권리가액 = 300,000천원 − 220,000천원 = 80,000천원

CHAPTER

06 부동산투자

출제비중 : 8~16% / 2~4문항

학습가이드 ■ ■

학습 목표	학습 중요도
Tip 개념 이해 중심으로 학습 필요	
1. 주거용 부동산의 특징과 장 · 단점에 대해 설명할 수 있다.	★★
2. 비주거용 부동산의 특징과 장 · 단점에 대해 설명할 수 있다.	★★
3. 리츠와 부동산펀드의 개념과 특징에 대하여 설명할 수 있다.	★

TOPIC 1 주거용부동산

★★☆

01 아파트 장 · 단점에 대한 설명으로 적절하지 않은 것은?

① 타 주택보다 거래량이 많고 환금성이 우수하나, m^2당 가격으로 보면 타 주거용 상품들과 비교했을 때 가장 높아 일반적인 급여소득자가 저축이나 대출을 통해 접근하기에 진입장벽이 높은 상품이다.

② 국내 많은 아파트들이 벽과 바닥이 일체화된 벽식구조로 지어졌기 때문에 연결된 세대의 층간소음에 취약할 수밖에 없고 보안시설이 적어 삶의 질이 크게 저하되거나 심한 분쟁으로 이어지는 경우도 발생한다.

③ 아파트는 관리 주체가 수도, 전기, 공조, 미화, 보안 등의 다양한 서비스를 제공하므로 해당 서비스를 편리하게 누릴 수 있으며 이러한 지속적인 관리는 건물의 물리적 감가를 방어하는 역할도 수행한다.

④ 아파트가 들어설 때 대부분 학교도 같이 들어서거나 이미 주변에 학교와 학원과 같은 학군이 형성되어 있는 경우도 많고, 특히 초등학교 이하의 자녀를 둔 수요자들은 등하교의 편리성과 안전이 아파트 선호도에 큰 영향을 미친다.

정답 | ②

해설 | ② 안전하고 보안시설이 많다. 많은 세대가 살고 있기 때문에 범죄 발생 시 누군가의 눈에 띌 가능성이 높고 경비시설도 동마다 갖추고 있는 경우가 많아 여성과 아이들에게 가장 안전한 주거공간으로 인식된다. 국내 많은 아파트들이 벽과 바닥이 일체화된 벽식구조로 지어졌기 때문에 연결된 세대의 층간소음에 취약할 수밖에 없고 소음이 심한 경우 삶의 질이 크게 저하되거나 심한 분쟁으로 이어지는 경우도 발생한다.

★★☆

02 아파트 투자 시 고려해야 할 점에 대한 적절한 설명으로 모두 묶인 것은?

가. 안정적인 수요 확보와 실거주 목적으로 가장 좋은 대안이 될 수 있으나 많은 자금이 들어가는 만큼 높은 기회비용을 감안하고 투자하는 것이 바람직하다. 나. 아파트는 위치, 공시가격, 실거래가격, 세대수, 층수, 주차대수, 난방의 종류, 주변 학군 및 인프라까지 모든 정보가 오픈된 상품이라는 특성 때문에 접근이 쉽고 대출도 용이하여 초과수익을 얻기가 쉽다는 장점이 있다. 다. 국가는 주택의 수요와 공급에 직접적으로 개입하는 경우가 많고 행정적인 규제와 세금도 많으므로 취득과 보유, 양도와 상속 및 증여까지 모든 영역에 복잡하게 얽혀 있으며 가장 선호하는 아파트의 경우 가장 규제가 심한 편이다.

① 가, 나
② 가, 다
③ 나, 다
④ 가, 나, 다

정답 | ②

해설 | 나. 아파트는 위치, 공시가격, 실거래가격, 세대수, 층수, 주차대수, 난방의 종류, 주변 학군 및 인프라까지 모든 정보가 오픈된 상품이다. 이러한 특성 때문에 접근이 쉽고 대출도 용이하다. 반면, 이러한 특성으로 인해 투자로 접근할 시 경쟁자가 많고 초과 수익을 얻기는 쉽지 않다. 따라서 입지를 비롯한 상품 경쟁력을 따져보고 선점하여 물가상승률과 입지 그리고 상품성의 개선으로 수익을 얻는 접근이 바람직하다.

★★☆

03 다세대 · 연립주택에 대한 설명으로 적절하지 않은 것은?

① 다세대주택과 연립주택은 주택사용 층수 4개 층 이하라는 공통점이 있으나 바닥면적 합계 660m^2 이하이면 다세대주택, 660m^2 초과이면 연립주택으로 구분한다.

② 단독 · 다가구주택은 소유주가 1명인 데 반해 다세대와 연립주택은 아파트처럼 하나의 집합건물에 소유주가 여러 명인 것이 특징이어서, 시장에서는 이러한 일반적인 소형공동주택을 '빌라'라고 부르며 아파트와 대비되는 공동주택으로 구분한다.

③ 소형공동주택은 아파트에 비해 규모가 작은 건설사들이나 개인이 건축하는 경우가 많아서 아파트에 비해 설계 능력이 떨어지거나 원가절감으로 여러 가지 물리적인 하자가 발생하는 경우가 많다.

④ 아파트에 비해 상대적으로 저렴하고 신축의 경우 다양한 옵션이 설치된 경우가 많아 주거 만족도도 준수한 편이다.

정답 | ①

해설 | 〈연립주택과 다세대주택의 구분〉

구분	층수	바닥면적
연립	주택사용 층수 4개 층 이하	합계 660m^2 초과
다세대	주택사용 층수 4개 층 이하	합계 660m^2 이하

★★☆

04 다세대와 연립주택의 장 · 단점에 대한 설명으로 적절하지 않은 것은?

① 일반적으로 소규모로 건축되는 경우가 대부분이라 대지가 작고 인프라도 적어 소수의 고급 빌라를 제외하면 아파트보다 저렴한 경우가 대부분이고, 신축인 경우 상품성을 어필할 수 있는 다양한 옵션이 구비되어 있는 경우가 많으며, 재건축이 용이해 아파트에 비해 가격 상승폭이 높은 편이다.

② 아파트에 비해 적은 금액으로 투자 가능하며 임대할 경우 매매가 대비 전세가 비율이 높고 상대적으로 임대수익률이 높은 편이다.

③ 단독 · 다가구와 같은 소형공동주택은 관리사무소나 경비실이 없어 건물의 내 · 외부가 관리되지 않는 경우가 많아 각 세대가 스스로 관리상의 문제를 해결해야 하는 불편함이 있고 관리가 잘 되지 않아 건물의 물리적인 감가가 빠른 편이다.

④ 아파트의 경우 보통 관리사무소 및 경비실이 존재하고 거주 인구가 많아 안전한 주거공간에 속하는 반면, 소형공동주택의 경우 현관 CCTV나 보안키 등으로 기본적인 보호는 갖추어 있지만 세대수가 많은 공동주택에 비해 상대적으로 보안이나 치안에 취약한 편이다.

정답 | ①

해설 | ① 기본적으로 대지가 작고 소규모로 이루어져 있기 때문에 재건축이 어려워 아파트에 비해 가격 상승폭이 낮은 편이다.

★★☆

05 다세대 · 연립주택 투자 시 고려해야 할 점에 대한 적절한 설명으로 모두 묶인 것은?

가. 소형공동주택은 아파트보다 건물 비중이 적기에 상대적으로 토지가격에 민감하다.
나. 아파트보다 입지에 민감한 상품으로 도심에 위치할수록, 지하철역에 가까울수록, 주요 업무지구와 상업시설에 가까울수록 가격 상승에 있어 유리하다고 할 수 있다.
다. 소형공동주택은 관리주체의 부재로 감가가 빠른 상품이므로 시간이 지날수록 건물의 가치가 아파트에 비해 빠르게 감소한다.
라. 아파트에 비해 불리한 상품성으로 전용공간 및 공용공간 내 다양한 편의 옵션이 구비되어 있지 않는 경우가 많으므로 경쟁력이 없는 경우가 대부분이다.
마. 아파트는 다양한 정보가 공개되지만 소형공동주택의 경우 실제 방문해서 얻을 수 있는 정보가 대부분이므로 물건을 중개하는 공인중개사의 정보 외에 주변 시세와 시장의 흐름, 인프라, 전용 및 공용공간 내 하자 유무 등을 꼼꼼히 따져 실거주 및 투자에 임해야 한다.

① 가, 나
② 다, 라, 마
③ 가, 나, 다, 마
④ 나, 다, 라, 마

정답 | ③

해설 | 라. 아파트에 비해 불리한 상품성으로 전용공간 및 공용공간 내 다양한 편의 옵션이 구비되어 있는 경우가 많다. 따라서 해당 물건이 주위 물건의 시세대비 적정한 분양가라면 경쟁력이 있다.

★★☆

06 오피스텔에 대한 적절한 설명으로 모두 묶인 것은?

가. 오피스텔은 주택법을 적용받고 지어진다.
나. 청약을 하고 분양권인 상태에서 일반임대사업자로 물건을 등록하면 주택수에 포함되지 않는다.
다. 오피스텔은 과거 사무실 및 그 외 용도로 많이 활용되었지만 오늘날에는 1인 가구 및 사회초년생들을 위한 임차수요가 많아져 월 현금흐름을 위한 소액 투자처로 각광을 받고 있다.
라. 아파트에 비해 전용률이 낮아 실제 전용면적이 작아 관리비가 낮은 편이다.
마. 상대적으로 대지지분도 적고 재건축은 현실적으로 힘들어 아파트에 비해 가격 상승폭이 크지 않다.

① 가, 나　　② 나, 다, 마
③ 다, 라, 마　　④ 가, 나, 다, 라

정답 | ②

해설 | 가. 오피스텔은 주택법을 적용받는 아파트와는 달리 건축법을 적용받고 지어진다.
라. 아파트에 비해 전용률이 낮아 실제 전용면적이 작으며 아파트에 비해 관리비가 높은 편이다.

★★☆

07 오피스텔의 장 · 단점에 대한 다음 설명 중 가장 적절한 것은?

① 임대수익을 바라보고 건물 전체를 구입해야 해서 초기 자본이 많이 들어가며 주로 주거지역에 위치한 경우가 많아 상대적으로 공실 우려가 많은 편이고 지하주차장을 이용할 수 없는 단점이 있다.
② 오피스텔은 분양 시 주택수에 포함되기 때문에 취득세와 보유세 및 양도소득세 등에 영향을 받아 다주택자 입장에서 투자의 메리트가 낮은 편이다.
③ 오피스텔은 전용면적 대비 분양면적이 크므로 사는 공간 대비 관리비가 많이 나올 수밖에 없는 구조이며, 아파트와 같이 넓은 대지면적을 활용한 커뮤니티 시설이 적거나 없는 경우가 많아서 주거 편의성이 떨어지는 편이다.
④ 오피스텔은 대지 지분이 많아 재건축이 수월하여 아파트와 같은 시세차익을 기대할 수 있다.

정답 | ③

해설 | ① 주거용 부동산 중 대표적인 수익형 부동산으로는 다가구주택과 주거용 오피스텔을 꼽을 수 있는데, 다가구주택의 경우 임대수익을 바라보고 건물 전체를 구입해야 하나 오피스텔은 호실(세대)별로 투자할 수 있어 초기 자본이 적게 들어가며 주로 주거지역에 위치한 다세대주택에 비해 업무지역이나 상업지역에 있는 경우가 많아 상대적으로 공실 우려가 적은 편이고 지하주차장을 이용할 수 없는 다세대주택에 비해 주차도 여유로운 편이다.
② 오피스텔은 분양 시 일반임대사업자로 등록하면 주택수에서 제외되는데, 이러한 주택수 배제는 종합부동산세와 양도소득세에 영향을 받아 다주택자 입장에서 투자의 메리트가 높은 편이다. 그러나 주거용으로 사용하거나 주택임대사업자로 등록하게 되면 취득세와 보유세 및 양도소득세 등에 영향을 미치므로 각 투자자의 유불리에 대한 면밀한 검토가 필요하다.
④ 오피스텔은 번화가나 대로변의 작은 대지에 가용한 용적률을 최대한 활용하여 건축하기 때문에 대지 지분이 적고 그로 인해 재건축은 현실적으로 어렵고, 이러한 이유로 시간이 지날수록 물리적 · 경제적 감가상각이 커지게 되어 아파트와 같은 시세차익을 기대하기는 어렵다.

★★☆
08 오피스텔 투자 시 고려해야 할 점에 대한 설명으로 적절하지 않은 것은?

① 중심업무지구의 오피스텔은 택지지구의 오피스텔보다 공실 위험도 높고 매도가 어려울 수 있다.
② 감가상각에 민감한 상품이므로 신축의 수요가 높을 수밖에 없으며 신규 공급이 많을수록 입지나 시설적 우위가 없는 구축 오피스텔의 선호도는 점차 떨어지게 된다.
③ 대형 평수의 오피스텔은 주요 업무지구의 핵심지나 한강변을 바라보는 고급 주거상품을 제외하고는 절대수요가 적다는 점을 감안해야 한다.
④ 복층 오피스텔은 2층으로 쓰이는 서비스 면적의 층고가 높지 않아 활동 범위에 만족을 주지 못하는데 비해 높은 층고로 인한 냉난방비가 많이 드는 단점이 있다.

정답 | ①
해설 | ① 택지지구 오피스텔은 기본적으로 공급량이 많을 확률이 높다. 모든 상품은 수요와 공급의 균형에 의해 가격이 결정된다. 도심에서의 오피스텔은 비싼 땅값으로 추가적인 공급이 어렵다. 따라서 택지지구의 오피스텔은 도심의 오피스텔보다 공실 위험도 높고 매도가 어려울 수 있다.

TOPIC 2 비주거용부동산

★★☆
09 전문(테마)상가에 대한 설명으로 적절하지 않은 것은?

① 상가가 활성화되면 투자가치가 높다.
② 운영 시장권 범위가 광역적이고 다양한 업종이 가능하다.
③ 상가 가치하락 폭이 크며 회복하기 어렵다.
④ 개개인 점포가 상가 전체의 활성화보다 중요시된다.

정답 | ④
해설 | 〈전문상가의 장단점〉

장점	단점
• 상가가 활성화되면 투자가치가 높음 • 운영 시장권 범위가 광역적이고 다양한 업종 가능 • 취급상품 공급을 받기 쉬운 편임	• 상가 가치하락 폭이 크며 회복하기 어려움 • 주변 입지, 상권검증 없이 무모하게 계획되는 경우가 있음 • 개개인 점포보다 상가 전체의 활성화가 중요시됨

★★☆

10 전문(테마)상가에 대한 설명으로 적절하지 않은 것은?

① 한 채의 대형 건물에 유사한 품목의 상점이 밀집된 형태의 상가를 의미하는 것으로 대형 상권에 입지하여 한 가지 상품이나 브랜드를 집중 육성하므로 고객응집력이 강하고 판매경쟁력을 확보할 수 있는 장점이 있다.
② 경기침체 시 상가 가치하락 폭이 크며 회복하기 어렵다.
③ 개개인 점포보다 상가 전체의 활성화가 중요시된다.
④ 아파트 단지 상가보다 배후 인구가 안정적이어서 투자금액의 위험부담이 적다.

정답 | ④

해설 | 〈전문상가와 아파트 단지 상가 비교〉

구분	장점	단점
전문상가	• 상가가 활성화되면 투자가치가 높음 • 운영 시장권 범위가 광역적이고 다양한 업종 가능 • 취급상품 공급을 받기 쉬운 편임	• 상가 가치하락 폭이 크며 회복하기 어려움 • 주변 입지, 상권 검증 없이 무모하게 계획되는 경우가 있음 • 개개인 점포보다 상가 전체의 활성화가 중요시됨
아파트 단지 상가	• 배후 인구가 안정적임 • 전문상가에 비해 가격이 저렴	• 활성화되어도 상가 성장에 한계가 있음 • 상가 운영 업종이 제한적임

★★☆

11 상가의 분류에 대한 설명으로 적절하지 않은 것은?

① 단지 상가를 구입할 경우에는 주민의 동선을 감안하여 분석해야 하며 상권이 형성되는 시간이 예상보다 길어질 수 있음을 고려해야 한다.
② 주주형 상가는 소액으로도 투자할 수 있고 장사에 경험이 없어도 되는 반면, 상가 경영이 부실해질 경우 책임을 물을 대상이 불분명하다는 단점이 있다.
③ 전문상가는 상가가 활성화되면 투자가치가 높다는 장점이 있다.
④ 아파트 단지 상가는 다른 상가보다 활성화되어 상가 성장성이 좋기 때문에 전문상가에 비해 가격이 비싸다.

정답 | ④

해설 | 〈전문상가와 아파트 단지 상가 비교〉

구분	장점	단점
아파트 단지 상가	• 배후 인구가 안정적임 • 전문상가에 비해 가격이 저렴	• 활성화되어도 상가 성장에 한계가 있음 • 상가 운영 업종이 제한적임

★★☆

12 상가에 대한 설명으로 적절하지 않은 것은?

① 아파트 단지 상가의 경우 아파트 거주 세대수가 영업을 좌우하는 것으로 최소 500세대 이상은 되어야 한다.

② 주주형 상가는 소액으로도 투자할 수 있고 장사에 경험이 없어도 되며, 자신이 직접 운영하지 않고도 대형 상가가 가진 규모의 이익으로 인해 소형 상가에 분산투자하는 것보다는 높은 영업이익의 장점이 있다.

③ 영업시설 · 비품 등 감가상각 후 남은 시설의 가치가 시설권리금이며 거래처, 신용, 영업상의 노하우는 영업권리금이고, 상가건물의 위치에 따른 영업상의 이점 등 상권과 입지는 바닥권리금으로 역세권이나 유동인구가 많은 곳일수록 바닥권리금이 높다.

④ 건물을 임대할 경우 임대보증금에 대해서는 소득세가 부과되지 않으므로 실질 수입액 산정 시 임대보증금에 대한 고려는 필요하지 않다.

정답 | ④

해설 | ④ 건물을 임대할 경우 임대료뿐만 아니라 임대보증금에 대해서도 간주임대료 소득세가 부과된다. 따라서 실질 수입액 산정 시 건물 소유자에게 부과되는 소득세를 고려해야 한다.

★★☆

13 상가에 대한 다음 설명 중 적절하지 않은 것은?

① 아파트 단지 상가는 대부분 생활밀착형이어서 기본적으로 배후 가구수에 맞는 업종을 선택해야 하며, 동일 상가에 업종이 중복되지 않아야 한다.

② 전문상가는 상가가 활성화되면 투자가치가 높으며, 운영 시장권 범위가 광역적이고 다양한 업종이 가능하다는 장점이 있다.

③ 전문상가는 상가 가치하락 폭이 크며 회복하기 어렵고, 개개인 점포보다 상가 전체의 활성화가 중요시되는 단점이 있다.

④ 투자수익성 분석에서 실질 수입액 산정 시 실질 임대수입액에서 건물의 가치감소 부분을 포함해야 하며, 부동산가격 상승분이나 하락분을 제외해야 한다.

정답 | ④

해설 | ④ 우리나라에서 건물의 수명은 보통 20년으로 보고 있다. 즉, 매년 건물가격의 1/20 정도는 가치가 감소되므로 실질 수입액은 실질 임대수입액에서 건물의 가치감소 부분을 제외해야 한다. 부동산의 가격은 계속 변동된다. 실질 수입액 산정 시 부동산가격 상승분이나 하락분을 포함해야 한다.

★★☆

14 공장용(제조업용) 건물에 대한 설명으로 적절하지 않은 것은?

① 고속도로의 발달은 도시 외곽에 산업단지 수요 촉진에 결정적인 영향을 미쳤으며, 고속도로와 함께 성장한 산업단지는 현재 도시의 확장에 따라 도시 외곽이나 중심지로 편입되면서 다른 지구로의 이전이나 개발 압력에 놓여 있다.

② 중제조업시설은 원유정제공장과 같이 적절한 원자재 공급원, 숙련된 노동력에 대한 접근성이 필수적이며 소유자의 요구에 특별히 맞추어진 점이 특징이다.

③ 경제조업시설은 보통 개별입지에 자리 잡고 있으며, 일부는 산업단지 내 소규모로 입점하거나 지식산업센터에 입점하는 경우도 존재한다.

④ 공장용 건물의 특징은 낮은 이용률로 인하여 다른 산업용 부동산에 비해 불안정한 현금흐름을 보이고 있다는 것이다.

정답 | ④

해설 | ④ 공장용 건물의 특징은 높은 이용률로 인하여 다른 산업용 부동산에 비해 안정적인 현금흐름을 보이고 있다는 것이다.

★★☆

15 산업용 부동산에 대한 설명으로 적절하지 않은 것은?

① 산업용 부동산이란 산업 활동에 이용되는 모든 토지와 건물을 말하며, 협소한 개념으로 제품을 생산 · 저장 · 분배하는 제조업중심의 부동산이다.

② 공장용(제조업용) 건물은 수도권 지역의 제조업 활성화와 중소제조업체의 입지문제 해결을 위한 대안으로 주목받고 있다.

③ 지식산업센터는 대도시 부근 입지로 인력수급이 원활하며 물류비용을 최소화할 수 있으며, 기존 아파트형공장에서 탈피하여 첨단 시스템을 갖춘 인텔리전트 빌딩으로 고급화하여 성장 중이다.

④ 기존 우리나라의 물류센터는 단순히 물건을 보관하는 창고의 개념이 강하였고, 해당 상품의 통계자료 및 정보를 갖추지 못하였지만 코로나 이전부터 물류창고가 상품화되면서 투명성이 개선되었고, 그 이후 물류센터 수요가 급격히 증가하여 현재는 대규모 전문적인 형태를 보이고 있다.

정답 | ②

해설 | ② 지식산업센터에 대한 설명이다.

★★☆
16 업무용 부동산의 사업성을 판단할 때 고려해야 하는 요인들에 대한 설명으로 적절하지 않은 것은?

① 유효총수익이란 잠재총소득에서 공실손실과 기타소득을 차감한 값으로 자본환원율과도 연결되기 때문에 공실률의 추이나 현재 공실률 수준을 정확하게 파악하는 것은 필수적이다.
② 공실률은 현재 오피스 수급상황을 파악하는 데 유용한 지표지만, 수급상황은 항상 변화하므로 향후 사업지 인근 오피스 예정 공급물량을 감안하여 수급상황을 보완한다.
③ 기업들이 사무실을 결정할 때 가장 핵심적인 요소는 업무효율성과 편의성으로, 사무실이 서울 주요 지역에 위치한다면 클라이언트와 대면접촉을 통한 정보 전달과 회의가 용이하고, 관련 업종의 전문인력 확보가 수월하다.
④ 주요 지역의 범위는 교통의 발달로 넓어지기 때문에 같은 주요 지역 내에서도 접근성의 차이가 발생할 수 있으며, 반대로 주요 지역이 아니더라도 접근성이 양호하다면 입지여건이 양호하다고 판단할 수 있다.

정답 | ①
해설 | ① 유효총수익이란 잠재총소득에서 공실손실을 차감한 뒤 기타소득을 더한 값으로 자본환원율과도 연결되기 때문에 공실률의 추이나 현재 공실률 수준을 정확하게 파악하는 것은 필수적이다.

★★☆
17 생활형 숙박시설에 대한 적절한 설명으로 모두 묶인 것은?

가. 주택법의 적용을 받는 주택이 아니기 때문에 청약 시에 주택청약종합저축이 필요 없으며 주택수에 산정되지 않는다.
나. 주택법에 따른 주택이 아니기 때문에 각종 세제상 혜택이 있으며, 숙박시설이기 때문에 주거지역이 아닌 지역에서도 건설이 가능하므로 비교적 우월한 자연입지조건을 갖춘다.
다. 학교용지부담금 등 부담금에 대해서도 비교적 자유로우며 주차 규정도 주택에 비해 자유롭다.
라. 주택이 아닌 숙박시설이기 때문에 건축법에 따라 오피스텔이나 공동주택 등으로 용도변경 후 주거용으로 사용할 수 있다.
마. 분양보증보험에 가입할 의무가 있기 때문에 공사기간 중 시행사가 부도가 나더라도 수분양자가 납부한 계약금 및 중도금을 회수할 수 있다.

① 가, 나
② 가, 나, 다
③ 다, 라, 마
④ 나, 다, 라, 마

정답 | ②
해설 | 라. 주택이 아닌 숙박시설이기 때문에 주거용으로 사용할 수 없다. 즉, 공중위생관리법에 따라 숙박업 신고를 하지 않으면 1년 이하의 징역 또는 1천만원 이하의 벌금에 처하며, 주거용으로 사용한 기존 시설의 경우에만 건축법에 따라 오피스텔이나 공동주택 등으로 용도변경 후 주거용으로 사용할 수 있다.
마. 분양보증보험에 가입할 의무가 없기 때문에 공사기간 중 시행사가 부도가 나더라도 수분양자가 납부한 계약금 및 중도금을 회수하지 못할 수 있다.

★★☆

18 곽윤기씨는 노후에 전원주택에 거주하여 농사를 짓고자 한다. 토지 거래 시 주의해야 할 내용에 대한 적절한 설명으로 모두 묶인 것은?

가. 토지를 거래할 때에는 토지대장, 임야대장, 등기사항전부증명서, 토지이용계획확인서 등을 확인하고 토지투자를 진행하는 것이 가장 안전하고 현명한 방법이다.
나. 지목이 '임'인 토지에 건물을 지으려면 지목을 잡종지로 변경해야 하는데 그 기준이 매우 까다롭다.
다. 지목이 '묘'인 토지에는 상당히 많은 수의 묘지가 있기 마련인데 이런 묘지의 이전이 이루어진 후 건축이 가능하지만, 묘지 이전 절차가 까다롭다.
라. 보전산지는 그린벨트만큼 규제가 많고 산지전용허가가 매우 어려워서 투자가치가 거의 없다.
마. 현장을 확인하지 않고 거래를 하는 경우 서류상으로는 아무런 문제가 없을지 모르지만 직접 가서 확인하면 의외의 문제가 있는 경우가 많으므로, 주위의 쓰레기 처리장, 고압선 등이 있는지 확인하는 것이 필요하다.

① 가, 나
② 다, 라, 마
③ 가, 다, 라, 마
④ 나, 다, 라, 마

정답 | ③

해설 | 나. 지목이 '임'인 토지에 건물을 지으려면 지목을 대지로 변경해야 하는데 그 기준이 매우 까다롭다. 활용 가능한 임야는 경사가 29도 이하로 완만해야 하고 수목이 식재된 면적이 50% 이하여야 한다. 다시 말해 보전할 만한 상태가 아닌 숲에 한해 예외적으로 건축을 할 수 있다는 것이다.

TOPIC 3 부동산 간접투자

★☆☆

19 리츠에 대한 설명으로 적절하지 않은 것은?

① 일반 REITs와 CR-REITs는 모두 자산운용전문인력을 포함한 임직원을 상근으로 두고 자산의 투자·운용을 직접 수행하는 회사로서 실체회사가 된다.
② 리츠를 통해 소액투자자들도 산업용, 업무용 부동산으로 구성된 리츠에 간접투자를 할 수 있으며, 2026년 말까지 리츠 투자액의 합계액이 5천만원을 초과하지 않는 범위의 배당소득에 대해서는 9%의 세율로 분리과세가 가능하다.
③ 위탁관리 부동산투자회사와 기업구조조정 부동산투자회사의 경우 자산관리, 자산보관, 사무수탁 등 모든 업무를 외부 전문가에게 위탁하여 관리하기 때문에 부동산투자회사의 투명성과 전문성을 제고할 수 있다.
④ 리츠 배당수익률은 은행 정기예금 이자율보다 높고 안정적이기 때문에 점점 더 많은 투자자들이 관심을 갖고 있다.

정답 | ①

해설 | ① 자기관리 부동산투자회사(일반 REITs)에 대한 설명이다. 기업구조조정 부동산투자회사(CR-REITs)는 위탁관리 부동산투자회사와 마찬가지로 회사 형태는 명목회사로 기업의 구조조정용 부동산을 투자대상으로 함으로써 자산유동화를 통한 기업의 구조조정을 지원하는 데 초점을 맞추고 있다. 기업구조조정 부동산투자회사는 위탁관리 부동산투자회사와 같이 실체가 없는 명목회사이므로 본점 외에 지점을 설치할 수 없으며 직원을 고용하거나 상근 임원을 둘 수 없고 자산에 대한 투자 및 운용 업무를 자산관리회사에 위탁해야 한다.

★☆☆

20 리츠에 대한 다음 설명 중 적절하지 않은 것은?

① 법인세법에 따라 배당가능이익의 90% 이상을 투자자에게 배당한 경우 그 금액은 해당 배당을 결의한 잉여금 처분의 대상이 되는 사업연도의 소득금액에서 공제된다.

② 자기관리 부동산투자회사는 자산운용전문인력을 포함한 임직원을 상근으로 두고 자산의 투자·운용을 직접 수행하는 회사로서 실체회사가 된다.

③ 위탁관리 부동산투자회사는 본점 외의 지점을 둘 수 없고, 직원을 고용하거나 상근인 임원을 두지 않으며, 운용자금의 보관을 외부 자산보관기관에 위탁할 수 없다.

④ 상장리츠의 경우 원금손실의 가능성도 있으나 세제혜택이 존재하고 시장의 규모가 지속 확대되고 있다.

정답 | ③

해설 | ③ 위탁관리 부동산투자회사는 자산의 투자·운용을 자산관리회사에 위탁하는 명목회사로서 본점 외의 지점을 둘 수 없고, 직원을 고용하거나 상근인 임원을 두지 않는다. 운용자금의 보관은 외부 자산보관기관에 위탁하고, 원래 부동산투자회사가 해야 하는 실체회사의 업무는 사무수탁기관에 위탁함으로써 전문성과 투명성이 높으며 최저자본금은 50억원이다.

★☆☆

21 자본시장법상 부동산펀드 투자대상자산에 해당하는 부동산으로 모두 묶인 것은?

가. 부동산을 기초자산으로 한 파생상품
나. 부동산개발과 관련된 법인에 대한 대출
다. 지상권, 지역권, 전세권, 임차권, 분양권 등 부동산 관련 권리
라. 부동산투자회사법에 따른 부동산투자회사가 발행한 주식

① 가, 나
② 다, 라
③ 가, 다, 라
④ 가, 나, 다, 라

정답 | ④

해설 | 자본시장법상 부동산집합투자기구가 투자하는 부동산이란 부동산을 기초자산으로 한 파생상품, 부동산개발과 관련된 법인에 대한 대출, 지상권, 지역권, 전세권, 임차권, 분양권 등 부동산 관련 권리, 부동산투자회사법에 따른 부동산투자회사가 발행한 주식 등이 포함된다.

★☆☆
22 부동산펀드 유형에 대한 설명이 적절하게 연결된 것은?

> 가. 펀드가 직접 부동산을 보유하여 운영하는 방식으로 펀드 기간 중에는 임대료 수익을 수취하고 만기 시 매각을 통해 차익을 실현하는 방식이다.
> 나. 펀드가 직접 시행사가 되거나 시행사 지분을 보유하는 형태로 부동산 개발사업을 진행하고 준공 후 분양, 임대, 매각 등의 방법으로 자금을 회수하는 구조이다.
> 다. 부동산개발사업에 펀드가 대주단으로 참여하여 대출기간 중 이자를 수취하다가 대출만기 시 분양 또는 매각자금 등으로 대출원금을 상환받는 형태를 말한다.

	가	나	다
①	임대형	개발형	PF대출형
②	임대형	개발형	대출형
③	재간접형	대출형	PF대출형
④	재간접형	PF대출형	대출형

정답 | ①
해설 | 가. 임대형에 대한 설명이다.
나. 개발형에 대한 설명이다.
다. PF대출형에 대한 설명이다.

★☆☆
23 부동산펀드에 대한 설명으로 가장 적절한 것은?

① 개발형은 펀드가 직접 시공사가 되거나 시공사의 지분을 보유하는 형태로 부동산 개발사업을 진행하고 준공 후 분양, 임대, 매각 등의 방법으로 자금을 회수하는 구조이다.
② 공모부동산펀드는 직접 부동산에 투자함으로써 발생하는 각종 위험으로부터 벗어나 안정적으로 투자할 수 있고, 누구나 소액으로 다양한 규모와 형태의 부동산에 투자할 수 있다.
③ 사모펀드의 공시의무는 없으며 공모보다 운용에 좀 더 자유로운데, 자산 300억원을 초과하는 경우 외부회계감사를 받아야 한다.
④ 국내 리츠는 대부분 해외부동산에 투자하는 경우가 많아 해외부동산시장에 매우 큰 영향을 받지만, 부동산펀드는 국내부동산펀드의 비중이 절반 이상을 차지한다.

정답 | ②
해설 | ① 개발형은 펀드가 직접 시행사가 되거나 시행사의 지분을 보유하는 형태로 부동산 개발사업을 진행하고 준공 후 분양, 임대, 매각 등의 방법으로 자금을 회수하는 구조이다.
③ 공시의무는 없으며 투자자의 요청에 의해 외부회계감사를 실시하여 공모보다 운용에 좀 더 자유롭다. 단, 자산 500억원을 초과하는 경우 외부회계감사를 받아야 한다.
④ 국내 리츠는 대부분 국내부동산에 투자하는 경우가 많아 국내부동산시장에 매우 큰 영향을 받지만, 부동산펀드는 해외부동산펀드의 비중이 절반 이상을 차지한다. 그러므로 해당 부동산펀드가 해외부동산에 투자하고 있다면 전 세계 경기뿐만 아니라 해당 국가의 경제 상황에 대해서도 살펴보아야 한다.

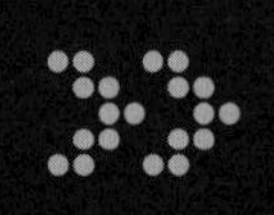

PART 05

상속설계

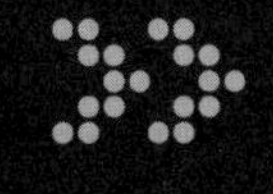

CONTENTS

CHAPTER

01 상속설계 개관

출제비중 : 0~4% / 0~1문항

학습가이드 ■ ■

학습 목표	학습 중요도
Tip 개념 이해 중심으로 학습 필요	
1. 상속의 개념과 상속설계의 필요성을 알 수 있다.	★

··· TOPIC 1 상속설계 개관

★☆☆

01 상속과 상속권의 개념에 대한 적절한 설명으로 모두 묶인 것은?

가. 상속이란 사람이 사망한 경우에 그가 생전에 가지던 재산상 권리 · 의무가 법률상 당연히 일정한 범위의 혈족과 배우자에게 포괄적으로 승계되는 것을 의미한다.
나. 일정한 범위의 혈족의 범위와 순위는 민법에서 정해지며, 배우자의 범위는 혼인신고를 하지 않은 배우자도 포함한다.
다. 상속권이란 상속개시 전에는 상속인이 가지는 기대권으로서 일정한 결격사유가 없으면 박탈당하지 않는다.
라. 상속개시 후에는 상속인이 상속의 효과를 받을 수 있는 포괄적 지위로서의 권리인 상속권을 가지며 이 권리가 침해된 경우 유류분반환청구권이 발생하고, 피상속인의 재산을 상속인이 무조건 상속을 받아야 하는 강제상속을 택하고 있다.

① 가, 다 ② 나, 라
③ 가, 나, 다 ④ 나, 다, 라

정답 | ①

해설 | 나. 일정한 범위의 혈족의 범위와 순위는 민법에서 정해지며, 배우자의 범위는 법률상 배우자에 한한다.
라. 상속개시 후에는 상속인이 상속의 효과를 받을 수 있는 포괄적 지위로서의 권리인 상속권을 가지며 이 권리가 침해된 경우 상속회복청구권이 발생하고, 상속인이 상속재산과 부채 등을 고려하여 상속권을 포기하거나 한정승인할 수 있다.

★☆☆
02 상속설계에 대한 적절한 설명으로 모두 묶인 것은?

가. 상속설계는 단순히 고객의 사후 계획을 준비한다는 소극적 정의의 개념으로 보는 것이 타당하며, 피상속인이 경영하던 사업체의 성공적인 승계계획은 포함하지 않는다.
나. 피상속인의 사후 재산관리나 보존 그리고 재산을 효과적으로 분배하는 과정에서 분쟁이 없도록 하기 위해 상속설계가 필요하며, 이를 위해 유언과 기여분 개념을 이해하고 활용할 필요가 있다.
다. 상속인들과 이해관계자들이 피상속인의 상속설계 내용에 따라 영향을 받게 되므로 피상속인의 상속계획이 명확하고 예측 가능하도록 하여 이들의 재무설계를 충실히 준비할 수 있도록 배려가 필요하다.
라. 가업승계설계는 피상속인이 생전에 운영하던 사업체가 피상속인의 사망으로 인해 단절되는 것을 막아주고 상속인이 이를 무리 없이 승계받도록 하며, 이를 통해 사회적 측면에서는 기업의 계속성을 유지하고 고용을 유지시켜줄 수 있다.

① 가, 나
② 가, 라
③ 나, 다
④ 다, 라

정답 | ④
해설 | 가. 최근에는 상속세 부담이 점점 커지는 추세여서 사전증여를 통해 상속세를 절세하려는 니즈도 강해지고 있다. 따라서 상속설계를 단순히 고객의 사후 계획을 준비한다는 소극적 정의에서 확대해서 생전의 증여계획까지 포괄하는 개념으로 보는 것이 타당하다. 여기에는 피상속인이 경영하던 사업체의 성공적인 승계계획까지도 포함한다. 그래서 통상적으로 상속설계를 '상속증여설계'라 부르기도 한다.
나. 이를 위해 유언과 유류분 개념을 이해하고 활용할 필요가 있다.

★☆☆
03 상속설계의 기본목표에 대한 설명으로 적절하지 않은 것은?

① 상속세는 인생의 마지막 단계에서 부담하는 세금이기 때문에 재산 전체에 대해 일시에 과세되는 특성으로 거액의 상속세가 나오는 경우가 많아서 상속설계의 초점이 주로 절세에 맞춰지는 경향이 있다.
② 장애인 가족이 있는 경우 이에 대한 보장장치가 필요할 것이며, 재산 일부를 사회에 환원하기 위한 공익법인 설립도 포함된다.
③ 상속설계는 사후의 재산분배에 초점을 맞추게 되므로 생전에 어떻게 재산을 분배할 것인지에 대한 내용은 포함되지 않으며, 이때 세금 측면의 분석과 사후 분쟁 예방을 위해 공정하고 합리적인 분배 계획도 필요하다.
④ 상속세나 증여세의 납세재원 마련을 위해 가족에게 미리 수익형 부동산을 증여해서 소득이 형성되도록 하거나 생명보험에 가입해서 사후 보험금을 수령한 상속인이 납부재원을 마련하는 등의 전략이 필요하다.

정답 | ③
해설 | ③ 상속설계는 사후의 재산분배뿐만 아니라 생전에도 어떻게 재산을 분배할 것인지에 대한 내용이 포함되어야 한다. 이때 세금 측면의 분석도 필요하며 사후 분쟁 예방을 위해 공정하고 합리적인 분배 계획도 필요하다.

★☆☆

04 **상속설계에서 재무설계사의 역할과 책임에 대한 설명으로 적절하지 않은 것은?**

① 재무설계사 입장에서 상속설계의 대상은 주로 재산을 물려줄 고객에 국한되지는 않으며, 그의 상속인과 가족, 사업체 임직원, 거래처 등 이해관계자를 폭넓게 고려해야 한다.

② 상속설계 시 재무설계사는 본인이 소속되거나 계약관계에 있는 금융회사 등에 대한 책임이 있지만, 상속설계를 의뢰한 고객과의 신뢰관계 또한 유지해야 한다.

③ 재무설계사로서 상속설계에 대한 유료자문을 하거나 또는 상속과 관련한 금융상품 등을 소개하고 판매한 경우에 상품에 대한 설명의무 등을 제대로 이행하지 않아서 발생하는 고객의 손해에 대해서는 재무설계사가 책임을 질 수 있다.

④ 절세전략은 대안제시의 근거가 되는 내용으로서 세무사, 회계사 등 전문가와 밀접한 관계를 맺고 추진하는 것이 바람직하며, 상속설계 제안서의 실행단계에서는 해당 분야 전문가들의 도움을 받아 재무설계사가 직접 실행하도록 한다.

정답 | ④

해설 | ④ 재무설계사가 모든 지식을 전문적으로 보유하거나 실행할 수 있는 자격을 갖추고 있는 것은 아니기 때문에 전문가들과의 제휴와 자문이 필요하다. 유언의 작성, 상속 집행절차, 상속재산 분할 등 상속설계의 필수적인 내용으로서 법률적인 조언이 필요할 경우 변호사의 의견을 거쳐야 하며 법률적인 문서의 작성 등도 역시 변호사에게 위임하는 것이 좋다. 또한 재무적 측면에서 상속의 문제는 곧 납세의 문제이므로 상속설계에서 절세전략은 매우 중요한 요소이다. 그러므로 고객의 니즈를 파악한 후 구체적인 대안제시가 필요한 시점에서는 관련 전문가인 공인회계사나 세무사를 통해 정확한 고객 납세정보의 분석과 절세전략을 위한 대안제시, 그리고 세금신고가 진행되도록 해야 한다.

CHAPTER

02 상속의 법률관계

출제비중 : 28~40% / 7~10문항

학습가이드 ■ ■

학습 목표	학습 중요도
Tip 법률 규정에 대한 깊이 있는 학습 필요 Tip 다양한 사례의 계산문제 학습 필요 Tip 문제해결형 문제가 빈번히 출제되므로 이에 대한 학습 필요	
1. 상속개시의 원인을 알 수 있다.	★★★
2. 법률에 따른 상속인의 상속순위와 상속분을 알 수 있다.	★★★
3. 상속재산을 파악하고 상속개시 후의 상속 진행 절차를 이해할 수 있다.	★★
4. 상황에 따른 상속분을 조정하여 법정상속인의 상속분을 계산할 수 있다.	★★★
5. 상속 승인과 포기의 요건과 방식 및 효력을 알 수 있다.	★★★
6. 민법상 상속제도와 다른 제도(신탁, 후견 등)를 이해하고 상속설계에 활용할 수 있다.	★★

TOPIC 1 상속개시

★★★

01 동시사망의 추정에 대한 설명으로 적절하지 않은 것은?

① 2인 이상이 동일한 위난으로 사망한 경우에는 동시에 사망한 것으로 추정한다.

② 동시사망이 추정되는 2인 이상 상호 간에는 상속권이 인정되지 않는다.

③ 피상속인과 상속인이 동시사망으로 사망한 경우 상속인의 상속인, 즉 대습상속인은 피상속인의 재산을 상속할 수 없다.

④ 남편 A와 미혼인 자식 B가 동일한 비행기 사고로 사망한 경우, A의 배우자는 남편 A의 재산 또는 보상금에 대하여는 A의 부모와 공동상속인이 된다.

정답 | ③

해설 | ③ 대습상속은 피대습자가 상속개시 전에 사망할 것을 인정요건으로 하고 있는데, 피대습자와 피상속인이 동시에 사망한 것으로 추정되는 경우에도 피대습자의 직계비속 또는 배우자가 피대습자를 대신하여 피상속인의 재산을 대습상속받을 수 있는지에 대하여 대법원 판례는 이를 인정하고 있다.

★★★
02 **A와 그 배우자 B는 홀로 사는 B의 모친인 C를 찾아가서 C 주택에서 같이 잠을 자던 중 가스누출로 A, B, C 모두 사망했다. 조사결과 사망자 상호 간 사망의 시기를 정확히 알 수 없어 동시에 사망한 것으로 추정한다. C의 자녀로는 B와 Y가 있고, A와 B의 자녀로 D, E가 있을 경우, C의 법정상속인으로 가장 적절한 것은?**

① 상속인 없음
② Y
③ D, E
④ Y, D, E

정답 | ④

해설 | 이 경우 상속관계를 살펴보면, C의 상속인은 Y와 대습상속인 D, E가 된다. 그 이유는 대습상속은 피대습자가 상속개시 전에 사망할 것을 인정 요건으로 하고 있지만 피상속인 C와 피대습자인 B가 동시에 사망한 것으로 추정한 경우에도 상호 간 대습상속은 인정되므로 C 사망 시 B의 자녀 D와 E는 대습상속인이 되기 때문이다.

★★★
03 **남편 A와 미혼인 자식 B가 동일한 비행기 사고로 사망한 경우, A의 배우자 C의 법정상속분이 적절하게 연결된 것은?**

〈남편 A와 자식 B의 가족관계와 재산〉
- 남편 A의 상속재산 : 350,000천원
- 자식 B의 상속재산 : 90,000천원
- 남편 A에게는 자식 B와 배우자 C, 부모님 D, E가 있음

	남편 A의 재산	자식 B의 재산
①	150,000천원	30,000천원
②	150,000천원	90,000천원
③	350,000천원	30,000천원
④	350,000천원	90,000천원

정답 | ②

해설 |
- 동시사망한 것으로 추정되는 사람들 사이에서는 상속이 인정되지 않으므로, 남편 A의 상속재산 350,000천원은 배우자 C에게 3/7인 150,000천원과 직계존속인 부모님 D와 E에게 각각 2/7인 100,000천원씩 상속됨
- 미혼인 자식 B의 상속재산 90,000천원은 직계존속인 모친, 즉 A의 배우자 C가 홀로 단독 상속하게 됨

★★★

04 다음 정보를 고려할 때, 민법상 실종선고에 따른 김세진씨의 사망 간주 시점으로 가장 적절한 것은?

> 평소 우울증을 앓던 김세진씨는 마지막으로 발견된 날인 2013년 2월 3일 집을 나간 후 10년이 넘도록 생사불명의 상태이다. 이에 김세진씨의 가족들은 보통실종을 청구하였으며, 2023년 4월 5일 법원으로부터 실종선고가 확정되었다.

① 2013년 2월 3일
② 2014년 2월 3일
③ 2018년 2월 3일
④ 2023년 4월 5일

정답 | ③

해설 | 가정법원의 실종선고가 확정되면 실종선고를 받은 자, 즉 실종자는 실종기간이 만료한 때 사망한 것으로 본다. 따라서 민법상 상속개시 시기는 실종기간이 만료한 때가 된다. 보통실종의 실종기간은 부재자가 마지막으로 발견된 때(최종 소식 시)로부터 5년이다.

★★★

05 다음 정보를 토대로 민법상 홍성완씨의 상속개시일로 적절한 것은?

> 홍성완씨는 2018년 8월 8일 유럽으로 가는 항공기에 탑승했다가 항공기가 추락하여 현재까지 생사불명 상태이다. 이에 홍성완씨의 가족들은 실종선고를 청구하였으며 2023년 10월 31일 가정법원으로부터 실종선고가 확정되었다.

① 2018년 8월 8일
② 2019년 8월 8일
③ 2023년 8월 8일
④ 2023년 10월 31일

정답 | ②

해설 | 가정법원의 실종선고가 확정되면 실종선고를 받은 자, 즉 실종자는 실종기간이 만료한 때 사망한 것으로 본다. 따라서 민법상 상속개시 시기는 실종기간이 만료한 때가 된다. 특별실종의 실종기간은 부재자가 전쟁, 침몰한 선박, 추락하는 항공기, 기타 사망의 원인이 될 위난을 당하고 그 위난이 종료한 때로부터 1년이다.

★★★

06 **상속개시에 대한 적절한 설명으로 모두 묶인 것은?**

> 가. 사람이 사망하면 상속이 개시되는데, 사람이 언제 사망하였다고 볼 것인지에 관하여 전통적으로는 심장 또는 폐의 기능이 회복 불가능한 상태가 되어 불가역적으로 정지된 때를 사망시로 본다.
> 나. 2인 이상이 동일한 재난으로 사망한 경우 동시에 사망한 것으로 추정하며, 대습상속은 인정되지 않는다.
> 다. 실종선고는 부재자의 생사가 보통실종은 5년, 특별실종에 대해서는 1년 동안 계속하여 행방을 알 수 없는 경우에 이해관계인이나 검사의 청구에 의하여 가정법원이 선고한다.
> 라. 장례비용, 상속재산의 관리 · 보존을 위한 소송비용, 상속재산의 처분에 수반되는 조세부담 등 상속에 관한 비용은 상속재산 중에서 지급한다.

① 가, 다
② 나, 라
③ 가, 나, 다
④ 나, 다, 라

정답 | ①

해설 | 나. 대습상속은 피대습자가 상속개시 전에 사망할 것을 인정요건으로 하고 있는데, 피대습자와 피상속인이 동시에 사망한 것으로 추정되는 경우에도 피대습자의 직계비속 또는 배우자가 피대습자를 대신하여 피상속인의 재산을 대습상속받을 수 있는지에 대하여 대법원 판례는 이를 인정하고 있다.

라. 상속에 관한 비용은 상속재산 중에서 지급하는 것이고, 상속에 관한 비용이라 함은 상속재산의 관리 및 청산에 필요한 비용을 의미한다. 상속에 관한 비용에 대하여 구체적으로 살펴보면, 장례비용은 피상속인이나 상속인의 사회적 지위와 그 지역 풍속 등에 비추어 합리적인 금액 범위 내라면 이는 상속 비용에 포함되며, 상속재산의 관리 · 보존을 위한 소송비용도 상속에 관한 비용에 포함된다. 이와 달리 상속재산의 처분에 수반되는 조세부담은 상속에 따른 비용이라고 할 수 없다.

▪▪▪ TOPIC 2 상속인

★★★

07 **외국인 B와 국내에서 결혼하여 그 슬하에 자녀 C, 그리고 태아 D가 있는 A가 사고로 사망하였다. A의 재산으로는 거주하던 주택과 현금이 있다. A의 사망으로 충격을 받은 B가 태아 D를 유산하였을 경우, A의 법정상속인으로 가장 적절한 것은?**

① 자녀 C
② 자녀 C와 태아 D
③ 배우자 B와 자녀 C
④ 배우자 B, 자녀 C, 태아 D

정답 | ③

해설 | A의 상속인으로는 그 배우자 B와 자녀 C가 된다. 이 경우 배우자 B는 외국인이지만 상속능력이 인정되므로 상속인이 되는 반면, 태아 D는 살아서 태어나는 것을 정지조건으로 상속능력이 인정되므로 유산된 이상 상속인에 해당하지 않는다.

★★★
08 상속결격사유로 적절하지 않은 것은?

① 고의로 피상속인의 배우자를 살해하려고 한 경우
② 고의로 상속의 선순위에 있는 자에게 상해를 가하여 사망에 이르게 한 경우
③ 사기로 피상속인의 상속에 관한 유언을 하게 한 경우
④ 피상속인의 상속에 관한 유언서를 위조 · 변조 · 파기 또는 은닉한 경우

정답 | ②
해설 | ② 고의로 직계존속, 피상속인, 그 배우자 또는 상속의 선순위나 동순위에 있는 자를 살해하거나 살해하려 한 경우, 고의로 직계존속, 피상속인과 그 배우자에게 상해를 가하여 사망에 이르게 한 경우는 상속결격사유에 해당하나, 고의로 상속의 선순위에 있는 자에게 상해를 가하여 사망에 이르게 한 경우는 상속결격사유에 해당하지 않는다.

★★★
09 상속결격에 대한 설명으로 적절하지 않은 것은?

① 사기 또는 강박으로 피상속인의 상속에 관한 유언 또는 유언의 철회를 방해한 경우 상속결격에 해당한다.
② 상속결격사유에 해당하는 행위를 한 자는 상속인이 되지 못한다.
③ 상속결격사유로 인해 상속인이 상속권을 상실하는 것은 상속개시 전에만 가능하다.
④ 상속결격은 대습상속이 인정되는 요건이므로 결격자의 직계비속이나 배우자는 대습상속을 받을 수 있다.

정답 | ③
해설 | ③ 결격사유가 상속개시 전에 생긴 때에는 결격자는 상속이 개시되더라도 상속을 하지 못하며, 결격사유가 상속개시 후에 생긴 때에는 개시된 상속이 소급해서 무효로 된다.

★★★
10 다음 사례에서 A의 법정상속인으로 가장 적절한 것은?

> 고령인 A는 가족으로 배우자 B와 자녀 C, D가 있다. 자녀 C는 K와 결혼해 슬하에 자녀가 없고, 자녀 D는 미성년자로 미혼이다. A는 본인의 사후 상속재산처리에 대하여 미리 정하기 위하여 전문가의 도움을 받아 자필유언장을 작성하였다. 그 유언장은 A소유인 주택은 배우자 B에게 주고, 현금 10억원은 배우자에게 2억원, 자녀 C에게 1억원, 미성년 자녀 D에게 7억원을 준다는 내용으로 작성하였다. A는 자녀 C를 유언집행자로 정하고 유언장을 맡겼고 몇 년 후 사망하였다. 유언장을 보관하던 C는 어머니 B가 유증받을 주택의 가격이 폭등하고 본인의 사업도 어렵게 되자 본인의 몫 외에 다른 상속인의 몫도 상속받기 위하여 유언장을 몰래 파기하였다.

① B, D
② B, C, D
③ B, K, D
④ B, C, D, K

정답 | ③

해설 | 이 경우 상속인은 B, K, D가 된다. 민법에 따르면 피상속인의 상속에 관한 유언서를 위조 · 변조 · 파기 또는 은닉한 경우 상속결격사유에 해당하므로 피상속인 A의 상속에 관한 유언서를 몰래 파기한 C는 상속결격자로서 처음부터 상속에서 제외된다. 다만, C가 상속결격이 되는 경우 그 배우자는 대습상속을 받을 수는 있기 때문에 A의 상속인으로 포함된다.

★★★

11 포괄적 수증자에 대한 설명으로 적절하지 않은 것은?

① 포괄적 유증이란 상속재산을 전부 또는 그에 대한 비율에 의하여 포괄적으로 증여하는 의사표시를 의미한다.

② 포괄적 유증은 유언자가 유언으로 "내가 죽으면 내 재산 중 절반을 자녀 A에게 준다"거나 "내가 죽으면 내 재산의 30%를 자녀 C에게 준다"는 등으로 전체 재산에 대한 비율로 유증하는 것을 의미한다.

③ 포괄유증을 받은 포괄적 수증자는 상속재산에 관하여 상속인과 동일한 권리의무가 있으므로, 상속재산에 관하여 상속인과 같이 그 수증분의 비율에 따라 피상속인의 상속개시 당시 적극재산 및 소극재산을 포괄적으로 승계한다.

④ 포괄적 수증자는 상속채무를 변제할 의무를 부담하지 않고 법정상속인만이 상속채무를 부담하게 된다.

정답 | ④

해설 | ④ 포괄적 수증자는 그 수증분의 비율에 따라 상속채무를 변제할 의무를 부담하고 법정상속인은 그 부분에 대하여 상속채무를 면하게 된다.

★★★

12 다음 사례에서 C의 법정상속인으로 가장 적절한 것은?

> A는 배우자 B와 이혼 후 C와 재혼하였다. A는 B와의 사이에 자녀 K가 있으며, C는 A와 결혼 전에 이미 자녀 F가 있었다. C가 사망하자 C의 상속재산에 대해 상속인 간 다툼이 발생하였다. K는 본인도 상속을 받을 수 있는지에 대한 문의를 위해 재무설계사 Y를 방문하여 Y는 상속 분쟁을 상담해 주고자 한다.

① A ② F

③ A, F ④ K, A, F

정답 | ③

해설 | K의 경우 별도의 입양절차 등으로 C의 양자가 되지 않는 한 C의 상속인이 될 수 없고 C의 상속인은 A와 F가 된다. 그 이유는 K와 C의 관계는 혈족관계가 없는 계모자 사이로 인척관계만 인정될 뿐이기 때문에 별도의 입양절차를 거치지 않는 한 상속관계가 성립되지 않기 때문이다.

★★★
13 다음 사례에서 상속권에 대한 설명으로 적절하지 않은 것은?

> X와 그 배우자 Y는 슬하에 자녀가 없다. X의 동생인 A와 그 배우자 B의 슬하에는 자녀 C와 D가 있는데 X와 Y는 A의 자녀 C를 일반양자로 입양하게 되었다. 그 후 X, Y, A, B는 부부동반으로 해외여행을 가게 되었는데 비행기가 추락하여 모두 사망하게 되었다.

① A와 B의 상속인은 D만 해당된다.
② 일반양자의 경우 친생부모와 양부모 모두로부터 상속권이 인정되므로 C는 X, Y, A, B 모두로부터 상속을 받게 된다.
③ 만약 C가 X와 Y의 친양자로 입양되었다면, C는 X, Y의 상속인으로 상속받을 수 있지만 친생부모인 A와 B의 상속재산은 상속받지 못한다.
④ 만약 C가 X와 Y의 친양자로 입양되었다면, A와 B의 상속인은 D만 해당된다.

정답 | ①
해설 | 〈일반양자와 친양자 비교〉

구분	일반양자	친양자
근거	민법 제866조~제908조	민법 제908조의2~제908조의8
양자의 성·본	친생부모의 성과 본을 유지	양친의 성과 본으로 변경
친생부모와의 관계	유지(상속권 인정)	종료(상속권 인정 안 됨)
입양의 효력	입양한 때부터 혼인 중의 자로서의 신분을 취득하나, 친생부모와의 관계는 친권 이외는 유지됨	재판이 확정된 때부터 혼인 중의 자로서의 신분을 취득하며, 친생부모와의 관계는 종료됨

★★★
14 A는 B와 혼인하여 슬하에 자녀 C가 있다. 그러던 중 A는 B와 사별해 D와 재혼하였고 A와 D 사이에 자녀 F가 있는 상황에서 A, D, C가 사망하는 경우의 상속관계에 대한 설명으로 적절하지 않은 것은(각각 독립적 상황임)?

① A가 사망하는 경우 상속인은 C, D, F가 된다.
② D가 사망하는 경우 상속인은 A와 F가 된다.
③ C가 사망하는 경우 상속인은 A가 된다.
④ C가 사망하는 경우 상속인이 상속포기를 하게 되면 D가 상속인이 된다.

정답 | ④
해설 | ④ C가 사망하는 경우 상속인인 A가 상속포기를 하게 되면 다음 상속순위인 동성이복 형제인 F가 상속인이 된다.

★★★

15 **피상속인 최민수씨의 다음 정보를 고려할 때, 배우자 안예은의 법정상속분으로 가장 적절한 것은?**

> • 최민수씨의 유족으로는 배우자 안예은, 성년인 딸 최준희가 있고, 형 최태준 및 누나 최민정이 있음
> • 최민수씨의 상속재산은 21억원이고, 딸 최준희는 상속을 포기하였음

① 0원　② 7억원
③ 9억원　④ 21억원

정답 | ④
해설 | 배우자는 피상속인의 직계비속이 있는 경우에는 직계비속과 같은 순위가 된다. 만일 피상속인의 직계비속이 없으면, 배우자는 직계존속과 같은 순위가 된다. 만일 피상속인의 직계비속과 직계존속이 모두 없으면 배우자가 단독으로 상속하게 된다.

★★★

16 **A는 B와 혼인하여 슬하에 자녀 C가 있다. 고령이 된 A는 황혼이혼으로 B와 이혼하고 D와 사실혼 관계를 유지하던 중 사망하였을 경우, 상속관계에 대한 설명으로 적절하지 않은 것은?**

① 법률상 배우자라도 이혼한 경우 상속권이 인정되지 않으므로 B는 상속인이 아니다.
② D는 사실혼 관계지만 법률혼이 아닌 이상 상속인이 될 수 없다.
③ A 사망 시 자녀 C가 단독으로 상속인이 된다.
④ B는 C가 상속포기하는 등의 사유로 A의 상속인이 없는 경우로서 법에서 정한 일정 요건을 충족하는 경우 특별연고자로서 상속재산을 전부 또는 일부 분여받을 수도 있다.

정답 | ④
해설 | ④ D는 C가 상속포기하는 등의 사유로 A의 상속인이 없는 경우로서 법에서 정한 일정 요건을 충족하는 경우 특별연고자로서 상속재산을 전부 또는 일부 분여받을 수도 있다.

★★★

17 **갑, 을, 병은 모두 남편과 사별하였고, 구체적인 상황이 다음과 같을 경우 갑, 을, 병 중 남편의 재산을 상속받을 수 없는 사람으로 모두 묶인 것은?**

> 갑 : 부모님의 반대로 혼인신고를 하지 않고 미룬 상황에서 남편이 교통사고로 사망함
> 을 : 남편 사망 후 시부모님의 권유로 태아를 낙태함
> 병 : 남편의 생활 무능력을 이유로 남편에게 폭언과 폭행을 하였음

① 갑, 을　② 갑, 병
③ 을, 병　④ 갑, 을, 병

정답 | ①

해설 | • 배우자는 혼인 신고한 배우자만 상속권이 있고 혼인신고를 하지 않은 배우자는 상속권이 없다. 예컨대 혼인신고를 하지 않은 상황에서 남편이 교통사고로 사망한 경우 혼인신고를 하지 않은 배우자는 상속권이 없고, 다만, 남편의 사망에 따른 정신적 고통에 대한 위자료만 가해자에게 청구할 수 있다.
• 태아는 상속순위에 관하여는 이미 출생한 것으로 보기 때문에 만일 태아가 재산상속의 선순위나 동순위에 있는 경우에 그 태아를 낙태하면 피상속인의 배우자는 상속결격사유에 해당한다. 따라서 태아의 모가 재산상속에 유리하다는 인식 없이 오직 장차 태어날 아이의 장래를 위하여 낙태를 했더라도 상속결격자가 된다.

★★★
18 피상속인이 다음과 같은 유족을 남기고 사망한 경우 상속순위가 순서대로 나열된 것은?

가. 인지한 혼인 외의 출생자	나. 양부모
다. 고종사촌형	라. 혼인신고를 하지 않은 배우자

① 가 → 나 → 다　　② 가 → 다 → 나
③ 가, 라 → 다　　④ 라 → 가 → 나 → 다

정답 | ①

해설 | 가. 인지한 혼인 외의 출생자 : 제1순위 직계비속
나. 양부모 : 제2순위 직계존속
다. 고종사촌형 : 제4순위 4촌 이내 방계혈족
라. 배우자는 혼인 신고한 법률상 배우자만 상속권이 있고 혼인신고를 하지 않은 배우자는 상속권이 없다.

★★★
19 상속인에 해당하는 자로 모두 묶인 것은?

가. 태아	나. 이성동복, 동성이복의 형제
다. 이혼소송 중인 배우자	라. 인지된 혼외자
마. 적모서자	

① 가, 나　　② 가, 다, 마
③ 다, 라, 마　　④ 가, 나, 다, 라

정답 | ④

해설 | 〈상속인 여부에 대한 판단〉

구부	내용	
상속인에 해당하는 자	• 태아 • 이혼소송 중인 배우자 • 일반양자, 친양자, 양부모, 친양부모 • 북한에 있는 상속인	• 이성동복, 동성이복의 형제 • 인지된 혼외자 • 일반양자를 보낸 친생부모 • 외국국적을 가지고 있는 상속인
상속인에 해당하지 않는 자	• 적모서자 • 상속결격자 • 이혼한 배우자	• 사실혼 배우자 • 친양자를 보낸 친생부모

★★★
20 상속인에 해당하지 않는 자로 적절하지 않은 것은?

① 일반양자를 보낸 친생부모
② 사실혼 배우자
③ 친양자를 보낸 친생부모
④ 이혼한 배우자

정답 | ①

해설 | 〈상속인 여부에 대한 판단〉

구분	내용	
상속인에 해당하는 자	• 태아 • 이혼소송 중인 배우자 • 일반양자, 친양자, 양부모, 친양부모 • 북한에 있는 상속인	• 이성동복, 동성이복의 형제 • 인지된 혼외자 • 일반양자를 보낸 친생부모 • 외국국적을 가지고 있는 상속인
상속인에 해당하지 않는 자	• 적모서자 • 상속결격자 • 이혼한 배우자	• 사실혼 배우자 • 친양자를 보낸 친생부모

★★★
21 상속인에 대한 설명으로 적절하지 않은 것은?

① 법인은 상속인이 될 수 없으므로 유증을 받을 수 없다.
② 일반양자는 양부모와 친부모 양쪽 모두에 대하여 1순위의 상속인이지만, 친양자는 친부모에 대하여 상속권이 없다.
③ 제1, 2, 3순위 상속인이 단 한명도 없는 경우 4촌 이내의 방계혈족이 제4순위 상속인이 된다.
④ 상속인이 될 직계비속이 상속개시 전에 사망한 경우에 그 배우자가 임신한 태아는 대습상속인이 될 수 있다.

정답 | ①

해설 | ① 자연인 외의 법인은 상속인이 될 수는 없지만 유언에 의한 상속, 즉 유증을 받을 수 있으며 상속인과 같은 지위를 가질 수 있다.

★★★
22 법정상속인에 대한 설명으로 적절하지 않은 것은?

① 태아는 상속순위에 관하여는 이미 출생한 것으로 본다.
② 만일 계모가 사망한 경우 자식은 상속권을 갖는다.
③ 상속인이 될 자가 직계존속인 경우 대습상속이 허용되지 않는다.
④ 대습상속인의 상속순위는 상속인이 될 자와 같은 순위이다.

정답 | ②

해설 | ② 만일 계모가 사망한 경우에는 법정혈족관계가 없기 때문에 자식은 상속권이 없고 계모의 유산은 그 친정 측의 가족이 상속하게 된다.

★★★
23 대습상속에 대한 설명으로 가장 적절한 것은?

① 동시사망의 경우 민법에서 정하고 있는 대습상속 요건에 따라 대습상속을 인정하지 않는 것이 대법원 판례이다.
② 대습자는 피대습자의 직계비속이나 배우자에 해당하면서 상속개시 당시 존재하고 상속결격자가 아니어야 한다.
③ 결격의 효과로 결격자의 직계비속이나 배우자가 대습상속을 할 수 없다는 것이 일반적인 견해이다.
④ 대습상속인의 상속분은 피대습상속인의 상속분의 1/2에 의한다.

정답 | ②

해설 | ① 동시사망의 경우 민법에서 정하고 있는 대습상속 요건과 별개로 대법원 판례에 따라 대습상속은 인정하고 있다. 참고로 민법은 상속인이 될 직계비속 또는 형제자매가 상속개시 전에 사망하거나 결격자가 된 경우를 대습상속의 요건으로 정하고 있다. 따라서 피상속인과 상속인이 동시사망으로 사망하였지만 상속인의 상속인, 즉 대습상속인이 있는 경우 그 대습상속인은 피상속인의 재산을 상속할 수 있다.
③ 결격의 효과는 결격자에게만 미치고 결격자의 직계비속이나 배우자가 대습상속을 하는 데는 지장이 없다.
④ 대습상속인의 상속분은 사망 또는 상속결격 된 피대습상속인의 상속분에 의한다.

★★★
24 대습상속에 대한 설명으로 적절하지 않은 것은?

① 상속포기는 대습상속의 사유로 규정되어 있지 않으므로, 피대습자가 상속포기를 하는 경우 피대습자의 배우자와 직계비속은 대습상속인이 되지 않는다.
② 피상속인의 배우자, 직계존속, 상속순위 중 4순위에 해당하는 4촌 이내 방계혈족의 경우에는 그들이 피상속인보다 먼저 사망하거나 상속결격되어도 대습상속이 인정되지 않는다.
③ 피대습자가 사망하였을 때 대습상속인이 될 자가 피대습자에 대한 상속을 포기한 경우 상속포기의 효력은 피상속인을 피대습자로 하여 개시된 대습상속에까지 미친다.
④ 조부 A, 부 B, 자녀 C 그리고 C의 배우자 D가 있고, B, C, A 순서로 사망한 경우 D는 A의 상속재산을 재대습상속으로 상속받을 수 있다.

정답 | ③

해설 | ③ 피대습자가 사망하였을 때 대습상속인이 될 자가 피대습자에 대한 상속을 포기한 경우에도 따로 대습상속을 포기하지 않는 한 대습상속이 인정된다. 즉, 상속포기의 효력은 피상속인의 사망으로 개시된 상속에만 미치고, 그 후 피상속인을 피대습자로 하여 개시된 대습상속에까지 미치지는 않는다.

★★★

25 사업자 A는 가족으로 배우자 B 그리고 자녀 C와 D가 있으며, C에게는 배우자 E와 자녀 F가 있다. D는 배우자 G가 있으며 자녀는 없다. A의 자산으로는 현금 2억원과 거주하는 주택이 있고 채무는 은행채무 7억원이 있는 상태이다. C는 교통사고로 A보다 먼저 사망하였고 그 후 A가 노환으로 사망하였다. 상속개시 후 D가 상속포기를 한 경우 상속인 및 법정상속분으로 적절하게 연결된 것은?

	B	E	F	G
①	3/5	6/25	4/25	0
②	3/5	6/35	4/35	2/7
③	3/7	6/25	4/25	0
④	3/7	6/35	4/35	2/7

정답 | ①

해설 | • 상속인이 될 직계비속 또는 형제자매(피대습자)가 상속개시 전에 사망하거나 결격자로 된 경우 그의 직계비속이나 배우자(대습자)가 피대습자의 순위에 갈음하여 상속인이 된다. 이때 대습자가 수인인 경우 대습상속인의 상속분은 그 법정상속분에 따르게 된다. 또한 판례는 상속포기를 대습상속의 원인으로 보지 않는다. 따라서 A의 상속인이 될 자녀 C가 A보다 먼저 사망하고 D는 상속포기를 한 경우 C를 피대습자로 한 대습상속이 발생하고, D를 피대습자로 한 대습상속은 발생하지 않는다.

• C의 배우자 E와 C의 자녀 F가 C의 상속순위에 갈음하여 상속인이 되고 D의 배우자 G는 상속인에 해당하지 않는다. 즉, A가 사망하는 경우 A의 상속인은 B, E, F가 되며, E와 F는 C의 상속분을 법정상속분에 따라 상속하게 된다. A의 사망에 따른 B와 C의 법정상속분은 각 3/5, 2/5이므로 B, E, F의 법정상속분은 각 15/25, 6/25, 4/25가 된다.

★★★

26 작년에 사망한 김인남씨의 유족으로는 배우자와 아들 2명이 있으며, 그의 가족관계로는 부친과 형이 있다. 최근 김인남씨의 부친이 사망하면서 14억원의 재산을 남겼을 경우 김인남씨 첫째 아들의 상속분으로 가장 적절한 것은?

① 0원
② 2억원
③ 2.5억원
④ 5억원

정답 | ②

해설 | • 상속인이 될 직계비속 또는 형제자매가 상속개시 전에 사망하거나 결격자가 된 경우 또는 동시에 사망한 것으로 추정되는 경우에 그 직계비속과 배우자는 사망하거나 결격된 자의 순위를 대신하여 상속인이 되며, 이를 대습상속이라 한다.

• 김인남씨 부친의 상속재산에 대한 법적상속분은 김인남씨와 김인남씨 형이 각각 1/2씩이므로 피대습자인 김인남씨의 상속분 7억원을 다시 그 배우자가 3/7, 2명의 아들이 각각 2/7씩 대습상속하게 된다.

• 김인남씨 배우자의 대습상속분 : 7억원×3/7 = 3억원

• 김인남씨 2명의 아들 각각의 대습상속분 : 7억원×2/7 = 각 2억원

★★★

27 **다음 사례에서 최태준씨의 상속재산에 대한 사위 이재경씨와 손자 이규혁의 상속분이 적절하게 연결된 것은?**

- 최태준씨는 배우자 안예은, 아들 최민수, 딸 최민정이 있으며, 딸 최민정은 2020년 이재경씨와 결혼하여 아들 이규혁을 출생하였다.
- 그 후 딸 최민정은 2021년 12월 자동차 사고로 사망하였으며, 최태준씨는 2022년 1월 위암으로 420,000천원의 재산을 남기고 사망하였다.

	이재경씨의 상속분	이규혁의 상속분
①	60,000천원	48,000천원
②	60,000천원	60,000천원
③	72,000천원	48,000천원
④	72,000천원	60,000천원

정답 | ③

해설 | • 상속인이 될 직계비속 또는 형제자매가 상속개시 전에 사망하거나 결격자가 된 경우 그 직계비속이나 배우자는 사망하거나 결격된 자의 순위를 대신하여 대습상속인이 된다.
- 최태준씨의 상속재산에 대한 법적상속분은 배우자 안예은이 3/7, 아들 최민수가 2/7, 딸 최민정이 2/7이므로 피대습자인 딸 최민정의 상속분 120,000천원을 다시 그 배우자인 이재경씨가 3/5, 자녀인 이규혁이 2/5만큼 대습상속하게 된다.
- 이재경씨의 대습상속분 : 420,000천원×6/35(= 2/7×3/5) = 72,000천원
- 이규혁의 대습상속분 : 420,000천원×4/35(= 2/7×2/5) = 48,000천원

★★★

28 **A는 자녀 B, C가 있으며, 자녀 B는 결혼하여 배우자 D와 자녀 E가 있다. A는 B와 함께 여행을 하던 중 항공기 사고로 모두 동시사망하였다. 한편 A의 형제로는 X가 있을 경우 A의 상속인과 그 법정상속분으로 적절하게 연결된 것은?**

	C	D	E	X
①	1/2	3/10	1/5	0
②	1/2	6/35	4/35	3/7
③	2/7	3/10	1/5	0
④	2/7	6/35	4/35	3/7

정답 | ①

해설 | 대습상속은 상속인이 될 직계비속 또는 형제자매(피대습자)가 상속개시 전에 사망하거나 결격자로 된 경우 그의 직계비속이나 배우자(대습자)가 피대습자의 순위에 갈음하여 상속인이 되는 것을 의미하는데, 이 경우 상속개시 전 피대습자의 사망에 대하여 판례는 피상속인과 피대습자가 동시에 사망한 경우도 포함하는 것으로 보아 이 경우에도 대습상속을 인정한다. 즉, 피대습자가 피상속인과 동시사망한 경우 대습상속이 인정되어 대습자는 피대습자의 상속순위에서 피대습자의 상속분을 상속한다. 따라서 피상속인 A와 상속인 B가 동시사망한 경우 A의 상속인은 B의 대습상속인인 D와 E 그리고 C가 된다. D, E, C의 법정상속분은 3/10, 2/10, 5/10가 된다.

★★★

29 **허재씨는 부친 허영만씨를 자신의 승용차에 태우고 가던 중 불의의 사고로 동시에 사망하였다. 아래 정보와 같을 때 허재씨 모친 이숙씨가 받는 법정상속분으로 적절한 것은?**

〈허재씨와 허영만씨의 가족관계와 재산〉
- 허재씨 상속재산 10억원
- 허영만씨 상속재산 21억원
- 허재씨에게는 배우자가 있으며, 자녀는 없음
- 허영만씨에게는 배우자 이숙과 자녀 허재, 허준 2명이 있음

① 9억원 ② 12억원
③ 13억원 ④ 15억원

정답 | ③

해설 | • 동시사망한 것으로 추정되는 사람들 사이에서는 상속이 인정되지 않으므로, 허재씨의 상속재산 10억원은 직계존속인 모친 이숙씨에게 2/5인 4억원, 배우자에게 3/5인 6억원이 상속됨
• 피상속인과 상속인이 동시사망으로 사망하였지만 상속인의 상속인, 즉 대습상속인이 있는 경우 그 대습상속인은 피상속인의 재산을 상속할 수 있으므로, 허영만씨의 상속재산 21억원은 직계비속인 허재씨의 대습상속인 배우자에게 2/7인 6억원, 허준에게 2/7인 6억원, 배우자 이숙씨에게 3/7인 9억원이 상속됨
• 허재의 모친인 이숙씨는 자녀 허재씨 사망으로 인한 상속분 4억원과 배우자 허영만씨 사망으로 인한 상속분 9억원을 상속하게 되어 총 13억원을 상속함

★★★

30 **서울시 강북구에 사는 A씨가 최근 홀로 쓸쓸하게 사망하였다. A씨의 상속재산 처리에 대한 설명으로 가장 적절한 것은?**

① 상속인의 존부가 분명하지 않은 때에는 가정법원이 피상속인의 친족 등의 청구에 의하여 상속재산관리인을 선임하고 이를 공고한다.
② 가정법원이 상속재산관리인의 선임을 공고한 날부터 2월 내에 상속인의 존부를 알 수 없는 경우 관리인은 지체 없이 일반상속채권자와 유증받은 자에 대하여 3월 이상의 기간을 정하여 그 기간 내에 그 채권 또는 유증을 받은 사실을 신고할 것을 공고해야 한다.
③ 일반상속채권자와 유증받은 자에 대한 채권신고를 최고하는 공고기간이 경과하였고, 상속인이 있으면 6개월 이상의 일정한 기간 내에 그 권리를 주장할 것을 공고하는 기간이 경과하여도 상속인이 나타나지 않으면 상속인의 부존재가 확정된다.
④ 상속인 부존재 시 피상속인과 생계를 같이한 자, 피상속인의 요양 · 간호에 노력한 자, 기타 피상속인과 특별한 연고가 있던 자의 청구가 있으면 가정법원이 이들에게 청산 후 남은 상속재산의 일부만 분여해 줄 수 있으며, 나머지 전부는 국가에 귀속한다.

정답 | ①

해설 | ② 가정법원이 상속재산관리인의 선임을 공고한 날부터 3월 내에 상속인의 존부를 알 수 없는 경우 관리인은 지체 없이 일반상속채권자와 유증받은 자에 대하여 2월 이상의 기간을 정하여 그 기간 내에 그 채권 또는 유증을 받은 사실을 신고할 것을 공고해야 한다.

③ 일반상속채권자와 유증받은 자에 대한 채권신고를 최고하는 공고기간이 경과하여도 상속인의 존부를 알 수 없는 경우에는 가정법원은 관리인의 청구에 의하여 상속인이 있으면 1년 이상의 일정한 기간 내에 그 권리를 주장할 것을 공고(청산재산이 없으면 불필요)해야 하고, 이 공고에서 정한 기간이 경과하여도 상속인이 나타나지 않으면 상속인의 부존재가 확정된다.

④ 상속인이 존재하지 않는 경우 피상속인과 생계를 같이한 자, 피상속인의 요양 · 간호에 노력한 자, 기타 피상속인과 특별한 연고가 있던 자의 청구가 있으면 가정법원이 이들에게 청산 후 남은 상속재산의 전부 또는 일부를 분여해 줄 수 있다. 여기서도 분여되지 않은 상속재산은 국가에 귀속한다.

TOPIC 3 상속에 따른 법률효과

★★☆

31 상속에 따른 일반적 효과에 대한 설명으로 적절하지 않은 것은?

① 재산상속이 개시되면 상속인은 피상속인의 재산에 관한 포괄적인 권리 · 의무를 승계하므로 상속인이 권리만을 분리하여 승계할 수 없고, 승계할 재산을 특정하여 선택할 수 없다.

② 피상속인이 사망하기 전에 상속인이 상속을 받지 않겠다는 상속포기의 의사표시를 하는 경우 법적 효력이 발생한다.

③ 민법에서는 법적안정성이라는 공익을 도모하기 위하여 포괄 · 당연승계주의를 채택하는 반면, 상속의 포기와 한정승인제도를 두어 상속인으로 하여금 그의 의사에 따라 상속의 효과를 귀속시키거나 거절할 수 있는 자유를 주고 있다.

④ 상속등기 등 별도의 이전 방법이 없어도 당연히 상속인 또는 포괄유증을 받는 자에게 이전되나, 제3자에 대항하거나 다시 제3자에게 재산을 처분할 경우 그 대상 재산의 권리변동 절차에 따라서 상속인 또는 수유자의 소유로 이전시키는 행위가 필요하다.

정답 | ②

해설 | ② 상속은 상속인이 상속사실 등을 알지 못하더라도 당연히 승계된다. 따라서 피상속인이 사망하기 전에 상속인이 상속을 받지 않겠다는 상속포기의 의사표시를 하더라도 법적으로는 효력이 없다.

★★☆

32 공동상속관계에 대한 적절한 설명으로 모두 묶인 것은?

가. 공동상속의 경우에 상속인은 각자의 상속분에 따라 피상속인의 권리 · 의무를 승계하는데, 공동상속인들 간 상속재산에 대한 분할이 완료될 때까지 공동상속인들은 상속재산을 공유하게 된다.
나. 공동상속재산이 분리되기 전에는 공동상속인들이 공동관리하게 되는데, 상속재산에 대한 소유권 등은 공동상속인들의 공유로 되고 각 상속인들은 상속개시와 동시에 공유지분을 취득하게 된다.
다. 공동소유관계에 따라 공유물에 대한 보존행위는 공유자 단독으로 가능하고, 임대차 등 관리행위와 공유물의 처분은 공유자 전원의 동의가 필요하다.
라. 상속인은 공유관계에 있는 각자의 상속분에 해당하는 지분을 단독으로 처분할 수 없으며, 각 공동상속인은 상속재산 전부에 대하여 각자의 상속분에 해당하는 지분의 비율로 사용, 수익할 수 있다.

① 가, 나 ② 다, 라
③ 가, 나, 다 ④ 나, 다, 라

정답 | ①

해설 | 다. 공동소유관계에 따라 공유물에 대한 보존행위는 공유자 단독으로 가능하고, 임대차 등 관리행위는 공유지분의 과반수의 동의로 가능하며, 공유물의 처분은 공유자 전원의 동의가 필요하다.
라. 상속인은 공유관계에 있는 상속재산을 상속인 전원의 동의 없이 단독으로 처분할 수 없지만 각자의 상속분에 해당하는 지분을 단독으로 처분할 수 있으며, 각 공동상속인은 상속재산 전부에 대하여 각자의 상속분에 해당하는 지분의 비율로 사용, 수익할 수 있다.

★★☆

33 공동상속재산의 관리 및 처분에 대한 설명으로 적절하지 않은 것은?

① 상속재산의 현상을 유지하고 그 멸실이나 훼손을 방지하기 위한 행위 등 보존행위는 공동상속인 각자가 단독으로 할 수 있다.
② 상속재산의 이용 및 개량행위, 임대차관리 등 관리행위는 공동상속인 전원의 동의로 정한다.
③ 각 공동상속인은 상속재산 전부에 대하여 상속분의 비율로 사용 및 수익을 할 수 있고, 개개의 상속재산에 대해서도 상속분에 따라 사용 및 수익할 수 있다.
④ 매도 또는 근저당권 설정 등 처분행위의 경우 상속재산에 속하는 개개의 물건 또는 권리는 공동상속인 전원의 동의 없이 단독으로 처분할 수 없지만 각 공동상속인은 개개의 상속재산에 대하여 각자의 상속분을 단독으로 처분할 수 있다.

정답 | ②

해설 | 〈공동상속재산의 관리 및 처분〉

구분	내용
공동상속재산의 형태	공동소유 관계
공동상속재산의 보존행위 (예를 들어 상속재산의 현상을 유지하고 그 멸실이나 훼손을 방지하기 위한 행위 등)	공유지분 중 각자의 지분에 기하여 보존행위는 공동상속인 각자가 단독으로 할 수 있음
공동상속재산의 관리행위 (예를 들어 상속재산의 이용 및 개량행위, 임대차관리 등)	관리행위는 법정상속분의 과반수로 정함. 각 공동상속인은 상속재산 전부에 대하여 상속분의 비율로 사용 및 수익을 할 수 있고, 개개의 상속재산에 대해서도 상속분에 따라 사용 및 수익할 수 있음
공동상속재산의 처분행위 (예를 들어 매도 또는 근저당권 설정 등)	상속재산에 속하는 개개의 물건 또는 권리는 공동상속인 전원의 동의 없이 단독으로 처분할 수 없지만 각 공동상속인은 개개의 상속재산에 대하여 각자의 상속분을 단독으로 처분할 수 있음

★★☆
34 피상속인 사망 시 상속인에게 상속되는 것으로 가장 적절한 것은?

① 과징금
② 인격권
③ 부양의무
④ 보증기간과 보증한도액의 정함이 없는 계속적 보증계약

정답 | ①

해설 | • 인격권이나 부양의무 등 친족법상 권리 등 비재산권 그리고 피상속인의 일신에 전속하는 권리 · 의무는 상속의 대상이 되지 않고 피상속인의 사망으로 소멸한다.
• 보증한도액이 정해진 계속적 보증계약의 경우 보증인이 사망하였더라도 보증계약이 당연히 종료하는 것은 아니고 특별한 사정이 없는 한 상속인들이 보증인의 지위를 승계한다. 그러나 보증기간과 보증한도액의 정함이 없는 계속적 보증계약의 경우에는 보증인이 사망하면 보증인의 지위가 상속인에게 상속된다고 할 수 없고 다만, 기왕에 발생된 보증채무만이 상속된다.

★★☆
35 보험금청구권에 대한 적절한 설명으로 모두 묶인 것은?

가. 특정의 상속인을 수익자로 하였을 경우 그 상속인이 수령하는 보험금은 상속재산에 해당하지 않는다.
나. 피상속인이 자기를 피보험자와 수익자로 한 경우 보험금은 상속재산에 포함되지 않고 상속인의 고유재산이 된다.
다. 생명보험금은 상속인이 보험수익자의 지위에서 보험금 지급을 청구하는 것이어서 상속인이 상속포기를 하여도 생명보험금은 받을 수 있다.

① 가, 나　　② 가, 다
③ 나, 다　　④ 가, 나, 다

정답 | ②

해설 | 나. 보험계약자인 피상속인이 보험계약자 본인을 피보험자 및 수익자로 정한 경우 보험금 청구권은 상속재산이 된다.

★★☆

36 나영석씨의 부인 김세진씨는 남편의 사망 후 남편의 상속재산이 상당부분 부채인 것을 알고 상속을 포기하려 하던 중 남편 명의로 가입된 생명보험이 있는 것을 발견하였다. 생명보험금에 대한 다음 설명 중 가장 적절한 것은?

① 김세진씨를 수익자로 하였을 경우 김세진씨가 보험금을 수령하는 것은 상속의 법정단순승인에 해당한다.

② 수익자를 단지 상속인으로만 표기한 경우에도 보험금은 나영석씨 사망 시 상속재산에 해당하므로 김세진씨가 상속을 포기할 경우 보험금을 수령할 수 없다.

③ 나영석씨가 보험수익자를 지정하지 않은 경우에는 피보험자의 상속인이 보험수익자가 되므로, 이 경우에도 김세진씨가 사망보험금을 수령할 경우 법정단순승인에 해당하여 그 이후에 상속포기를 할 수 없다.

④ 나영석씨가 자기를 피보험자와 수익자로 한 경우 보험금은 상속재산에 포함되고 김세진씨에게 상속된다.

정답 | ④

해설 | ① 특정의 상속인을 수익자로 하였을 경우 그 상속인이 보험금을 수령하는 것은 보험계약의 효과이지 상속에 의한 것이 아니다. 따라서 이 경우 보험금은 상속재산에 해당하지 않고 그 상속인이 상속포기를 하더라도 보험금을 수령할 수 있다.

② 수익자를 단지 상속인으로만 표기한 경우에도 보험금은 피보험자 사망 시 상속인의 고유재산이고 상속재산에 해당하지 않는다. 따라서 상속인이 상속을 포기하여도 보험금을 수령할 수 있다.

③ 보험계약자가 보험수익자를 지정하지 않은 경우에는 피보험자의 상속인이 보험수익자가 된다. 이 경우에도 보험금은 상속인의 고유재산이어서 상속인이 사망보험금을 수령하여도 법정단순승인에 해당하지 않고 그 이후에 상속포기를 할 수 있다.

★★☆

37 상속 당시 피상속인의 재산에 대한 설명으로 가장 적절한 것은?

① 피상속인의 소유권은 상속되나 점유권은 상속되지 않는다.

② 취소권, 해제권, 환매권, 상계권 등의 형성권은 1회성 권리이므로 상속재산에 해당하지 않는다.

③ 보험계약자인 피상속인이 보험계약자 본인을 피보험자 및 수익자로 정한 경우 보험금 청구권은 상속재산이 된다.

④ 보증한도액이 정해진 계속적 보증계약의 경우 보증인이 사망하면 보증계약이 당연히 종료한다.

정답 | ③

해설 | ① 물건 등에 대한 소유권, 점유권, 지상권 등 물권은 상속재산에 해당한다. 다만, 담보물권은 피담보채권과 분리해서 단독으로 상속되지는 않는다.
② 취소권, 해제권, 환매권, 상계권 등의 형성권도 상속재산에 해당한다.
④ 보증한도액이 정해진 계속적 보증계약의 경우 보증인이 사망하였더라도 보증계약이 당연히 종료하는 것은 아니고 특별한 사정이 없는 한 상속인들이 보증인의 지위를 승계한다.

★★☆

38 상속의 대상에 대한 적절한 설명으로 모두 묶인 것은?

가. 손해배상청구권, 이혼 시 재산분할청구권 등 채권도 상속재산에 해당한다.
나. 취소권, 해제권, 환매권, 상계권 등의 형성권도 상속재산에 해당한다.
다. 보험계약자가 피보험자의 상속인을 보험수익자로 하여 맺은 생명보험계약에 있어서 피보험자의 상속인은 피보험자의 사망이라는 보험사고로 발생한 보험금청구권은 보험계약의 효력으로 당연히 생기는 것으로서 상속재산이 아니라 상속인의 고유재산이다.
라. 금전채권이나 금전채무와 같이 급부의 내용이 가분채권, 가분채무인 경우 상속개시와 동시에 당연히 법정상속분에 따라 공동상속인들에게 분할되어 귀속되는 것이 원칙이므로, 가분채권, 가분채무는 상속재산분할의 대상도 되지 않는 것이 원칙이다.

① 가, 나
② 나, 다
③ 다, 라
④ 가, 나, 다, 라

정답 | ④

해설 | 모두 적절한 설명이다.

★★☆

39 금전채무를 공동상속한 경우에 대한 적절한 설명으로 모두 묶인 것은?

가. 상속개시와 동시에 당연히 법정상속분에 따라 공동상속인에게 분할되어 귀속된다.
나. 상속재산분할의 대상이 되지 않는다.
다. 만일 공동상속인 중 일부가 상속채무를 벗어나기 위해서는 빚을 분할한 내용의 상속재산분할협의서에 대하여 채권자의 승낙이 있어야 한다.

① 가, 나
② 가, 다
③ 나, 다
④ 가, 나, 다

정답 | ④

해설 | 금전채무와 같이 급부의 내용이 가분인 채무가 공동상속된 경우 이는 상속개시와 동시에 당연히 법정상속분에 따라 공동상속인에게 분할되어 귀속되는 것이므로, 상속재산분할의 대상이 되지 않는다. 따라서 상속재산분할의 대상이 될 수 없는 상속채무에 관하여 공동상속인들 사이에 분할의 협의가 있는 경우라면 이러한 협의는 민법에서 말하는 상속재산의 협의분할에 해당하는 것은 아니고, 위 분할의 협의에 따라 공동상속인 중의 1인이 법정상속분을 초과하여 채무를 부담하기로 하는 약정은 채권자에 대한 관계에서 대항할 수 없기 때문에 위 약정에 의하여 다른 공동상속인이 법정상속분에 따른 채무의 일부 또는 전부를 면하기 위하여는 상속인들 간의 약정만으로는 부족하고 채권자의 승낙이 필요하다.

★★☆

40 홍성완씨의 아버지는 2년 전에 사망하였으며, 상속인으로는 홍성완씨의 어머니와 3형제가 있다. 최근 홍성완씨는 아버지 사망 후 형이 아버지 건물의 임대료를 계속해서 전부 수령해 오고 있다는 사실을 알게 되었을 경우 이에 대한 설명으로 가장 적절한 것은?

① 상속부동산의 차임도 원칙적으로 상속재산분할대상이다.

② 공동상속인들은 상속개시 후 3년 이내에 상속재산분할청구를 하여야 한다.

③ 공동상속인들은 유류분반환청구를 통해 자신의 상속분에 상응하는 부분을 지급받아야 한다.

④ 공동상속인들은 별도의 공유물분할 또는 부당이득반환 등 민사상 청구로써 자신의 상속분에 상응하는 부분을 지급받아야 한다.

정답 | ④

해설 | 상속재산은 상속 당시 피상속인의 재산을 의미하므로 상속 이후 상속재산으로부터 발생하는 과실은 상속개시 당시 존재하지 않았던 것이어서 이를 상속재산에 해당한다 할 수 없다. 따라서 상속개시 후 발생한 상속주식의 배당금, 상속부동산의 차임, 예금이자 등 상속재산의 과실은 상속재산 아니라 상속인들이 상속분에 따라 취득하는 그들의 공유재산이다. 따라서 상속재산의 과실들은 원칙적으로 상속재산분할의 대상이 아니고 공동상속인들은 별도의 공유물분할 또는 부당이득반환 등 민사상 청구로써 자신의 상속분에 상응하는 부분을 지급받아야 한다.

★★☆

41 상속의 대상에 대한 적절한 설명으로 모두 묶인 것은?

가. 저작권 등의 무체재산권이나 취소권, 해제권, 환매권, 상계권 등의 형성권도 상속재산에 해당한다.
나. 위자료청구권은 상속재산에 해당하지 않지만, 당사자 간에 이미 그 배상에 관한 계약이 성립하거나 소를 제기한 경우면 상속이 가능하다.
다. 공무원인 남편의 사망으로 수령하게 되는 연금수급권도 원칙적으로 상속재산으로 본다.
라. 금전채권이나 금전채무와 같이 급부의 내용이 가분채권, 가분채무인 경우 상속개시와 동시에 당연히 법정상속분에 따라 공동상속인들에게 분할되어 귀속되는 것이 원칙이므로, 가분채권, 가분채무는 상속재산분할의 대상도 되지 않는 것이 원칙이다.
마. 상속개시 후 발생한 상속부동산의 차임은 원칙적으로 상속재산에 해당한다.

① 가, 나　　② 가, 나, 라

③ 다, 라, 마　　④ 나, 다, 라, 마

정답 | ②

해설 | 다. 퇴직연금 · 유족연금의 청구권 등 기타 법률 또는 계약 등에 의하여 귀속이 결정되는 것은 상속재산에 해당하지 않는다.
마. 상속개시 후 발생한 상속주식의 배당금, 상속부동산의 차임, 예금이자 등 상속재산의 과실은 상속재산이 아니라 상속인들이 상속분에 따라 취득하는 그들의 공유재산이다.

··· TOPIC 4 상속분

★★★

42 다음 정보를 토대로 상속인들의 법정상속분이 적절하게 연결된 것은?

- 피상속인 : 박영호(68세), 20××년 2월 1일 사망
- 박영호씨 사망 당시 유족
  - 정호연(85세/어머니)
  - 서예지(65세/배우자)
  - 박서준(38세/아들)
  - 박민영(32세/딸)
- 사망당시 재산 : 14억원

	정호연	서예지	박서준	박민영
①	0원	약 4.6억원	약 4.6억원	약 4.6억원
②	0원	6억원	4억원	4억원
③	약 3.1억원	약 3.1억원	약 3.1억원	약 4.7억원
④	3.5억원	3.5억원	3.5억원	3.5억원

정답 | ②

해설 | 정호연씨는 직계존속으로 2순위에 해당되므로 상속에서 제외된다. 1순위인 직계비속 2명과 배우자의 상속지분은 각각 2/7, 2/7, 3/7이므로 총상속재산 14억원에 대한 법정상속분은 박서준과 박민영이 각각 4억원(2/7), 배우자인 서예지가 6억원(3/7)을 상속하게 된다.

★★★

43 조부 A, 조모 B, 부 C 그리고 C의 배우자 D와 자녀 E가 있는 경우 C가 먼저 사망한 후 A가 사망하였을 경우 법정상속분이 적절하게 연결된 것은?

	B	D	E
①	0	3/5	2/5
②	0	6/25	4/25
③	3/5	3/5	2/5
④	3/5	6/25	4/25

정답 | ④

해설 | C는 피대습자가 되며, A가 사망한 경우 C의 법정상속분을 대습상속인이 되는 D와 E가 그들 간의 법정상속분에 따라 상속한다. 즉 A 사망 시 A의 상속재산에 대한 법정상속분은 그 배우자 B가 3/5, C는 2/5가 되며, C의 몫인 2/5에 대하여 C를 갈음하여 대습상속하는 D는 E와 공동상속하며 D는 E에 비해 5할을 가산하여 상속하므로, D는 6/25, E는 4/25가 된다. 즉 A 사망 시 상속인들 간 상속분은 B는 3/5, D는 6/25, E는 4/25가 된다.

★★★

44 A는 가족으로 배우자 B와 자녀 C가 있다. A의 상속개시 당시 상속재산으로는 금전 5억원이 있고 A가 배우자와 자녀에게 어떠한 증여나 유증을 한 바가 없을 경우, A 사망 시 각 상속인의 구체적인 상속분이 적절하게 연결된 것은?

	B	C
①	0원	5억원
②	2억원	3억원
③	3억원	2억원
④	5억원	0원

정답 | ③

해설 | A의 사망으로 상속인은 B와 C가 되며, B와 C의 법정상속비율은 1.5:1이 된다. 이에 따라 B의 구체적 상속분은 3억원이 되며, C의 구체적 상속분은 2억원이 된다.

★★★

45 A는 가족으로 배우자 B와 자녀 C, D가 있다. A가 배우자에게 유언으로 현재 거주하는 X주택을 준다는 유증을 남겼다. A의 생전에는 자녀 C에게 금전 5억원을 증여한 바 있다. A의 상속개시 당시 상속재산으로는 금전 9억원과 A가 B와 거주하는 시가 7억원 상당의 X주택이 있다. A에게 채무가 없고 A의 재산가액이 증여 시와 상속 시가 동일한 것을 전제로 하는 경우 A 사망 시 각 상속인의 구체적인 상속분으로 적절하게 연결된 것은?

	B	C	D
①	2억원	1억원	6억원
②	2억원	6억원	6억원
③	9억원	1억원	6억원
④	9억원	6억원	6억원

정답 | ①

해설 | • A의 사망으로 상속인은 B, C, D가 되며, B, C, D의 법정상속비율은 1.5:1:1이 된다. 특별수익으로 C가 A로부터 A의 생전에 증여받은 금전 5억원과 B가 A로부터 유증으로 받은 7억원 상당의 주택이 있다.

• 따라서 각 상속인의 구체적 상속분은

– B 2억원 = [(상속재산 가액 16억원 + C의 생전증여가액 5억원) × 3/7(B의 법정상속분율)] – B가 받은 특별수익가액 7억원

– C 1억원 = [(상속재산 가액 16억원 + C의 생전증여가액 5억원) × 2/7(C의 법정상속분율)] – C가 받은 특별수익가액 5억원

– D 6억원 = [(상속재산 가액 16억원 + C의 생전증여가액 5억원) × 2/7(D의 법정상속분율)]

★★★
46 김인남씨에게 처 박민영, 자녀 김일수, 김이수, 김삼수가 공동상속인이고 상속재산은 14억원이다. 김인남씨는 김일수에게는 결혼자금으로 2억원을, 김이수에게는 생활자금으로 2억원을 각각 증여했으며, 처 박민영에게는 유증으로 3억원을 준 경우 구체적 상속분으로 적절하게 연결된 것은?

	박민영	김일수	김이수	김삼수
①	3억원	2억원	2억원	4억원
②	3억원	4억원	4억원	2억원
③	6억원	2억원	2억원	2억원
④	6억원	4억원	4억원	4억원

정답 | ①

해설 | • 상속재산 : 14억원 + 결혼자금 2억원 + 생활자금 2억원 = 18억원

상속인	구체적 상속분	상속이익
박민영	18억원×3/9 − 3억원 = 3억원	3억원 + 3억원 = 6억원
김일수	18억원×2/9 − 2억원 = 2억원	2억원 + 2억원 = 4억원
김이수	18억원×2/9 − 2억원 = 2억원	2억원 + 2억원 = 4억원
김삼수	18억원×2/9 = 4억원	4억원

★★★
47 특별수익자의 상속분에 대한 설명으로 적절하지 않은 것은?

① 특별수익의 가액이 공동상속인 각자의 상속분의 가액보다 크더라도 특별수익자는 특별수익으로 받은 재산을 다른 상속인에게 반환할 의무는 없지만, 특별수익으로 인하여 다른 상속인의 유류분을 침해하는 경우 이는 유류분반환청구의 대상이 될 수 있다.

② 상속을 포기한 공동상속인, 공동상속인의 직계비속, 배우자 또는 직계존속이 증여나 유증을 받은 경우에도 이러한 증여 또는 유증은 상속재산 분할 시 원칙적으로 특별수익으로 고려하지 않는다.

③ 상속을 포기한 경우 그가 받은 특별수익이 다른 공동상속인의 유류분을 침해한 때에도 유류분반환청구 대상이 될 수 없다.

④ 대습상속인이 대습원인이 발생하기 전에 피상속인으로부터 증여를 받은 경우라면 이는 상속인의 지위에서 받은 것이 아니므로 특별수익에 해당하지 않고, 대습상속인의 지위에서 증여 또는 유증을 받은 경우라면 이는 특별수익에 해당한다.

정답 | ③

해설 | ③ 상속을 포기하였더라도 그가 받은 특별수익이 다른 공동상속인의 유류분을 침해한 때에는 유류분반환청구 대상이 될 수 있다.

★★★
48 특별수익자의 상속분에 대한 설명으로 가장 적절한 것은?

① 민법은 공동상속인 중 피상속인으로부터 재산의 증여 또는 유증을 받은 사람이 있는 경우 그 수증재산이 자기의 상속분에 달하지 못한 때에도 더 받을 수 있는 상속분이 없다고 규정하고 있다.
② 공동상속인 중에 특별수익이 있는 경우의 구체적인 상속분 산정은 피상속인이 상속개시 당시 가지고 있던 적극재산의 가액에 각 공동상속인별로 법정상속분율을 곱하여 산출된 상속분의 가액으로부터 특별수익자의 수증재산인 증여 또는 유증의 가액을 공제하는 계산방법에 의한다.
③ 공동상속인의 특별한 기여에 대한 대가로 증여 또는 유증을 하였다면 특별수익으로 인정된다.
④ 피대습인이 대습원인의 발생 이전에 피상속인으로부터 생전증여로 특별수익을 받은 경우 그 생전증여는 대습상속인의 특별수익이 된다.

정답 | ④
해설 | ① 민법은 공동상속인 중 피상속인으로부터 재산의 증여 또는 유증을 받은 사람이 있는 경우 그 수증재산이 자기의 상속분에 달하지 못한 부분의 한도에서 상속분이 있다고 규정하고 있다.
② 공동상속인 중에 특별수익이 있는 경우의 구체적인 상속분 산정은 피상속인이 상속개시 당시 가지고 있던 적극재산의 가액(상속재산의 가액)에 특별수익의 가액을 가산한 후 이 가액에 각 공동상속인별로 법정상속분율을 곱하여 산출된 상속분의 가액으로부터 특별수익자의 수증재산인 증여 또는 유증의 가액을 공제하는 계산방법에 의한다.
③ 공동상속인의 특별한 기여에 대한 대가로 증여 또는 유증을 하였다면 특별수익으로 인정되지 않는다.

★★★
49 특별수익자의 상속분에 대한 설명으로 가장 적절한 것은?

① 민법은 공동상속인 중 피상속인으로부터 재산의 증여 또는 유증을 받은 사람이 있는 경우 그 수증재산이 자기의 상속분에 달하지 못한 부분의 한도에서 상속분이 있다고 규정하고 있다.
② 특별수익자가 받은 증여재산은 원칙적으로 증여일 당시를 기준으로 평가하여야 한다.
③ 상속을 포기한 공동상속인, 공동상속인의 직계비속, 배우자 또는 직계존속이 증여나 유증을 받은 경우에도 이러한 증여 또는 유증은 상속재산 분할 시 원칙적으로 특별수익으로 고려한다.
④ 상속을 포기한 경우 그가 받은 특별수익이 다른 공동상속인의 유류분을 침해한 때에도 유류분반환청구 대상이 될 수 없다.

정답 | ①

해설 | ② 상속재산 및 특별수익재산 가액의 평가는 상속개시 당시의 시가로 하고, 특별수익 중 현금의 상속개시 당시의 평가액은 수증 당시의 금액에 소비자물가지수를 참작하여 산정한다.

③ 상속을 포기한 공동상속인, 공동상속인의 직계비속, 배우자 또는 직계존속이 증여나 유증을 받은 경우에도 이러한 증여 또는 유증은 상속재산 분할 시 원칙적으로 특별수익으로 고려하지 않는다.

④ 상속을 포기하였더라도 그가 받은 특별수익이 다른 공동상속인의 유류분을 침해한 때에는 유류분반환청구 대상이 될 수 있다.

★★★

50 피상속인 갑이 남긴 상속재산은 2.7억원이다. 유족으로는 아들 을, 병, 정을 두고 있으며 을은 무와 결혼하여 딸 A를 출산한 상태이다. 무는 지난 1년간 갑의 회사에서 급료를 받지 않고 일해 왔으며, 과거 갑이 병에게 3천만원을 증여했던 것으로 확인되었다면 각 상속인들의 상속분으로 가장 적절한 것은?

① 을 : 9천만원 ② 병 : 9천만원

③ 정 : 1억원 ④ 무 : 기여분 3천만원

정답 | ③

해설 | • 법정상속인은 자녀 을, 병, 정

• 공동상속인만이 기여분을 주장할 수 있으므로, 공동상속인이 아닌 무는 아무리 피상속인 재산의 유지 또는 증가에 기여하였더라도 기여분을 청구할 수 없다.

• 3천만원을 증여받은 상속인 자녀 병은 특별수익자

• 특별수익분을 반영한 상속재산은 2.7억원+0.3억원=3억원

• 각 상속인별 구체적 상속분가액은

– 자녀 을 : 3억원×1/3=1억원

– 자녀 병 : 3억원×1/3–0.3억원=0.7억원

– 자녀 정 : 3억원×1/3=1억원

• 각 상속인별 상속이익은

– 자녀 을 : 1억원

– 자녀 병 : 0.7억원+0.3억원=1억원

– 자녀 정 : 1억원

★★★

51 고령인 A는 부인 B와 자녀 C가 있는 사람으로 중증 치매진단을 받았다. 이에 자녀 C는 배우자 D와 결혼한 후 분가하였지만 A의 치매진단 이후 A와 함께 동거하며 A가 사망할 때까지 A의 치료비를 전액 부담하며 A를 극진히 모셨다. A는 결국 사망하였고, A가 남긴 상속재산은 적극재산으로 금전 5억원이 있으며 채무는 없다. 이때 B와 C는 협의로 C의 기여분을 30%로 정하였을 경우, C가 받을 수 있는 구체적인 상속분으로 가장 적절한 것은?

① 1.4억원
② 1.5억원
③ 2억원
④ 2.9억원

정답 | ④

해설 | A의 상속인인 B와 C는 상속재산분할의 전제로 기여분에 대하여 정할 수 있고 B와 C는 기여분을 30%로 정하였다. 이에 따라 전체 상속재산인 5억원 중 30%인 1억 5천만원은 총 상속재산에서 선공제하여 C에게 귀속되고, 남은 재산인 3억 5천만원을 B와 C가 각자의 법정비율인 1.5 : 1의 비율로 나눠가지게 된다. 결국 C가 가지게 되는 구체적 상속분은 2.9억원이 된다.

- B의 구체적 상속분 = [(상속재산 가액 5억원 − 기여분 1.5억원) × 3/5] = 2.1억원
- C의 구체적 상속분 = [(상속재산 가액 5억원 − 기여분 1.5억원) × 2/5] + 기여분 1.5억원 = 2.9억원

★★★

52 홍은균씨는 55억원의 상속재산을 남기고 사망하였으며 상속인으로는 배우자 조이현씨와 세 자녀가 있다. 상속인들이 특별한 기여를 한 조이현씨의 기여분으로 10억원을 인정하였다면 민법상 기여분을 고려한 조이현씨의 총 상속이익으로 적절한 것은?

① 10억원
② 15억원
③ 20억원
④ 25억원

정답 | ④

해설 | 상속재산은 55억원에서 10억원을 뺀 45억원을 상속재산으로 본다. 여기에 법정상속분을 계산하면 조이현씨가 3/9, 세 자녀가 각각 2/9이므로 조이현씨가 15억원, 세 자녀가 각각 10억원씩 상속받게 되고 그중 기여상속인인 배우자 조이현씨에게 기여분 10억원을 추가로 지급하면 조이현씨의 상속이익은 총 25억원이 된다.

★★★

53 배우자와 이혼한 김인남씨는 장남 김세진, 차남 김선호와 함께 생활한다. 최근 김인남씨가 교통사고로 사망하였는데 사망 당시 상속재산으로 8,000만원을 남겼다. 장남 김세진은 김인남씨 생전에 사업자금으로 3,000만원을 증여한 사실이 있어 동 금액만큼 기여분으로 인정받았다. 이 경우 장남 김세진의 상속분으로 가장 적절한 것은?

① 2,500만원
② 5,000만원
③ 5,500만원
④ 6,000만원

정답 | ③

해설 | 상속재산은 8,000만원에서 3,000만원을 뺀 5,000만원을 상속재산으로 본다. 여기에 법정상속분을 계산하면 장남과 차남이 각각 1/2이므로 두 자녀가 각각 2,500만원씩 상속받게 되고 그중 기여상속인인 장남에게 기여분 3,000만원을 추가로 지급하면 장남의 상속분은 총 5,500만원이 된다.

★★★
54 기여분에 대한 적절한 설명으로 모두 묶인 것은?

가. 사실상의 배우자도 피상속인 재산의 유지 또는 증가에 기여하였을 경우 기여분을 청구할 수 있다. 나. 공동상속인들 간에 협의가 되지 않을 경우에는 기여자가 가정법원에서 기여분의 산정을 청구할 수 있다. 다. 기여분은 상속이 개시된 때의 피상속인 재산가액에서 유증의 가액을 공제한 금액을 넘지 못한다.

① 가, 나 ② 가, 다
③ 나, 다 ④ 가, 나, 다

정답 | ③

해설 | 가. 기여분은 상속인에게만 인정된다. 따라서 상속인이 아닌 자는 피상속인의 재산의 유지 또는 증가에 특별한 기여를 하였다거나 피상속인을 특별히 부양하였더라도 기여분권자로 인정되지 않는다.

★★★
55 기여분에 대한 설명으로 가장 적절한 것은?

① 상속을 포기한 자나 상속결격자의 경우도 피상속인 재산의 유지 또는 증가에 기여하였을 경우 기여분을 청구할 수 있다.
② 원칙적으로 기여분은 피상속인의 유언에 따라 결정한다.
③ 유증이 기여분보다 우선하므로 피상속인이 상속재산 전부를 유증할 경우 기여분은 없다.
④ 공동상속인 중에 상당한 기간 동거 간호 그 밖의 방법으로 피상속인을 특별히 부양하거나 피상속인의 재산의 유지 또는 증가에 특별히 기여한 사람이 있을 경우 기여분이 결정되지 않았더라도 유류분반환청구소송에서 기여분을 주장할 수 있다.

정답 | ③

해설 | ① 기여분은 상속인에게만 인정된다. 따라서 상속인이 아닌 자는 피상속인의 재산의 유지 또는 증가에 특별한 기여를 하였다거나 피상속인을 특별히 부양하였더라도 기여분권자로 인정되지 않는다. 예를 들어 포괄수유자는 상속인과 동일한 권리 · 의무가 있지만 기여분은 상속인에게만 인정되는 제도이므로 상속인과 달리 기여분이 인정되지 않는다. 또한 상속을 포기한 자나 상속결격자의 경우도 상속인이 아니므로 기여분은 인정되지 않는다.

② 기여분의 산정 방식은 상속재산분할협의와 마찬가지로 공동상속인 전원의 협의로 정하며, 공동상속인들 사이에 기여분에 대한 협의가 되지 않는 경우 가정법원은 기여의 시기 · 방법 및 정도와 상속재산의 액 기타의 사정을 참작하여 기여분을 정한다.

④ 공동상속인 중에 상당한 기간 동거 간호 그 밖의 방법으로 피상속인을 특별히 부양하거나 피상속인의 재산의 유지 또는 증가에 특별히 기여한 사람이 있을지라도 공동상속인의 협의 또는 가정법원의 심판으로 기여분이 결정되지 않은 이상 유류분반환청구소송에서 기여분을 주장할 수 없다.

★★★
56 기여분에 대한 설명으로 적절하지 않은 것은?

① 상속인 중에서 동시에 2인 이상이 기여분을 인정받아도 무방하다.
② 피상속인의 아내는 5할이 가산된 상속분을 받으므로 기여분을 인정받을 수 없다.
③ 기여분은 상속이 개시된 때의 피상속인 재산가액에서 유증의 가액을 공제한 금액을 넘지 못한다.
④ 기여분이 결정되었다고 하더라도 유류분을 산정함에 있어 기여분을 공제할 수 없고 기여분으로 유류분에 부족이 생겼다고 하여 기여분에 대하여 반환을 청구할 수도 없다.

정답 | ②
해설 | ② 공동상속인만이 기여분을 주장할 수 있다. 피상속인의 아내는 공동상속인에 해당하므로 상속분의 5할 가산 여부와 관계없이 기여분을 인정받을 수 있다.

★★★
57 상속분의 양도와 양수에 대한 설명으로 적절하지 않은 것은?

① 상속분을 양도한 상속인은 상속인의 지위에서 제외되며, 상속분을 양도받은 제3자는 양도한 상속인을 갈음하여 상속인으로서의 권리의무가 발생하게 된다.
② 상속분이 제3자에게 양도된 경우 다른 상속인은 그 가액과 양도비용을 상환하고 양도된 상속분을 양수할 수 있다.
③ 상속분을 양수하는 의사표시를 하는 경우 제3자에게 양도된 상속분은 양도인 외의 공동상속인 전원에게 그 상속분에 따라 귀속된다.
④ 양수권은 상속분이 양도된 사실을 안 날로부터 1월, 그 사실이 있은 날로부터 3년 내에 행사하여야 한다.

정답 | ④
해설 | ④ 양수권은 상속분이 양도된 사실을 안 날로부터 3월, 그 사실이 있은 날로부터 1년 내에 행사하여야 한다.

★★★
58 상속재산의 분할에 대한 설명으로 가장 적절한 것은?

① 피상속인은 유언으로 미리 상속재산의 분할방법을 정하거나 이를 정할 것을 제3자에게 위탁할 수 있으며, 지정에 의한 분할은 유언으로만 가능하다.
② 협의에 의한 분할은 공동상속인 과반수의 동의가 있어야 한다.
③ 협의에 의한 분할 시 상속인 중에 미성년자와 그 친권자가 있는 경우 별도의 대리인이 없어도 된다.
④ 상속재산의 분할은 상속이 개시된 때에 소급효가 인정되지 않는다.

정답 | ①

해설 | ② 협의에 의한 상속재산의 분할은 공동상속인 전원의 동의가 있어야 유효하고 공동상속인 중 1인의 동의가 없거나 그 의사표시에 대리권의 흠결이 있다면 분할은 무효이다.

③ 피후견인과 그의 후견인이 공동상속인이 되는 경우 또는 미성년자와 그의 법정대리인인 친권자가 공동상속인인 경우 상속재산에 대하여 그 소유의 범위를 정하는 내용의 상속재산분할협의는 민법 제921조 소정의 이해상반되는 행위에 해당한다. 따라서 피후견인을 위한 특별대리인을 선임하거나 미성년자들의 특별대리인을 선임하지 아니하고서 한 상속재산분할의 협의는 무효이다. 이때 피후견인 또는 미성년자가 수인인 경우 피후견인 또는 미성년자 각자마다 특별대리인을 선임하여야 한다.

④ 상속재산의 분할은 상속이 개시된 때에 소급하여 그 효력이 있다.

★★★

59 상속재산의 분할에 대한 설명으로 가장 적절한 것은?

① 피상속인은 유언으로 상속개시의 날로부터 7년을 넘지 않는 기간 내에서 상속재산의 분할을 상속재산 전부 또는 일부에 대하여 금지할 수 있고, 공동상속인도 협의에 따라 7년 내 기간으로 분할금지약정을 할 수 있다.

② 금전채무도 분할협의의 대상이 된다.

③ 상속재산의 분할은 분할시점부터 분할의 효력이 인정된다.

④ 상속재산인 부동산의 분할 귀속을 내용으로 하는 상속재산분할심판이 확정되면 민법에 의하여 상속재산분할심판에 따른 등기 없이도 해당 부동산에 관한 물권변동의 효력이 발생한다.

정답 | ④

해설 | ① 피상속인은 유언으로 상속개시의 날로부터 5년을 넘지 않는 기간 내에서 상속재산의 분할을 상속재산 전부 또는 일부에 대하여 금지할 수 있고, 공동상속인도 협의에 따라 5년 내 기간으로 분할금지약정을 할 수 있다.

② 금전채무와 같은 가분채무는 상속재산분할의 대상으로 되지 않고 상속개시와 동시에 당연히 법정상속분에 따라 공동상속인에게 분할되어 귀속된다.

③ 상속재산의 분할은 상속이 개시된 때에 소급하여 그 효력이 있다.

★★★

60 피상속인 A의 사망으로 상속인인 배우자 B와 자녀 C, D가 상속재산의 분할에 대한 문의를 위해 재무설계사를 찾아왔다. 다음 사례에서 재무설계사의 조언으로 B, C, D는 C의 기여분을 1억원으로 하기로 합의하였을 경우, 상속재산분할을 할 경우 간주상속재산으로 가장 적절한 것은?

> 상속 당시 A의 상속재산으로는 금전 5억원을 은행에 예치 중이었고, A와 B가 거주하던 X부동산(8억원 상당)이 있다. A는 사망 전 몇 년 동안 치매기가 있어 자녀 C가 A, B와 함께 거주하며 장기간 부양을 했다. A의 생전에 자녀 중 막내인 D에 대하여 금전 2억원을 증여하였고 배우자에게는 유언으로 X부동산을 유증하였다.

① 10억원

② 13억원

③ 14억원

④ 15억원

정답 | ③

해설 | • 상속재산분할 시 분할의 기초가 되는 재산인 간주상속재산은 상속개시 당시 피상속인의 재산 합계에서 공동상속인들이 피상속인으로부터 증여받거나 유증받은 특별수익을 가산하고 공동상속인 중 기여자의 기여분을 공제한 것을 의미한다.
• 간주상속재산 = 피상속인의 사망 당시 상속재산 5억원 + 특별수익 합계 10억원(B에 대한 유증분 8억원 및 D에 대한 생전증여 2억원) − C에 대한 기여분 1억원 = 14억원

★★★

61 피상속인 A의 사망으로 상속인인 배우자 B와 자녀 C, D가 상속재산의 분할에 대한 문의를 위해 재무설계사를 찾아왔다. 다음 사례에서 재무설계사의 조언으로 B, C, D는 C의 기여분을 1억원으로 하기로 합의하였을 경우, 상속재산분할을 할 경우 각 상속인의 구체적 상속분이 적절하게 연결된 것은?

> 상속 당시 A의 상속재산으로는 금전 12억원을 은행에 예치 중이었고, A와 B가 거주하던 X부동산(8억원 상당)이 있다. A는 사망 전 몇 년 동안 치매기가 있어 자녀 C가 A, B와 함께 거주하며 장기간 부양을 했다. A의 생전에 자녀 중 막내인 D에 대하여 금전 2억원을 증여하였고 배우자에게는 유언으로 X부동산을 유증하였다.

	B	C	D
①	1억원	6억원	6억원
②	1억원	7억원	4억원
③	9억원	6억원	6억원
④	9억원	7억원	4억원

정답 | ②

해설 | • 간주상속재산 = 피상속인의 사망 당시 상속재산 12억원 + 특별수익 합계 10억원(B에 대한 유증분 8억원 및 D에 대한 생전증여 2억원) − C에 대한 기여분 1억원 = 21억원
• 상속인 B, C, D의 법정상속분은 각 3/7, 2/7, 2/7
  − B의 구체적 상속분 = 분할대상 상속재산 21억원 × 상속인별 법정상속분 3/7 − 상속인별 특별수익 8억원 + 상속인별 기여분 0원 = 1억원
  − C의 구체적 상속분 = 분할대상 상속재산 21억원 × 상속인별 법정상속분 2/7 − 상속인별 특별수익 0원 + 상속인별 기여분 1억원 = 7억원
  − D의 구체적 상속분 = 분할대상 상속재산 21억원 × 상속인별 법정상속분 2/7 − 상속인별 특별수익 2억원 + 상속인별 기여분 0원 = 4억원

★★★
62 **A씨는 얼마 전 사망한 B씨가 자신의 친부임을 알게 되어 인지청구 소송 중이다. 만일 A씨가 인지청구 소송에서 승소할 경우 A씨의 권리에 대한 설명으로 적절하지 않은 것은?**

① A씨의 부에 대한 인지심판이 확정된 경우 기존 상속인을 상대로 상속회복청구권을 행사할 수 있다.
② 다른 공동상속인이 이미 상속재산을 분할했거나 처분한 때에는 그 상속분에 상당한 가액의 지급을 청구할 수 있다.
③ A씨의 상속회복청구권은 그 침해를 안 날로부터 1년, 상속권의 침해행위가 있은 날로부터 10년이 경과하면 소멸한다.
④ A씨가 상속권의 침해를 안 날이란 인지심판이 확정된 날부터 그 기간을 기산한다.

정답 | ③
해설 | ③ 상속회복청구권은 재판상으로만 행사 가능하며 그 침해를 안 날로부터 3년, 상속권의 침해행위가 있은 날로부터 10년이 경과하면 소멸한다. 여기서 상속권의 침해를 안 날이란 자기가 진정상속인임을 알고 또 자기가 상속에서 제외된 사실을 안 때를 말한다.

••• TOPIC 5 상속의 승인과 포기

★★★
63 **상속의 승인과 포기에 대한 설명으로 적절하지 않은 것은?**

① 재산상속이 개시되면 상속인은 피상속인의 재산에 관한 포괄적인 권리 · 의무를 승계하지 않고, 권리만을 분리하여 승계하거나 승계할 재산을 특정하여 선택할 수 있다.
② 상속개시 전에 이루어진 상속포기약정은 일정한 절차와 방식에 따르지 않은 것으로 그 효력이 없다.
③ 상속인은 상속개시 있음을 안 날부터 3개월 내에 단순승인, 한정승인 또는 상속포기를 할 수 있고, 상속인이 이 기간 내에 승인이나 포기를 하지 않으면 단순승인을 한 것으로 본다.
④ 단순승인은 피상속인의 권리 · 의무가 제한 없이 승계되는 것을 승인하는 상속인의 의사표시로, 그 의사표시는 상속포기나 한정승인과 달리 방식의 제한이 없다.

정답 | ①
해설 | ① 피상속인이 사망하면 상속은 상속인 의사와 무관하게 발생한다. 이에 따라 상속인은 상속개시와 동시에 피상속인의 재산에 대한 포괄적 권리 · 의무를 당연히 승계하게 된다.

★★★
64 법정단순승인 사유로 모두 묶인 것은?

가. 상속인이 상속재산에 대한 처분행위를 한 때
나. 상속인이 3개월의 고려기간 내에 한정승인 또는 포기를 하지 않은 때
다. 상속인이 한정승인 또는 포기를 한 후에 상속재산을 은닉하거나 부정소비하거나 고의로 재산목록에 기입하지 않은 때

① 가, 나
② 가, 다
③ 나, 다
④ 가, 나, 다

정답 | ④
해설 | 모두 법정단순승인 사유에 해당한다.

★★★
65 상속의 승인과 포기에 대한 설명으로 가장 적절한 것은?

① 상속개시 전에 상속인 모두가 상속을 포기하기로 합의한 경우에는 상속포기의 법적 구속력이 있다.
② 법정단순승인을 한 후 고려기간 내에 가정법원에 상속포기 신고를 하였다면 상속포기의 효력이 생긴다.
③ 아무런 의사표시를 하지 않더라도 고려기간이 경과하면 단순승인한 것으로 본다.
④ 상속인이 한정승인을 한 때에는 채무와 책임이 혼동으로 인하여 소멸한다.

정답 | ③
해설 | ① 유류분을 포함한 상속의 포기 또는 한정승인은 상속이 개시된 후 일정한 기간 내에만 가능하고 가정법원에 신고하는 등 일정한 절차와 방식에 따라야만 그 효력이 있으므로, 상속개시 전에 이루어진 상속포기약정은 그와 같은 절차와 방식에 따르지 아니한 것으로 그 효력이 없다.
② 상속인이 승인이나 상속포기를 하고 나면 고려기간 내에도 이를 취소하지 못한다.
④ 한정승인을 한 상속인은 상속으로 취득할 적극재산의 한도에서 피상속인의 채무와 유증을 변제하면 된다. 즉, 채무와 책임이 분리되어 상속인은 상속재산의 한도에서만 책임을 진다. 피상속인의 채무와 유증을 변제하고 남은 재산은 한정승인을 한 상속인에게 귀속된다.

★★★
66 특별한정승인에 대한 설명으로 적절하지 않은 것은?

① 고려기간이 경과한 이후라도 상속인이 상속채무가 상속재산을 초과하는 사실을 중대한 과실 없이 3개월 내에 알지 못하고 단순승인한 경우에 그 사실을 안 날부터 3개월 내에 상속재산의 목록을 첨부하여 가정법원에 한정승인 신고를 할 수 있다.
② 미성년자인 상속인이 상속채무가 상속재산을 초과하는 상속을 성년이 되기 전에 단순승인한 경우에는 성년이 된 후 그 상속의 상속채무 초과 사실을 안 날부터 3개월 내에 한정승인을 할 수 있다.
③ 미성년자인 상속인이 특별한정승인에 따른 한정승인을 하지 아니하였거나 할 수 없었던 경우에도 미성년자의 특별한정승인이 가능하다.
④ 미성년자의 특별한정승인은 2022년 12월 13일 이후 상속 개시된 경우부터 적용되므로, 2022년 12월 13일 이전에 상속이 개시된 경우에는 미성년자의 특별한정승인을 할 수 없다.

정답 | ④

해설 | ④ 미성년자의 특별한정승인은 2022년 12월 13일 이후 상속 개시된 경우부터 적용되나, 예외적으로 2022년 12월 13일 이전에 상속이 개시된 경우로서 미성년자인 상속인이 법 시행 당시 미성년자인 경우, 미성년자인 상속인으로서 이 법 시행 당시 성년자이나 성년이 되기 전에 단순승인을 하고, 이 법 시행 이후에 상속채무가 상속재산을 초과하는 사실을 알게 된 경우에는 그 사실을 안 날부터 3개월 내인 경우에는 위 내용에 따른 미성년자의 특별한정승인을 할 수 있다.

★★★
67 A씨의 제1순위 상속인인 배우자와 자녀들이 현재 상속포기를 고민 중이다. 이 경우에 대한 설명으로 가장 적절한 것은?

① 상속포기를 하면 그때부터 즉시 효력이 있다.
② 상속인이 수인인 경우에 일부만 상속포기를 하는 경우 포기한 상속인의 상속분은 다른 나머지 상속인에게 각자의 상속분에 따라 귀속된다.
③ 제1순위 상속권자 중 자녀들이 모두 상속을 포기하면, 피상속인의 배우자와 손자녀가 공동상속인이 된다.
④ 상속을 포기한 자는 상속재산을 관리할 의무가 없다.

정답 | ②

해설 | ① 상속을 포기한 자는 상속개시 시부터 상속인이 아니었던 것으로 본다.
③ 제1순위 상속권자 중 직계비속이 모두 상속을 포기하면 피상속인의 배우자가 단독상속인이 된다.
④ 상속을 포기한 자는 그 포기로 인하여 상속인이 된 자가 상속재산을 관리할 수 있을 때까지 그 재산의 관리를 계속하여야 한다.

★★★

68 상속의 승인과 포기에 대한 설명으로 가장 적절한 것은?

① 상속인 중 1인이 피상속인 생존 시에 상속을 포기하기로 약정하였을 경우 상속인의 의사를 존중해야 하므로 자신의 상속분을 주장할 수 없다.
② 고려기간이 경과한 이후라도 상속인이 상속채무가 상속재산을 초과하는 사실을 고의 또는 중대한 과실로 3개월 내에 알지 못하고 단순승인한 경우에는 그 사실을 안 날부터 3개월 내에 상속재산의 목록을 첨부하여 가정법원에 한정승인 신고를 할 수 있다.
③ 상속포기를 하면 그 시점부터 상속인이 아니었던 것으로 본다.
④ 상속인이 수인인 경우에 일부만 상속포기를 하는 경우 포기한 상속인의 상속분은 다른 나머지 상속인에게 각자의 상속분에 따라 귀속된다.

정답 | ④

해설 | ① 유류분을 포함한 상속의 포기 또는 한정승인은 상속이 개시된 후 일정한 기간 내에만 가능하고 가정법원에 신고하는 등 일정한 절차와 방식에 따라야만 그 효력이 있으므로, 상속개시 전에 이루어진 상속포기약정은 그와 같은 절차와 방식에 따르지 아니한 것으로 그 효력이 없다.
② 고려기간이 경과한 이후라도 상속인이 상속채무가 상속재산을 초과하는 사실을 중대한 과실 없이 3개월 내에 알지 못하고 단순승인(법정단순승인 포함)한 경우에 그 사실을 안 날부터 3개월 내에 상속재산의 목록을 첨부하여 가정법원에 한정승인 신고를 할 수 있다.
③ 상속을 포기한 자는 상속개시 시부터 상속인이 아니었던 것으로 본다.

★★★

69 AFPK를 공부하고 있는 김인남씨는 최근 부친이 돌아가셨는데 부친의 재산은 거의 없고 부채 현황은 정확히 모르는 상황이다. 주위에서는 혹시 모르니 한정승인이나 상속포기를 고려해 보라고 권유하고 있다. 김인남씨가 AFPK 교재를 보고 한정승인과 상속포기의 장단점을 비교해 보았을 경우 이에 대한 설명으로 적절하지 않은 것은?

① 한정승인을 하더라도 상속인에서 제외되는 것은 아니고, 피상속인의 채무와 유증을 변제하고 남는 재산이 있으면 그 재산을 상속받을 수 있으나, 피상속인의 채무와 유증이 상속재산보다 많다면 상속재산으로 감당할 수 없는 빚은 갚지 않아도 되므로 상속인의 입장에서는 유용한 제도이다.
② 한정승인의 경우 고의로 재산목록에 기재를 누락하면 단순승인을 한 것으로 간주될 수 있으나, 상속포기는 재산목록을 첨부하거나 특정할 필요가 없고 공고나 최고 절차도 없다.
③ 한정승인을 한 때에는 피상속인에 대한 상속인의 재산상 권리의무는 소멸하지 아니하므로 그 권리와 의무는 계속 존속하나 상속포기를 한 경우, 자신을 대신하여 자녀들이 피상속인의 채무를 상속받을 수 있으므로 자녀들도 별도로 상속포기 또는 한정승인을 할 필요가 있다.
④ 한정승인을 한 경우 상속인으로서 권리의무가 존속하므로 자기의 고유재산과 동일한 주의로 상속재산을 관리해야 하나, 상속을 포기한 자는 이러한 관리의무를 부담하지 않는다.

정답 | ④

해설 | ④ 상속을 포기한 자는 상속을 포기하였더라도 그 포기로 인하여 상속인이 된 자가 상속재산을 관리할 수 있을 때까지 상속재산을 자기의 고유재산과 동일한 주의로 관리하여야 한다.

TOPIC 6 상속과 다른 제도의 비교

★★☆

70 유증(유언상속)과 법정상속의 비교 내용으로 적절하지 않은 것은?

① 민법에서는 피상속인의 유언의 자유를 인정하고 있으므로 법정상속에 관한 규정은 유언이 없거나 유언이 무효 등의 사유로 효력이 없는 경우에 보충적으로 적용된다.
② 유증은 민법에서 정한 5가지 방식으로만 가능하며, 법정상속은 법정 절차에 따라 단순승인, 상속포기, 한정승인을 선택할 수 있다.
③ 포괄유증과 특정유증 모두 상속인과 같은 절차를 거쳐 포기가 가능하다.
④ 법정상속과 포괄유증의 경우 피상속인 사망으로 당연 상속이 이루어지나, 특정유증의 경우 수유자가 청구권을 행사하여 이전하게 된다.

정답 | ③

해설 | 〈유증과 법정상속의 비교〉

항목	유증(유언상속)	법정상속
적용순위	우선 적용	유언의 보충 적용
방식	민법에서 정한 5가지 방식	단순승인, 상속포기, 한정승인
내용	재산상속	재산상속
포기 등	• 포괄유증의 경우 상속인과 같은 절차를 거쳐 포기 가능 • 특정유증의 경우 유언자 사망 후 언제든지 포기 가능	• 법정 절차에 따라 상속포기 또는 한정승인 가능
재산의 이전	• 포괄유증의 경우 피상속인 사망으로 당연 상속 • 특정유증의 경우 수유자가 청구권을 행사하여 이전	• 피상속인 사망으로 당연상속

★★☆

71 특정유증에 대한 적절한 설명으로 모두 묶인 것은?

가. 유언자 사망 후 언제든지 포기가 가능하다.
나. 수유자가 청구권을 행사하여 재산을 이전한다.
다. 유언자의 모든 재산이 유증의 대상이므로 유언자의 채무도 유언에 기재된 비율대로 수증자에게 넘어간다.

① 가, 나
② 가, 다
③ 나, 다
④ 가, 나, 다

정답 | ①

해설 | 다. 포괄유증에 대한 설명이다. 특정 재산을 대상으로 하는 특정유증은 특정 재산을 물려받기 때문에 수증자가 유언자의 빚을 물려받지 않는다.

★★☆
72 미성년자 후견에 대한 설명으로 적절하지 않은 것은?

① 미성년후견인은 친권자의 유언에 의한 지정 또는 법원에 의한 선임으로 개시되며, 1명만 둘 수 있다.
② 미성년후견인은 선량한 관리자의 주의로서 후견사무를 처리해야 하며, 취임 시 재산조사 및 목록 작성, 후견인과 피후견인 사이에 존재하는 채권 · 채무의 제시 등의 사무를 수행하여야 한다.
③ 미성년자에게 친권자의 유무에 관계없이 후견인의 후견사무범위는 미성년자의 재산보호에 한정된다.
④ 후견감독인은 후견인의 사무를 감독하고 후견인이 없는 경우 가정법원에 후견인의 선임을 청구할 수 있다.

정답 | ③
해설 | ③ 미성년자에게 친권자가 없는 경우 미성년후견인은 피후견인의 신분 및 재산보호를 위한 사무를 처리한다. 다만, 미성년자에게 친권자가 있으나 그 친권자가 법률행위의 대리권과 재산관리권만을 행사할 수 없을 경우 후견인의 후견사무범위는 미성년자의 재산보호에 한정된다.

★★☆
73 후견제도에 대한 설명이 적절하게 연결된 것은?

가. 정신적 제약으로 사무를 처리할 능력이 지속적으로 결여
나. 정신적 제약으로 사무를 처리할 능력이 부족
다. 정신적 제약으로 일시적 후원 또는 특정한 사무에 관한 후원이 필요
라. 정신적 제약으로 사무를 처리할 능력이 부족한 상황에 있거나 부족하게 될 상황에 대비

	가	나	다	라
①	성년후견	한정후견	특정후견	임의후견
②	성년후견	한정후견	임의후견	특정후견
③	한정후견	성년후견	특정후견	임의후견
④	한정후견	성년후견	임의후견	특정후견

정답 | ①
해설 | 〈후견제도의 비교〉

구분	성년후견	한정후견	특정후견	임의후견
사유	정신적 제약으로 사무를 처리할 능력이 지속적으로 결여	정신적 제약으로 사무를 처리할 능력이 부족	정신적 제약으로 일시적 후원 또는 특정한 사무에 관한 후원이 필요	정신적 제약으로 사무를 처리할 능력이 부족한 상황에 있거나 부족하게 될 상황에 대비
본인의 행위능력	원칙적 제한	원칙적 행위능력자	행위능력자	계약에 따름
후견인의 권한	포괄적 대리권 · 취소권	법원이 정한 범위 내에서 대리권, 동의권, 취소권	법원이 정한 범위 내에서의 대리권	계약에 따름

★★☆

74 신탁제도에 대한 설명으로 적절하지 않은 것은?

① 유언대용신탁을 통하여 민법에 따른 유언이 없더라도 위탁자의 의사가 사후 재산관계에까지 확장되어 위탁자가 원하는 방식과 내용대로 사후재산분배가 이루어질 수 있다.

② 위탁자가 본인의 사망 후 재산관계를 정할 수 있는데 위탁자 사망 후 유언대용신탁은 사후수익자가 사후수익권을 취득하거나 사후수익권에 따른 급부청구권을 행사할 수 있다.

③ 수익자연속신탁은 위탁자 사망 후 1차 사후수익자, 1차 사후수익자 사망 후 2차 사후수익자, 2차 사후수익자 사망 후 3차 사후수익자 순으로 수익권을 순차적으로 취득할 수 있게 하는 제도이다.

④ 피상속인이 생전에 자신의 재산을 유언대용신탁으로 사후수익자에게 지급하도록 정한 경우 신탁계약에 따른 재산이전이 상속이 개시된 때보다 1년 전에 이루어졌다 하더라도, 유류분반환청구에 산입될 상속재산에 포함된다.

정답 | ④

해설 | ④ 피상속인이 생전에 자신의 재산을 유언대용신탁으로 사후수익자에게 지급하도록 정한 경우 이 유언대용신탁의 신탁재산이 상속인의 유류분반환청구 대상이 되는지에 대하여 하급심 판례는 신탁계약에 따른 재산이전이 상속이 개시된 때보다 1년 전에 이루어졌고, 수탁자인 은행이 신탁계약으로 인하여 다른 상속인의 유류분을 침해하리라는 점에 대해 알았다고 볼 증거가 없으므로 유류분반환청구에 산입될 상속재산에 포함되지 않는다고 판시한 바 있다.

CHAPTER

03 유언과 유류분

출제비중 : 24~36% / 6~9문항

학습가이드 ■ ■

학습 목표	학습 중요도
Tip 법률 규정에 대한 깊이 있는 학습 필요 Tip 유언장을 활용한 문제해결형 문제가 출제될 수 있으므로 이에 대한 학습 필요 Tip 유류분의 경우 다양한 사례의 계산문제 학습 필요	
1. 유언의 개념과 법정 유언사항에 대해 설명할 수 있다.	★★★
2. 다양한 유언방식을 비교하여 설명할 수 있다.	★★★
3. 유언 철회, 무효 및 취소의 요건과 효과에 대해 설명할 수 있다.	★★★
4. 유증과 부담부유증의 의미를 이해하고 설명할 수 있다.	★★★
5. 유언집행자의 선임과 유언집행절차를 이해할 수 있다.	★★
6. 유류분의 정의와 유류분 산정의 기초재산 및 유류분청구권자에 대해 이해할 수 있다.	★★★

TOPIC 1 유언의 자유와 그 제한

★★★

01 민법이 정하고 있는 유언사항에 해당하지 않는 것은?

① 친생부인

② 유증

③ 사단법인의 설립을 위한 재산의 출연

④ 상속재산의 분할방법의 지정 또는 위탁 및 분할의 금지

정답 | ③

해설 | ③ 재단법인의 설립을 위한 재산의 출연

··· TOPIC 2 유언의 방식

★★★
02 증인의 참여가 필요 없는 유언방식으로 가장 적절한 것은?

① 자필증서에 의한 유언
② 녹음에 의한 유언
③ 공정증서에 의한 유언
④ 비밀증서에 의한 유언

정답 | ①
해설 | ① 자필증서에 의한 유언에서는 다른 유언과 달리 증인의 참여나 검인 등은 요건이 아니다.

★★★
03 자필증서에 의한 유언에 대한 적절한 설명으로 모두 묶인 것은?

가. 유언장전문을 자필하여야 하므로 다른 사람에게 구수하거나 필기하게 한 것은 자필증서로 볼 수 없으며, 타자기나 컴퓨터로 작성한 것도 마찬가지이다.
나. 연월일의 기재가 없는 유언은 무효이며, 연월만 있고 일이 없는 경우에도 같다.
다. 성명은 반드시 가족관계등록부상의 성명에 의해야 하는 것은 아니며, 유언자가 통상 사용하는 이름, 예컨대 아호나 예명이라도 무방하다.
라. 유언자의 날인이 없는 자필증서에 의한 유언은 무효이며, 자필증서에 문자를 삽입 · 삭제하거나 변경하려면 유언자가 이를 자서하고 날인하면 된다.

① 가, 나
② 나, 다
③ 다, 라
④ 가, 나, 다, 라

정답 | ④
해설 | 모두 적절한 설명이다.

★★★
04 자필증서에 의한 유언에 대한 적절한 설명으로 모두 묶인 것은?

가. 유언자가 사망한 후에 제3자가 워드로 작성해서 유언자의 도장을 날인하면 위변조 위험이 크므로 통상 워드로 작성한 유언장은 유언의 효력을 인정받지 못한다.
나. 자필증서에 의한 유언으로 인정받으려면 모든 내용을 유언자가 스스로 작성하여야 한다.
다. 워드작성 유언장이 유언자의 성명기재, 봉인날인 후 2인 이상 증인 앞 제출, 봉서 표면에 제출날짜 기재, 유언자와 증인이 각각 날인, 기재일로부터 5일 내 법원 또는 공증인 제출, 봉인 확정일자 받음 등 비밀증서의 요건을 충족하면 그 효력을 인정받을 수 있다.

① 가, 나
② 가, 다
③ 나, 다
④ 가, 나, 다

정답 | ④
해설 | 모두 적절한 설명이다.

★★★
05 공정증서에 의한 유언에 대한 설명으로 적절하지 않은 것은?

① 유언자가 공증인에게 유언 내용을 말하면 공증인이 대신 유언장을 작성해 주는 방식이다.
② 공증인사무소에서 20년간 유언장을 보관하므로 위변조, 멸실, 분실의 우려도 없고, 유언의 존재나 내용상 명확성이 확실히 보장된다.
③ 증인 2인이 참여한 공증인의 면전에서 유언의 취지를 구수하고, 공증인이 이를 필기 · 낭독하여 유언자와 증인이 그 정확함을 승인한 후 각자 서명 또는 기명날인하여야 한다.
④ 유언자가 위중한 경우 증인이 제3자에 의하여 미리 작성된 서면에 따라 유언자에게 질문을 하고 유언자가 질문에 대해 동작이나 간략히 답변하는 방식으로 '유언취지의 구수'에 갈음할 수 있다.

정답 | ④
해설 | ④ 유언자의 구수, 즉 입으로 불러주어 상대방에게 그 취지를 전달하는 행위가 있어야 한다. 그 서명 또한 유언자가 사지마비로 직접 서명할 수 없는 상태여서 다른 사람이 유언자의 손에 필기구를 쥐어주고 그 손을 잡고 같이 서명을 했다면, 이는 '공증인이 유언자의 구술을 필기해서 이를 유언자와 증인에게 낭독할 것'과 '유언자가 서명 또는 기명날인할 것'이라는 요건도 갖추지 못하였다고 하였기 때문에 유언자가 반혼수상태에 있었다면 유언능력 자체가 없다고 보아 유언이 무효가 된 사례가 있다.

★★★
06 유언의 방식에 대한 다음 설명 중 (가)~(나)에 들어갈 내용으로 적절하게 연결된 것은?

> • 공정증서에 의한 유언은 증인 (가)이 참여한 공증인의 면전에서 유언의 취지를 구수하고, 공증인이 이를 필기 · 낭독하여 유언자와 증인이 그 정확함을 승인한 후 각자 서명 또는 기명날인하여야 한다.
> • 유언봉서는 그 표면에 기재된 날로부터 (나) 내에 공증인 또는 법원서기에게 제출하여 그 봉인상에 확정일자인을 받아야 한다.

	가	나
①	1인	5일
②	1인	7일
③	2인	5일
④	2인	7일

정답 | ③

해설 | • 공정증서에 의한 유언은 증인 2인이 참여한 공증인의 면전에서 유언의 취지를 구수하고, 공증인이 이를 필기 · 낭독하여 유언자와 증인이 그 정확함을 승인한 후 각자 서명 또는 기명날인하여야 한다.
• 유언봉서는 그 표면에 기재된 날로부터 5일 내에 공증인 또는 법원서기에게 제출하여 그 봉인상에 확정일자인을 받아야 한다.

★★★
07 구수증서에 의한 유언에 대한 다음 설명 중 (가)~(라)에 들어갈 내용으로 적절하게 연결된 것은?

> 유언자가 (가) 이상의 증인 중 (나)에게 유언의 내용을 구수하면, 그 구수를 받은 증인이 이를 필기낭독하여 (다)이 그 정확함을 승인한 후 각자 서명 또는 기명날인하면 된다. 아울러 그 증인 또는 이해관계인이 급박한 사유의 종료한 날로부터 (라) 내에 법원에 그 검인을 신청하여야 한다.

	가	나	다	라
①	1인	1인	유언자와 증인	5일
②	2인	1인	유언자	7일
③	2인	1인	유언자와 증인	7일
④	2인	2인	유언자	5일

정답 | ③

해설 | 유언자가 2인 이상의 증인 중 1인에게 유언의 내용을 구수하면, 그 구수를 받은 증인이 이를 필기낭독하여 유언자와 증인이 그 정확함을 승인한 후 각자 서명 또는 기명날인하면 된다. 아울러 그 증인 또는 이해관계인이 급박한 사유의 종료한 날로부터 7일 내에 법원에 그 검인을 신청하여야 한다.

★★★
08 유언에 대한 설명으로 가장 적절한 것은?

① 법률에 정한 방식에 따르지 않은 유언이 유언자의 진정한 의사에 합치한다면 유효이다.
② 자필증서에 의한 유언의 경우 연월만 표시하고 일을 기재하지 않은 유언도 유효이다.
③ 워드작성 유언장이 유언자의 성명 기재, 봉인날인 후 2인 이상 증인 앞 제출, 봉서 표면에 제출날짜 기재, 유언자와 증인이 각각 날인, 기재일로부터 5일 내 법원 또는 공증인 제출, 봉인 확정일자 받음 등 비밀증서의 요건을 충족하면 그 효력을 인정받을 수 있다.
④ 구수증서에 의한 유언은 1인 이상의 증인이 참여하여야 한다.

정답 | ③

해설 | ① 유언은 반드시 법률이 규정한 방식에 의해야 하고, 이에 따르지 않은 유언은 원칙적으로 효력이 없다.
② 연월일의 기재는 매우 중요한 요건이다. 유언능력 유무의 판단에서는 언제 유언을 하였는가가 기준이 되고, 복수의 유언서가 있는 경우에는 후의 유언에 의하여 전의 유언은 철회된 것으로 되기 때문이다. 그러므로 연월일의 기재가 없는 유언은 무효이다. 연월만 있고 일이 없는 경우에도 같다. 연월일이 중복될 때에는 뒤의 연월일을 기준으로 하며, 유언서에 기재된 연월일이 실제로 유언서를 작성한 연월일과 다른 때에는 원칙적으로 무효라고 본다.
④ 유언자가 2인 이상의 증인 중 1인에게 유언의 내용을 구수하면, 그 구수를 받은 증인이 이를 필기낭독하여 유언자와 증인이 그 정확함을 승인한 후 각자 서명 또는 기명날인하면 된다.

★★★
09 유언방식 관련 적절한 설명으로 모두 묶인 것은?

가. 워드 작성 유언장이 비밀증서 유언이 되려면 봉서 표면에 제출한 날짜를 기재하고 유언자와 증인이 각각 날인하고, 기재된 날로부터 7일 내에 법원 또는 공증인에게 제출하여 봉인의 확정일자까지 받아야 한다.
나. 유언장은 백번이고 고쳐 쓸 수 있다.
다. 증인이 한 명만 참석한 자리에서 작성된 공정증서 유언의 효력은 유효하다.
라. 자필유언장을 작성하다가 수정하면서 수정부분에 도장이나 손도장을 찍지 않은 경우 자필증서 유언의 효력은 단순한 오타수정인지, 아니면 내용 변경에 해당하는지에 따라 유언의 효력 유무가 결정된다.
마. 유언에 조건이나 기한을 붙일 수 있으므로 사회복지사 자격증 취득을 조건으로 부동산을 준다는 유언은 유효하다.

① 가, 나　　② 나, 라, 마
③ 다, 라, 마　　④ 가, 나, 다, 라

정답 | ②

해설 | 가. 비밀증서 유언이 되려면 유언장에 유언취지와 유언자의 성명을 기재한 후 봉인날인 후 2인 이상의 증인 앞에 제출하여 자신의 유언장임을 표시하면 된다. 그리고 봉서 표면에 제출한 날짜를 기재하고 유언자와 증인이 각각 날인하고, 기재된 날로부터 5일 내에 법원 또는 공증인에게 제출하여 봉인의 확정일자까지 받아야 한다.
다. 공정증서 유언을 위해서는 반드시 증인 두 사람이 참여해야 한다. 따라서 한 명만 참여한 경우 그 공정증서의 유언은 무효이다.

★★★
10 유언방식 관련 적절한 설명으로 모두 묶인 것은?

가. 혼인신고를 하지 않으면 배우자 상속을 받을 수 없으므로, 동거배우자에게 재산을 물려주기 위해서는 서로 유언장을 작성해 두면 좋다. 나. 몇 년 전 아버지가 재산의 40%를 본인에게 물려주고 60%는 동생에게 준다는 유언을 남기고 돌아가셨는데, 갑자기 아버지 채권자라는 사람이 나타나서 아버지 빚을 갚으라고 하는 경우 대신 갚을 필요가 없다. 다. 10년 전부터 상가를 물려받았다면, 유언자의 빚을 대신 갚아줘야 한다. 라. 큰 아들에게 아파트를 유증하면서 동생에게 매달 생활비를 지급하라고 부담지을 경우 큰 아들은 물려받은 재산의 시가 범위 내에서만 동생에게 생활비를 보낼 의무를 부담한다. 마. 공정증서에 의한 유언 당시 유언자가 반혼수상태였다면 의사식별능력을 갖고 유언 내용을 확인하였다고 보기 어려우므로 이 유언은 무효다.

① 가, 나 ② 가, 라, 마
③ 다, 라, 마 ④ 가, 나, 다, 라

정답 | ②
해설 | 나. 유언자의 전체 재산을 그 대상으로 하는 유증을 포괄유증이라고 한다. 특정 재산을 대상으로 하는 특정유증과는 달리 포괄유증은 유언자의 모든 재산이 유증의 대상이므로 유언자의 채무도 유언에 기재된 비율대로 수증자에게 넘어간다. 포괄유증을 받은 사람은 상속인과 같은 지위에 있기 때문이다. 따라서 아버지의 채무 중 40%를 갚아야 한다.
다. 특정 재산을 물려받는 특정유증의 경우 수증자가 유언자의 빚을 물려받지 않는다. 그러므로 유언자의 채권자들에게 유언자 빚을 대신 갚지 않아도 된다.

★★☆
11 녹음에 의한 유언의 증인결격자에 해당하지 않는 것은?

① 미성년자
② 유언에 의하여 이익을 받을 자
③ 유언에 의하여 이익을 받을 자의 배우자
④ 녹음유언을 보관할 자

정답 | ④
해설 | 증인이 될 수 없는 사람은 아래와 같다.

• 미성년자는 법정대리인의 동의가 있더라도 증인이 될 수 없다 • 피성년후견인과 피한정후견인은 증인이 될 수 없다. • 유언에 의하여 이익을 받을 사람, 그의 배우자와 직계혈족도 증인이 될 수 없다.

★★★

12 김미순 할머니가 스마트폰으로 동영상을 촬영하는 방식으로 유언을 하려고 할 경우에 유언의 방식에 대한 설명으로 적절하지 않은 것은?

① 유언자가 자신의 육성으로 유언의 취지와 그 성명, 연월일을 구술하여 녹음하고, 증인이 이에 참여하여 유언의 정확함과 그 성명을 구술하는 것이다.
② 녹음에 의한 유언 방식의 요건을 갖추었다면 김미순 할머니의 유언은 유효하다고 볼 수 있다.
③ 동영상을 촬영해 준 15살 손자는 증인이 되지 못한다.
④ 유언에 의하여 이익을 받을 사람은 증인이 되지 못하지만, 그 배우자는 증인이 될 수 있다.

정답 | ④
해설 | ④ 유언에 의하여 이익을 받을 사람, 그의 배우자와 직계혈족도 증인이 될 수 없다.

★★★

13 유효한 유언으로 볼 수 있는 것은?

① 유언서 전문을 컴퓨터로 작성하여 서명 날인한 자필증서에 의한 유언
② 증인 3명이 참여한 비밀증서에 의한 유언
③ 만 16세 고등학생이 법정대리인의 동의를 받고 증인으로 참여한 공정증서에 의한 유언
④ 피성년후견인 증인 2명이 참여한 녹음에 의한 유언

정답 | ②
해설 | ① 자필증서에 의한 유언의 요건은 유언자가 그 전문과 작성연월일, 주소, 성명을 자서하고 날인하는 것이다. 유언장 전문을 자필하여야 하므로 다른 사람에게 구수하거나 필기하게 한 것은 자필증서로 볼 수 없다. 타자기나 컴퓨터로 작성한 것도 마찬가지이다.
③ 미성년자는 법정대리인의 동의가 있더라도 증인이 될 수 없다.
④ 피성년후견인과 피한정후견인은 증인이 될 수 없다.

★★★

14 구수증서에 의한 유언을 하고자 할 때, 유효한 유언으로 볼 수 있는 것은?

① 질병으로 위독한 상태인 80세 할머니의 유언
② 상속인 2명이 증인으로 참여한 유언
③ 청각장애자가 증인으로 참여한 유언
④ 문맹인 사람이 증인으로 참여한 유언

정답 | ①
해설 | • 유언에 의하여 이익을 받을 사람, 그의 배우자와 직계혈족도 증인이 될 수 없다. 예컨대 유언자의 상속인으로 될 자, 유증을 받게 될 자 등이 유언에 의하여 이익을 받게 될 자에 해당한다.
• 법률상 증인결격자가 아니라도 증인의 직책을 사실상 수행할 수 없으면 사실상 결격자라고 하여 증인이 될 수 없다. 예컨대 구수증서 유언의 경우에 유언자의 구수를 이해할 수 없는 자(예 청각장애자), 공정증서 유언과 구수증서 유언에 있어서는 필기가 정확한 것임을 승인할 능력이 없는 자, 녹음된 유언을 이해할 수 없는 자 등이다.

★★★
15 유언의 방식에 대한 적절한 설명으로 모두 묶인 것은?

가. 자필증서에 의한 유언으로 인정받으려면 모든 내용을 유언자가 스스로 작성하여야 한다.
나. 비밀증서에 의한 유언에서 엄봉과 날인은 모두 유언자가 해야 하는 것으로 규정되어 있다.
다. 질병으로 인하여 구수증서 유언을 한 경우에는 특별한 사정이 없는 한 유언이 있는 날로부터 10일 이내에 그 검인을 신청하여야 하고, 위 기간 내에 검인신청을 하지 아니하면 유언은 무효로 된다.
라. 서명할 수 없는 자나 시각장애인도 공정증서 유언의 증인이 될 수 있다.

① 가, 나 ② 가, 라
③ 나, 다 ④ 다, 라

정답 | ①
해설 | 다. 질병으로 인하여 구수증서 유언을 한 경우에는 특별한 사정이 없는 한 유언이 있는 날로부터 7일 이내에 그 검인을 신청하여야 하고, 위 기간 내에 검인신청을 하지 아니하면 유언은 무효로 된다.
라. 과거에는 서명할 수 없는 자나 시각장애인이 증인결격자에 해당하는 가에 관하여 논란이 있었으나 2009년 개정된 공증인법은 증인결격자에 포함시켰다.

★★★
16 유언자의 사망 후에 법원의 검인을 받아야 하는 유언에 해당하지 않는 것은?

① 자필증서에 의한 유언 ② 녹음에 의한 유언
③ 공정증서에 의한 유언 ④ 비밀증서에 의한 유언

정답 | ③
해설 | ③ 공정증서 및 구수증서를 제외한 나머지 유언은 유언자의 사망 후 법원의 검인을 받아야 하는데, 이러한 검인 절차는 유언서 자체의 상태를 확정하기 위한 것이지 유언의 효력을 판단하기 위한 것이 아니므로 검인절차의 유무는 유언의 효력에 영향을 주지 않는다.

★★★
17 문맹인 김씨 할머니가 갑자기 위독하여 급히 유언을 하려고 할 때 이에 대한 설명으로 가장 적절한 것은?

① 녹음에 의한 유언은 증인 없이 유언자가 육성으로 유언의 취지, 그 성명과 연월일을 구술해야 한다.
② 녹음 방식에 의한 유언이 객관적으로 가능한 경우에는 구수증서에 의한 유언이 허용되지 않는다.
③ 부득이 구수증서 방식의 유언을 하려면 1인 이상의 증인이 참여하여야 한다.
④ 녹음에 의한 유언은 녹음내용이 소멸될 염려가 있으므로 녹음 후 지체 없이 그 녹음을 가정법원에 제출하여 검인을 청구하여야 한다.

정답 | ②

해설 | ① 유언자가 자신의 육성으로 유언의 취지와 그 성명, 연월일을 구술하여 녹음하고 증인이 이에 참여하여 유언의 정확함과 그 성명을 구술하는 것이다.

③ 구수증서에 의한 유언은 질병이나 기타 급박한 사유로 인하여 다른 유언방식을 이용할 수 없는 때에 한하여 이용할 수 있는 유언방식이다. 유언자가 2인 이상의 증인 중 1인에게 유언의 내용을 구수하면, 그 구수를 받은 증인이 이를 필기낭독하여 유언자와 증인이 그 정확함을 승인한 후 각자 서명 또는 기명날인하면 된다.

④ 공정증서 및 구수증서를 제외한 나머지 유언은 유언자의 사망 후에 법원의 검인을 받아야 하는데, 이러한 검인절차는 유언서 자체의 상태를 확정하기 위한 것이지 유언의 효력을 판단하기 위한 것이 아니므로 검인절차의 유무는 유언의 효력에 영향을 주지 않는다. 검인절차란 유언자 사망 후 유언 내용의 변경 등을 방지하기 위해 법원에서 유언증서의 형식, 기재된 내용, 서명형식, 날인된 도장의 종류나 모양 등을 조사하고 법원 서류에 조사내용을 기재하는 절차를 말한다.

★★★

18 자필증서에 의한 유언에 대한 설명으로 적절하지 않은 것은?

① 부득이한 경우 타인에게 대필시키는 것도 인정되고 있다.

② 자필증서 유언의 요건으로서 주소의 기재를 요구하는 것에 대해 유언자가 자필증서 유언에 '암사동에서'라고 기재한 경우 유언은 무효이다.

③ 유언자가 유언 내용 등을 자서/날인 후 가정법원 검인 절차가 필요하다.

④ 별도의 증인이 필요 없는 장점이 있으나, 유언자 사후 진정 성립 여부에 관하여 분쟁 가능성이 있다.

정답 | ①

해설 | ① 자필증서에 의한 유언의 요건은 유언자가 그 전문과 작성연월일, 주소, 성명을 자서하고 날인하는 것이다. 유언장 전문을 자필하여야 하므로 다른 사람에게 구수하거나 필기하게 한 것은 자필증서로 볼 수 없다. 타자기나 컴퓨터로 작성한 것도 마찬가지이다.

★★★

19 최소 2명 이상의 증인이 있어야 유효한 유언의 방식에 해당하지 않는 것은?

① 녹음에 의한 유언

② 공정증서에 의한 유언

③ 비밀증서에 의한 유언

④ 구수증서에 의한 유언

정답 | ①

해설 | ① 녹음에 의한 유언 : 유언자가 유언 내용을 구술하고, 증인(1명 이상)이 확인

★★☆
20 유언방식별 장단점에 대한 설명으로 적절하지 않은 것은?

① 녹음에 의한 유언은 핸드폰이나 카메라 등으로 간단하게 작성할 수 있는 장점이 있으나, 녹음이 2개 이상 존재 시 무엇이 진실한 유언인지 분쟁 가능성이 있다.
② 공정증서에 의한 유언은 유언자가 위급한 경우에 사용 가능하나, 유언자가 유언 구술이 가능한 상태여야 한다.
③ 비밀증서에 의한 유언은 유언 내용의 비밀 유지에 유리하나, 객관적인 제3자가 개입되어 있지 않아 신빙성 여부가 문제될 수 있다.
④ 구수증서에 의한 유언은 질병 등 급박한 사유가 있는 경우에만 인정된다.

정답 | ②
해설 | 〈유언방식별 장단점〉

유언방식	장점	단점(위험성)
자필증서	별도의 증인이 필요 없음	유언자 사후 진정 성립 여부에 관하여 분쟁 가능성
녹음	핸드폰이나 카메라 등으로 간단하게 작성할 수 있음	녹음이 2개 이상 존재 시 무엇이 진실한 유언인지 분쟁 가능성
공정증서	신빙성을 인정받기 쉬움	유언자가 유언 구술이 가능한 건강한 상태일 것
비밀증서	유언 내용의 비밀 유지에 유리함	객관적인 제3자가 개입되어 있지 않아 신빙성 여부가 문제될 수 있음
구수증서	유언자가 위급한 경우에 사용 가능	질병 등 급박한 사유가 있는 경우에만 인정

TOPIC 3 유언의 철회와 취소

★★★
21 유언의 철회에 대한 설명으로 적절하지 않은 것은?

① 유언자 본인이 위중한 경우 대리인은 본인의 유언을 철회할 수 있다.
② 유언을 철회할 권리는 포기할 수 없으며, 만일 유언자가 유언을 철회하지 않는다는 계약을 체결하더라도 그 계약은 무효이다.
③ 공정증서유언 작성을 통해 이전의 유언에 저촉되는 새로운 유언을 하였다면 유언자가 이전의 유언내용 중에서 그 저촉되는 부분만큼은 철회한 것으로 본다.
④ 만일 유언자가 고의로 유증의 목적물을 파훼한 때에는 그 파훼한 부분에 관한 유언은 이를 철회한 것으로 본다.

정답 | ①
해설 | ① 유언을 철회할 수 있는 것은 유언자 본인뿐이므로, 대리인은 본인의 유언을 철회할 수 없다.

★★★
22 홍은균씨가 작년에 작성한 유언장을 변경하려고 할 때 이에 대한 설명으로 적절하지 않은 것은?

① 유언은 사람의 최종의 의사를 존중하는 제도이므로 홍은균씨는 언제든지 새로이 유언을 하거나 생전행위로서 유언의 전부 또는 일부를 철회할 수 있다.

② 유언장을 변경하지 않도록 하기 위해서는 유언장에 유언을 철회하지 않는다는 내용을 포함시켜야 한다.

③ 홍은균씨가 이전의 유언에 저촉되는 새로운 유언을 하였다면 그 저촉된 부분의 전 유언은 이를 철회한 것으로 본다.

④ 홍은균씨가 고의로 유언증서를 파훼한 때에는 그 파훼한 부분에 관한 유언은 이를 철회한 것으로 본다.

정답 | ②

해설 | ② 유언을 철회할 권리는 포기할 수 없으며, 만일 유언자가 유언을 철회하지 않는다는 계약을 체결하더라도 그 계약은 무효이다.

★★★
23 유언의 철회와 취소에 대한 설명으로 가장 적절한 것은?

① 아파트는 손자에게, 상가는 장애인복지재단에 준다는 유언자의 자필유언장을 보관 중이던 며느리가 이사하면서 유언장을 분실했고, 유언자는 현재 치매로 요양병원에 입원해 있어 다시 유언을 할 수 없는 상황이라면, 유언의 효력이 없어진다.

② 유언으로만 유언철회를 할 수 있으며, 공정증서 유언을 철회하기 위해서는 반드시 공정증서 유언을 해야 한다.

③ 유언자가 아파트를 주겠다고 유언을 한 뒤 제3자를 위해 아파트에 근저당권을 설정한 경우 유언 전체를 철회한 것으로 보아야 한다.

④ 자신의 병시중을 한 사람에게 유언으로 유언자의 재산을 유증하였는데 자신의 병시중을 한 사람이 A가 아닌 B라고 착오하고 B에게 유언으로 증여한 경우 유언을 취소할 수 있다.

정답 | ④

해설 | ① 유언자가 고의로 유언장을 폐기하지 않았다면 유언장을 분실한 것만으로 유언의 효력이 없어지는 것은 아니다. 그러나 다른 상속인이 유언자의 유언 내용을 부인하는 경우에는 유언 내용을 입증하여야 한다. 이런 경우를 대비하여 공정증서 유언을 하면 유언장을 공증인 사무실에서 별도 보관 중이므로 분실해도 문제가 생기지 않는다.

② 민법에서 정한 유언방식으로 철회하면 되고 반드시 그 전의 유언방식과 동일한 방식으로 철회할 필요는 없다. 즉, 공정증서 유언을 했더라도 자필증서 유언으로 철회가 가능하다.

③ 유언자가 아파트를 제3자에게 팔았다면 유증의 철회로 보아야 하나, 단순히 근저당권을 설정해 준 것만으로는 유증을 철회하였다고 볼 수 없다. 그러나 근저당권은 유효하므로 유증을 받은 수증자는 근저당권이 설정된 아파트를 물려받게 된다.

··· TOPIC 4 유증

★★★
24 다음 사례를 토대로 유증과 사인증여에 대한 설명으로 적절하지 않은 것은?

> 배우자 A와 자녀 B, C를 두고 있는 홍범도씨는 자녀 B에게는 아파트를, 자녀 C에게는 상가를 준다는 내용으로 작성 연월만 있고 일이 없는 자필증서 유언장을 직접 작성하여 이를 2장 복사한 후 그 복사본에 인감도장을 날인하여 문서 2통을 만들었고 명절에 모인 배우자와 자녀들에게 각 1통씩 교부하였다.

① 연월만 있고 일이 없는 유언은 무효이다.
② 자필증서 유언은 홍범도씨가 직접 작성한 유언장에 서명날인해야 하므로, 복사본에 서명날인한 홍범도씨의 유언장은 효력이 없다.
③ 복사본에 서명날인한 유언장을 교부한 것이므로 자녀인 B와 C가 홍범도씨의 이야기를 듣고 동의했다고 하더라도 사인증여가 체결되었다고 볼 수 없다.
④ 사인증여계약이 체결되면 상속보다 우선하므로 자녀 B와 C가 각각 아파트와 상가를 받을 수 있다.

정답 | ③
해설 | ③ 유언자가 B와 C에게 아파트와 상가를 준다고 하였고, B와 C가 유언자의 이야기를 듣고 동의했다면 사인증여가 체결되었다고 볼 수 있다. 즉, 사인증여계약이 체결되면 상속보다 우선하므로 B와 C가 각각 아파트와 상가를 받을 수 있다. 유언자가 수증자 모르게 유언을 하고 유언서를 비밀리에 보관하였다면 당사자 사이에 의사 합치가 없으므로 사인증여계약이 성립할 여지가 없으나, 유언자가 수증자에게 유언 내용을 이야기했고 수증자도 유언 내용에 동의했다면 사인증여가 성립된다.

★★★
25 부담부유증에 대한 설명으로 적절하지 않은 것은?

① 혼인할 의무를 지우는 것과 같이 당사자의 의사가 존중되어야 할 가족법상의 행위를 강제하는 부담은 무효이다.
② 부담부유증을 받은 자는 유증의 목적의 가액을 초과하지 아니한 한도에서 부담한 의무를 이행할 책임이 있다.
③ 부담 있는 유증을 받은 자가 부담의무를 이행하지 아니한 때에는 상속인 또는 유언집행자는 상당한 기간을 정하여 이행할 것을 최고하고, 그 기간 내에 이행하지 않은 때에는 가정법원에 유언의 취소를 청구할 수 있다.
④ 가정법원의 취소심판이 있으면, 유증은 해당 시점부터 그 효력을 잃는다.

정답 | ④
해설 | ④ 가정법원의 취소심판이 있으면, 유증은 상속개시 시에 소급하여 그 효력을 잃는다. 유증의 목적인 재산은 원칙적으로 상속인에게 귀속되고, 취소청구권자는 수유자에 대해 유증의 목적인 재산의 반환을 청구할 수 있다.

★★★

26 **A씨가 자신의 사망 시 B에게 자식을 성년이 될 때까지 돌보아 달라는 조건으로 재산의 1/4을 주는 유증을 할 경우 이에 대한 설명으로 적절하지 않은 것은?**

① 해당 유증은 부동산 등기나 동산의 인도와 같은 절차를 거치지 않고 바로 수유자인 B가 소유권을 취득한다.
② B는 유증을 받은 재산 가액을 초과하지 않는 한도에서 자식을 부양하면 된다.
③ 부담의 이행의무자는 수유자인 B이고, 수유자인 B가 사망하면 그 상속인이 된다.
④ 한정승인 또는 재산분리에 의하여 유증의 목적의 가액이 감소된 경우에도 B의 책임 범위는 동일하다.

정답 | ④
해설 | ④ 한정승인 또는 재산분리에 의하여 유증의 목적의 가액이 감소된 때에는 수유자는 그 감소된 한도에서 부담할 의무를 면한다.

··· TOPIC 5 유언의 집행

★★☆

27 **유언집행자의 결정에 대한 설명으로 적절하지 않은 것은?**

① 유언자는 유언으로 유언집행자를 지정하거나 그 지정을 제3자에게 위탁할 수 있다.
② 제3자가 위탁을 받으면 그 위탁 있음을 안 후 지체 없이 유언집행자를 지정하여 상속인에게 통지하여야 하고, 그 위탁을 사퇴할 때에는 이를 상속인에게 통지하여야 한다.
③ 제한능력자와 파산선고를 받은 자는 유언집행자가 되지 못한다.
④ 유언집행자가 없거나 사망, 결격, 기타 사유로 인하여 유언집행자가 없게 된 때에는 상속인이 유언집행자가 된다.

정답 | ④
해설 | ④ 유언집행자가 없거나 사망, 결격, 기타 사유로 인하여 유언집행자가 없게 된 때에는 법원은 이해관계인의 청구에 의하여 유언집행자를 선임하여야 하고, 법원이 유언집행자를 선임하는 경우에는 그 임무에 관하여 필요한 처분을 명할 수 있다.

★★☆
28 유언집행자에 대한 설명으로 적절하지 않은 것은?

① 특히 유언 내용이 복잡하거나 법률분쟁이 발생할 우려가 있는 경우 법률전문가인 변호사 또는 회계사를 유언집행자로 지정하는 것이 좋다.
② 민법에서 유언집행자는 상속인의 대리인으로 본다고 규정하고 있다.
③ 재산목록을 작성할 때 상속인을 배제하도록 하는 유언이 있는 경우에는 상속인의 청구가 있더라도 유언을 따라야 한다.
④ 유언집행자가 수인인 경우에는 임무의 집행은 그 과반수의 찬성으로 결정하나, 보존행위는 각자가 할 수 있다.

정답 | ③
해설 | ③ 유언이 재산에 관한 것인 때에는 지정 또는 선임에 의한 유언집행자는 지체 없이 그 재산목록을 작성하여 상속인에게 교부하여야 한다. 그리고 상속인의 청구가 있는 때에는 재산목록 작성에 상속인을 참여하게 하여야 한다.

★★☆
29 유언의 집행에 대한 설명으로 적절하지 않은 것은?

① 유언집행자는 유증의 목적인 재산의 관리나 기타 유언의 집행에 필요한 행위를 할 권리의무가 있다.
② 유언자가 유언으로 그 집행자의 보수를 정하지 아니한 경우에는 유언집행자는 보수를 받을 수 없다.
③ 지정 또는 선임에 의한 유언집행자는 질병, 외국 여행, 원거리로의 이사 등 정당한 사유가 있는 때에는 법원의 허가를 얻어 그 임무를 사퇴할 수 있다.
④ 유언증서의 검인 청구 비용, 상속재산목록 작성 비용, 상속재산의 관리 비용, 유언집행자의 보수, 권리이전을 위한 등기 비용 등 유언의 집행에 관한 비용은 상속재산 중에서 이를 지급한다.

정답 | ②
해설 | ② 유언자가 유언으로 그 집행자의 보수를 정하지 아니한 경우에는 법원은 상속재산의 상황이나 기타 사정을 참작하여 지정 또는 선임 유언집행자의 보수를 정할 수 있다.

★★☆

30 **유언자가 아파트는 손자에게, 상가는 복지재단에 준다는 유언을 했는데 유언자의 유일한 자녀이자 상속인인 딸이 자기 앞으로 상속등기를 경료했을 경우 유언의 집행에 대한 설명으로 적절하지 않은 것은?**

① 유언의 효력 발생으로 그 내용이 당연히 실현되는 것은 별도의 집행을 필요로 하지 않지만, 유언의 내용이 유증이면 수유자에게 이를 이행하여야 한다.
② 상속인 외에 별도로 유언집행자를 인정하는 이유는 상속인으로 하여금 유언을 집행하게 한다면 유언의 집행이 상속인의 이익에 반하는 경우에는 잘 집행되지 않을 우려가 있기 때문이다.
③ 유언집행자는 수증자인 손자와 복지재단을 위해 등기를 경료한 딸을 상대로 수증자들 명의로 소유권이전등기절차를 이행할 것을 청구할 수 있다.
④ 유증이행청구권은 유언자 사망일로부터 3년 이내에 행사해야 하며 3년이 지나면 시효로 소멸된다.

정답 | ④
해설 | ④ 유증이행청구권은 유언자 사망일로부터 10년 이내에 행사해야 하며 10년이 지나면 시효로 소멸된다.

▪▪▪ TOPIC 6 유류분

★★★

31 **유류분권리자가 될 수 없는 사람은?**

① 피상속인의 아들
② 피상속인의 남편
③ 피상속인의 어머니
④ 피상속인의 삼촌

정답 | ④
해설 | 상속인 가운데 피상속인의 배우자, 직계비속, 직계존속, 형제자매는 유류분권리자이다. 그러나 피상속인의 4촌 이내의 방계혈족이 상속인인 때에는 유류분이 인정되지 않는다.

★★★

32 **A씨의 아버지는 7년 전에 사망하였다. A씨의 가족 및 친족으로는 어머니와 여동생이 있으며, 할아버지와 작은 아버지가 있다. 얼마 전 A씨의 할아버지가 사망하면서 상속재산 전부를 작은 아버지에게 유증하였을 경우 A씨가 작은 아버지를 대상으로 반환청구할 수 있는 비율로 가장 적절한 것은?**

① 0
② 1/9
③ 1/14
④ 2/49

정답 | ③

해설 | • 선순위 상속인이 피상속인보다 먼저 사망하거나 상속결격이 되더라도 선순위 상속인을 대습할 수 있는 대습 상속인(직계비속, 배우자)이 있는 경우 대습상속인도 피대습자의 유류분 범위 내에서 유류분을 인정받는다.
• A씨 아버지의 법정 상속분 : 1/2
• A씨 아버지의 법정 유류분 : 1/4
• 대습 유류분 : A씨 어머니 1/4×3/7 = 3/28, A씨와 여동생 각각 1/4×2/7 = 2/28 = 1/14

★★★

33 A씨의 아버지는 7년 전에 사망하였다. A씨의 가족 및 친족으로는 어머니와 여동생이 있으며, 할아버지, 할머니와 작은 아버지가 있다. 얼마 전 A씨의 할아버지가 사망하면서 상속재산 전부를 작은 아버지에게 유증하였을 경우 A씨가 작은 아버지를 대상으로 반환청구할 수 있는 비율로 가장 적절한 것은?

① 1/5　　② 1/7
③ 1/16　　④ 2/49

정답 | ④

해설 | • 선순위 상속인이 피상속인보다 먼저 사망하거나 상속결격이 되더라도 선순위 상속인을 대습할 수 있는 대습 상속인(직계비속, 배우자)이 있는 경우 대습상속인도 피대습자의 유류분 범위 내에서 유류분을 인정받는다.
• A씨 아버지의 법정 상속분 : 2/7
• A씨 아버지의 법정 유류분 : 1/7
• 대습 유류분 : A씨 어머니 1/7×3/7 = 3/49, A씨와 여동생 각각 1/7×2/7 = 2/49

★★★

34 유류분 산정에 대한 설명으로 적절하지 않은 것은?

① 유류분의 기준이 되는 유류분 산정의 기초재산은 피상속인 사망 시 남은 재산과 피상속인이 생전에 증여한 재산을 더한 금액에서 피상속인의 채무를 공제한 것이다.
② 피상속인이 생전에 증여하여 상속인이 받은 것은 오래전에 증여받은 것이라 하더라도 포함한다.
③ 상속인이 아닌 사람에게 선의로 증여한 것은 상속개시 전 1년 동안에 이루어진 것만 포함한다.
④ 증여받은 재산은 특별수익자가 증여받았을 때 가격으로 계산한다.

정답 | ④

해설 | ④ 증여받은 재산은 피상속인 사망 시 가격으로 계산한다. 부동산과 같이 가격이 수시로 바뀌는 것을 증여했다면 피상속인이 사망했을 때 가격으로 계산한다. 특별수익자가 증여받았을 때 가격이 아니다. 현금은 증여받은 현금에 피상속인 사망 시까지 소비자물가지수의 상승분을 곱한 것으로 계산한다.

★★★

35 **피상속인 A씨는 친족으로 배우자와 딸, 아들, 며느리, 사위가 있다. A씨는 배우자를 제외하고 나머지 친족들에게 전 재산을 증여하였다. A씨의 배우자가 유류분을 주장할 때 유류분 산정 기초재산에 포함되지 않는 것은?**

① 8년 전 딸에게 증여한 2억원
② 12년 전 아들에게 증여한 1억원
③ 2년 전 며느리에게 증여한 3억원
④ 6개월 전 사위에게 증여한 4억원

정답 | ③
해설 | 특별수익(피상속인이 생전에 증여한 재산)은 유류분 계산의 기초재산이다. 상속인이 받은 것은 오래전에 증여받은 것이라 하더라도 포함한다. 다만, 상속인이 아닌 사람에게 선의로 증여한 것은 상속개시 전 1년 동안에 이루어진 것만 포함한다.

★★★

36 **김장남, 김차남, 김삼남 아들 3명을 두고 사망한 아버지 재산은 현금 1.5억원과 시가 2억원 상당의 아파트 한 채로 아버지는 은행에 5천만원 대출금이 있다. 아버지는 유언으로 동생인 김삼촌에게 1억원, 김장남에게 아파트, 김차남에게 2천만원, 김삼남에게 1천만원을 유증하였을 경우, 유류분 산정의 기초재산으로 가장 적절한 것은?**

① 3억원
② 3.3억원
③ 3.5억원
④ 4.3억원

정답 | ①
해설 | 유류분 산정 기초재산 = 1.5억원(상속재산) + 2억원(상속재산) − 5천만원(대출금채무) = 3억원

★★★

37 **유류분의 범위에 대한 설명으로 적절하지 않은 것은?**

① 유류분은 피상속인의 상속개시 시에 있어서 가진 재산의 총액에 증여의 가액을 가산하고 채무의 전액을 공제하여 이를 산정한다.
② 유류분 산정 기초재산에 포함되는 증여는 상속개시일로부터 과거 1년 이전에 이루어진 것에 한한다.
③ 당사자 쌍방이 유류분권리자에게 손해를 가할 것을 알고 증여를 한 때에는 상속개시보다 1년 전에 행하여진 때에도 상속재산에 산입한다.
④ 공동상속인에 대한 증여는 상속개시 1년 이전의 것인지 여부, 당사자 쌍방이 손해를 가할 것을 알고서 하였는지 여부에 관계없이 유류분 산정을 위한 기초재산에 산입된다.

정답 | ②
해설 | ② 모든 증여가 유류분 산정에 있어서 고려된다면 수증자나 그 이해관계인에게 예측할 수 없었던 손해를 줄 우려가 있으므로, 민법은 원칙적으로 상속개시 전 1년간에 행한 증여에 한하여 이를 상속재산에 가산하도록 하고 있다.

★★★
38 피상속인 A의 재산과 증여 내역이 다음과 같은 경우, 유류분 산정 기초재산으로 가장 적절한 것은?

- 상속개시 시 A소유의 재산 : 18억원
- 상속개시 시 A의 채무 : 3억원
- 상속개시 7년 전 상속인에게 2억원 증여
- 상속개시 2년 전 제3자에게 5억원 증여(당사자 쌍방이 유류분권리자에 손해를 가할 것을 알고 있었음)
- 상속개시 6개월 전 제3자에게 1억원 증여

① 20억원 ② 22억원
③ 23억원 ④ 26억원

정답 | ③

해설 | • 유류분 산정 기초재산 = 상속개시 시의 상속재산 + 증여재산 − 채무전액
• 유류분 산정 기초재산에 포함되는 증여는 상속개시일로부터 과거 1년 이내에 이루어진 것에 한하지만, 당사자 쌍방이 유류분권리자에 손해를 가할 것을 알고 증여를 한 때에는 상속개시 전 1년 이전에 한 것도 포함된다. 따라서 증여 당사자 중의 일방이라도 선의인 경우에는 상속개시 전 1년 이전의 증여는 포함되지 않는다.
• 공동상속인 중에서 특별수익자가 있는 경우에는 특별수익자에 대한 증여가 상속개시 1년 이전의 것인지 여부, 당사자 쌍방이 손해를 가할 것을 알고서 하였는지 여부에 관계없이 유류분 산정을 위한 기초재산에 산입된다.
• 유류분산정의 기초재산 = 상속개시 시의 상속재산 18억원 + 상속개시 7년 전 상속인에게 증여한 2억원 + 상속개시 2년 전 제3자에게 증여한 5억원 + 상속개시 6개월 전 제3자에게 증여한 1억원 − 채무 3억원 = 23억원

★★★
39 피상속인 홍은균씨의 상속재산과 증여가 다음과 같이 이루어진 경우 민법상 아들 홍성완의 유류분으로 가장 적절한 것은?

- 상속개시 시 홍은균 소유의 재산 : 2억원
- 상속개시 시 홍은균의 채무 : 50,000천원
- 상속개시 9개월 전 A법인에 2억원 증여
- 상속개시 6개월 전 B법인에 1억원 증여

※ 유족으로는 배우자 서예지씨와 아들 홍성완이 있음

① 60,000천원 ② 90,000천원
③ 120,000천원 ④ 135,000천원

정답 | ②

해설 | • 유류분 산정 기초재산 : 상속개시 시의 상속재산 2억원 + 증여재산 2억원 + 1억원 − 채무전액 50,000천원 = 4.5억원
• 유류분의 범위 : 피상속인의 직계비속과 배우자는 법정상속분의 1/2, 피상속인의 직계존속과 형제자매는 법정상속분의 1/3
• 법정상속분 : 아내 서예지 3/5, 자녀 홍성완 2/5
• 유류분 : 아내 서예지 135,000천원(3/5×1/2 = 3/10), 자녀 홍성완 90,000천원(2/5×1/2 = 1/5)

★★★

40 갑은 상속재산으로 6억원이 있고, 유족으로는 배우자 을, 아들 병, 딸 정이 있다. 갑은 사망하기 3년 전 아들 병에게 사업자금으로 1억원을 증여하였다. 갑이 내연녀인 무에게 상속인들의 유류분을 침해하지 않는 범위 내에서 유증하고자 할 때 무가 유증받을 수 있는 최대 금액으로 가장 적절한 것은?

① 2억원
② 2.5억원
③ 3억원
④ 3.5억원

정답 | ④

해설 | • 유류분 기초재산 : 6억원 + 1억원(증여) = 7억원
• 유류분은 을 1.5억원(3/14) + 병 1억원(1/7) + 정 1억원(1/7) = 총 3.5억원이다.

★★★

41 A씨는 배우자 B와 아들 C, 딸 D를 두고 있다. A씨는 딸 D에 대한 사랑이 남달랐기 때문에 60억원의 재산을 유증한다는 내용의 공정증서유언을 남겼다. 어느 날 A씨는 출장을 다녀오던 중 교통사고로 사망하였으며, A씨의 상속재산은 70억원으로 파악되었다. 아들 C가 유증받은 D에 청구할 수 있는 유류분 가액으로 가장 적절한 것은?

① 0원
② 4억원
③ 6억원
④ 14억원

정답 | ③

해설 |

구분	B	C
법정상속분	70억원×3/7 = 30억원	70억원×2/7 = 20억원
법정유류분	30억원×1/2 = 15억원	20억원×1/2 = 10억원
실제상속분	10억원×3/5 = 6억원	10억원×2/5 = 4억원
청구유류분	15억원 – 6억원 = 9억원	10억원 – 4억원 = 6억원

★★★

42 사업가 이민호씨는 모친 남규리, 배우자 송혜교를 두고 있다. 이민호씨는 평소 모교에 대한 사랑이 남달랐기 때문에 25억원의 재산을 유증한다는 내용의 공정증서유언을 남겼다. 어느 날 이민호씨는 해외 출장을 다녀오던 중 비행기 사고로 사망하였으며, 이민호씨의 재산현황은 적극재산 40억원과 은행채무 10억원으로 파악되었다. 이민호씨의 상속인이 유증받은 모교에 청구할 수 있는 유류분 가액으로 적절하게 연결된 것은?

	남규리	송혜교
①	0원	8억원
②	2억원	6억원
③	3억원	4억원
④	4억원	5억원

정답 | ②

해설 |

구분	남규리	송혜교
유류분 산정의 기초가 되는 재산	40억원 - 10억원 = 30억원	
법정상속분	30억원×2/5 = 12억원	30억원×3/5 = 18억원
법정유류분	12억원×1/3 = 4억원	18억원×1/2 = 9억원
실제상속분	5억원×2/5 = 2억원	5억원×3/5 = 3억원
청구유류분	4억원 - 2억원 = 2억원	9억원 - 3억원 = 6억원

★★★
43 임신 중인 아내를 두고 있는 A씨는 혼인신고도 하기 전에 사망하였다. 유류분이 인정되는 사람으로 가장 적절한 것은?

① 태아
② 피상속인의 아버지
③ 피상속인의 형
④ 피상속인의 4촌 누나

정답 | ①

해설 | 상속인 가운데 피상속인의 배우자, 직계비속, 직계존속, 형제자매는 유류분권리자이다. 그러나 피상속인의 4촌 이내의 방계혈족이 상속인인 때에는 유류분이 인정되지 않는다. 태아도 출생한 때에는 반환청구를 할 수 있다.

★★★
44 유류분반환청구의 대상인 유증과 증여가 동시에 존재하는 경우에 대한 설명으로 가장 적절한 것은?

① 유류분반환청구권자는 유증을 받은 자로부터 먼저 반환을 받고 부족한 부분을 증여받은 자에게 반환받을 수 있다.
② 유류분반환청구권자는 증여받은 자로부터 먼저 반환을 받고 부족한 부분을 유증을 받은 자에게 반환받을 수 있다.
③ 증여 또는 유증받은 자 중 당사자의 선택에 따라 반환받을 수 있다.
④ 증여 또는 유증받은 금액에 비례하여 동시에 반환받을 수 있다.

정답 | ①

해설 | 유류분을 침해하는 유증과 증여가 각각 있는 경우에는 먼저 수유자에 대하여 반환을 청구하고, 그로써도 부족한 때에 한하여 수증자에게 반환을 청구할 수 있다.

★★★
45 유류분반환청구권의 행사에 대한 설명으로 가장 적절한 것은?

① 유류분반환청구권의 행사는 재판상 또는 재판 외에서 상대방에 대한 의사표시로써 한다고 본다.
② 유류분을 침해하는 유증과 증여가 각각 있는 경우에는 먼저 수증자에 대하여 반환을 청구하고, 그로써도 부족한 때에 한하여 수유자에게 반환을 청구할 수 있다.
③ 반환의무자는 반드시 증여 또는 유증대상 재산 그 자체를 반환하여야 한다.
④ 원물 반환의 목적물이 부동산인 경우에 반환의 방법으로 말소등기를 청구하여야 한다.

정답 | ①
해설 | ② 유류분을 침해하는 유증과 증여가 각각 있는 경우에는 먼저 수유자에 대하여 반환을 청구하고, 그로써도 부족한 때에 한하여 수증자에게 반환을 청구할 수 있다.
③ 반환의무자는 통상적으로 증여 또는 유증대상 재산 그 자체를 반환하면 될 것이나 원물반환이 불가능하거나, 제3자를 위한 제한물권이 설정된 경우 또는 상당하지 않은 대가로 양도된 경우가 반환의 대상이 되는 등의 특별한 사정이 있는 때에는 가액을 반환해야 할 것이라고 보고 있다.
④ 원물 반환의 목적물이 부동산인 경우에 반환의 방법으로 이전등기를 청구하여야 한다.

★★★
46 유류분 반환과 기여분에 대한 설명으로 가장 적절한 것은?

① 기여분을 산정함에 있어서는 상속재산의 가액에서 유증의 가액을 공제하는 방법에 의하므로, 가령 피상속인이 전 재산을 증여 또는 유증하였다면 기여분은 인정될 여지가 없다.
② 기여분이 증여와 유증에 우선한다고 할 수 있다.
③ 공동상속인 중 1인에게 다액의 기여분이 주어짐으로써 다른 상속인의 취득액이 유류분에 미달하는 경우 기여분은 유류분반환청구의 대상이 된다.
④ 유류분이 기여분에 우선한다.

정답 | ①
해설 | ② 증여와 유증이 기여분에 우선한다고 할 수 있다.
③ 기여분은 유류분에 의한 반환청구 대상이 아니므로, 공동상속인 중 1인에게 다액의 기여분이 주어짐으로써 다른 상속인의 취득액이 유류분에 미달하더라도 기여분은 유류분반환청구의 대상이 되지 않는다.
④ 기여분이 유류분에 우선한다.

★★★

47 유류분반환청구권의 소멸에 대한 설명으로 가장 적절한 것은?

① 반환청구권은 유류분권리자가 상속의 개시와 반환하여야 할 증여 또는 유증을 한 사실을 안 때로부터 3년 내에 하지 아니하면 시효에 의하여 소멸한다.
② 반환청구권은 상속 개시된 때로부터 10년을 경과한 때도 시효에 의하여 소멸한다.
③ 유류분반환청구권은 상속개시 전에도 포기할 수 있다.
④ 유류분반환청구권의 포기는 반드시 상속포기가 가능한 기간 내에만 할 수 있다.

정답 | ②

해설 | ① 반환청구권은 유류분권리자가 상속의 개시와 반환하여야 할 증여 또는 유증을 한 사실을 안 때로부터 1년 내에 하지 아니하면 시효에 의하여 소멸한다.
③ 상속개시 전에 포기할 수 없으나 상속이 개시된 후에는 유류분반환청구권을 포기할 수 있다.
④ 유류분반환청구권의 포기는 반드시 상속포기가 가능한 기간 내에만 할 수 있는 것은 아니다.

★★★

48 유류분반환청구권에 대한 설명으로 가장 적절한 것은?

① 유류분반환청구권은 유류분권리자가 받은 상속재산이 피상속인의 유증 또는 증여 때문에 자신의 유류분이 부족한 때에 비로소 유류분권리자가 그 유증 또는 증여를 받은 자에 대하여 그 부족한 한도에서 반환을 청구할 수 있는 권리를 뜻한다.
② 유류분반환청구의 대상인 유증과 증여가 동시에 존재하는 경우 유류분청구권자는 증여가액 또는 유증가액에 비례하여 반환을 받을 수 있다.
③ 유류분권리자는 상속개시와 증여 또는 유증 사실을 안 때로부터 3년 내 또는 상속이 개시된 때로부터 10년 내에 유류분의 반환을 청구하여야 한다.
④ 증여를 받은 자가 여러 사람인 경우 유류분청구권자는 가장 최근의 증여받은 순서로 반환을 받을 수 있다.

정답 | ①

해설 | ② 유류분을 침해하는 유증과 증여가 각각 있는 경우에는 먼저 수유자에 대하여 반환을 청구하고, 그로써도 부족한 때에 한하여 수증자에게 반환을 청구할 수 있다.
③ 반환의 청구권은 유류분권리자가 상속의 개시와 반환하여야 할 증여 또는 유증을 한 사실을 안 때로부터 1년 내에 하지 아니하면 시효에 의하여 소멸한다. 상속이 개시된 때로부터 10년을 경과한 때도 같다.
④ 유증이나 증여를 받은 사람이 여러 명일 때에는 각자 받은 비율에 따라서 돌려달라고 하면 된다.

★★★
49 유류분에 대한 설명으로 적절하지 않은 것은?

① 상속인 가운데 피상속인의 배우자, 직계비속, 직계존속, 형제자매는 유류분권리자이다.
② 유류분 산정 시 상속개시 시에 가진 재산은 상속재산 중 적극재산만을 말하고, 유증한 재산은 상속재산에 포함되며, 피상속인이 증여하였으나 아직 이행되지 않은 재산도 상속재산에 포함된다.
③ 유류분반환청구권은 유류분권리자가 받은 상속재산이 피상속인의 유증 또는 증여 때문에 자신의 유류분이 부족한 때에 비로소 유류분권리자가 그 유증 또는 증여를 받은 자에 대하여 그 부족한 한도에서 반환을 청구할 수 있는 권리를 뜻한다.
④ 상속결격자나 상속을 포기한 자도 청구권자가 될 수 있다.

정답 | ④
해설 | ④ 상속인이 아닌 자, 예컨대 상속결격자나 상속을 포기한 자는 청구권자가 될 수 없다.

★★★
50 유류분에 대한 설명으로 적절한 것은?

① 상속재산만으로 유류분이 부족할 경우 피상속인 생전에 증여를 받은 사람에게 재산을 반환받은 후에도 여전히 유류분보다 부족하면, 유증이나 사인증여를 받은 사람에게 부족한 것을 달라고 할 수 있다.
② 유증이나 증여를 받은 사람이 여러 명일 때에는 각자 받은 순서에 따라서 돌려달라고 하면 된다.
③ 유류분반환청구를 받으면 원칙적으로 유증 또는 증여받은 재산의 일부를 반환해야 하고, 부동산인 경우 부동산지분이전등기를 하면 되지만, 원물반환이 불가능한 경우에는 돈으로 반환하면 된다.
④ 유언자는 생전에 아들에게 전 재산인 회사주식을 증여했는데, 그 후 증여한 주식이 병합되어 증여해 준 회사는 병합된 만큼 감소된 신주권을 아들에게 교부했다면, 다른 상속인인 딸이 유류분으로 병합된 주식의 주권을 받고 싶어도 받을 수 없다.

정답 | ③
해설 | ① 우선 유증이나 사인증여를 받은 자에게 돌려달라고 해야 한다. 이후에도 여전히 유류분보다 적으면 생전에 재산을 받은 자에게 달라고 한다. 즉 먼저 유증이나 사인증여를 받은 사람을 상대로 소송해야 한다. 유증이나 사인증여를 받은 사람에게 재산을 반환받은 후에도 여전히 유류분보다 부족하면, 피상속인 생전에 증여를 받은 사람에게 부족한 것을 달라고 할 수 있다.
② 유증이나 증여를 받은 사람이 여러 명일 때에는 각자 받은 비율에 따라서 돌려달라고 하면 된다. 이때 돌려줄 사람이 상속인이라면 그 상속인의 유류분을 초과한 것을 기준으로 비율을 정한다. 상속인이 아닌 제3자라면 유증 또는 증여받은 재산 전부를 기준으로 돌려줄 비율을 정한다.
④ 유언으로 증여받은 회사주식이 병합되어 병합한 회사가 신주권을 발행하면 주주인 아들은 병합된 만큼 감소된 신주권을 교부받게 된다. 이처럼 교환된 주식의 주권은 병합되기 전의 주권을 표창하면서 동일성 유지한다. 따라서 원물반환이 가능하다. 딸은 유류분을 신주권으로 교부받을 수 있다.

★★★

51 **김인남씨는 부모님이 돌아가시고 배우자와 자녀 둘을 두고 있다. 김인남씨가 자신의 사망 시 배우자에게만 상속을 하고자 할 경우에 대한 적절한 설명으로 모두 묶인 것은?**

> 가. 김인남씨가 유언으로 상속인의 유류분에 반하는 상속분을 지정한 경우에도 침해를 받은 자녀들은 그 반환을 청구할 수 없다.
> 나. 설사 자녀들 중 1인이 김인남씨 생존 시에 상속을 포기하기로 약정하였더라도, 상속개시 후 법에서 정하는 절차와 방식에 따라 상속포기를 하지 않은 이상 자신의 상속분을 주장할 수 있다.
> 다. 자녀들이 상속포기를 한 경우, 상속을 포기한 자녀들의 자녀(김인남씨의 손자)는 대습상속이 가능하다.
> 라. 자녀들이 김인남씨 생존 시에 유류분을 포기하기로 약정하였더라도 효력이 없으며, 상속개시 이후 유류분을 포기하더라도 상속분을 포기하는 것이 아니다.

① 가, 나 ② 가, 다
③ 나, 다 ④ 나, 라

정답 | ④

해설 | 가. 피상속인이 상속인의 유류분에 반하는 상속분을 지정한 경우에는 침해를 받은 유류분권리자는 그 반환을 청구할 수 있다.
다. 상속을 포기한 상속인의 자녀(피상속인의 손자)는 대습상속을 하지 않는다.

CHAPTER

04 상속세 및 증여세의 이해

출제비중 : 36~44% / 9~11문항

학습가이드 ■ ■

학습 목표	학습 중요도
Tip 법률 규정에 대한 깊이 있는 학습 필요 Tip 다양한 사례의 계산문제 학습 필요 Tip 문제해결형 문제가 빈번히 출제되므로 이에 대한 학습 필요	
1. 상속세와 증여세의 과세방식의 공통점과 차이점을 이해하고 설명할 수 있다.	★★
2. 상속세의 과세체계를 이해하고 상속세를 계산할 수 있다.	★★★
3. 증여세의 과세체계를 이해하고 증여세를 계산할 수 있다.	★★★
4. 법률에 따른 증여 유형별 증여세 과세규정에 대해 설명할 수 있다.	★★
5. 상속 및 증여 시 재산의 평가방법에 대해 이해할 수 있다.	★★★
6. 가업승계와 관련한 세법상 주요 제도에 대해 이해할 수 있다.	★★

TOPIC 1 상속세와 증여세의 개념

★★☆

01 상속세와 증여세의 관계에 대한 설명으로 적절하지 않은 것은?

① 상속세와 증여세 모두 세율은 10~50%의 5단계 초과누진세율이 적용된다.
② 상속세와 증여세의 신고세액공제율은 다르게 적용된다.
③ 상속세와 증여세 모두 분납과 연부연납이 가능하다.
④ 세대를 건너 뛴 상속이나 증여에 대해서는 산출세액의 30%를 가산하는 세대생략 할증과세가 적용된다.

정답 | ②
해설 | ② 신고세액공제율 : 산출세액의 3%를 산출세액에서 공제하는 공통점이 있다.

★★☆

02 상속세의 과세방식과 관할 세무서가 적절하게 연결된 것은?

	과세방식	관할 세무서
①	유산세 방식	피상속인의 주소지
②	유산세 방식	상속인의 주소지
③	유산취득세 방식	피상속인의 주소지
④	유산취득세 방식	상속인의 주소지

정답 | ①

해설 | 〈상속세와 증여세의 차이점〉

구분	상속세	증여세
법률행위	상속개시를 원인으로 포괄적 권리의무의 승계	당사자 쌍방 계약에 의한 재산의 무상이전
포기/반환행위	포기(단독행위)	반환(계약)
과세방식	유산세 방식 (피상속인 재산 전체를 기준으로 과세)	유산취득세 방식 (재산을 받은 자 별로 받은 재산에 대해 과세)
관할 세무서	피상속인의 주소지	수증자의 주소지
공제제도	상대적으로 종류가 다양	상대적으로 종류가 적음

★★☆

03 상속세와 증여세의 차이점에 대한 설명으로 적절하지 않은 것은?

	구분	상속세	증여세
①	법률행위	상속개시를 원인으로 포괄적 권리의무의 승계	당사자 쌍방 계약에 의한 재산의 무상이전
②	과세방식	유산세 방식	유산취득세 방식
③	관할 세무서	피상속인의 주소지	수증자의 주소지
④	공제제도	상대적으로 종류가 적음	상대적으로 종류가 다양

정답 | ④

해설 |

구분	상속세	증여세
공제제도	상대적으로 종류가 다양	상대적으로 종류가 적음

★★☆

04 상속세와 증여세의 관계에 대한 설명으로 적절하지 않은 것은?

① 상속세와 증여세 모두 세율은 10~50%의 5단계 초과누진세율이 적용되며, 분납과 연부연납이 적용된다.

② 상속세와 증여세 모두 신고세액공제율 3%가 적용된다.

③ 상속세는 유산세 과세방식, 증여세는 유산취득세 과세방식을 취하고 있다.

④ 상속세와 증여세는 재산의 무상이전이 발생한 경우에 과세하는 세금이라는 공통점이 있으며, 과세체계의 주체는 각각 피상속인과 증여자가 된다.

정답 | ④

해설 | ④ 증여는 쌍방의 합의에 의한 계약에 의해 성립되므로 수증자가 과세체계의 주체가 된다.

★★☆

05 상속세와 증여세의 개념에 대한 설명으로 적절하지 않은 것은?

① 상속에 관한 법률은 민법에서 규정하고 있으므로 민법의 규정이 주로 적용되지만 세법에서 민법과 달리 정한 사항은 세법의 규정을 적용한다.

② 상속세와 증여세는 동일한 세율체계를 갖고 있지만 그 세부담은 상이하다.

③ 상속세의 경우 유산취득세 방식으로 과세되지만, 증여세는 유산세 방식으로 과세됨으로 인해 재산이 많은 경우에는 상속으로 재산을 물려받는 것이 증여로 받는 것보다 더 적은 세금이 나오게 된다.

④ 상속세는 기초공제, 배우자공제, 그 밖의 인적공제 등 많은 공제항목이 있으나 증여세는 증여자와 수증자 관계별 증여재산공제 외에는 공제가 많지 않은 점으로 인해 상속재산이 많지 않은 경우에는 상속세가 유리한 경우도 있다.

정답 | ③

해설 | ③ 상속세의 경우 유산세 방식으로서 피상속인의 재산 전체에 대해 과세되지만, 증여세는 유산취득세 방식으로서 수증자별로 받은 재산에 대해서만 과세됨으로 인해 재산이 많은 경우에는 상속으로 재산을 물려받는 것이 증여로 받는 것보다 더 많은 세금이 나오게 된다.

TOPIC 2 상속세

★★★
06 상속세 과세대상에 해당하지 않는 것은?

① 거주자의 국내 예금 금액
② 거주자의 국외 예금 금액
③ 비거주자의 국내 예금 금액
④ 비거주자의 국외 예금 금액

정답 | ④
해설 | 상속세는 피상속인이 거주자이냐 또는 비거주자이냐에 따라 과세대상의 범위가 다음과 같이 달라진다.

- 거주자 : 국내외 소재 모든 상속재산
- 비거주자 : 국내 소재 모든 상속재산

★★★
07 거주자 홍성완씨의 사망으로 한국에 거주하는 상속인 장남 홍은균씨와 미국에 거주하는 상속인 홍승균씨가 재산을 상속하려 한다. 상속세 과세대상으로 모두 묶인 것은?

가. 홍은균씨가 상속받기로 한 서울시 강북구 주택
나. 홍승균씨가 상속받기로 한 국내 소재 부동산
다. 홍은균씨가 상속받기로 한 예금 3억원
라. 홍승균씨가 상속받기로 한 미국 계좌 30,000달러

① 가, 나　② 가, 다
③ 나, 다, 라　④ 가, 나, 다, 라

정답 | ④
해설 | 상속세는 피상속인이 거주자이냐 또는 비거주자이냐에 따라 과세대상의 범위가 다음과 같이 달라진다.

- 거주자 : 국내외 소재 모든 상속재산
- 비거주자 : 국내 소재 모든 상속재산

★★★

08 상속세에 대한 설명으로 적절하지 않은 것은?

① 상속세는 상속인 또는 수유자는 상속재산 중 각자가 받았거나 받을 재산을 기준으로 계산한 비율대로 납부할 의무가 있다.

② 영리법인이 받은 상속재산에 대해서는 납부할 상속세를 면제하는 대신, 자산수증이익으로 보아 법인세가 과세된다.

③ 상속인 또는 수유자는 각자가 받았거나 받을 재산을 한도로 연대하여 납세할 의무가 있어, 그 연대납세의무자로서 상속세를 납부하는 경우에는 증여세 과세문제가 발생하지 않는다.

④ 상속세 납부의무가 있는 상속인 또는 수유자는 상속개시일이 속하는 해의 말일로부터 6개월 이내에 상속세의 과세가액 및 과세표준을 납세지 관할 세무서장에게 신고할 의무가 있다.

정답 | ④

해설 | ④ 상속세 납부의무가 있는 상속인 또는 수유자는 상속개시일이 속하는 달의 말일로부터 6개월 이내(비거주자의 경우 상속개시일이 속한 달의 말일로부터 9개월 이내)에 상속세의 과세가액 및 과세표준을 납세지 관할 세무서장에게 신고할 의무가 있다.

★★★

09 상증법상 간주상속재산에 해당하지 않는 것은?

① 생명보험금 및 손해보험금 ② 신탁재산

③ 명의신탁재산 ④ 퇴직금 등

정답 | ③

해설 | 본래의 상속재산은 아니지만 상증법에서 상속재산으로 간주하는 재산을 말하며, 보험금과 신탁재산, 퇴직금 등이 있다.

★★★

10 김미나씨는 부친의 사망으로 인해 보험금 2억원을 수령하였다. 총 납입 보험료는 1억원이며, 이 중 부친이 납입한 보험료는 6천만원, 김미나씨가 납입한 보험료는 4천만원일 경우, 간주상속재산에 포함되는 금액으로 가장 적절한 것은?

① 8천만원 ② 1억원

③ 1.2억원 ④ 2억원

정답 | ③

해설 | • 수령한 보험금 중 피상속인이 납입한 보험료 비율만큼은 과세되는 상속재산에 포함된다.

• 간주상속재산으로 보는 보험금 $= 2\text{억원} \times \frac{6\text{천만원}}{1\text{억원}} = 1.2\text{억원}$

★★★
11 노태환씨는 모친의 사망으로 상속을 받게 되었는데 모친과 관련한 신탁재산이 다음과 같을 경우, 상속재산에 포함될 가액으로 가장 적절한 것은?

> ⓐ 모친이 위탁자이면서 수익자인 신탁재산 6억원
> ⓑ 모친이 위탁자이면서 타인이 수익자인 신탁재산 3억원
> ⓒ 타인이 위탁자이면서 모친이 수익자(사망 시 수익권 소멸)인 신탁재산 5억원

① 8억원　② 9억원
③ 11억원　④ 14억원

정답 | ②
해설 | • ⓐ와 ⓑ는 모친이 위탁자인 재산이므로 상속재산에 포함되나, ⓒ는 신탁의 이익을 받는 것에 불과하며 모친의 사망으로 수익권이 소멸되므로 상속재산에 포함되지 않는다.
• 간주상속재산으로 보는 신탁재산 = 6억원 + 3억원 = 9억원

★★★
12 박미진씨는 회사에 재직 중 사망으로 인해 퇴직금 3억원과 퇴직위로금 1억원을 그 유족(상속인)이 받게 되었으며, 국민연금 반환일시금으로 5천만원을 받게 되었을 경우, 간주상속재산에 포함되는 금액으로 가장 적절한 것은?

① 1.5억원　② 3.5억원
③ 4억원　④ 4.5억원

정답 | ③
해설 | • 피상속인의 사망으로 인해 받게 되는 퇴직금과 퇴직위로금은 간주상속재산에 포함되지만 공적연금에서 수령하는 반환일시금은 상속세가 비과세된다.
• 간주상속재산으로 보는 퇴직금 등 = 3억원 + 1억원 = 4억원

★★★
13 장슬아씨는 24년 5월 30일에 사망하여 상속이 개시되었는데, 상속개시일 전에 인출한 예금이 다음과 같을 경우 추정상속재산으로 보는 금액으로 가장 적절한 것은?

> • 23년 11월 23일 인출금액 : 1.5억원(용도 입증금액 5천만원)
> • 22년 8월 1일 인출금액 : 4억원
> • 21년 5월 22일 인출금액 : 2억원

① 0원　② 1.1억원
③ 3.9억원　④ 4.5억원

정답 | ③

해설 | • 상속개시일 전 1년 이내 2억원 이상 인출하거나, 상속개시일 전 2년 이내 5억원 이상 인출한 경우에 추정상속재산으로 본다.

- 1년 내 인출금액 1.5억원 < 2억원(추정상속재산 아님)
- 2년 내 인출금액 1.5억원 + 4억원 = 5.5억원 ≥ 5억원
- 용도 미입증금액 = 5.5억원 − 0.5억원 = 5억원 ≥ Min(5.5억원×20%, 2억원) = 1.1억원(추정상속재산에 해당)
- 추정상속재산으로 보는 금액 = 5.5억원 − 0.5억원(용도 입증금액) − Min(5.5억원×20%, 2억원) = 3.9억원

★★★

14 거주자 A씨가 상속개시일 전 2년간 처분한 자산내역이 다음과 같을 때 상속재산에 가산되는 추정상속재산가액으로 적절한 것은?

> • 상속개시일 : 올해 3월 13일
> • A씨 소유 부동산에 대한 처분일 및 처분내역
> − 작년 4월 28일 상가 처분으로 인한 실제 수입금액 1억원(입증금액 : 8천만원)
> − 재작년 8월 17일 토지 처분으로 인한 실제 수입금액 4억원(입증금액 : 2억 2천만원)

① 8천만원　　② 1억원
③ 1억 2천만원　　④ 1억 8천만원

정답 | ②

해설 | 상속개시일 전 1년 이내에 부동산을 처분한 수입금액은 1억원이고 2년 이내에 처분한 수입금액은 총 5억원이므로 2년 이내 처분한 경우에 상속재산의 추정요건에 해당한다. 따라서 부동산을 2년 이내 처분한 경우가 상속세 과세가액에 산입하는 추정상속재산에 해당되는지 여부를 검토하여야 한다.
추정상속재산가액 = (재산처분 · 인출 및 채무부담으로 인해 얻은 금액 − 용도가 입증된 금액) − min(재산처분 등으로 얻은 금액×20%, 2억원) = [(1억원 + 4억원) − (8천만원 + 2억 2천만원)] − min{5억원×20%, 2억원}
= 2억원 − 1억원 = 1억원

★★★

15 상속세 과세가액 계산 시 상속재산에서 차감되는 항목에 대한 적절한 설명으로 모두 묶인 것은?

> 가. 공과금은 상속개시일 현재 피상속인이 납부할 의무가 있었고 상속인에게 승계된 조세 · 공공요금 등과 상속인 귀책사유로 발생한 가산금, 가산세, 벌금 등을 공제한다.
> 나. 일반 장례비용은 시신 안치 비용, 묘지 구입비, 비석 구입비 등 장례에 직접 소요된 비용으로 증빙이 없는 경우 최소 500만원, 증빙으로 확인되는 경우 최대 1천만원까지 공제한다.
> 다. 봉안시설, 자연장지 비용은 증빙으로 확인되는 금액을 500만원 한도로 추가 공제한다.

① 가, 나　　② 가, 다
③ 나, 다　　④ 가, 나, 다

정답 | ③

해설 | 가. 공과금은 상속개시일 현재 피상속인이 납부할 의무가 있었고 상속인에게 승계된 조세 · 공공요금 등(단, 상속인 귀책사유로 발생한 가산금, 가산세, 벌금 등 제외)을 공제한다.

★★★

16 **봉안시설을 사용하는 피상속인의 장례일까지 직접 소요된 금액으로 총 1,800만원(증빙 있음)이 발생하였을 경우 상속세 과세가액 계산 시 차감되는 장례비용으로 가장 적절한 것은?**

① 500만원
② 1,000만원
③ 1,500만원
④ 1,800만원

정답 | ③

해설 | 장례비는 시신 안치 비용, 묘지 구입비, 비석 구입비 등 장례에 직접 소요된 비용을 공제한다.

- 장례에 직접 소요된 비용(봉안시설, 자연 장지 비용 제외) : 최소 500만원(증빙이 없는 경우)~최대 1천만원(증빙으로 확인되는 경우) 공제
- 봉안시설, 자연 장지 비용 : 증빙으로 확인되는 금액을 500만원 한도로 추가 공제

★★★

17 **이숙씨의 사망으로 발생한 장례비가 다음과 같을 경우(모두 증빙이 있음) 상속재산에서 공제 받을 수 있는 장례비로 가장 적절한 것은?**

- 장례식장 사용료 3백만원, 장례용품 구입 시 3백만원
- 추모공원(납골당) 안치비용 1천만원
- 49제 행사비용 2백만원

① 1,100만원
② 1,300만원
③ 1,500만원
④ 1,700만원

정답 | ①

해설 | • 장례비용은 증빙이 있는 경우 1천만원 내에서 공제되며, 봉안시설 비용은 추가로 500만원 내에서 공제된다. 49제 비용은 장례 이후에 발생한 비용이므로 공제대상이 아니다.
• 공제대상 장례비 = 장례비용(300만원 + 300만원) + 봉안시설 비용(500만원) = 1,100만원

★★★

18 **상속재산에 가산할 사전증여재산에 해당하지 않는 것은?**

① 상속개시일 9년 2개월 전에 피상속인이 배우자에게 증여한 상가
② 상속개시일 7년 2개월 전에 피상속인이 자녀에게 증여한 비상장주식
③ 상속개시일 6년 2개월 전에 피상속인이 손자에게 증여한 골프회원권
④ 상속개시일 4년 2개월 전에 피상속인이 동생에게 증여한 아파트

정답 | ③

해설 | 상속개시일을 기준으로 상속인에게 10년 이내에 증여한 재산과 상속인 외의 자(손자, 며느리, 사위, 기타 친인척, 타인 등)에게 5년 이내에 증여한 재산은 상속재산에 합산한다.

★★★

19 거주자 최민수씨는 2024년 9월 15일에 사망하였다. 최민수씨 사망 당시 가족으로는 배우자와 자녀 2명이 있으며, 자녀는 모두 결혼 후 분가하여 각각 1명의 자녀를 두고 있다. 최민수씨가 사망 전에 증여한 내역이 다음과 같을 때 상속재산가액에 가산할 증여재산가액으로 적절한 것은?

수증자	증여일	사전증여재산	증여재산평가가액
배우자	2010년 5월 6일	토지	6억원
아들	2015년 8월 7일	임야	2억원
손자	2020년 1월 2일	아파트	5억원

① 5억원 ② 7억원
③ 11억원 ④ 13억원

정답 | ②
해설 | 상속재산에 가산할 증여재산은 손자와 아들에게 증여한 7억원(5억원+2억원)이다. 왜냐하면 배우자에게 사전에 증여한 재산은 상속개시일 전 10년이 지났기 때문이다.

★★★

20 거주자 최민식씨는 2024년 2월 5일에 사망하였다. 최민수씨 사망 당시 가족으로는 배우자와 자녀 2명이 있으며, 자녀는 모두 결혼 후 분가하여 각각 1명의 자녀를 두고 있다. 최민식씨가 사망 전에 증여한 내역이 다음과 같을 때 상속재산가액에 가산할 증여재산가액으로 적절한 것은?

수증자	증여일	사전증여재산	증여재산평가가액
아들	2014년 2월 1일	토지	6억원
딸	2015년 5월 1일	현금	3억원
손자	2019년 1월 5일	현금	1억원
배우자	2019년 1월 5일	아파트	10억원

① 10억원 ② 13억원
③ 16억원 ④ 19억원

정답 | ②
해설 | 상속재산에 가산할 증여재산은 배우자와 딸에게 증여한 13억원(10억원+3억원)이다. 왜냐하면 아들에게 사전에 증여한 재산은 상속개시일 전 10년이 지났고 손자는 상속인에 해당하지 않으며 그 손자에게 증여한 재산은 상속개시일 전 5년이 지났기 때문이다.

★★★
21 위암으로 3개월밖에 살 수 없는 거주자 홍은균씨의 상속세 절세를 위한 조언으로 가장 적절한 것은?

① 병원비는 자녀들이 부담하기보다는 본인의 재산으로 납부해야 한다.
② 상속세의 누진세 부담을 줄이기 위해 보유 중인 부동산을 아들에게 증여하고 증여세를 신고한다.
③ 체납된 공과금이 있다면 빨리 납부하여 예금 잔고를 줄여야 한다.
④ 상속세를 줄이기 위해 빨리 대출을 상환하여 부채를 줄여야 한다.

정답 | ①

해설 | • 상속개시일을 기준으로 상속인에게 10년 이내에 증여한 재산과 상속인 외의 자(손자, 며느리, 사위, 기타 친인척, 타인 등)에게 5년 이내에 증여한 재산은 상속재산에 합산한다.
• 상속재산에서 차감되는 항목에는 공과금, 장례비, 채무가 있다.

★★★
22 거주자 홍은균씨의 현황이 다음과 같을 때 상속세 과세가액으로 가장 적절한 것은?

• 상속재산 : 700,000천원
• 장례에 직접 소요된 일반 장례비용 : 15,000천원(증빙이 없음)

① 685,000천원
② 690,000천원
③ 695,000천원
④ 700,000천원

정답 | ③

해설 | • 장례에 직접 소요된 비용(봉안시설, 자연 장지 비용 제외) : 최소 500만원(증빙이 없는 경우)~최대 1천만원(증빙으로 확인되는 경우) 공제
• 상속세 과세가액 = 700,000천원 – 5,000천원 = 695,000천원

★★★
23 다음 자료를 토대로 계산한 상속세 과세가액으로 가장 적절한 것은?

• 거주자 A는 올해 11월 30일에 사망하였으며 상속재산가액은 15억원임
• A가 상속개시 6개월 전에 차입한 은행차입금은 1억원임(사용용도가 불분명함)
• A가 상속개시 5년 전에 상속인인 아들에게 증여한 재산의 증여 당시 시가는 2억원임
• 장례비용은 8백만원이 소요되었으며, 증빙에 의해 확인 가능함

① 1,500,000천원
② 1,592,000천원
③ 1,595,000천원
④ 1,692,000천원

정답 | ②

해설 |

항목	금액(단위 : 천원)	비고
상속재산가액	1,500,000	
(+) 추정상속재산가액	–	1년 내 2억원 이상 차입한 금액의 용도 불분명 시 상속세 과세가액에 포함
(–) 과세가액공제금액		
채무	100,000	
장례비	8,000	증빙 있는 경우 1천만원 한도로 전액 공제
(+) 증여재산 가산액	200,000	10년 내 상속인에게 사전증여한 재산 포함
(=) 상속세 과세가액	1,592,000	

★★★

24 항목별 상속공제 중 그 밖의 인적공제에 대한 설명으로 가장 적절한 것은?

① 자녀공제는 피상속인의 자녀 1인당 5천만원의 공제를 적용받는다.
② 미성년자공제를 적용받기 위한 나이 요건은 20세 이하이다.
③ 배우자는 연로자공제의 공제대상이 될 수 있다.
④ 자녀공제는 미성년자공제와 중복 적용받을 수 없다.

정답 | ①

해설 | 〈그 밖의 인적공제〉

공제 내용	공제대상	공제액
자녀공제	피상속인의 자녀	1인당 5천만원
연로자공제	상속인(배우자 제외) 및 동거가족 중 65세 이상인 자	1인당 5천만원
장애인공제	배우자를 포함한 상속인 및 동거가족 중 장애인	1천만원×기대여명 연수
미성년자공제	상속인(배우자 제외) 및 동거가족 중 미성년자	1천만원×19세 도달 연수

- 원칙적으로 상속인 또는 동거가족별로 그 밖의 인적공제는 중복 적용받을 수 없으나 자녀공제는 미성년자공제와 중복 적용 가능하며, 장애인공제는 다른 인적공제와 중복 적용받을 수 있다.

★★★

25 최원태씨(90세)의 사망으로 상속이 개시되었는데 상속인 현황이 다음과 같은 경우 '기초공제+그 밖의 인적공제' 또는 일괄공제를 받을 수 있는 최대 금액으로 가장 적절한 것은?

- 상속인 : 배우자(85세, 장애인), 아들 3명(60세, 55세, 50세)
- 상속개시 당시 동거가족 : 배우자 외에 최원태씨 동생인 최준희(87세, 경제적 무능력자)가 있음
- 배우자의 기대여명은 3년이라고 가정

① 4.3억원
② 5억원
③ 6.3억원
④ 7.3억원

정답 | ②

해설 | ⓐ 기초공제 : 2억원

ⓑ 항목별 공제

- 자녀공제 : 3명×5천만원＝1.5억원
- 연로자공제 : 1명(최준희)×5천만원＝5천만원
- 장애인공제 : 1명×(1천만원×3년)＝3천만원
- 미성년자공제 : 해당 없음

ⓐ＋ⓑ＝4.3억원

따라서 일괄공제 5억원을 선택하는 것이 유리하다.

★★★

26 다음 정보를 토대로 배우자상속공제를 적용받을 수 있는 금액으로 가장 적절한 것은?

- 배우자가 실제 상속받은 금액 : 4억원
- 총상속재산가액 : 30억원
- 채무 : 6억원
- 상속인 : 배우자 및 자녀 3명

① 4억원 ② 5억원
③ 8억원 ④ 24억원

정답 | ②

해설 | 배우자상속공제는 최소 5억원에서 최대 30억원까지 가능하다. 구체적으로 보면 다음과 같다.

> 배우자상속공제액＝Max[5억원, 30억원을 한도로 Min(ⓐ 배우자가 실제 상속받은 금액, ⓑ 배우자의 법정상속분)]

★★★

27 상속재산은 140억원, 상속인은 배우자와 자녀 2명이 있고 배우자가 실제로는 25억원을 상속받은 경우 배우자상속공제를 받을 수 있는 금액으로 가장 적절한 것은?

① 5억원 ② 25억원
③ 30억원 ④ 60억원

정답 | ②

해설 | • 배우자의 법정상속분은 1.5이고, 자녀들은 각각 1이 된다.

• 배우자의 법정상속 금액＝140억원×3/7＝60억원이다. 최대 30억원까지만 공제되므로 30억원과 실제 상속받은 25억원 중 적은 금액인 25억원이 공제된다.

★★★
28 항목별 상속공제에 대한 설명으로 적절하지 않은 것은?

① 원칙적으로 그 밖의 인적공제는 중복 적용받을 수 없으나 자녀공제는 미성년자공제와 중복 적용받을 수 있다.
② 장애인공제는 다른 인적공제와 중복 적용받을 수 있으며, 배우자상속공제는 장애인공제와 중복 적용받을 수 있다.
③ 배우자상속공제는 미성년자공제 또는 연로자공제와 중복 적용받지 못한다.
④ 기초공제 2억원과 그 밖의 인적공제의 합계액이 5억원을 초과하는 경우에는 5억원을 공제받는다.

정답 | ④
해설 | ④ 기초공제 2억원과 그 밖의 인적공제의 합계액이 5억원을 초과하는 경우에는 해당 금액을 공제받는다.

★★★
29 항목별 상속공제에 대한 설명으로 적절하지 않은 것은?

① 기초공제는 2억원을 공제한다.
② 자녀공제는 피상속인의 자녀 1인당 5천만원의 공제액이 적용된다.
③ 상속개시일 현재 상속인이 배우자 혼자만 존재하는 배우자 단독상속의 경우에는 일괄공제를 적용할 수 없다.
④ 배우자가 실제 상속받은 금액이 4억원일 경우 배우자상속공제는 4억원이 적용된다.

정답 | ④
해설 | ④ 배우자상속공제는 최소 5억원에서 최대 30억원까지 가능하다. 구체적으로 보면 다음과 같다.

> 배우자상속공제액 = Max[5억원, 30억원을 한도로 Min(ⓐ 배우자가 실제 상속받은 금액, ⓑ 배우자의 법정상속분)]

★★★
30 거주자 A씨의 상속개시 당시의 금융재산이 다음과 같을 때 상속세 계산 시 적용받을 수 있는 금융재산상속공제액으로 가장 적절한 것은?

> • 상증법상 은행예금 평가가액 : 100,000천원
> • 주식평가가액 : 150,000천원(A씨가 당 주식회사의 최대주주임)
> • 은행차입금 : 50,000천원

① 10,000천원
② 20,000천원
③ 40,000천원
④ 50,000천원

정답 | ②

해설 | • 금융재산상속공제는 상속재산 중 예금, 보험금, 채권, 주식, 수익증권 등의 금융재산이 포함되어 있는 경우 그 금융재산 합계액에서 피상속인의 금융채무를 차감한 순금융재산에 대해 다음과 같이 공제한다.

순금융재산가액	금융재산상속공제 금액
2천만원 이하	전액
2천만원 초과~1억원 이하	2천만원
1억원 초과~10억원 이하	순금융재산가액×20%
10억원 초과	2억원(최대한도)

• 주식평가가액은 주식회사의 최대주주이므로 금융재산에 포함되지 않으므로 순금융재산은 50,000천원(100,000천원 - 50,000천원)이다. 따라서 금융재산공제액은 20,000천원이다.

★★★

31 거주자 고승완씨의 상속개시 당시의 금융재산이 다음과 같을 때 상속세 계산 시 적용받을 수 있는 금융재산상속공제액으로 가장 적절한 것은?

• 상가 평가가액 : 3억원
• 상증법상 은행예금 평가가액 : 2억원
• 사망보험금 : 5억원(계약자 및 피보험자 : 고승완, 수익자 : 상속인)
• 은행차입금 : 1억원
• 임대보증금 : 2억원

① 1억원 ② 1.2억원
③ 1.4억원 ④ 1.8억원

정답 | ②

해설 | • 금융재산상속공제는 상속재산 중 예금, 보험금, 채권, 주식, 수익증권 등의 금융재산이 포함되어 있는 경우 그 금융재산 합계액에서 피상속인의 금융채무를 차감한 순금융재산에 대해 다음과 같이 공제한다.

순금융재산가액	금융재산상속공제 금액
2천만원 이하	전액
2천만원 초과~1억원 이하	2천만원
1억원 초과~10억원 이하	순금융재산가액×20%
10억원 초과	2억원(최대한도)

• 상가평가가액은 금융재산이 아니며, 임대보증금은 금융부채가 아니므로 순금융재산은 6억원(2억원 + 5억원 - 1억원)이다. 따라서 금융재산공제액은 1.2억원(6억원 × 20%)이다.

★★★

32 **거주자 손명희씨의 사망으로 상속개시 당시의 자산과 부채가 다음과 같을 때 상속세 계산 시 적용받을 수 있는 금융재산상속공제액으로 가장 적절한 것은?**

〈자산〉
• 은행예금 : 5억원
• 사망보험금 : 3억원(계약자 및 피보험자 : 손명희, 수익자 : 상속인)
• 주식평가액 : 5억원(손명희씨가 당해 회사 최대주주임)

〈부채〉
• 은행차입금 : 1억원
• 임대보증금 : 2억원

① 1억원 ② 1.4억원
③ 1.6억원 ④ 2억원

정답 | ②
해설 | • 주식의 경우 최대주주의 주식은 금융재산공제 대상이 아니다. 임대보증금도 금융부채가 아니므로
• 순금융재산 : 5억원+3억원−1억원=7억원
• 금융재산공제액=MIin[7억원×20%, 2억원]=1.4억원

★★★

33 **거주자인 부친(85세)의 사망으로 부친이 소유하던 주택 1채(유일한 상속재산이며, 시가 14억원)를 상속받았다. 상속인은 모친(80세)과 본인(45세), 동생(42세)이 있다. 본인은 부모와 10년 이상 계속해서 동거(1세대 1주택에 해당하며, 동생은 분가하여 거주)를 해왔을 경우, 동거주택 상속공제 적용 여부에 대한 설명으로 가장 적절한 것은?**

① 상속주택에 담보대출 5억원이 있는 경우 14억원에서 5억원을 뺀 9억원을 기준으로 공제액을 계산해야 한다.
② 모친이 주택을 단독으로 상속받는 경우 상속받은 주택가액의 100%에 상당하는 금액 중 6억원 한도로 상속세 과세가액에서 공제한다.
③ 모친과 본인이 50%씩 상속받는 경우 직계비속인 본인이 받은 50% 해당액인 7억원에 대해 100%를 공제받을 수 있다.
④ 모친과 본인, 동생이 법정상속지분만큼 상속받는 경우 6억원을 상속세 과세가액에서 공제한다.

정답 | ①
해설 | ② 배우자가 주택을 모두 상속받았으므로 직계비속이 받은 금액이 없어서 동거주택상속공제를 받을 수 없다.
③ 직계비속인 본인이 받은 50% 해당액인 7억원에 대해 100%를 공제받을 수 있으나 공제한도가 6억원이므로 6억원을 공제받을 수 있다.
④ 피상속인과 동거한 직계비속은 본인뿐이므로 본인이 받은 법정상속지분 가액인 4억원(14억원×2/7)을 공제받을 수 있다.

★★★
34 항목별 상속공제에 대한 다음 설명 중 (가)~(라)에 들어갈 내용이 적절하게 연결된 것은?

가. 기초공제+그 밖의 인적공제 금액이 (가)보다 적으면 그 대신 일괄공제 (가)을 적용할 수 있다. 따라서 그 밖의 인적공제금액이 (나) 미만인 경우에는 일괄공제를 선택하는 것이 유리하다.
나. 배우자상속공제는 최소 (가)에서 최대 (다)까지 가능하다.
다. 동거주택상속공제는 피상속인과 상속인(직계비속에 한함)이 상속개시일부터 소급하여 10년 이상 계속하여 하나의 주택(1세대 1주택에 해당할 것)에서 동거(미성년자인 기간을 제외)한 경우 상속받은 주택가액의 100%에 상당하는 금액[한도 (라)]을 상속세 과세가액에서 공제한다.

	가	나	다	라
①	5억원	3억원	10억원	5억원
②	5억원	3억원	30억원	6억원
③	10억원	5억원	10억원	6억원
④	10억원	5억원	30억원	5억원

정답 | ②

해설 | 가. 기초공제+그 밖의 인적공제 금액이 5억원보다 적으면 그 대신 일괄공제 5억원을 적용할 수 있다. 따라서 그 밖의 인적공제금액이 3억원 미만인 경우에는 일괄공제를 선택하는 것이 유리하다.
나. 배우자상속공제는 최소 5억원에서 최대 30억원까지 가능하다.
다. 동거주택상속공제는 피상속인과 상속인(직계비속에 한함)이 상속개시일부터 소급하여 10년 이상 계속하여 하나의 주택(1세대 1주택에 해당할 것)에서 동거(미성년자인 기간을 제외)한 경우 상속받은 주택가액의 100%에 상당하는 금액(한도 6억원)을 상속세 과세가액에서 공제한다.

★★★
35 상속공제에 대한 설명으로 적절하지 않은 것은?

① 상속공제는 일정 한도를 두고 있는데, 상속세 과세가액에서 사전증여한 가액 등을 제외한 금액을 한도로 공제받기 때문에 사전증여한 가액 등이 많을 경우 상속공제 한도가 줄어들 수 있다.
② 기초공제와 그 밖의 인적공제의 합계액을 선택하든 일괄공제를 선택하든 일정한 요건을 갖추면 추가로 가업상속공제와 영농상속공제를 적용받을 수 있다.
③ 상속개시 당시에 피상속인의 배우자가 생존해 있었으나 상속개시 후 상속을 포기하거나 협의분할로 상속재산을 받지 않으면 배우자상속공제를 적용받을 수 없다.
④ 금융재산상속공제 금액은 2억원을 최대한도로 한다.

정답 | ③

해설 | ③ 상속개시 당시에 피상속인의 배우자가 생존해 있었으나 상속개시 후 상속을 포기하거나 협의분할로 상속재산을 받지 않아도 배우자상속공제를 적용받을 수 있다.

★★★
36 아래 정보를 토대로 할 때 세대생략 할증세액을 포함한 상속세 산출세액계로 가장 적절한 것은?

- 상속세 과세표준 : 50억원
- 상속인은 자녀 2명이 있으며, 각각 25억원씩 상속받음
- 피상속인의 유증으로 손자(성년)가 10억원을 상속받음
- 상속세율

과세표준	세율	누진공제액
30억원 초과	50%	460,000천원

① 2,040,000천원　② 2,142,000천원
③ 2,500,000천원　④ 2,652,000천원

정답 | ②

해설 | • 상속세 산출세액 = 50억원 × 50% − 4.6억원 = 20.4억원

• 할증세액 = 20.4억원 × $\left(\dfrac{\text{10억원(손자가 유증받은 금액)}}{\text{60억원(총상속 재산가액)}}\right)$ × 30% = 1.02억원

• 상속세 산출세액계 = 20.4억원 + 1.02억원 = 21.42억원

★★★
37 아래 정보를 토대로 할 때 단기재상속세액공제를 받을 수 있는 금액으로 가장 적절한 것은?

- 17.11.1. 거주자 A의 사망으로 배우자 B가 주택을 상속받음(주택 평가액 10억원)
- 당시 상속세 과세가액은 20억원, 상속재산가액도 20억원이며, 상속세 산출세액은 2억원
- 24.10.5. B의 사망으로 자녀들이 동 주택을 상속받음

① 4천만원　② 5천만원
③ 8천만원　④ 1억원

정답 | ①

해설 |

$$\text{전의 상속세 산출세액} \times \left(\dfrac{\text{재상속분의 재산가액} \times \dfrac{\text{전의 상속세 과세가액}}{\text{전의 상속 재산가액}}}{\text{전의 상속세 과세가액}}\right) \times \text{세액 공제율}$$

$$= \text{2억원(전의 상속세 산출세액)} \times \left(\dfrac{\text{10억원(재상속분의 재산가액)} \times \dfrac{\text{20억원}}{\text{20억원}}}{\text{20억원}}\right) \times \text{40\%(7년 이내)}$$

= 1억원 × 40% = 4천만원

★★★

38 **거주자 A의 사망으로 상속이 개시되었으며 상속인들이 납부할 상속세는 2.5억원이다. 사전증여재산에 대한 산출세액이 5천만원(납부세액공제 한도 내 금액임)이 있는 경우라면 신고세액공제액으로 가장 적절한 것은?**

① 600만원 ② 750만원
③ 900만원 ④ 1,000만원

정답 | ①
해설 | 신고세액공제 = (2.5억원 − 5천만원) × 3% = 600만원

★★★

39 **상속세 납부할 세액 계산 시 세액공제에 대한 설명으로 가장 적절한 것은?**

① 상속재산에 가산한 증여재산에 대한 증여세액은 모두 상속세 산출세액에서 공제한다.
② 외국에 있는 상속재산에 대해 외국의 상속세를 부과받은 경우는 세액공제하지 않는다.
③ 상속개시 후 5년 이내에 상속인이나 수유자의 사망으로 다시 상속이 개시된 경우에는 전의 상속세가 부과된 상속재산 중 재상속되는 상속재산에 대한 전의 상속세 상당액을 상속세 산출세액에서 공제한다.
④ 상속세 과세표준을 법정신고기한까지 신고한 경우에는 상속세 산출세액의 3%를 산출세액에서 공제한다.

정답 | ④
해설 | ① 상속재산에 가산한 증여재산에 대한 증여세액(증여 당시의 그 증여재산에 대한 증여세 산출세액)은 상속세 산출세액에서 공제한다(공제한도 있음). 다만, 국세부과 제척기간의 만료로 증여세가 과세되지 않거나 상속세 과세가액이 5억원 이하의 경우에는 증여세액공제를 적용하지 않는다.
② 외국에 있는 상속재산에 대해 외국의 상속세를 부과받은 경우에 해당 상속재산의 과세표준에 상당하는 상속세 산출세액을 외국에서 부과된 상속세액 범위에서 공제한다.
③ 상속개시 후 10년 이내에 상속인이나 수유자의 사망으로 다시 상속이 개시된 경우에는 전의 상속세가 부과된 상속재산(상속재산에 가산되는 증여재산 중 상속인이나 수유자가 받은 증여재산을 포함) 중 재상속되는 상속재산에 대한 전의 상속세 상당액을 상속세 산출세액에서 공제한다.

★★★

40 **거주자 홍범도씨의 사망으로 금년 7월 1일에 상속이 개시되어 상속세로 납부할 세액이 5천만원이라고 한다. 상속인이 최대로 분납할 수 있는 금액과 분납기한이 적절하게 연결된 것은?**

	분납할 수 있는 금액	분납기한
①	2,500만원	금년 12월 31일
②	2,500만원	내년 3월 31일
③	4,000만원	금년 12월 31일
④	4,000만원	내년 3월 31일

정답 | ②

해설 | • 납부할 상속세가 2천만원을 초과할 경우 납부할 세액의 최대 50%를 분납할 수 있다. 따라서 최대 2,500만원을 분납할 수 있다.
• 상속세 납부기한은 상속개시일이 속한 달의 말일로부터 6개월이며, 분납기한은 신고기한으로부터 2개월이다. 따라서 분납기한은 내년 3월 31일이 된다.

★★★
41 **거주자 김민주씨의 사망으로 금년 3월 15일에 상속이 개시되어 상속인이 납부할 상속세액이 5.5억원이다. 납세의무자가 연부연납을 신청하여 허가받은 경우 상속세 신고기한까지 납부할 세액과 연부연납 기간 및 그 기간 동안 매년 납부할 세액이 적절하게 연결된 것은?**

	상속세 신고기한까지 납부할 세액	연부연납 기간	연부연납 기간 동안 매년 납부할 세액
①	5,000만원	금년부터 향후 10년	5,500만원＋이자
②	5,000만원	내년부터 향후 10년	5,000만원＋이자
③	5,500만원	금년부터 향후 10년	5,000만원＋이자
④	5,500만원	내년부터 향후 10년	5,500만원＋이자

정답 | ②

해설 | • 가업자산을 상속받지 않은 경우 상속세 연부연납 기간은 10년이다.
• 상속세 신고 · 납부기한까지 전체 상속세액의 1/11을 납부하고, 나머지 10/11은 10년 동안 1/11씩 나눠 낼 수 있다. 따라서 5천만원은 금년 9월 30일까지 납부하고, 내년부터 향후 10년간 매년 9월 30일까지 5천만원(여기에 이자상당액을 가산함)씩 납부하면 된다.

★★★
42 **상속세 납부에 대한 설명으로 가장 적절한 것은?**

① 상속세 과세표준을 법정신고기한까지 신고한 경우에는 상속세 납세 여부와 관계없이 신고세액공제를 받을 수 있다.
② 납부할 세액이 2천만원을 초과하는 경우에는 그 납부할 금액의 일부를 납부기한이 지난 후 2개월 이내에 분할 납부할 수 있다.
③ 연부연납 기한은 상속개시일로부터 5년을 초과할 수 없다.
④ 상속세에는 물납이 적용되지 않는다.

정답 | ①

해설 | ② 납부할 세액이 1천만원을 초과하는 경우에는 그 납부할 금액의 일부를 납부기한이 지난 후 2개월 이내에 분할 납부할 수 있다.
③ 연부연납의 기간은 다음 구분에 따른 기간의 범위에서 해당 납세의무자가 신청한 기간으로 한다. 다만, 각 회분의 분할납부 세액이 1천만원을 초과하도록 연부연납 기간을 정하여야 한다.

구분	연부연납 기간
일반적인 경우	연부연납 허가일부터 10년
가업상속공제를 받았거나 상증법에서 정하는 가업 자산을 상속받은 경우	연부연납 허가일부터 20년 또는 연부연납 허가 후 10년이 되는 날부터 10년

④ 물납은 상속세에는 적용되지만 증여세에는 적용되지 않는다.

TOPIC 3 증여세

★★★
43 상증법상 증여세가 과세되는 경우로 가장 적절한 것은?

① 사인증여
② 이혼 시 위자료
③ 상속세 신고기한 이내에 재분할하여 재산이 증가한 경우
④ 증여받은 금전을 2개월 경과 후 반환한 경우

정답 | ④

해설 | ① 증여세 과세대상에서 유증, 사인증여, 유언대용신탁 및 수익자연속신탁은 제외한다.
② 이혼 시 위자료는 정신적 재산적 손해에 대한 현금배상을 원칙으로 하므로 대가관계에 있어서는 역시 증여세 과세대상이 아니다.
③ 상증법에서는 상속세 신고기한 이내에 협의분할하거나 재분할한 경우에는 증여세를 과세하지 않지만, 각 상속분이 확정된 이후에 협의분할한 재산에 대해서는 재산이 감소한 상속인이 재산이 증가한 상속인에게 증여한 것으로 보아 증여세를 과세한다.
④ 증여재산이 금전인 경우에는 동일한 재산이 반환되었는지를 판단하기 어려운 점 등을 감안해 반환 시기에 관계없이 당초 증여와 반환 양쪽에 모두 증여세를 과세한다.

★★★
44 증여로 보지 않는 경우에 해당하지 않는 것은?

① 이혼 시 재산분할에 의해 취득한 재산
② 이혼 시 위자료
③ 상속세 신고기한 이내에 재분할하여 재산이 증가한 경우
④ 각 상속분이 확정된 이후에 협의분할하여 재산이 증가한 경우

정답 | ④

해설 | ④ 상증법에서는 상속세 신고기한 이내에 협의분할하거나 재분할한 경우에는 증여세를 과세하지 않지만, 각 상속분이 확정된 이후에 협의분할한 재산에 대해서는 재산이 감소한 상속인이 재산이 증가한 상속인에게 증여한 것으로 보아 증여세를 과세한다.

★★★
45 **재산(금전 외의 재산임)의 증여일이 금년 2월 1일일 때, 재산 반환일에 따른 당초 증여와 반환에 대한 증여세 과세 여부에 대한 설명으로 적절하지 않은 것은?**

① 증여재산 반환에 대한 과세는 당초 증여가 적법한 경우에 한하며, 수증자가 증여자 몰래 허위의 증여계약서를 작성하는 등 당초 증여에 원인무효의 사유가 있어 법원의 판결에 의해 증여가 무효가 된다면 반환 시기에 관계없이 증여세를 과세하지 않는다.
② 금년 5월 1일 반환 시 당초 증여와 반환 모두 비과세된다.
③ 금년 8월 1일 반환 시 당초 증여는 과세되나, 반환은 비과세된다.
④ 금년 9월 1일 반환 시 당초 증여는 과세되나, 반환은 비과세된다.

정답 | ④

해설 |

재산 반환일	당초 증여	반환	이유
5월 1일	과세 제외	과세 제외	증여세 신고기한(5.31.) 이내에 반환하면 당초 증여와 반환 모두 비과세
8월 1일	과세	과세 제외	증여세 신고기한부터 3개월(8.31.) 이내에 반환하면 당초 증여는 과세되나, 반환은 비과세
9월 1일	과세	과세	증여세 신고기한부터 3개월(8.31.) 경과하여 반환하면 당초 증여와 반환 모두 과세

★★★
46 **증여세 납세의무자에 대한 설명으로 가장 적절한 것은?**

① 증여세는 증여자가 납세의무가 있다.
② 영리법인은 법인세가 과세되므로 증여세는 과세되지 않는다.
③ 비영리법인은 법인세가 과세되므로 증여세는 과세되지 않는다.
④ 증여세는 연대납부의무가 없다.

정답 | ②

해설 | ① 증여세는 재산을 무상으로 취득하는 자(수증자)가 납세의무가 있다.
③ 비영리법인은 개인과 마찬가지로 증여받은 재산에 대해 증여세가 과세된다.
④ 다음의 경우에는 증여자가 연대납부의무를 진다.

- 수증자의 주소 또는 거소가 불분명한 경우로서 조세채권 확보가 곤란한 경우
- 수증자가 증여세를 납부할 능력이 없다고 인정되는 경우로서 강제징수를 하여도 증여세에 대한 조세채권을 확보하기 곤란한 경우
- 수증자가 비거주자인 경우

★★★
47 증여세 연대납부의무 사유로 모두 묶인 것은?

가. 수증자의 주소 또는 거소가 불분명한 경우로서 조세채권 확보가 곤란한 경우
나. 수증자가 증여세를 납부할 능력이 없다고 인정되는 경우로서 강제징수를 해야만 조세채권 확보가 가능한 경우
다. 수증자가 비거주자인 경우

① 가, 나
② 가, 다
③ 나, 다
④ 가, 나, 다

정답 | ②
해설 | 나. 수증자가 증여세를 납부할 능력이 없다고 인정되는 경우로서 강제징수를 하여도 증여세에 대한 조세채권을 확보하기 곤란한 경우

★★★
48 재산소재지 및 거주자 여부에 따른 증여세 과세 내용이 적절하지 않은 것은?

	증여재산	증여자	수증자	과세 여부
①	국내재산	거주자	거주자	○
		비거주자	거주자	
②	국외재산	거주자	거주자	○
		비거주자	거주자	
③	국내재산	거주자	비거주자	○
		비거주자	비거주자	
④	국외재산	거주자	비거주자	×
		비거주자	비거주자	

정답 | ④
해설 | 〈재산소재지 및 거주자 여부에 따른 증여세 과세〉

증여재산	증여자	수증자	과세 여부	연대납부의무
국내재산	거주자	거주자	○	○ (조세채권 확보 곤란 시에 한함)
	비거주자	거주자		
국외재산	거주자	거주자	○	○ (조세채권 확보 곤란 시에 한함)
	비거주자	거주자		
국내재산	거주자	비거주자	○	○
	비거주자	비거주자		
국외재산	거주자	비거주자	○	○
	비거주자	비거주자	×	과세×

★★★

49 **아버지가 아들에게 아파트(시가 10억원, 담보대출잔액 6억원)를 부담부증여할 경우 각각의 납세대상이 적절하게 연결된 것은(수증자가 채무액을 부담하는 사실이 객관적으로 입증되는 경우임)?**

	증여세	양도소득세
①	아들	아들
②	아들	아버지
③	아버지	아들
④	아버지	아버지

정답 | ②

해설 | 수증자가 부담하기로 한 당해 증여재산에 담보된 채무액은 증여재산가액에서 차감하여 증여세를 계산하는 한편, 수증자가 부담하기로 한 채무액은 유상양도로 보아 증여자가 양도소득세를 부담하게 된다.

★★★

50 **아버지가 시가 10억원 상당의 상가를 아들에게 증여하면서 해당 상가의 임대보증금 4억원을 같이 승계시킨 경우 아들에게 증여세를 과세하기 위한 증여세 과세가액으로 가장 적절한 것은?**

① 3.5억원
② 4억원
③ 5.5억원
④ 6억원

정답 | ④

해설 | • 아들은 10억원 상당의 상가를 받았지만 4억원의 채무도 승계하였으므로 실제 무상으로 받은 재산은 10억원 − 4억원 = 6억원이 된다.
• 아버지는 10억원 중 채무인계 4억원에 대해서는 유상으로 넘긴 셈이 되므로 당초 취득가액(채무부담분 안분액)과 4억원의 차액에 대해 양도소득세를 과세한다.

★★★

51 **다음과 같이 아버지 및 어머니가 아들에게 증여한 경우 각 증여 시점별 증여재산 가산액이 적절하게 연결된 것은?**

증여일자	증여자	증여재산가액
2013.2.1.	아버지	5천만원
2017.1.1.	어머니	8백만원
2024.2.1.	아버지	1억원

	2017.1.1.	2024.2.1.
①	0원	0원
②	0원	8백만원
③	5천만원	0원
④	5천만원	8백만원

정답 | ③

해설 |

증여일자	증여재산가액	증여재산 가산액	증여세 과세가액
2013.2.1.	5천만원	–	–
2017.1.1.	8백만원	5천만원	5천 8백만원
2024.2.1.	1억원	–	1억원

- 증여자가 직계존속이므로 그 배우자도 동일인으로 보아 10년 이내 합산 여부를 판단한다.
- 2017.1.1. 증여의 경우 10년 이내에 증여받은 가액이 5천만원으로 1천만원을 초과하므로 증여재산에 가산한다. 그러나 2024.2.1. 증여의 경우 10년 이내 증여받은 가액이 8백만원으로 1천만원 미만이므로 가산할 증여재산은 없다.

★★★

52 다음 자료를 토대로 거주자 홍성완(37세)씨의 지금까지 증여내역에 대한 금번 증여(2024년 4월 1일)에 따른 증여세 계산 시 합산과세되는 기 증여재산가액으로 가장 적절한 것은?

증여자	증여일	증여재산	증여재산평가가액
아버지	2011년 10월 1일	아파트	2억원
어머니	2015년 2월 28일	주식	3억원
할아버지	2018년 1월 5일	상가	5억원
아버지	2024년 4월 1일	현금	3억원

① 3억원 ② 5억원
③ 8억원 ④ 10억원

정답 | ①

해설 | • 할아버지는 아버지와 동일인이 아니며, 아버지(동일인)로부터 받은 2011년 10월 1일에 증여받은 것은 금번 증여일로부터 소급하여 10년이 지남
• 금번 증여에 합산과세되는 기 증여재산은 어머니로부터 받은 3억원이다.

★★★

53 다음 자료를 토대로 거주자 정은지(37세)씨의 지금까지 증여내역에 대한 금번 증여(2024년 1월 7일)에 따른 증여세 계산 시 합산과세되는 기 증여재산가액으로 가장 적절한 것은?

증여자	증여일	증여재산	증여재산평가가액
어머니	2011년 12월 5일	상가	1억원
할아버지	2016년 10월 5일	아파트	3억원
아버지	2020년 12월 1일	토지	10억원
아버지	2024년 1월 7일	현금	3억원

① 10억원 ② 11억원
③ 13억원 ④ 14억원

정답 | ①

해설 | • 할아버지는 아버지와 동일인이 아니며, 어머니(동일인)로부터 받은 2011년 12월 5일에 증여받은 것은 금번 증여일로부터 소급하여 10년이 지남

• 금번 증여에 합산과세되는 기 증여재산은 아버지로부터 받은 10억원이다.

★★★

54 **거주자 홍성완(41세)씨가 2024년 현재 증여자들로부터 지난 10년간 증여받은 내역이 다음과 같을 경우 공제받을 수 있는 증여재산공제액이 적절하게 연결된 것은(혼인 · 출산 공제는 해당 사항 없음)?**

증여자	증여시기	증여재산평가가액	증여재산공제액
형	2018년	1억원	(가)
배우자	2020년	7억원	(나)
부친	2024년	1억원	(다)

	가	나	다
①	5백만원	3억원	2천만원
②	1천만원	3억원	5천만원
③	1천만원	6억원	3천만원
④	1천만원	6억원	5천만원

정답 | ④

해설 | 〈증여재산공제액〉

증여자와의 관계	증여재산공제액
배우자	6억원
직계존속 [수증자의 직계존속과 혼인(사실혼 제외) 중인 배우자 포함]	5천만원 (미성년자녀가 증여받는 경우는 2천만원)
	혼인 · 출산 공제 : 1억원 (수증자가 혼인 · 출산 해당 시 별도 공제)
직계비속 (수증자와 혼인 중인 배우자의 직계비속 포함)	5천만원
기타 친족 (6촌 이내의 혈족, 4촌 이내의 인척)	1천만원

• 수증자를 기준으로 그 증여를 받기 전 10년 이내에 공제받은 금액과 해당 증여가액에서 공제받을 금액을 합친 금액이 상기 표의 금액을 초과하는 경우에는 그 초과하는 부분은 공제하지 아니한다. 즉, 증여재산공제는 상기 표의 증여자 그룹별로 10년 단위로 적용받을 수 있다.

★★★

55 증여세 과세표준 계산 시 증여재산공제에 대한 설명으로 적절하지 않은 것은(혼인 · 출산 공제는 해당사항 없음)?

① 거주자 이숙씨가 배우자 김인남씨로부터 증여받을 경우 10년간 최대로 공제받을 수 있는 증여재산공제액은 6억원이다.

② 성인 거주자 김세진씨가 아버지 김인남씨로부터 증여받을 경우 10년간 최대로 공제받을 수 있는 증여재산공제액은 5천만원이다.

③ 거주자 김인남씨가 미성년자인 아들 김세진씨로부터 증여받을 경우 10년간 최대로 공제받을 수 있는 증여재산공제액은 2천만원이다.

④ 거주자 김아랑씨가 작은 아버지 김인남씨로부터 증여받을 경우 10년간 최대로 공제받을 수 있는 증여재산공제액은 1천만원이다.

정답 | ③

해설 | 〈증여재산공제액〉

증여자와의 관계	증여재산공제액
배우자	6억원
직계존속 [수증자의 직계존속과 혼인(사실혼 제외) 중인 배우자 포함]	5천만원 (미성년자녀가 증여받는 경우는 2천만원)
	혼인 · 출산 공제 : 1억원 (수증자가 혼인 · 출산 해당 시 별도 공제)
직계비속 (수증자와 혼인 중인 배우자의 직계비속 포함)	5천만원
기타 친족 (6촌 이내의 혈족, 4촌 이내의 인척)	1천만원

- 수증자를 기준으로 그 증여를 받기 전 10년 이내에 공제받은 금액과 해당 증여가액에서 공제받을 금액을 합친 금액이 상기 표의 금액을 초과하는 경우에는 그 초과하는 부분은 공제하지 아니한다. 즉, 증여재산공제는 상기 표의 증여자 그룹별로 10년 단위로 적용받을 수 있다.

★★★

56 **거주자 A(30세)가 다음과 같이 증여받은 경우에 대한 설명으로 가장 적절한 것은(혼인 · 출산 공제는 해당사항 없음)?**

증여자	증여일	증여재산가액
조부	2022.2.5.	50,000천원
부	2023.3.1.	40,000천원
형	2023.4.5.	20,000천원
모	2024.5.31.	100,000천원

① 조부, 부, 모로부터 증여받은 재산은 모두 직계존속으로부터 받은 재산이므로 해당 재산 전부에 대해 각각 5천만원씩 공제한다.
② 형은 기타 친족에 속하므로 해당 재산에 대해 1천만원을 공제한다.
③ 금번 모로부터 받은 재산은 조부와 부로부터 받은 재산과 합산 과세한다.
④ 금번 모로부터 증여 시 증여세 과세표준은 90,000천원이다.

정답 | ②

해설 | • 조부, 부, 모로부터 증여받은 재산은 모두 직계존속으로부터 받은 재산이므로 해당 재산 전부에 대해 5천만원을 공제한다. 그런데 부와 모로부터 받은 재산은 조부로부터 증여받은 시점부터 10년이 경과하지 않아 공제를 받을 수 없다.

• 형은 기타 친족에 속하므로 해당 재산에 대해 1천만원을 공제한다.

증여자	증여일	증여재산가액	증여재산공제액
조부	2022.2.5.	50,000천원	50,000천원
부	2023.3.1.	40,000천원	–
형	2023.4.5.	20,000천원	10,000천원
모	2024.5.31.	100,000천원	–

• 모로부터 받은 재산은 부로부터 받은 재산과 합산 과세한다. 부모는 동일인으로 보기 때문이다. 한편, 조부와 형은 부모와 다른 사람으로 보므로 금번 증여 시에는 합산하지 않는다.

구분	금액	비고
증여재산가액	100,000천원	
(+) 증여재산 가산액	40,000천원	부로부터 받은 재산(10년 이내 받은 재산임)
(=) 증여세 과세가액	140,000천원	
(–) 증여재산공제	–	조부로부터 증여받을 때 이미 공제를 받아 금번에는 공제받을 수 없음
(=) 증여세 과세표준	140,000천원	

★★★

57 일반적인 경우 증여세 과세체계에 대한 설명으로 적절하지 않은 것은?

① 국가나 지방자치단체로부터 증여받은 재산에 대해서도 증여세를 과세한다.

② 장애인 신탁재산이 일정 요건을 만족하면 5억원을 한도로 증여세 과세가액에 불산입하도록 하고 있다.

③ 부동산을 증여받으면서 부동산에 담보된 은행 차입금이나 임대보증금을 같이 증여받는 경우 수증자는 증여재산 중 채무를 제외한 부분에 대해서만 증여받은 효과를 누리기 때문에 당해 채무액은 증여재산가액에서 차감한다.

④ 세율은 10~50%의 5단계 초과누진세율이 적용된다.

정답 | ①

해설 | ① 국가나 지방자치단체로부터 증여받은 재산에 대해서는 증여세를 과세하지 않는다.

★★★

58 성년 거주자 A씨가 아버지로부터 8억원을 증여받을 경우 증여세 산출세액으로 가장 적절한 것은(과세표준 계산 시 증여재산공제만 고려하고, A씨는 생애최초로 증여받으며, 혼인 · 출산공제는 해당사항 없음)?

〈증여세 세율〉

과세표준	세율	누진공제액
1억원 이하	10%	–
1억원 초과 5억원 이하	20%	1천만원
5억원 초과 10억원 이하	30%	6천만원

① 140,000천원　　② 146,000천원

③ 165,000천원　　④ 174,000천원

정답 | ③

해설 | • 증여세 과세표준 = 증여재산가액 8억원 – 증여재산공제액 5천만원 = 7.5억원

• 산출세액 = 7.5억원 × 30% – 6천만원 = 165,000천원

★★★

59 **직계비속에 대한 증여의 할증과세에 대한 다음 설명 중 (가)~(나)에 들어갈 내용이 적절하게 연결된 것은?**

> 수증자가 증여자의 자녀가 아닌 직계비속인 경우에는 증여세 산출세액의 (가)[미성년자가 20억원을 초과하여 받은 경우에는 (나)]를 할증한 금액을 산출세액에 가산한다.

	가	나
①	20%	30%
②	20%	40%
③	30%	30%
④	30%	40%

정답 | ④

해설 | 수증자가 증여자의 자녀가 아닌 직계비속인 경우에는 증여세 산출세액의 30%(미성년자가 20억원을 초과하여 받은 경우에는 40%)를 할증한 금액을 산출세액에 가산한다.

★★★

60 **김밝은씨는 2023년 6월 30일에 부친으로부터 시가 10억원의 부동산을 증여받았는데, 과거 2018년 6월 12일에 주식 10.5억원을 부친으로부터 증여받은 적이 있다(증여 당시 증여세 과세표준과 산출세액은 각각 10억원과 2.4억원임). 금번 증여에 대한 증여세 과세표준은 20억원, 증여세 산출세액은 6.4억원인 경우 공제받을 납부세액공제액으로 가장 적절한 것은?**

① 0원　　② 2.4억원

③ 3.2억원　　④ 6.4억원

정답 | ②

해설 | 납부세액공제액 = Min(①, ②)

① 가산한 증여재산에 대한 증여세 산출세액 = 2.4억원

② 공제한도액

$$= \text{합산과세한 증여세 산출세액} \times \left(\frac{\text{가산한 증여재산에 대한 과세표준}}{\text{당해 상속재산가액과 증여재산가액의 합계액에 대한 과세표준}} \right)$$

$$= 6.4\text{억원} \times \left(\frac{10\text{억원}}{20\text{억원}} \right) = 3.2\text{억원}$$

따라서 납부세액공제액은 2.4억원이 된다.

★★★
61 증여세에 대한 적절한 설명으로 모두 묶인 것은?

> 가. 수증자가 거주자인 경우에는 주소지를 관할하는 세무서장 등이 과세한다.
> 나. 세대생략가산에 따른 할증세액은 30% 또는 40%이다.
> 다. 분납과 연부연납, 물납이 모두 가능하다.

① 가, 나
② 가, 다
③ 나, 다
④ 가, 나, 다

정답 | ①
해설 | 다. 상속세에 대한 설명이다. 증여세는 분납과 연부연납이 가능하지만, 물납은 불가하다.

★★★
62 다음 증여 내용에 따른 증여세 과세표준 신고기한으로 가장 적절한 것은?

> • 증여계약일 : 20××년 2월 27일
> • 소유권이전등록신청서 접수일 : 20××년 3월 3일

① 20××년 4월 30일
② 20××년 5월 31일
③ 20××년 6월 30일
④ 20××년 7월 31일

정답 | ③
해설 | • 민법에서는 부동산의 증여시기를 증여계약일로 보지만 상증법에서는 증여등기접수일로 본다.
• 증여세 납세의무가 있는 자는 증여받은 날이 속하는 달의 말일부터 3개월 이내에 증여세 과세가액 및 과세표준을 대통령령이 정하는 바에 의하여 납세지 관할세무서장 등에게 신고하여야 한다.

★★★
63 증여세 과세표준 신고기한에 대한 다음 설명 중 (가)~(다)에 들어갈 내용이 적절하게 연결된 것은?

> 거주자 홍성완씨가 올해 1월 15일 토지를 증여받아 증여세로 납부할 세액이 15,000천원인 경우에 증여세 법정신고기한은 (가)이므로 (나)까지 최대로 (다)을 분납할 수 있다.

	가	나	다
①	올해 4월 15일	올해 5월 31일	5,000천원
②	올해 4월 15일	올해 6월 30일	7,500천원
③	올해 4월 30일	올해 5월 31일	7,500천원
④	올해 4월 30일	올해 6월 30일	5,000천원

정답 | ④

해설 | 상속세와 마찬가지 방법으로 납부할 증여세액이 1천만원을 초과하는 경우 납부기한 2개월 내에 분할납부할 수 있다.

납부할 세액	분납세액의 한도
2천만원 이하	납부할 세액－1천만원
2천만원 초과	납부할 세액×50%

★★★

64 거주자 A가 금년 5월 1일에 재산을 증여받아 납부할 증여세가 각각 다음과 같다고 할 때 분납할 수 있는 최대금액과 분납 기한이 적절하게 연결된 것은(각 독립적 상황임)?

> 가. 납부할 증여세 900만원
> 나. 납부할 증여세 1,500만원
> 다. 납부할 증여세 5,000만원

	분납할 수 있는 최대금액			분납기한
	가	나	다	
①	0원	500만원	2,500만원	10월 31일
②	0원	750만원	4,000만원	8월 31일
③	400만원	500만원	4,000만원	8월 31일
④	400만원	750만원	2,500만원	10월 31일

정답 | ①

해설 | 금년 5월 1일에 증여했으므로 본래의 납부기한은 금년 8월 31일까지이며, 분납할 경우 분납기한은 10월 31일까지이다. 분납할 금액은 상황별로 다음과 같다.

가. 납부할 세액이 1천만원을 초과하지 않으므로 분납이 불가하다.

나. 납부할 세액이 2천만원 이하이므로 1천만원을 초과한 부분을 분납할 수 있다. 즉, 1,500만원－1천만원＝500만원을 분납할 수 있다.

다. 납부할 세액이 2천만원을 초과하므로 납부할 세액의 최대 50%를 분납할 수 있다. 즉, 5,000만원×50%＝2,500만원을 분납할 수 있다.

▪▪▪ TOPIC 4 주요 증여세 과세규정

★★☆

65 상증법상 증여로 보는 거래로 가장 적절한 것은?

① 이혼 시 재산분할청구권 행사에 의한 재산분할로 배우자 명의의 아파트를 본인 명의로 소유권 이전하였다.

② 교통사고 위자료조로 가해자에게 1억원을 받았다.

③ 상속재산에 대한 유류분반환청구소송에 승소하여 동생이 상속받은 재산 중 아파트를 본인 명의로 소유권 이전하였다.

④ 시가 10억원의 아파트를 아버지에게 15억원에 양도하였다.

정답 | ④

해설 | ④ 주요 증여세 과세규정 중 저가 양수 또는 고가 양도에 따른 이익의 증여로 재산을 시가보다 일정 금액 이상 높거나 낮게 거래한 경우로서 이로 인해 이익을 본 당사자에게 증여세를 과세한다.

★★☆

66 주요 증여세 과세규정에 대한 다음 설명 중 (가)~(나)에 들어갈 내용이 적절하게 연결된 것은?

- 합병에 따른 상장 등 이익의 증여 : 최대주주 등의 특수관계인이 주식을 증여받거나 취득한 날부터 (가) 이내에 그 주식이 특수관계에 있는 상장법인과 합병되어 이익을 얻은 경우 그 이익이 기준금액 이상이면 증여세 과세
- 재산 취득 후 재산가치 증가에 따른 이익의 증여 : 직업, 연령, 소득 및 재산 상태로 보아 자력으로 해당 행위를 할 수 없다고 인정되는 자(예 미성년자 등)가 일정 사유로 재산을 취득하고 그 재산을 취득한 날부터 (나) 이내에 개발사업의 시행, 형질변경, 공유물 분할, 사업의 인가 · 허가 등으로 얻은 이익금액이 기준금액 이상인 경우 증여세를 과세

	가	나
①	3년	5년
②	3년	10년
③	5년	5년
④	5년	10년

정답 | ③

해설 | • 합병에 따른 상장 등 이익의 증여 : 최대주주 등의 특수관계인이 주식을 증여받거나 취득한 날부터 5년 이내에 그 주식이 특수관계에 있는 상장법인과 합병되어 이익을 얻은 경우 그 이익이 기준금액 이상이면 증여세 과세

• 재산 취득 후 재산가치 증가에 따른 이익의 증여 : 직업, 연령, 소득 및 재산 상태로 보아 자력으로 해당 행위를 할 수 없다고 인정되는 자(예 미성년자 등)가 일정 사유로 재산을 취득하고 그 재산을 취득한 날부터 5년 이내에 개발사업의 시행, 형질변경, 공유물 분할, 사업의 인가 · 허가 등으로 얻은 이익금액이 기준금액 이상인 경우 증여세를 과세

★★☆

67 보험금의 증여에 대한 설명으로 적절하지 않은 것은?

① 납부한 보험료 중 일부를 보험금 수령인이 납부하였을 경우에는 보험금에서 납부한 총보험료 중 보험금 수령인이 아닌 자가 납부한 보험료의 비율에 상당하는 금액만을 증여재산가액으로 한다.

② 보험계약기간 안에 보험금 수령인이 타인으로부터 재산을 증여받아 보험료를 납부한 경우에는 그 보험료 납부액 비율에 상당하는 보험금에서 그 보험료 납부액을 차감한 가액을 보험금 수령인의 증여재산가액으로 한다.

③ 보험계약기간 안에 보험금 수령인이 타인으로부터 재산을 증여받아 보험료를 납부한 경우 보험금 상당액에서 차감하는 타인으로부터 증여받아 납부한 보험료는 증여세가 과세된 것이 확인되는 보험료를 말한다.

④ 보험금의 증여 시기는 보험료 납부일 또는 보험금 지급일이다.

정답 | ④
해설 | ④ 보험금의 증여 시기는 보험사고 발생일이며, 이때 보험사고에는 만기보험금 지급의 경우를 포함한다.

★★☆

68 김상연씨는 아들에게 현금 1억원을 증여하였고, 아들은 증여받은 현금을 포함해서 보험료를 납입하였다. 이후 보험사고 발생으로 아들이 보험금을 수령하였다면, 이 중 증여재산으로 보는 보험금으로 가장 적절한 것은?

- 총 보험료 납입액 : 1.5억원
- 보험금 수령액 : 3억원

① 1억원 ② 1.5억원
③ 2억원 ④ 3억원

정답 | ①
해설 | 증여재산가액 = 보험금 × $\frac{\text{타인으로부터 증여받아 납부한 보험료}}{\text{총 납입보험료}}$ − 타인으로부터 증여받아 납부한 보험료

$$= 3\text{억원} \times \frac{1\text{억원}}{1.5\text{억원}} - 1\text{억원} = 1\text{억원}$$

★★☆

69 **특수관계인 간 저가 · 고가 거래 증여이익에 대한 과세기준으로 (가)~(나)에 들어갈 내용이 적절하게 연결된 것은?**

구분	수증자	과세기준
저가양수	양수자	(시가 − 대가) 차액이 시가의 (가) 이상 또는 (나) 이상
고가양도	양도자	(대가 − 시가) 차액이 시가의 (가) 이상 또는 (나) 이상

	가	나		가	나
①	20%	2억원	②	20%	3억원
③	30%	2억원	④	30%	3억원

정답 | ④

해설 | 〈특수관계인 간 저가 · 고가 거래 증여이익〉

구분	수증자	과세기준	증여재산가액
저가양수	양수자	(시가 − 대가) 차액이 시가의 30% 이상 or 3억원 이상	(시가 − 대가) − Min(시가의 30%, 3억원)
고가양도	양도자	(대가 − 시가) 차액이 시가의 30% 이상 or 3억원 이상	(대가 − 시가) − Min(시가의 30%, 3억원)

★★☆

70 **이연수씨는 시가 6억원의 부동산을 김세진씨에게 4억원에 양도하였다. 이연수씨와 김세진씨가 세법상 특수관계인인 경우와 특수관계인이 아닌 경우 각각 납세의무자와 상증법상 증여로 보는 금액에 대한 설명으로 적절하지 않은 것은?**

① 특수관계인 간 거래인 경우 시가와 대가의 차액이 시가의 30% 이상 차이 나므로 증여세 과세대상이다.

② 저가로 양수한 김세진씨가 이익을 본 경우이므로 김세진씨가 납세의무자가 된다.

③ 특수관계인 간 거래인 경우 증여재산가액은 2억원이다.

④ 비특수관계인 간 거래인 경우 증여세가 과세되지 않는다.

정답 | ③

해설 | **〈특수관계인 간 거래인 경우〉**

- 시가(6억원)와 대가(4억원)의 차액이 시가의 30% 이상 차이 나므로 증여세 과세대상이다.
- 저가로 양수한 김세진씨가 이익을 본 경우이므로 김세진씨가 납세의무자가 된다.
- 증여재산가액 = (시가 − 대가) − Min(시가의 30%, 3억원) = (6억원 − 4억원) − Min(6억원 × 30%, 3억원)
  = 0.2억원

〈비특수관계인 간 거래인 경우〉

- 시가(6억원)와 대가(4억원)의 차이가 시가의 30% 이상이지만 비특수관계인 간 거래의 경우 증여재산가액 산정 시 (시가 − 대가) 차액에서 3억원을 차감하여 계산하므로 결과적으로 증여재산가액은 0(음수는 0으로 봄)이 되어 증여세가 과세되지 않는다.

★★☆

71 황정민씨는 이숙씨에게 본인이 보유하고 있던 시가 6억원 상당의 주식을 9억원에 양도하였다. 황정민씨와 이숙씨가 세법상 특수관계인인 경우와 특수관계인이 아닌 경우 각각 납세의무자와 상증법상 증여로 보는 금액에 대한 설명으로 가장 적절한 것은?

① 특수관계인 간 거래인 경우 증여세 과세대상이 아니다.
② 이숙씨가 납세의무자가 된다.
③ 특수관계인 간 거래인 경우 증여재산가액은 1.8억원이다.
④ 비특수관계인 간 거래인 경우 증여세가 과세될 금액은 없다.

정답 | ④

해설 | **〈특수관계인 간 거래인 경우〉**

- 시가(6억원)와 대가(9억원)의 차액이 시가의 30% 이상 차이 나므로 증여세 과세대상이다.
- 고가로 양도한 황정민씨가 이익을 본 경우이므로 황정민씨가 납세의무자가 된다.
- 증여재산가액 = (대가 − 시가) − Min(시가의 30%, 3억원) = (9억원 − 6억원) − Min(6억원 × 30%, 3억원) = 1.2억원

〈비특수관계인 간 거래인 경우〉

- 시가(6억원)와 대가(9억원)의 차액이 3억원이므로
- 증여재산가액 = (대가 − 시가) − 3억원 = 0원이 되어 증여세가 과세될 금액은 없다.

★★☆

72 A가 배우자 B에게 상가를 양도하였을 경우, 납세자가 양도사실을 입증하는 경우와 입증하지 못하는 경우의 과세문제에 대한 적절한 설명으로 모두 묶인 것은?

> 가. '배우자 또는 직계존비속'에게 양도한 재산은 양도자가 그 재산을 양도한 때에 그 재산의 가액을 배우자등이 증여받은 것으로 추정하여 이를 배우자등의 증여재산가액으로 한다.
> 나. 배우자에게 양도한 경우 상증법상 증여로 추정하므로 납세자가 증여가 아니라는 사실을 입증하지 못하면 증여세가 과세된다.
> 다. 납세자가 양도한 증빙을 통해 실질적인 양도 사실을 입증하면 증여세가 과세되지 않는다.

① 가, 나　　② 가, 다
③ 나, 다　　④ 가, 나, 다

정답 | ④

해설 | 모두 적절한 설명이다.

★★☆

73 **A가 5억원에 취득한 아파트를 형 B에게 8억원에 양도하였고, B는 이를 2년 만에 A의 배우자인 C에게 다시 8억원에 양도하였다. 이 과정에서 A는 1세대 1주택에 해당하여 양도세를 부담하지 않았고 B는 양도차익이 없어 양도소득세를 부담하지 않았을 경우, 납세자가 양도사실을 입증하는 경우와 입증하지 못하는 경우의 과세문제에 대한 설명으로 적절하지 않은 것은?**

① A와 형 B는 특수관계인이므로 형에게 양도한 후 이를 B가 3년 이내에 다시 A의 배우자에게 양도하면 상증법상 증여로 추정된다.

② A가 부담한 양도세는 0원이고, B가 양도한 양도세도 0원인데, 만일 A가 배우자 C에게 증여한 것으로 추정하면 C는 증여세를 부담하게 된다.

③ A와 B가 각각 실제 양도한 사실을 증빙을 통해 입증한다면 C는 증여세를 부담하지 않게 된다.

④ 만일 A 및 B가 부담한 소득세 결정세액을 합친 금액이 양수자가 그 재산을 양도한 당시의 재산가액을 C가 증여받은 것으로 추정할 경우의 증여세액보다 큰 경우에도 증여추정 규정을 적용한다.

정답 | ④

해설 | ④ 당초 양도자 및 양수자가 부담한 소득세 결정세액을 합친 금액이 양수자가 그 재산을 양도한 당시의 재산가액을 당초 그 배우자등이 증여받은 것으로 추정할 경우의 증여세액보다 큰 경우에는 증여추정 적용을 배제한다.

★★☆

74 **증여추정에 대한 다음 설명 중 (가)~(다)에 들어갈 내용이 적절하게 연결된 것은?**

- 특수관계인에게 양도한 재산을 그 특수관계인이 양수일부터 (가) 이내에 당초 양도자의 배우자 등에게 다시 양도한 경우에는 양수자가 그 재산을 양도한 당시의 재산가액을 그 배우자 등이 증여받은 것으로 추정해 이를 배우자 등의 증여재산가액으로 한다.
- 재산취득자금 또는 채무상환금액의 증여추정에 해당하더라도 입증하지 못한 금액이 기준금액(=Min[재산취득가액(또는 채무상환액)×(나), (다)])에 미달하면 증여추정을 적용하지 않는다.

	가	나	다		가	나	다
①	2년	20%	2억원	②	2년	30%	3억원
③	3년	20%	2억원	④	3년	30%	3억원

정답 | ③

해설 | • 특수관계인에게 양도한 재산을 그 특수관계인이 양수일부터 3년 이내에 당초 양도자의 배우자 등에게 다시 양도한 경우에는 양수자가 그 재산을 양도한 당시의 재산가액을 그 배우자 등이 증여받은 것으로 추정해 이를 배우자등의 증여재산가액으로 한다.
• 재산취득자금 또는 채무상환금액의 증여추정에 해당하더라도 입증하지 못한 금액이 다음 기준금액에 미달하면 증여추정을 적용하지 않는다.

기준금액 = Min[재산취득가액(또는 채무상환액)×20%, 2억원)

★★☆

75 **10억원의 주택을 취득한 A(37세)는 그간 신고된 소득이 3억원, 부모에게 증여받은 현금 2억원이 있으나 나머지 금액의 출처는 소명하지 못하고 있다. A에게 증여추정으로 과세될 증여재산가액으로 가장 적절한 것은?**

〈증여추정 배제기준〉

구분	취득재산		채무상환	총액 한도
	주택	기타재산		
30세 미만인 자	5천만원	5천만원	5천만원	1억원
30세 이상인 자	1.5억원	5천만원	5천만원	2억원
40세 이상인 자	3억원	1억원	5천만원	4억원

① 0원 ② 2억원

③ 3억원 ④ 5억원

정답 | ④

해설 | • 30세 이상이므로 2억원 이상의 주택을 취득한 경우 증여추정 대상이 된다.

• 취득가액 10억원 중 소명하지 못한 금액이 5억원(10억원 − 3억원 − 2억원)인데 기준금액을 초과하므로 증여로 추정하여 과세한다.

• 기준금액 = Min[10억원 × 20% = 2억원, 2억원) = 2억원

• 증여추정액 = 5억원(입증하지 못한 5억원 전체에 대해 증여세를 과세한다. 기준금액을 차감하지 않고 과세하는 점에 유의해야 한다.)

★★☆

76 **아버지(갑) 소유의 상가에 대해서 아들(을)과 한 거래의 내용 중 증여세를 부과하는 논리가 나머지와 다른 하나는?**

① 갑이 을에게 상가를 양도하는 경우

② 갑이 갑의 형(병)에게 먼저 상가를 양도 후 병이 3년 이내에 을에게 다시 양도하는 경우

③ 경제력이 없는 을이 제3자로부터 상가를 취득하는 경우

④ 갑이 상가를 을의 명의로 명의신탁하는 경우

정답 | ④

해설 | ① 배우자 등에게 양도한 재산의 증여추정

② 배우자 등에게 양도한 재산의 증여추정

③ 재산취득자금 · 채무상환자금의 증여추정

④ 명의신탁재산의 증여 의제

TOPIC 5 상속증여재산의 평가

★★★

77 상증법상 시가로 보는 가액에 대한 설명으로 적절하지 않은 것은?

① 평가기간이란 상속재산의 경우에는 상속개시일 전후 6개월, 증여재산의 경우에는 증여일 전후 3개월까지를 의미한다.

② 시가로 보는 가액이 둘 이상인 경우에는 평가기준일을 전후하여 가장 가까운 날에 해당하는 가액(그 가액이 둘 이상인 경우에는 그 평균액)을 적용한다.

③ 해당 재산의 매매 등의 가액이 있는 경우에는 유사 자산 매매사례가액은 적용하지 않는다.

④ 코스피나 코스닥에 상장한 주식은 한국거래소에서 불특정 다수인 사이에 매일 빈번하게 거래가 이루어져 시가로 볼 수 있는 거래가액이 확인되지만, 상속세나 증여세를 과세할 때는 평가기준일 전후 각 2개월간의 종가평균액을 시가로 본다.

정답 | ①

해설 | ① 평가기간이란 평가기준일(상속개시일, 증여일을 의미함) 전후 6개월(증여재산의 경우에는 평가기준일 전 6개월부터 평가기준일 후 3개월까지)을 의미한다.

★★★

78 김미나씨가 보유한 임대용 부동산의 정보가 다음과 같을 때 상증법상 해당 부동산의 평가액으로 가장 적절한 것은(부동산의 시가는 없음)?

- 부동산의 기준시가는 10억원임
- 부동산은 타인에게 임대 중임(임대보증금 6억원, 월세 500만원)

① 5.5억원

② 6.6억원

③ 10억원

④ 11억원

정답 | ④

해설 | • 시가가 없는 부동산은 기준시가에 의해 평가하지만 임대차계약이 체결된 부동산의 경우에는 임대보증금 환산가액과 비교하여 큰 금액으로 평가한다.
• 임대보증금 환산가액 = 6억원(임대보증금) + 6,000만원(연간 임대료합계액) ÷ 0.12 = 11억원
• 부동산의 상증법상 평가액 = Max(기준시가, 임대보증금 환산가액) = Max(10억원, 11억원) = 11억원

★★★

79 부친 최민수씨로부터 상속받은 임대상가의 매매사실 등이 없어 상증법상 임대상가의 시가를 산정하기 어려워 보충적 평가방법으로 평가한다고 가정할 경우 상증법상 증여재산의 평가가액으로 가장 적절한 것은?

〈임대상가 현황〉

보증금	1년간 임대료	토지 개별공시지가	건물 국세청장이 산정고시한 건물기준시가
10억원	1.2억원	20억원	5억원

※ 국세청장이 지정한 지역의 상업용 건물이 아님

① 20억원　② 22억원
③ 24억원　④ 25억원

정답 | ④

해설 | • 시가가 없는 부동산은 기준시가에 의해 평가하지만 임대차계약이 체결된 부동산의 경우에는 임대보증금 환산가액과 비교하여 큰 금액으로 평가한다.
• 임대보증금 환산가액 = 10억원(임대보증금) + 1.2억원(연간 임대료합계액) ÷ 0.12 = 20억원
• 부동산의 상증법상 평가액 = Max(기준시가, 임대보증금 환산가액) = Max(25억원, 20억원) = 25억원

★★★

80 비상장법인의 순자산 및 순손익 관련 정보가 아래와 같다고 할 때, 1주당 비상장주식 가치에 대한 설명으로 적절하지 않은 것은?

구분	1주당 순자산가치	1주당 순손익가치	기타 정보
A	100	150	평가기준일 현재 사업 개시한지 2년 6개월 경과됨
B	100	150	사업개시 후 4년 경과하였으며 총자산 중 부동산가액의 비중이 40%임
C	100	30	사업개시 후 3년 경과하였으며 총자산 중 부동산가액의 비중이 70%임
D	200	100	사업개시 후 8년 경과하였으며 총자산 중 부동산가액의 비중이 90%임

① A : 100　② B : 130
③ C : 72　④ D : 200

정답 | ③

해설 | A. 사업개시 후 3년이 미경과하였으므로 순자산가치만으로 평가한다. 따라서 1주당 주식평가액은 100이 된다.
B. 사업개시 후 3년이 경과하였고 부동산과다법인이 아닌 일반적 경우이므로 순자산가치와 순손익가치를 2:3으로 가중평균한다. 1주당 주식평가액 = $\frac{[(100\times2)+(150\times3)]}{5}$ = 130
C. 사업개시 후 3년 경과하였고, 부동산비중이 50% 이상 80% 미만이므로 순자산가치와 순손익가치를 3:2로 가중평균한다. 1주당 주식평가액 = $\frac{[(100\times3)+(30\times2)]}{5}$ = 72 그런데 평가액의 하한은 순자산가치의 80%인 80이므로 1주당 주식평가액은 80이 된다.
D. 부동산비중이 80% 이상이므로 순자산가치로만 평가한다. 따라서 1주당 주식평가액은 200이 된다.

★★★
81 상속증여재산의 보충적 평가방법에 대한 설명으로 적절하지 않은 것은?

① 토지는 매년 1월 1일을 가격산정기준일로 하여 고시하는 개별공시지가에 의해 평가한다.
② 평가기준일 현재 임대차계약이 체결된 부동산은 기준시가와 임대보증금 환산가액 중 큰 금액으로 평가한다.
③ 코스피나 코스닥에 상장된 주식은 평가기준일 이전 3개월 및 이후 3개월 거래소 최종시세가액의 평균액으로 평가한다.
④ 예 · 적금은 평가기준일 현재의 예입총액＋기경과 미수이자상당액－소득세법에 의한 원천징수금액으로 평가한다.

정답 | ③
해설 | ③ 코스피나 코스닥에 상장된 주식은 평가기준일 이전 2개월 및 이후 2개월(합계 4개월) 거래소 최종시세가액의 평균액으로 평가한다.

★★★
82 상속증여재산의 평가에 대한 적절한 설명으로 모두 묶인 것은?

가. 재산평가의 원칙은 시가로 평가하는 것이다.
나. 상증법상 시가를 산정할 수 있더라도 보충적 평가방법이 유리한 경우에는 보충적인 평가방법에 의해 재산을 평가한다.
다. A토지의 면적이 1,000m^2이고 가장 최근 고시된 단위(m^2)당 공시지가가 10만원이라면 보충적 평가방법에 따른 A토지의 개별공시지가는 1억원이다.
라. 보충적 평가방법에 따른 예 · 적금은 평가기준일 현재의 예입총액과 기경과 미수이자상당액의 합계액으로 평가한다.

① 가, 나 ② 가, 다
③ 나, 다 ④ 다, 라

정답 | ②
해설 | 나. 시가 산정이 곤란한 재산의 경우 과세의 객관성을 위해 상증법에서는 재산종류별로 평가방법을 정하고 있는데 이를 '보충적 평가방법'이라 한다.
라. 예 · 적금은 평가기준일 현재의 예입총액＋기경과 미수이자상당액－소득세법에 의한 원천징수금액으로 평가한다.

★★★
83 김민주씨가 보유한 부동산 내역이 다음과 같을 경우, 각 재산의 상증법상 평가액에 대한 설명으로 적절하지 않은 것은?

재산 종류	시가	기준시가	담보설정 채무액
A아파트	5억원	3억원	2.5억원
B상가	없음	5억원	4억원
C토지	없음	2억원	3억원

① 상속 증여재산에 대해 평가기준일 현재 저당권등이 설정된 경우에는 '당해 재산이 담보하는 채권액 등'과 '시가' 중 큰 금액을 그 재산의 가액으로 평가한다.
② A아파트는 담보설정채무액이 기준시가보다 작으므로 평가액은 3억원이 된다.
③ B상가는 담보설정채무액이 기준시가보다 작으므로 평가액은 5억원이 된다.
④ C토지는 담보설정채무액이 기준시가보다 크므로 평가액은 둘 중 큰 금액인 3억원이 된다.

정답 | ②
해설 | ② A아파트 : 시가가 있는 재산이므로 세법상 원칙적 방법인 시가로 평가한다. 담보설정채무액이 시가보다 작으므로 평가액은 5억원이 된다.

★★★
84 상속증여재산의 평가에 대한 설명으로 적절하지 않은 것은?

① 상증법상 시가란 불특정 다수인 간에 자유롭게 거래가 이루어지는 경우에 통상 성립된다고 인정되는 가액이라고 정의하고 있으며, 수용가격 · 공매가격 및 감정가격 등 대통령령으로 정하는 바에 따라 시가로 인정되는 가액이 시가에 포함된다.
② 보충적 평가방법에 따른 부동산 취득권리, 특정시설물 이용권은 평가기준일까지 불입한 금액에서 프리미엄 상당액을 차감한 금액으로 평가한다.
③ 보충적 평가방법에 따른 종신정기금은 정기금을 받을 권리가 있는 자의 통계청장이 승인하여 고시하는 통계표에 따른 성별 · 연령별 기대여명의 연수까지의 기간 중 각 연도에 받을 정기금액을 기준으로 유기정기금의 계산식에 따라 계산한 금액의 합계액으로 한다.
④ 평가기준일 현재 저당권등이 설정된 경우 보충적 평가방법은 '당해 재산이 담보하는 채권액 등'과 '시가' 중 큰 금액을 그 재산의 가액으로 평가한다.

정답 | ②
해설 | ② 부동산 취득권리, 특정시설물 이용권은 평가기준일까지 불입한 금액+프리미엄 상당액으로 평가한다.

TOPIC 6 가업승계

★★☆

85 가업승계설계의 절차가 순서대로 나열된 것은?

가. 회사 재무 및 경영자원, 경영자에 대한 상황, 후계자 현황 등 가업의 현황 파악
나. 가업승계 관계자들에 대한 대응방안 수립
다. 후계자 교육프로그램의 수립과 실행
라. 경영자 은퇴계획의 수립
마. 주식이동 시나리오 작성, 가업의 가치 평가, 가업승계 방안 마련 및 세금효과 분석, 납세자금 마련 등 지분승계 및 재산분배 계획 수립
바. 경영승계 계획 수립

7단계 : 모니터링과 조정

① 가－나－다－라－마－바
② 가－나－다－마－바－라
③ 나－가－다－라－마－바
④ 나－가－다－마－바－라

정답 | ②

해설 | 가업(회사)의 현황 파악 → 가업승계 관계자들에 대한 대응방안 수립 → 후계자 교육프로그램의 수립과 실행 → 지분승계 및 재산분배 계획 수립 → 경영승계 계획 수립 → 경영자 은퇴계획의 수립 → 모니터링과 조정

★★☆

86 지분승계 및 재산분배 계획 수립의 절차가 순서대로 나열된 것은?

1단계 : 지분승계의 원칙(목표) 수립

가. 주식이동 시나리오 작성
나. 가업의 가치 평가
다. 납세자금 마련
라. 가업승계 방안 마련 및 세금효과 분석

① 가－나－다－라
② 가－나－라－다
③ 나－가－다－라
④ 나－가－라－다

정답 | ②

해설 | 지분승계의 원칙(목표) 수립 → 주식이동 시나리오 작성 → 가업의 가치 평가 → 가업승계 방안 마련 및 세금효과 분석 → 납세자금 마련

★★☆

87 가업승계설계의 절차 4단계 지분승계 및 계획 수립에 대한 적절한 설명으로 모두 묶인 것은?

> 가. 대표적인 회사 형태인 주식회사의 경우 다른 주주의 간섭 없이 주주총회 특별결의가 가능한 수준으로 지분을 확보하여야 안정적인 경영이 가능하기 때문에 후계자가 회사지분율 51% 이상 확보하도록 한다.
> 나. 선정된 후계자 이외의 상속인에게 주식 이외의 개인재산을 유류분 이상으로 분배하는 것이 바람직하다.
> 다. 후계자 지분의 확보는 단번에 이루어지는 경우가 많기 때문에 주식이동 시나리오를 짜서 실행하는 것이 좋다.
> 라. 세법상의 가업승계 주식 증여특례와 가업상속공제 등의 적용 가능성을 검토하고 세금부담액을 산정한다.
> 마. 가업승계방안과 세금효과를 분석하여 실행대안을 마련하고 이에 따른 세금의 납부대책을 수립하여야 하는데, 이때 필요한 문서 작성과 세부적인 법률적 · 회계적 · 세무적 검토는 변호사, 공인회계사 등 전문가들의 자문을 받고 실행하도록 하여야 한다.

① 가, 나
② 나, 라, 마
③ 다, 라, 마
④ 나, 다, 라, 마

정답 | ②

해설 | 가. 후계자가 회사지분율 67% 이상 확보하도록 한다. 대표적인 회사 형태인 주식회사의 경우 다른 주주의 간섭 없이 주주총회 특별결의가 가능한 수준(의결권 있는 주식수의 2/3 이상)으로 지분을 확보하여야 안정적인 경영이 가능하기 때문이다.
다. 후계자 지분의 확보는 단번에 이루어지기보다는 몇 번에 걸쳐 실행되는 경우가 많다. 따라서 시기별 주식이동 시나리오를 짜서 순차적으로 실행하는 것이 좋다.

★★☆

88 가업영위기간별 가업상속공제금액이 적절하게 연결된 것은?

	10년 이상	20년 이상	30년 이상
①	200억원	400억원	500억원
②	200억원	500억원	600억원
③	300억원	400억원	600억원
④	300억원	500억원	1,000억원

정답 | ③

해설 | 〈가업영위기간별 가업상속공제금액〉

> • 10년 이상 : 300억원
> • 20년 이상 : 400억원
> • 30년 이상 : 600억원

★★☆

89 가업상속공제에 대한 설명으로 가장 적절한 것은?

① 중소 · 중견기업의 원활한 가업승계를 지원하기 위하여 거주자인 피상속인이 생전에 10년 이상 영위한 중소기업 등을 상속인에게 정상적으로 승계한 경우에 최대 500억원까지 상속공제를 하여 가업승계에 따른 상속세 부담을 크게 경감시켜 주는 제도를 말한다.
② 개인기업의 경우 가업상속재산이란 상속재산 중 가업에 직접 사용되는 토지, 건축물, 기계장치 등 사업용 자산의 가액을 말한다.
③ 상속인은 18세 이상 자녀나 자녀의 배우자가 증여받고, 상속개시일 전 2년 이상 가업에 종사, 상속세 신고기한 이내 임원으로 취임, 상속세 신고기한 후 2년 내에 대표자로 취임 요건을 모두 충족해야 한다.
④ 상속개시일로부터 7년 이내 정당한 사유 없이 가업자산을 처분하거나 휴 · 폐업, 주된 업종 변경 또는 고용이 감소하는 등 요건을 위반하는 경우에는 공제받은 금액을 상속개시 당시의 상속세 과세가액에 산입하여 상속세를 부과한다.

정답 | ③

해설 | ① 중소 · 중견기업의 원활한 가업승계를 지원하기 위하여 거주자인 피상속인이 생전에 10년 이상 영위한 중소기업 등을 상속인에게 정상적으로 승계한 경우에 최대 600억원까지 상속공제를 하여 가업승계에 따른 상속세 부담을 크게 경감시켜 주는 제도를 말한다.
② 개인기업의 경우 가업상속재산이란 상속재산 중 가업에 직접 사용되는 토지, 건축물, 기계장치 등 사업용 자산의 가액에서 해당 자산에 담보된 채무액을 뺀 가액을 말한다.
④ 상속개시일로부터 5년 이내 정당한 사유 없이 가업자산을 처분하거나 휴 · 폐업, 주된 업종 변경 또는 고용이 감소하는 등 요건을 위반하는 경우에는 공제받은 금액을 상속개시 당시의 상속세 과세가액에 산입하여 상속세를 부과한다.

★★☆

90 김밝은씨는 부친 김상연씨의 사망으로 가업을 물려받으면서 가업재산(양도소득세 과세대상 재산임) 100억원 중 90%인 90억원의 가업상속공제를 적용받았다. 해당 재산은 2003년 2월 1일에 김상연씨가 20억원에 취득한 것인데, 김밝은씨가 2024년 6월 1일에 해당 재산을 120억원에 양도하였다면, 김밝은씨의 양도소득세를 계산하기 위한 양도시기와 양도차익이 적절하게 연결된 것은?

	양도시기	양도차익
①	2003년 2월 1일	92억원
②	2003년 2월 1일	102억원
③	2024년 6월 1일	92억원
④	2024년 6월 1일	102억원

정답 | ③

해설 | 가업재산의 양도소득세 이월과세를 적용하기 위한 취득시기는 피상속인의 취득시기이므로 2003년 2월 1일이 된다.

ⓐ 피상속인의 취득가액 × 가업상속공제적용률 = 20억원 × 90% = 18억원

ⓑ 상속개시일 현재 해당 자산가액 × (1 − 가업상속공제적용률) = 100억원 × (1 − 90%) = 10억원

- 가업상속공제가 적용된 양도자산 취득가액 = ⓐ + ⓑ = 18억원 + 10억원 = 28억원
- 양도차익 = 120억원 − 28억원 = 92억원

★★☆

91 가업승계 증여세 과세특례 내용이 적절하게 연결된 것은?

	특례증여 한도	증여재산공제	세율
①	500억원	5억원	10%(과표 120억원 초과분은 20%)
②	500억원	5억원	20%(과표 120억원 초과분은 30%)
③	600억원	10억원	10%(과표 120억원 초과분은 20%)
④	600억원	10억원	20%(과표 120억원 초과분은 30%)

정답 | ③

해설 | 증여세(특례적용) : 600억원 한도, 10억원 공제 후 10%(과표 120억원 초과분은 20%) 세율 적용

★★☆

92 가업승계 증여세 과세특례 수증자(자녀) 요건으로 가장 적절한 것은?

① 20세 이상일 것

② 증여세신고기한까지 가업에 종사

③ 증여일 기준 2년 이내 대표이사에 취임하여 증여일 기준 4년이 되는 날까지 유지

④ 4년 이내 휴업이나 폐업하지 않고 주식지분 감소하지 않을 것 → 위반 시 증여세와 가산이자 추징

정답 | ②

해설 | ① 18세 이상일 것

③ 증여일 기준 3년 이내 대표이사에 취임하여 증여일 기준 5년이 되는 날까지 유지

④ 5년 이내 휴업이나 폐업하지 않고 주식지분 감소하지 않을 것 → 위반 시 증여세와 가산이자 추징

★★☆
93 가업승계 증여세 과세특례에 대한 설명으로 가장 적절한 것은?

① 증여자는 가업주식의 증여일 현재 중소기업등인 가업을 10년 이상 계속하여 경영한 50세 이상인 수증자의 부모여야 한다.

② 증여세 과세 시 가업주식등의 가액 중 가업자산상당액에 대한 증여세 과세가액에서 5억원을 공제한 후 10% 세율을 적용하여 증여세를 계산한다.

③ 가업승계 과세특례를 적용받은 경우 증여세 신고세액공제는 받을 수 없다.

④ 가업주식의 증여세 과세특례가 적용된 증여재산가액은 10년 이내 증여분에 대해 증여 당시의 가액으로 상속세 과세가액에 가산하여 상속세로 정산하여 납부해야 한다.

정답 I ③

해설 I ① 증여자 : 가업주식의 증여일 현재 중소기업등인 가업을 10년 이상 계속하여 경영한 60세 이상인 수증자의 부모[증여 당시 부모가 사망한 경우에는 (외)조부모 포함]

② 증여세 과세 시 가업주식등의 가액 중 가업자산상당액에 대한 증여세 과세가액(600억원 한도)에서 10억원을 공제한 후 10%(과세표준이 120억원을 초과하는 경우 그 초과금액에 대해서는 20%) 세율을 적용하여 증여세를 계산한다.

④ 가업주식의 증여세 과세특례가 적용된 증여재산가액은 증여 기한에 관계없이 증여 당시의 가액으로 상속세 과세가액에 가산하여 상속세로 정산하여 납부해야 한다. 이는 일반재산이 10년 이내 증여분만 상속세 과세가액에 합산되는 점과는 차이가 있는 것이다.

★★☆
94 창업자금 증여세 과세특례 내용이 적절하게 연결된 것은?

	특례증여 한도	기본공제	증여세율
①	30억원(10년 이상 신규 고용 시 50억원)	5억원	10%
②	30억원(10년 이상 신규 고용 시 50억원)	10억원	20%
③	50억원(10년 이상 신규 고용 시 100억원)	5억원	10%
④	50억원(10년 이상 신규 고용 시 100억원)	10억원	20%

정답 I ③

해설 I • 50억원(10년 이상 신규 고용 시 100억원) 한도, 기본공제 5억원
• 증여세율 : 10%

★★☆

95 창업자금 증여세 과세특례 수증자 요건에 대한 적절한 설명으로 모두 묶인 것은?

가. 18세 이상일 것 나. 2년 이내에 창업할 것 다. 5년 이내에 창업자금을 사용할 것

① 가, 나　② 가, 다
③ 나, 다　④ 가, 나, 다

정답 | ①
해설 | 다. 4년 이내에 창업자금을 사용할 것

★★☆

96 창업자금 증여세 과세특례 요건으로 가장 적절한 것은?

① 증여재산 : 양도소득세 과세대상 재산이어야 함
② 증여자 : 50세 이상의 부모로부터 증여받아야 함
③ 수증자 : 창업자금의 증여일 현재 18세 이상인 거주자이어야 함
④ 사후관리 : 2년 내 미창업 또는 창업자금을 5년 내에 사용하지 않는 등 사후관리 요건 위반 시 증여세에 이자상당액을 가산하여 추징함

정답 | ③
해설 | ① 증여재산 : 양도소득세 과세대상이 아닌 재산이어야 함
② 증여자 : 60세 이상의 부모[증여 당시 부모가 사망한 경우에는 (외)조부모 포함]로부터 증여받아야 함
④ 사후관리 : 2년 내 미창업 또는 창업자금을 4년 내에 사용하지 않는 등 사후관리 요건 위반 시 증여세(또는 상속세)에 이자상당액을 가산하여 추징함

★★☆

97 창업자금 증여세 과세특례에 대한 적절한 설명으로 모두 묶인 것은?

가. 증여세 과세 시 증여세 과세가액에서 10억원을 공제한 후 10% 세율을 적용하여 증여세를 계산한다.
나. 창업자금을 2회 이상 증여받거나 부모로부터 각각 증여받는 경우에는 각각의 증여세 과세가액을 합산하여 적용한다.
다. 특례 적용이 가능한 대표적인 업종은 제조업, 건설업, 음식점업, 도소매업 등이 있으며, 보건업, 부동산임대업/매매업 등은 창업자금 특례를 적용받을 수 없다.
라. 창업자금 과세특례를 적용받은 경우에는 증여세 신고세액공제를 받을 수 없다.
마. 증여세 과세특례가 적용된 창업자금은 기간에 관계없이 증여 당시 평가액이 상속세 과세가액에 산입되어 상속세로 다시 정산한다.

① 가, 나
② 나, 라, 마
③ 다, 라, 마
④ 가, 나, 다, 라

정답 | ②

해설 | 가. 증여세 과세 시 증여세 과세가액(50억원 한도, 10명 이상 신규 고용하는 경우 100억원 한도)에서 5억원을 공제한 후 10% 세율을 적용하여 증여세를 계산한다.
다. 특례 적용이 가능한 대표적인 업종은 제조업, 건설업, 음식점업 등이 있으며, 도소매업이나 보건업(병의원), 부동산임대업/매매업 등은 창업자금 특례를 적용받을 수 없다.

★★☆

98 박소진씨는 자녀에게 창업자금 30억원을 현금으로 증여하고자 한다. 창업자금 증여특례를 활용하는 경우 증여세 부담액으로 가장 적절한 것은?

① 194,000천원
② 200,000천원
③ 242,500천원
④ 250,000천원

정답 | ④

해설 |

구분	창업자금 특례증여
증여재산가액	3,000,000천원
(−) 증여재산공제	(500,000천원)
(=) 과세표준	2,500,000천원
(×) 세율	10%
(=) 산출세액	250,000천원
(−) 신고세액공제	0
(=) 부담세액	250,000천원

★★☆

99 가업승계 연부연납 특례에 대한 적절한 설명으로 모두 묶인 것은?

가. 상속세 또는 증여세 납부세액이 2천만원을 초과하여야 한다.
나. 과세표준 신고기한이나 납부고지서상의 납부기한으로부터 상속세는 9개월, 증여세는 6개월 이내에 연부연납 신청서를 제출하여야 한다.
다. 납세담보를 제공하여야 한다.
라. 연부연납 기간은 10년간 분할납부가 가능하다.
마. 연부연납의 허가를 받은 자는 각 회분의 분납세액에 연부연납 가산율로 계산한 금액을 합산하여 납부해야 한다.

① 가, 나　　② 가, 다, 마
③ 다, 라, 마　　④ 가, 나, 다, 라

정답 | ②

해설 | 나. 과세표준 신고기한(기한후신고 포함)이나 납부고지서상의 납부기한까지 연부연납 신청서를 제출하여야 한다. 신청서를 받은 세무서장은 상속세 · 증여세 과세표준 신고기한이 경과한 날부터 법정결정기한 이내에 허가 여부를 서면으로 통지하여야 한다. 법정결정기한은 상속세의 경우 신고기한부터 9개월, 증여세의 경우 신고기한부터 6개월이다.
라. 연부연납 기간 : 20년간 분할납부(10년 거치 후 10년간 납부도 가능)

CHAPTER

05 상속증여세 절세전략

출제비중 : 4~8% / 1~2문항

학습가이드

학습 목표	학습 중요도
Tip 다양한 사례의 계산문제 학습 필요	
1. 상속세 및 증여세 절세전략의 필요성에 대해 이해할 수 있다.	★
2. 상속세 및 증여세 주요 절세전략에 대해 설명할 수 있다.	★★

TOPIC 1 절세전략 개요

★☆☆

01 상속증여세 절세전략 프로세스가 순서대로 나열된 것은?

가. 고객의 가족 및 재산현황 파악
나. 고객의 예상 상속세와 승계니즈 파악
다. 적합한 절세전략의 모색과 제안
라. 모니터링과 조정
마. 고객의 피드백을 반영한 실행대안 제시
바. 실행대안의 실행

① 가－나－다－라－마－바
② 가－나－다－마－바－라
③ 나－가－다－라－마－바
④ 나－가－다－마－바－라

정답 | ②

해설 | 고객의 가족 및 재산현황 파악 → 고객의 예상 상속세와 승계니즈 파악 → 적합한 절세전략의 모색과 제안 → 고객의 피드백을 반영한 실행대안 제시 → 실행대안의 실행 → 모니터링과 조정

★☆☆
02 상속세와 증여세를 절세하기 위한 증여의 기본 원칙으로 모두 묶인 것은?

가. 10년 단위로 나누어서 증여를 실행
나. 증여자를 나누어서 증여
다. 예상 상속세율 구간과 동일한 증여세율 구간에서 증여 실행
라. 향후 자산가치 상승이 예상되는 재산 또는 수익률이 좋은 자산을 증여
마. 증여세는 반드시 신고

① 가, 나 ② 가, 라, 마
③ 다, 라, 마 ④ 가, 나, 다, 라

정답 | ②
해설 | 나. 수증자를 나누어서 증여
다. 예상 상속세율 구간보다 낮은 증여세율 구간에서 증여 실행

★☆☆
03 상속증여세 기본 절세방안에 대한 적절한 설명으로 모두 묶인 것은?

가. 상속재산에 합산되는 경우 상속개시 시점의 가액으로 합산되기 때문에 가치가 꾸준히 상승하는 재산이라면 증여 후 10년 내에 상속이 개시될 경우 절세효과가 없다.
나. 한 자녀에게만 몰아주기보다는 자녀별로 골고루 나누어 주고, 자녀 외에도 사위, 며느리나 손자에게도 분산해서 증여하는 것이 효과적이다.
다. 자산가치가 상대적으로 저평가된 부동산이나 주식을 증여하는 것도 좋은 방법이며, 반대로 자산가치 상승 가능성이 낮은 자산은 우선순위에서 제외하는 것이 좋다.
라. 같은 평가액의 재산이라면 고배당을 받을 수 있는 주식이나 임대수익률이 높은 상업용 부동산 등 수익가치가 높은 재산을 증여하는 것이 효과적이다.
마. 증여재산공제 범위라서 증여세를 내지 않을 경우라면 증여를 신고하지 않아도 된다.

① 가, 마 ② 나, 다, 라
③ 다, 라, 마 ④ 가, 나, 다, 라

정답 | ②
해설 | 가. 상속재산에 합산되더라도 증여 당시의 가액으로 합산되기 때문에 가치가 꾸준히 상승하는 재산이라면 증여 후 10년 내에 상속 개시되더라도 절세효과가 있다.
마. 국세청에서는 상증법 및 '과세자료의 제출 및 관리에 관한 법률' 등에 따라 거의 모든 과세자료를 수집 · 전산입력하여 관리한다. 여기에는 등기 · 등록이나 명의개서 등을 요하는 재산의 변동사항은 물론이고 각종 기관이나 단체를 통하여 거래된 자료도 대부분 국세청에서 관리하고 있다. 특히, 증여를 적극적으로 실행해야 하는 자산가라면 증여 실행 시작부터 철저하게 신고하는 것이 필요하다.

··· TOPIC 2 주요 절세전략

★★☆

04 김세진씨는 상속을 받아 상속세를 신고하려고 한다. 상속재산 중 A상가의 경우 피상속인이 10년 전에 10억원에 취득한 것으로 상속개시일 현재 아래와 같은 가액이 확인된다. 상속세를 최소화하기 위해서는 어떤 방식으로 A상가를 평가하는 것이 유리할지에 대한 적절한 설명으로 모두 묶인 것은?

- 기준시가 : 8억원
- 인근 부동산 문의 시세 : 15억원
- 예상 감정가액 : 14~16억원
- 해당 상가를 담보로 대출받은 금액 : 10억원

가. 시가가 되려면 상속개시일 전후 6개월 이내 해당 재산의 매매가액, 감정가액, 경매 · 수용가액, 유사재산 매매사례가액 등이 있어야 하는데 이에 해당하는 가액은 없다.
나. 보충적 평가방법인 기준시가 8억원으로 평가하는 것이 유리하다.
다. 상속세를 최소화하기 위해서는 감정을 받아서 평가하는 것이 유리하다.

① 가　　② 가, 나
③ 가, 다　　④ 나, 다

정답 | ①

해설 | 나. 보충적 평가방법인 기준시가 8억원으로 평가할 수 있으나, 담보재산 평가특례에 따라 대출금액 10억원이 기준시가보다 크므로 10억원으로 평가한다.
다. 상속세를 최소화하기 위해서는 재산평가를 낮게 해야 하므로 굳이 감정을 받아서 14억원 이상으로 평가할 필요는 없다.

★★☆

05 **박미진씨는 딸에게 아파트를 증여하려고 한다. 해당 아파트와 관련한 가액이 다음과 같을 경우 증여세 최소화를 위해 어떤 가액으로 신고하는 것이 좋을지에 대한 설명으로 적절하지 않은 것은?**

- 해당 아파트 기준시가 : 12억원
- 인근 부동산 문의 시세 : 20억원
- 예상 감정가액 : 19~21억원
- 동일 단지 동일 평형의 매매사례가액
  - −1개월 전 거래가액 : 21억원
  - −3개월 전 거래가액 : 22억원

① 아파트의 경우 유사재산의 매매사례가액이 존재하는 재산이므로 증여세의 평가기간인 증여일 전 6개월 및 증여일 후 3개월 이내의 매매사례가액이 있다면 시가로 볼 수 있다.
② 평가기간 내에 둘 이상의 가액이 있는 경우에는 증여일과 가까운 날의 가액이 우선하므로 21억원이 매매사례가액이 된다.
③ 증여세 신고기한 전에 감정을 받는 경우 감정가액이라는 시가가 생기게 된다.
④ 평가기간 내에 감정가액이 있다 하더라도 매매사례가액이 증여일과 가까운 날의 가액이라면 감정가액은 적용되지 않는다.

정답 | ④
해설 | ④ 평가기간(증여 전 6개월, 후 3개월) 내에 감정가액이 있는 경우에는 매매사례가액은 적용되지 않는다. 따라서 19억원으로 감정을 받아서 증여세 신고를 하는 것이 유리하다.

★★☆

06 **상업용 부동산을 자녀에게 증여하고자 한다. 이 부동산의 시가는 8억원, 부동산에 담보된 채무액은 2억원, 취득가액은 4억원(15년 보유)이라고 한다. 증여 과정에서 세부담 최소화를 위해 이 부동산을 부담부증여할 경우 납부세액으로 가장 적절한 것은?**

〈증여세율〉

과세표준	세율	누진공제액
1억원 초과 ~ 5억원 이하	20%	10,000천원
5억원 초과 ~ 10억원 이하	30%	60,000천원

① 101,850천원
② 105,000천원
③ 160,050천원
④ 165,000천원

정답 | ①

해설 |

구분	금액
증여재산가액	600,000천원
(−) 증여재산공제	(50,000천원)
(=) 증여세 과세표준	550,000천원
(×) 세율	30%
(−) 누진공제액	60,000천원
(=) 산출세액	105,000천원
(−) 신고세액공제(3%)	3,150천원
(=) 납부세액	101,850천원

★★☆

07 자산가인 김미나씨는 아들에게 3년 전에 12억원의 재산을 증여한 적이 있다. 금번에 시가 10억원의 상가를 손자(성년임)에게 증여하는 것을 고려하고 있다. 손자에게 세대생략증여를 할 경우 납부세액으로 가장 적절한 것은?

〈증여세율〉

과세표준	세율	누진공제액
1억원 초과 ~ 5억원 이하	20%	10,000천원
5억원 초과 ~ 10억원 이하	30%	60,000천원

① 218,250천원 ② 225,000천원
③ 283,725천원 ④ 292,500천원

정답 | ③

해설 |

구분	금액
증여재산가액	1,000,000천원
(−) 증여재산공제	(50,000천원)
(=) 증여세 과세표준	950,000천원
(×) 세율	30%
(−) 누진공제액	60,000천원
(=) 산출세액	225,000천원
(+) 세대생략할증액(30% 할증)	67,500천원
(=) 산출세액계	292,500천원
(−) 신고세액공제(3%)	8,775천원
(=) 납부세액	283,725천원

★★☆

08 장애인 관련 세제 활용에 대한 설명으로 적절하지 않은 것은?

① 상속세 관련 장애인공제 금액은 배우자를 제외한 상속인 및 동거가족 중 장애인 수×(500만원×기대여명 연수)이다.
② 장애인을 수익자로 하는 보험계약에서 받는 보험금 중 연 4천만원 이내의 금액은 비과세된다.
③ 장애인 신탁재산이 일정 요건을 충족하면 5억원을 한도로 과세가액 불산입한다.
④ 장애인인 자녀가 있는 경우 자녀를 수익자로 하는 연금보험에 가입하여 자녀가 매년 보험금을 수령하게 하거나 임대수익이 잘 나오는 부동산을 자녀에게 증여하여 신탁하는 방법은 증여세를 비과세 받으면서 장애인 자녀의 생활비 등 소득을 마련해 주는 좋은 방법이 될 수 있다.

정답 | ①
해설 | ① 배우자를 포함한 상속인 및 동거가족 중 장애인 수×(1천만원×기대여명 연수)

★★☆

09 상속세 납부전략에 대한 설명으로 적절하지 않은 것은?

① 상속받은 재산을 처분하거나 이를 담보로 해서 대출을 받아서 상속세를 납부하는 방법은 재산처분가액이나 담보대출금액으로 상속재산이 평가되어 상속세를 더 부담하게 될 수도 있다.
② 물납도 생각해 볼 수 있으나 물납이 가능한 재산은 제한적이므로 쉽게 활용할 수 있는 것은 아니다.
③ 연부연납을 활용하는 경우에는 이자상당액을 추가로 납부하여야 하며 충분한 담보를 제공해야 하는데, 상속세 납부기한까지 1/10을 납부하고 나머지는 최대 9년간 매년 나누어서 납부하는 것으로, 거액의 상속세를 부담할 경우에 유용한 방법이다.
④ 본인을 피보험자로 한 보험에 충분히 가입해 둔다면 상속세 납부를 위해 재산을 처분하거나 대출을 받지 않아도 되는데, 특히 상속인이 될 배우자나 자녀를 계약자로 해서 가입할 수 있다면 상속재산에서도 제외되므로 더 효과적이다.

정답 | ③
해설 | ③ 상속세의 일반적인 연부연납은 상속세 납부기한까지 1/11을 납부하고 나머지는 최대 10년간 매년 나누어서 납부하는 것으로, 거액의 상속세를 부담할 경우에 유용한 방법이다.

★★☆

10 생명보험에서 피보험자의 사망으로 인한 보험금에 대한 증여세 과세대상이 되는 경우로 가장 적절한 것은?

	계약자(보험료 납부자)	피보험자	수익자
①	아버지	아버지	상속인
②	어머니	아버지	아들
③	장남	아버지	장남
④	막내딸	아버지	막내딸

정답 | ②

해설 | 생명보험 또는 손해보험에 있어서 보험금 수령인과 실제 보험료 납부자가 다른 경우에는 보험금 상당액을 보험금 수령인의 상속재산가액(계약자 및 피보험자가 사망한 경우) 또는 증여재산가액으로 한다.

★★☆

11 **권율씨는 자녀인 권은비(20세, 대학생이며 자금출처 없음)에게 시가 6억원의 부동산을 증여하려고 한다. 자녀는 아직 증여세를 납부할 능력이 없어서 증여세를 납부할 현금도 함께 증여할 계획이다. 납부할 증여세와 증여해야 할 현금으로 가장 적절한 것은?**

• 부동산만 증여할 경우 납부할 증여세는 다음과 같이 계산된다.

구분	금액
증여세 과세가액	600,000천원
(−) 증여재산공제	(50,000천원)
(=) 과세표준	550,000천원
(×) 세율	30%
(−) 누진공제액	60,000천원
(=) 산출세액	105,000천원
(−) 신고세액공제(3%)	3,150천원
(=) 납부세액	101,850천원

① 101,850천원
② 131,488천원
③ 143,653천원
④ 145,500천원

정답 | ③

해설 | 증여세 세율구간이 30%이므로 신고세액공제 3%를 고려하면 아래와 같이 계산하면 된다. 즉, 증여할 현금을 A라고 하면

$$A = \frac{101{,}850\text{천원}}{(1 - 30\% \times 97\%)} = 143{,}653\text{천원이 된다.}$$

이렇게 143,653천원의 현금을 포함해서 증여세를 계산하면 다음과 같다.

구분	금액
증여재산가액(부동산)	600,000천원
증여재산가액(현금)	143,653천원
(=) 증여세과세가액	743,653천원
(−) 증여재산공제	(50,000천원)
(=) 과세표준	693,653천원
(×) 세율	30%
(−) 누진공제액	60,000천원
(=) 산출세액	148,096천원
(−) 신고세액공제(3%)	4,443천원
(=) 납부세액	143,653천원

★★☆

12 **증여세 납부전략에 대한 설명으로 적절하지 않은 것은?**

① 증여세를 납부할 현금을 추가로 증여하게 되면 증여세 추가 부담 없이 증여세 납부가 용이해지는 장점이 있다.

② 일반적인 증여의 경우 납부할 증여세액이 2천만원을 초과한다면 증여세 신고납부기한까지는 증여세의 1/6만 납부하고 나머지는 최대 5년간 연도별로 납부하는 방법을 활용할 수도 있지만, 이자상당액을 가산해서 납부해야 하고 납세담보를 제공해야 하는 점도 같이 고려해야 한다.

③ 비상장법인을 운영하는 오너 주주가 자녀에게 해당 법인 주식을 증여하는 경우, 법인에 여유현금이 있다면 배당을 실행하여 자녀가 배당을 받아서 증여세를 납부하게 할 수도 있다.

④ 증여세 납부재원을 수증자에게 대여하는 방법도 있는데, 대여받은 자금은 증여가 아니므로 추가적인 증여세 부담이 없다는 장점이 있으나, 부모와 자녀 사이와 같이 특수관계인 간의 금전대여는 증여로 볼 가능성이 있으므로 이에 대한 대비가 필요하다.

정답 | ①

해설 | ① 증여세를 납부할 현금을 추가로 증여하게 되면 해당 현금을 증여재산에 포함해서 증여세를 계산해야 하므로 증여세 부담이 늘어나는 점은 단점이지만 수증자 입장에서는 증여세 납부가 용이해지는 장점이 있다.

MEMO

MEMO

MEMO

MEMO

MEMO

MEMO

MEMO

01 증권경제전문 토마토TV가 만든 교육브랜드

토마토패스는 24시간 증권경제 방송 토마토TV · 인터넷 종합언론사 뉴스토마토 등을 계열사로
보유한 토마토그룹에서 출발한 금융전문 교육브랜드 입니다.
경제 ·금융· 증권 분야에서 쌓은 경험과 전략을 바탕으로 최고의 금융교육 서비스를 제공하고 있으며
현재 무역 · 회계 · 부동산 자격증 분야로 영역을 확장하여 괄목할만한 성과를 내고 있습니다.

뉴스토마토	TomatotV	토마토증권통	eTomato
www.newstomato.com 싱싱한 정보, 건강한 뉴스	tv.etomato.com 24시간 증권경제 전문방송	stocktong.io 가장 쉽고 빠른 증권투자!	www.etomato.com 맛있는 증권정보

02 차별화된 고품질 방송강의

토마토 TV의 방송제작 장비 및 인력을 활용하여 다른 업체와는 차별화된 고품질 방송강의를 선보입니다.
터치스크린을 이용한 전자칠판, 핵심내용을 알기 쉽게 정리한 강의 PPT,
선명한 강의 화질 등 으로 수험생들의 학습능력 향상과 수강 편의를 제공해 드립니다.

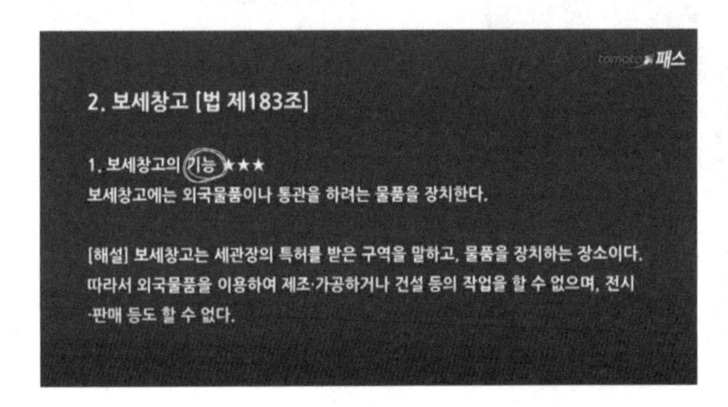

03 최신 출제경향을 반영한 효율적 학습구성

토마토패스에서는 해당 자격증의 특징에 맞는 커리큘럼을 구성합니다.
기본서의 자세한 해설을 통해 꼼꼼한 이해를 돕는 정규이론반(기본서 해설강의) · 핵심이론을 배우고
실전문제에 바로 적용해보는 이론 + 문제풀이 종합형 핵심종합반 · 실전감각을 익히는
출제 예상 문제풀이반 · 시험 직전 휘발성 강한 핵심 항목만 훑어주는 마무리특강까지!
여러분의 합격을 위해 최대한의 효율을 추구하겠습니다.

정규이론반 핵심종합반 문제풀이반 마무리특강

04 가장 빠른 1:1 수강생 학습 지원

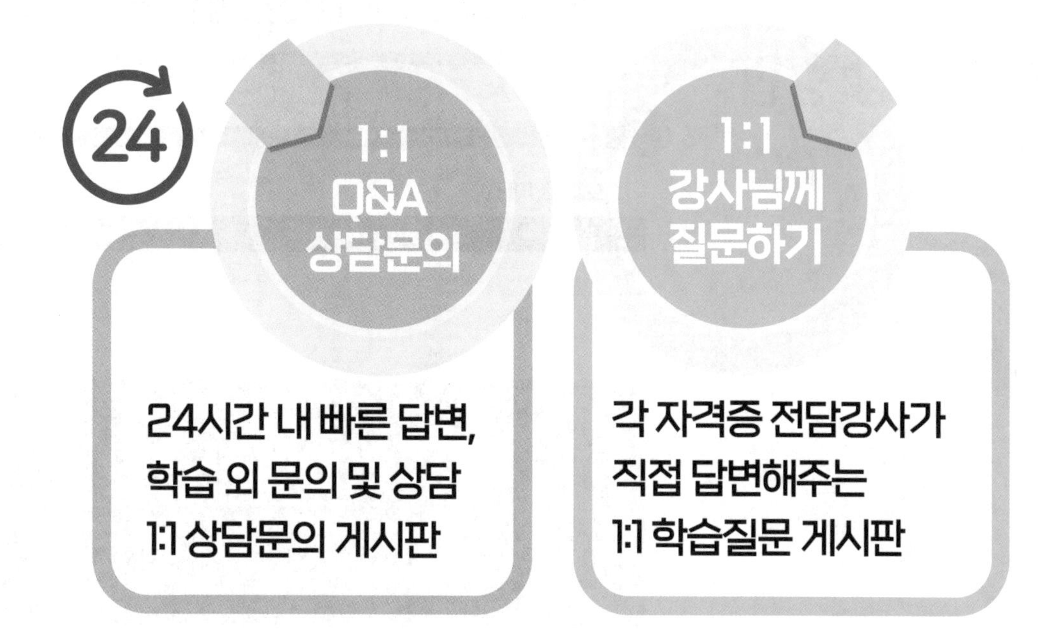

토마토패스에서는 가장 빠른 학습지원 및 피드백을 위해 다음과 같이 1:1 게시판을 운영하고 있습니다.

· Q&A 상담문의 (1:1) | 학습 외 문의 및 상담 게시판, 24시간 이내 조치 후 답변을 원칙으로 함 (영업일 기준)

· 강사님께 질문하기(1:1) | 학습 질문이 생기면 즉시 활용 가능, 각 자격증 전담강사가 직접 답변하는 시스템

이 외 자격증 별 강사님과 함께하는 오픈카톡 스터디, 네이버 카페 운영 등 수강생 편리에 최적화된 수강 환경 제공을 위해 최선을 다하고 있습니다.

05 100% 리얼 후기로 인증하는 수강생 만족도

2020 하반기 수강후기 별점 기준 (100으로 환산)

토마토패스는 결제한 과목에 대해서만 수강후기를 작성할 수 있으며,
합격후기의 경우 합격증 첨부 방식을 통해 100% 실제 구매자 및 합격자의 후기를 받고 있습니다.
합격선배들의 생생한 수강후기와 만족도를 토마토패스 홈페이지 수강후기 게시판에서 만나보세요!
또한 푸짐한 상품이 준비된 합격후기 작성 이벤트가 상시로 진행되고 있으니,
지금 이 교재로 공부하고 계신 예비합격자분들의 합격 스토리도 들려주시기 바랍니다.

강의 수강 방법
PC

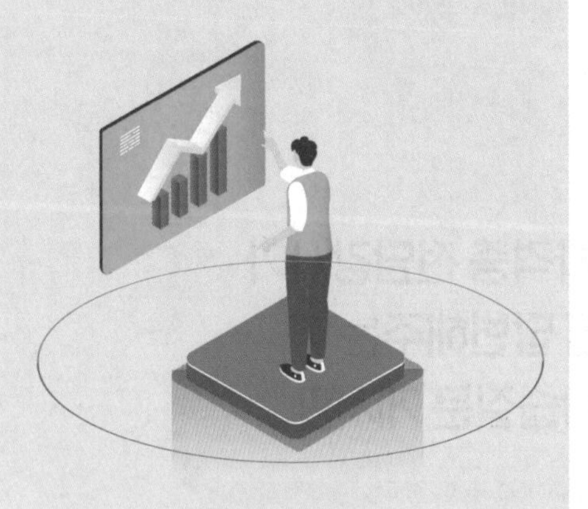

01 토마토패스 홈페이지 접속

www.tomatopass.com ▼

02 회원가입 후 자격증 선택

· 회원가입시 본인명의 휴대폰 번호와 비밀번호 등록
· 자격증은 홈페이지 중앙 카테고리 별로 분류되어 있음

03 원하는 과정 선택 후 '자세히 보기' 클릭

04 상세안내 확인 후 '수강신청' 클릭하여 결제

· 결제방식 [무통장입금(가상계좌) / 실시간 계좌이체 / 카드 결제] 선택 가능

05 결제 후 '나의 강의실' 입장

06 '학습하기' 클릭

07 강좌 '재생' 클릭

· IMG Tech 사의 Zone player 설치 필수
· 재생 버튼 클릭시 설치 창 자동 팝업

강의 수강 방법
모바일

탭 · 아이패드 · 아이폰 · 안드로이드 가능

01 토마토패스 모바일 페이지 접속

WEB · 안드로이드 인터넷, ios safari에서
www.tomatopass.com 으로 접속하거나

Samsung Internet (삼성 인터넷)

Safari (사파리)

APP · 구글 플레이 스토어 혹은 App store에서
합격통 혹은 토마토패스 검색 후 설치

Google Play Store

앱스토어

tomato 패스 합격통

02 존플레이어 설치 (버전 1.0)

· 구글 플레이 스토어 혹은 App store에서 '존플레이어' 검색 후 버전 1.0 으로 설치
(***2.0 다운로드시 호환 불가)

03 토마토패스로 접속 후 로그인

04 좌측 아이콘 클릭 후 '나의 강의실' 클릭

05 강좌 '재생' 버튼 클릭

· 기능소개

과정공지사항 : 해당 과정 공지사항 확인
강사님께 질문하기 : 1:1 학습질문 게시판
Q&A 상담문의 : 1:1 학습외 질문 게시판
재생 : 스트리밍, 데이터 소요량 높음, 수강 최적화
다운로드 : 기기 내 저장, 강좌 수강 시 데이터 소요량 적음
PDF : 강의 PPT 다운로드 가능

토마토패스

금융투자자격증 은행/보험자격증 FPSB/국제자격증 회계/세무자

나의 강의실

과정공지사항 강사님께 질문하기
학습자료실 Q&A 상담문의

과정명	증권투자권유대행인 핵심종합반		
수강기간	2021-08-23 ~ 2022-08-23		
최초 수강일	2021-08-23	최근 수강일	2021-09-09
진도율	77.0%		

강의명	재생	다운로드	진도율	PDF
1강 금융투자상품01			0%	
2강 금융투자상품02			100%	
3강 금융투자상품03			100%	
4강 유가증권시장, 코스닥시장01			94%	
5강 유가증권시장, 코스닥시장02			71%	
6강 유가증권시장, 코스닥시장03			0%	
7강 채권시장01			96%	
8강 채권시장02			0%	
9강 기타 증권시장			93%	

토마토패스

친절한 홍교수 합격비기

AFPK® MODULE. 1 핵심정리문제집

초판발행 2017년 06월 15일
개정8판1쇄 2024년 07월 10일

저 자 홍영진

발 행 인 정용수
발 행 처 (주)예문아카이브
주 소 서울시 마포구 동교로 18길 10 2층
T E L 02) 2038-7597
F A X 031) 955-0660

등록번호 제2016-000240호

정 가 30,000원

홈페이지 http://www.yeamoonedu.com

I S B N 979-11-6386-322-9 [13320]